AF820726

Kuppelproduktion

Vorwort

Über viele Jahre hinweg war Kuppelproduktion, d.h. die zwangsläufig gemeinsame Herstellung mehrerer Produkte, für die Ökonomik ein Randphänomen. Erst die massiven Umweltprobleme seit den 70er Jahren rückten die Existenz unerwünschter Kuppelprodukte in Form von Abfällen, Schadstoffen und Abwässern zunehmend in den Vordergrund. Vor allem für die chemische Industrie bringen diese Kuppelprodukte große Schwierigkeiten mit sich. Dabei darf jedoch nicht übersehen werden, daß die Eigenschaft eines Kuppelproduktes, erwünscht oder unerwünscht zu sein, nicht dem Produkt inhärent ist, sondern vom wirtschaftlichen Kontext abhängt.

In der vorliegenden Arbeit werden die ökonomischen Aspekte der Kuppelproduktion aus drei Perspektiven betrachtet. Die erste Perspektive ist die der Umweltökonomik, die eine Auseinandersetzung mit den unerwünschten Kuppelprodukten der chemischen Industrie und der modelltheoretischen Berücksichtigung dieser Produkte beinhaltet. Die zweite Perspektive ist eine wirtschaftsgeschichtliche. Untersucht wird der Einfluß der Kuppelproduktion auf die chemische Industrie über einen sehr langen Zeitraum. Schließlich stehen bei der dritten Perspektive die Produktionskomplexe, deren Kern die chemische Industrie bildet, mit mannigfaltigen kuppelproduktionsbedingten Verflechtungen im Vordergrund. Untersucht wird deren Modellierung, ihre empirische Evaluation sowie die gesamtwirtschaftlichen Implikationen.

Die vorliegende Arbeit entstand während meiner Zeit als Assistent am Lehrstuhl für Wirtschaftstheorie des Alfred-Weber-Instituts der Universität Heidelberg. Sie ist Bestandteil des von Herrn Prof. Dr. Malte Faber geleiteten Forschungsprojektes über die ökonomischen und ökologischen Folgen der Produktion von Nebenerzeugnissen in der chemischen Industrie. Dieses Projekt wurde finanziert von der Volkswagen-Stiftung, die damit die finanziellen Voraussetzungen für meine Forschungen schuf.

Mein Dank gilt vor allem Herrn Prof. Dr. Malte Faber, der die Entstehung dieser Arbeit ermöglichte und dessen Freude an der Auseinandersetzung mit grundsätzlichen wirtschaftstheoretischen Fragen einerseits und sehr kon-

Georg Müller-Fürstenberger

Kuppelproduktion

Eine theoretische und empirische Analyse am Beispiel der chemischen Industrie

Mit 35 Abbildungen

Physica-Verlag

Ein Unternehmen
des Springer-Verlags

Reihenherausgeber
Werner A. Müller
Peter Schuster

Autor
Dr. Georg Müller-Fürstenberger
Volkswirtschaftliches Institut
Abteilung Angewandte Mikroökonomie
Gesellschaftsstraße 49
CH-3012 Bern, Schweiz

ISBN-13: 978-3-7908-0883-4 e-ISBN-13: 978-3-642-46979-4
DOI: 10.1007/978-3-642-46979-4

CIP-Titelaufnahme der Deutschen Bibliothek
Müller-Fürstenberger, Georg:
Kuppelproduktion: eine theoretische und empirische Analyse am Beispiel der chemischen Industrie / Georg Müller-Fürstenberger. - Heidelberg: Physica-Verl., 1995
(Umwelt und Ökonomie; Bd. 13)

NE: GT

88/2202-5 4 3 2 1 0 - Gedruckt auf säurefreiem Papier

Umwelt und Ökonomie Band 13

Band 1: Michael Schröder
Die volkswirtschaftlichen Kosten von Umweltpolitik
1991. 224 Seiten. Brosch. DM 69,–
ISBN 3-7908-0535-1

Band 2: Karl Heinz Gruber
Zur methodischen Auswahl von Emissionsminderungsmaßnahmen
1991. 257 Seiten. Brosch. DM 75,–
ISBN 3-7908-0547-5

Band 3: Helmuth-M. Groscurth
Rationelle Energieverwendung durch Wärmerückgewinnung
1991. 184 Seiten. Brosch. DM 65,–
ISBN 3-7908-0552-1

Band 4: Frank Stähler
Kollektive Umweltnutzungen und individuelle Bewertung
1991. 178 Seiten. Brosch. DM 65,–
ISBN 3-7908-0572-6

Band 5: Rolf Winkler
Konzeption und Bewertung technischer Entsorgungswege
1992. 244 Seiten. Brosch. DM 79,–
ISBN 3-7908-0577-7

Band 6: Michael van Mark / Erik Gawel / Dieter Ewringmann
Kompensationslösungen im Gewässerschutz
1992. 196 Seiten. Brosch. DM 69,–
ISBN 3-7908-0638-2

Band 7: Maria J. Welfens
Umweltprobleme und Umweltpolitik in Mittel- und Osteuropa
1993. 249 Seiten. Brosch. DM 85,–
ISBN 3-7908-0654-4

Band 8: Hans-Dietrich Haasis
Planung und Steuerung emissionsarm zu betreibender industrieller Produktionssysteme
1994. 253 Seiten. Brosch. DM 85,–
ISBN 3-7908-0768-0

Band 9: Ute Bennauer
Ökologieorientierte Produktentwicklung
1994. 416 Seiten. Brosch. DM 120,–
ISBN 3-7908-0779-6

Band 10: Maria J. Welfens/ Nadja Schiemann (Hrsg.)
Umweltökonomie und zukunftsfähige Wirtschaft
1994. 209 Seiten. Brosch. DM 75,–
ISBN 3-7908-0788-5

Band 11: Rolf Jacobs
Organisation des Umweltschutzes in Industriebetrieben
1994. 321 Seiten. Brosch. DM 98,–
ISBN 3-7908-0797-4

Band 12: Frank Jöst
Klimaänderungen, Rohstoffknappheit und wirtschaftliche Entwicklung
1994. 182 Seiten. Brosch. DM 75,–
ISBN 3-7908-0883-0

kreten empirischen Bezügen andererseits immer motivierend war. Herrn Prof. Dr. Michael Ahlheim (Technische Universität Cottbus) danke ich für die Übernahme des Koreferats. Zahlreiche Anregungen verdanke ich der Intuition und dem Einfallsreichtum von Dr. J.L.R Proops (University of Keele, UK).

Für ihre konstruktive Kritik und Anregungen danke ich meinen früheren Kollegen Dr. Frank Jöst und Dr. Armin Schmutzler. Herrn Dr. Klaus Christ (Hoechst AG), Dr. Kurt-Geert Malle (BASF AG) sowie Frau Dr. Müller-Eisen (Bayer AG) danke ich für ihre Bereitschaft, als kompetente Gesprächspartner zum Gelingen der Arbeit beigetragen zu haben. Herrn Pascal Previdoli (Universität Bern) danke ich für seine Unterstützung bei der Drucklegung der Arbeit. An dieser Stelle möchte ich auch meinen Eltern danken, die mein Studium durch ihre finanzielle Unterstützung ermöglicht haben. Nicht zuletzt danke ich meiner Frau, die diese Arbeit mit Geduld und Interesse begleitet hat. Ihre unvoreingenommenen Fragen haben mich mehrmals zum Überdenken von Formulierungen und Aussagen veranlaßt.

Bern, Mai 1995

Georg Müller-Fürstenberger

Inhaltsverzeichnis

Teil I

Einführung in die Kuppelproduktion

Kapitel 1

Einleitung

Kuppelproduktion ist ein vielfältiges Forschungsgebiet, auf dem Ökonomen seit mehr als 200 Jahren arbeiten. Sie bezeichnet eine Produktionsaktivität, aus der mehrere unterschiedliche Erzeugnisse zwangsläufig gemeinsam hervorgehen. Die Gründe, sich mit dieser technischen Eigenschaft von Produktionsprozessen zu befassen, sind unterschiedlich. In den letzten Jahrzehnten sind es vor allem *unerwünschte* Kuppelprodukte, die das Interesse der Ökonomik finden; denn viele Güter werden zusammen mit unerwünschten Kuppelprodukten hergestellt, welche als Abfälle und Schadstoffe die Umwelt belasten. Besonders deutlich ist dies bei der chemischen Industrie zu erkennen, deren Technologie wie die keines anderen Sektors der Volkswirtschaft von Kuppelproduktion geprägt ist. Viele dieser Kuppelprodukte sind unerwünscht und deshalb zum Gegenstand umweltpolitischer Maßnahmen geworden.

Im Gegensatz zu den unerwünschten Kuppelprodukten finden neutrale und erwünschte Kuppelprodukte kaum Beachtung in der Ökonomik. Dabei wird jedoch übersehen, daß gezielte umweltpolitische Maßnahmen gegen einzelne unerwünschte Kuppelprodukte fast immer ein industrielles Gefüge betreffen, dessen Flexibilität auch durch erwünschte und neutrale Kuppelproduktion eingeschränkt ist. Denn durch Kuppelproduktion sind unterschiedlichste Produkte einer Volkswirtschaft technisch verbunden. Es ist daher oftmals nich möglich, einzelne unerwünschte Erzeugnisse aus dem Produktprogramm zu entfernen, ohne damit gleichzeitig auf viele andere erwünschte Produkte verzichten zu müssen.

Empirische und theoretische Aussagen über eine Ökonomie zu treffen, in der wichtige Teile des Produktionsbereiches von erwünschter und unerwünschter Kuppelproduktion geprägt sind, ist Ziel der vorliegenden Arbeit. Bezugsobjekt ist dabei die chemische Industrie, die das integrierende und forschungsleitende Element darstellt. Wir erheben dabei nicht den Anspruch, das Gebiet der Kuppelproduktion umfassend und endgültig abzuhandeln oder einen neuen Theorieansatz zu liefern. Es geht vielmehr darum, aus dem Blickwinkel der Kuppelproduktion Umweltprobleme, ökonomische Anpassungsprozesse und allgemeine Eigenschaften von Ökonomien neu zu beleuchten sowie Zusammenhänge aufzuzeigen.

Um die vorliegende Arbeit in die ökonomische Forschung einzuordnen, unterscheiden wir zwischen *klassischen* und *neueren* Aspekten der Kuppelproduktion. In den beiden folgenden Unterabschnitten stellen wir diese Aspekt dar und geben damit gleichzeitig einen kurzen Überblick über die bisherige Abhandlung von Kuppelproduktion in der ökonomischen Literatur.

1.1 Klassische Aspekte der Kuppelproduktion

Für die Ökonomik wurde Kuppelproduktion sehr früh zu einem Forschungsgegenstand. Bereits Adam Smith diskutiert 1789 im 'Wohlstand der Nationen' Implikationen der Kuppelproduktion. Beweggrund war die wirtschaftliche Praxis. Im 18.Jh. dominierte der Agrarsektor die wirtschaftlichen Aktivitäten. Fälle von Kuppelproduktion, wie die Herstellung tierischer Nahrungsmittel zusammen mit Textilrohmaterialien wie Wolle und Vlies waren offensichtlich. Smith interessierte sich vor allem für die handelspolitischen Aspekte dieser Kuppelproduktion. So bemerkte er, daß die Jägerstämme Nordamerikas infolge der Kuppelproduktion von Fleisch und Fellen mehr Rohmaterialen für Kleidung herstellten, als sie selbst benötigten. Durch die Aufnahme von Handelsbeziehungen wurden diese überschüssigen und deshalb ursprünglich wertlosen Rohmaterialen zu Tauschobjekten (SMITH 1994:141). Smith erkannte, daß der Preis eines Kuppelproduktes von den Nachfrageverhältnissen abhängt, was sich nicht in die klassische Theorie *natürlicher* Preise einfügte. Auch bemerkte er, daß bei Kuppelproduktion der Gesamtwert aller Erzeugnisse die Vorteilhaftigkeit einer Produktionsaktivität bestimmt. Es genügte, von dieser Kuppelproduktion zu wissen, um Aussagen über Preis-Mengenzusammenhänge treffen zu können. So argumentierte er, daß ein Preisanstieg für englische Wolle nur geringen Einfluß auf die produzierten Wollmengen hätte, da der Wert der Wolle gemessen am Wert des Fleisches nachrangig ist (SMITH 1789:550ff).

Zu einem klassischen Problem wurde Kuppelproduktion erst mit der Entwicklung einer konsistenten Werttheorie. Die Frage nach den Determinanten des natürlichen Preises eines Gutes war für die klassische Werttheorie gleichbedeutend mit der Frage nach den Produktionskosten. Die Grenzen dieser Werttheorie wurden sichtbar, wenn Kuppelprodukte berücksichtigt wurden. Da es dann nicht mehr möglich war, eindeutige Preise zu berechnen, galt Kuppelproduktion als Anomalie. So äußert Mill in dem mit 'Of Some Peculiar Cases of Value' überschriebenen Kapitel der 'Principles of Political Economy' (MILL 1848:108):

> "It sometimes (sic!) happens, that two different commodities have what may be termed a *joint cost* of production. They are both products of the same operation. [...] There are not a few instances of commodities thus associated in their production. For example coke and coal-gas are produced from the same material and by the same operation."

Für Mill war Kuppelproduktion eine Anomalie, die in der Realität nur *manchmal* anzutreffen sei. Dieser Einschätzung widersprach 1871 vehement JEVONS (1911:186ff). Er begann damit die bis heute andauernde Kontroverse, ob Kuppelproduktion nur eine vernachlässigbare Sonderform von Produktion ist, oder ob sie eine grundsätzlich andere Sichtweise auf Produktionsvorgänge und damit auch auf eine Ökonomie als ganzes erfordert. Besonders die Einschätzung ihrer theoretischen Implikationen sind bis heute umstritten.

Nachdem die Frage nach den Bestimmungsgründen des Preises von Kuppelprodukten von MARSHALL (1890) beantwortet wurde, schien das preistheoretische Problem der Kuppelproduktion gelöst.[1] Allerdings bewegte sich der frühe Neoklassiker Marshall mit seiner Analyse der Kuppelproduktion in einem partialanalytischen Rahmen. Er analysierte graphisch das Verhalten ei-

[1] Die Überlegungen von Marshall wurden in den wesentlichen Zügen bereits von V. MANGOLDT (1863) vorweggenommen.

nes Anbieters von Kuppelprodukten bei gegebenen Nachfragefunktionen, beschränkte seine Untersuchung also auf die Märkte der Kuppelprodukte. Die klassischen Ökonomen hingegen untersuchten, wenn auch mit einfachen Methoden, die Ökonomik bereits im Sinne der Allgemeinen Gleichgewichtstheorie. Das Problem der Unbestimmtheit oder Mehrdeutigkeit von natürlichen, d.h. gleichgewichtigen Preisen in der klassischen Gedankenwelt brachten Kuppelprodukte offen zutage. Auch in neoklassischen Modellen besteht grundsätzlich die Möglichkeit multipler Gleichgewichte, nur bedarf es hierzu keiner Kuppelproduktion. Dieses Problem blieb jedoch lange Zeit unbeachtet und wurde erst mit den Struktursätzen (vgl. SHAFER UND SONNENSCHEIN 1982) neu thematisiert.

Mit der Berücksichtigung der Nachfrageseite in preistheoretischen Überlegungen und der damit möglichen Erklärung von Kuppelproduktpreisen durch Marshall ließ das Interesse an Kuppelprodukten zunächst nach. Erst in den 60er Jahren dieses Jahrhunderts wiederbelebten die kapitaltheoretischen Arbeiten von Pierro Sraffa die Theorie der Kuppelproduktion. Der in klassischer Tradition stehende SRAFFA (1960) betrachtete Fixkapital aus dem Blickwinkel der Kuppelproduktion. In seiner Gedankenwelt ist die Existenz dauerhafter Kapitalgüter ein Sonderfall von Kuppelproduktion. Wird für die Herstellung eines Gutes eine Maschine benötigt, so ist die während des Produktionsvorganges gealterte Maschine ein Kuppelprodukt dieses Gutes. Fixkapital wird somit reduziert auf die Existenz unterschiedlich alter Maschinen. Diese Sichtweise gestattet die Berechnung von Kapitalgüterpreisen in Abhängigkeit von deren Alter. Sraffa hielt diese Art von Kuppelproduktion für die Bedeutendste:

> "The interest of Joint Products does not lie so much in the familar examples of wool and mutton, or wheat and straw, as in its being the genus of which fixed capital is the leading species."

Die erneute Beschäftigung mit Kuppelproduktion, diesmal in kapitaltheoretischen Zusammenhängen, brachte die traditionellen Probleme bei Kuppelproduktion wieder zum Vorschein. So urteilte SCHEFOLD (1980:139):

> "While joint-production of the mutton-wool kind creates a multitude of difficult problems, it is indeed the peculiarity of fixed capital

> as a joint product that it has properties similar those of circulating capital.[...] It will become clear that fixed-capital systems lies half between the straightforward single-product systems and the intricacies of joint production proper (Traditionelle Kuppelproduktion, d. Verf.)."

Die Probleme bei traditionellen Kuppelprodukten sind nach Ansicht Schefolds gravierender, als bei den Kapitalgütern. Eines dieser Probleme ist die Möglichkeit negativer Produktpreise. Negative Produktpreise widerum führen uns zu den unerwünschten Kuppelprodukten und damit zu den neueren Aspekten der Kuppelproduktion.

1.2 Neuere Aspekte der Kuppelproduktion

Die Herausbildung der Umweltökonomik war eine Renaissance für ein Teilgebiet der Kuppelproduktionstheorie: Unerwünschte Kuppelprodukte als Ursache negativer externer Effekte fanden weite Berücksichtigung in der Ökonomik. So ist Kohlendioxid ein Kuppelprodukt der Energiewirtschaft. Die Entdeckung seines Treibhauspotentials zog eine Reihe ökonomischer Studien (z.B. Proops et al. 1993) und umweltpolitischer Maßnahmen nach sich. Wir bezeichnen die umweltökonomischen Implikationen der Kuppelproduktion als ihren *neueren* Aspekt, weil sie vor allem in den letzten Jahrzehnten ausführlich untersucht wurden.

Auch für die Umweltökonomik ist das klassische Problem der Bestimmung von Kuppelproduktpreisen zentral. Die Frage nach dem negativen Preis unerwünschter Kuppelprodukte ist aber immer auch eine Frage nach dem Wert der Umwelt. Die großen Probleme der Umweltbewertung und damit der Preisbestimmung unerwünschter Kuppelprodukte rückten allerdings ein eher pragmatisches Ziel der Umweltökonomik in der Vordergrund: die optimalen politischen Maßnahmen zur Verringerung ihrer Produktion.

Besonders betroffen von politischen Maßnahmen zur Verringerung unerwünschter Kuppelprodukte ist die chemische Industrie, die 1988 für den Umweltschutz 4.125 Mio DM ausgab (STBA 1991). In einzelnen Bereichen der chemischen Industrie erreicht der Anteil der Umweltschutzkosten bereits ein

Drittel der Fertigungskosten (FABER ET AL. 1993). Konkret entstehen diese Kosten bei der Errichtung und dem Betrieb nachgeschalteter Entsorgungsanlagen. Der zusätzliche Aufwand für weitere Reduzierungen von Abfällen und Schadstoffen wird technisch und finanziell als nicht mehr vertretbar dargestellt (vgl. STRÜMPEL UND LOGOLIUS 1990:75 sowie MALLE 1993). Zukünftige Umweltpolitik soll deshalb den integrierten Umweltschutz fördern, d.h. die Innovation umweltfreundlicher Technologien und Produkte. Wie diese Förderung auszusehen hat, ist umstritten. Folgt man den Ausführungen von Vertretern der chemischen Industrie, so beinhaltet eine qualitative Verbesserung von Produktionsprozessen immer auch eine Verringerung der Umweltbelastung (SCHARFE UND SEWEKOW 1991:20). Reicht das unternehmerische Eigeninteresse folglich sogar aus, um auf weitere umweltpolitische Maßnahmen verzichten zu können? Um auf diese Fragen Antworten zu finden, ist ein empirische und theoretische Analyse der chemischen Industrie und ihrer unerwünschten Kuppelprodukte erforderlich. Ein großer Teil der vorliegenden Arbeit ist dieser Analyse gewidmet.

1.3 Vorgehensweise

Die vorliegende Arbeit umfaßt vier Teile. Im ersten Teil führen wir in die Thematik der Kuppelproduktion ein. Nachdem wir oben die klassischen und neueren Aspekte der Kuppelproduktion skizzierten, präzisieren wir im zweiten Kapitel die in der Literatur uneinheitlich gebrauchten Begriffe Kuppel- und Verbundproduktion. An zwei Beispielen zeigen wir, daß eine präzise Begrifflichkeit für die Durchdringung komplexer Produktionsstrukturen erforderlich ist.

Im zweiten Teil der Arbeit befassen wir uns mit den unerwünschten Kuppelprodukten. Nachdem wir im dritten Kapitel unterschiedliche Sichtweisen auf Umweltprobleme dargestellt und den Zusammenhang zur Kuppelproduktion hergestellt haben, führen wir im vierten Kapitel eine empirische Analyse der chemischen Industrie durch. Dabei stehen die Fragen nach Art und Umfang unerwünschter Kuppelprodukte, zeitlichen Entwicklungen und Kostenimplikationen im Vordergrund. Dieser empirischen Analyse stellen wir im fünften Kapitel eine theoretische Untersuchung unerwünschter Kuppelprodukte gegenüber. Wir prüfen, wie unerwünschte Kuppelprodukte modelliert werden und welche Aussagen sich treffen lassen.

Im dritten Teil untersuchen wir die Bedeutung der Kuppelproduktion für die Entwicklungsdynamik der chemischen Industrie aus wirtschaftshistorischer Sicht. Wir unterscheiden hierzu einzelne, chronologisch aufgebaute Entwicklungslinien. Dieser Teil der Arbeit enthält zahlreiche Details über Chemieunternehmen, chemische Produktionsprozesse, Technologieablösungen, Märkte sowie Zufälle und Notwendigkeiten in Entwicklungsvorgängen. Die Darstellung erfolgt im Hinblick auf die Ableitung allgemeiner Aussagen über die Evolution eines wichtigen Teiles moderner Industriegesellschaften. Nachdem wir im sechten Kapitel in die Entwicklungslinien eingeführt haben, untersuchen wir im siebten Kapitel die anorganisch-chemische Industrie. Im achten Kapitel befassen wir uns dann mit der organisch-chemischen Industrie.

Der zweite und dritte Teil der Arbeit führt uns zu der Schlußfolgerung, daß sich das herkömmliche Instrumentarium der Ökonomik aus mehreren Gründen nur bedingt zur Analyse der chemischen Industrie und ihrer Kuppelprodukte eignet. Um die chemische Industrie durch das Setzen von Rahmenbedingungen in ihrer Entwicklung zu beeinflussen, ist weniger eine spezielle Theorie unerwünschter Kuppelproduktion erforderlich, als vielmehr die Möglichkeit, die chemische Industrie modelltheoretisch zu fassen, in eine gesamtwirtschaftliche Betrachtung einzubinden und zu analysieren. In dieser Zielrichtung ist der vierte Teil der Arbeit verfaßt. Im neunten Kapitel entwickeln wir zunächst ein Instrumentarium, mit dem sich chemische Produktionsprozesse qualitativ und quantitativ erfassen und in ökonomische Modelle integrieren lassen. Unsere Vorgehensweise besteht primär darin, chemische Gesetzmäßigkeiten auszuwerten. Obwohl wir die Praktikabilität unseres Ansatzes nur für einzelne Produktionsprozesse demonstrierten, läßt er sich doch auf weite Bereiche der Volkswirtschaft übertragen. Im zehnten Kapitel untersuchen wir dann das Verhalten eines Chemiunternehmens auf der Grundlage einer naturwissenschaftlich fundierten Technologiemenge. Im elften Kapitel schließlich

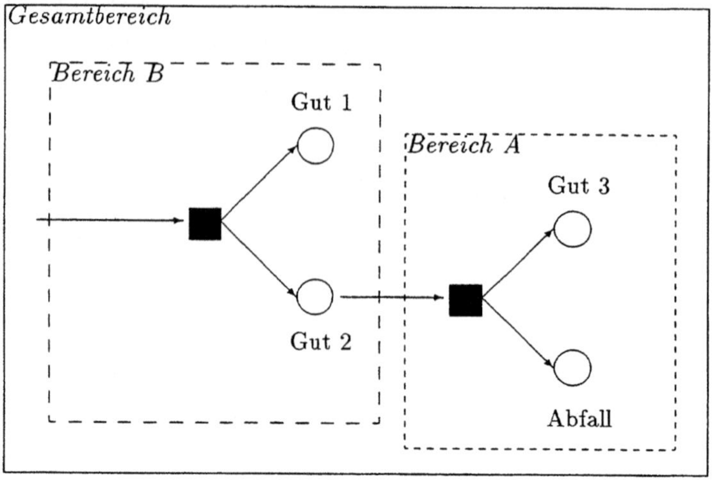

Abbildung 1.1: Produktionsstruktur

formulieren wir ein gesamtwirtschaftliches Gleichgewichtsmodell, mit dem sich Kuppelproduktion untersuchen läßt.

Um den Zusammenhang zwischen den Untersuchungsteilen zwei, drei und vier zu veranschaulichen, betrachten wir in Abbildung 1.1 eine einfache Produktionsstruktur, wie sie für die chemische Industrie typisch ist.

Abgebildet sind zwei Produktionsprozesse, dargestellt als Quadrate. Im ersten Prozeß werden mit nicht näher definierten Inputs die Güter 1 und und 2 hergestellt. Gut 2 wird dann in einem weiteren Produktionsprozeß zum Gut 3 und einem Abfall weiterverarbeitet.

Im zweiten Teil der Arbeit konzentrieren wir uns auf den Bereich A, in dem beispielsweise Abfall als unerwünschtes Kuppelprodukt auftritt. Im dritten Teil der Arbeit untersuchen wir die reale zeitliche Entwicklung des Gesamtbereiches. Im vierten Teil schließlich befassen wir uns zunächst mit dem Bereich B und schließlich wiederum mit dem Gesamtbereich.

Kapitel 2

Zum Begriff Kuppelproduktion

Intuitiv läßt sich leicht erfassen, was Kuppelproduktion bedeutet: den Fall, daß aus einem Herstellungsprozeß mehrere unterschiedliche Produkte gemeinsam hervorgehen. Diese Produkte sind wie durch ein Band miteinander verknüpft, was die Bezeichnung Kuppelproduktion erklärt; denn Kuppel ist die mittelhochdeutsche Bezeichnung für ein Band.

Aufbauend auf dieser elementaren Vorstellung von Kuppelproduktion, erläutern wir im nächsten Abschnitt, wie der Begriff Kuppelproduktion in der wirtschaftswissenschaftlichen Literatur gebraucht wird. Dabei zeigt sich, daß der Begriff keine scharfen Konturen besitzt und sein Gebrauch fließend in den von Verbundproduktion und Mehrproduktfertigung übergeht. Durch Präzisierungen entwickeln wir dann im übernächsten Abschnitt einen Begriffsapparat, mit dem sich komplexe Produktionsstrukturen, wie sie beispielsweise für die chemische Industrie typisch sind, exakt beschreiben lassen. Anhand von zwei Beispielen demonstrieren wir anschließend die Vorteile unseres Begriffsapparates.

2.1 Der Begriff Kuppelproduktion in der ökonomischen Literatur

In der wirtschaftswissenschaftlichen Literatur ist es üblich, das eingangs erwähnte Elementarverständnis von Kuppelproduktion in die folgende Definition einfließen zu lassen (RIEBEL 1981:296):

> "Kuppelproduktion: Aus einem einzigen gemeinsamen Produktionsprozeß gehen aus natürlichen oder technischen Gründen **zwangsläufig** zwei oder mehr unterschiedliche Produkte hervor.

... Dabei wird zwischen starrer ... und elastischer (**flexibler**) Kopplung unterschieden."

Zwei Bestandteile der Definition sind wichtig: Kuppelproduktion ist einerseits zwangsläufig und andererseits möglicherweise flexibel. Zwangsläufig heißt, daß die *gemeinsame* Ausbringung nicht willentlich herbeigeführt, sondern naturgesetzlich-technisch vorgegeben ist. Ein Unternehmer, der einen Produktionsprozeß mit Kuppelproduktion betreibt, hat nur die Wahl, alle Produkte gemeinsam oder überhaupt nicht herzustellen. Kuppelproduktion beinhaltet somit immer ein Element der Starrheit. Die Zulässigkeit von flexibler Kuppelproduktion relativiert die Zwangsläufigkeit der gemeinsamen Herstellung von Produkten allerdings stark. Flexible Kuppelproduktion bedeutet nämlich, daß sich die Mengenproportionen der Kuppelprodukte verändern lassen. Im Grenzfall der völlig flexiblen Kuppelproduktion sind die Mengenproportionen beliebig festlegbar, wodurch die Prädikate flexibel und zwangsläufig dann sogar im Widerspruch stehen. Bei völlig flexibler Kuppelproduktion ist es deshalb nicht mehr sinnvoll, von Kuppelproduktion zu sprechen.

Soweit zur Definition Riebels, die zwar stellvertretend für zahlreiche andere Definitionen steht, aber auch sehr produktionswirtschaftlich gefärbt ist.[1]

In der volkswirtschaftlichen Literatur sind explizite Definitionen von Kuppelproduktion eher selten zu finden: Im Stichwortverzeichnis einiger wichtiger Standardwerke der Mikro- und der Industrieökonomik wird man den Begriff Kuppelproduktion sogar vergeblich suchen.[2] Dies erweckt den Eindruck, die Autoren würden der Kuppelproduktion weder aus theoretischer noch aus empirischer Sicht Bedeutung beimessen - vorausgesetzt, wir werten die Häufigkeit der Begriffsnennung als Indikator für die eingeräumte Bedeutung. Der Eindruck ist jedoch nicht in allen Fällen gerechtfertigt. Es lassen sich drei Gründe nennen, die den fehlenden Hinweis im Stichwortverzeichnis oder eine nur sehr rudimentäre Abhandlung der Kuppelproduktion im Text erklären.

---

[1] Riebel verfaßte das aus betriebswirtschaftlicher Sicht umfassendste und maßgebliche Buch über Kuppelproduktion (RIEBEL 1955).

[2] Stellvertretend lassen sich VARIAN (1990), KREPS (1990), und KAUFER (1980) nennen.

Der erste Grund ist die Einschätzung von Kuppelproduktion als eine Bagatelle, deren Untersuchung sich weder aus theoretischer noch empirischer Sicht lohnt. Theoretisch unbedeutend ist Kuppelproduktion nämlich dann, wenn es die Fragestellung gestattet, alle Kuppelprodukte in einem Kompositum zusammenzufassen. Eine solche Fragestellung lautet beispielsweise: Wie hoch ist bei gegebenen Preisen die gewinnmaximale Herstellungsmenge von Kuppelprodukten? Im achten und neunten Kapitel werden wir solche Fragestellungen aufgreifen.

Empirisch unbedeutend wäre Kuppelproduktion, wenn sie in der Realität sehr selten und auch nur in unbedeutenden Fällen vorkommen würde. Die in vielen Lehrbüchern genannten Beispiele für Kuppelproduktion, wie Fleisch und Fell, Stroh und Korn, Hähnchenschlegel und -flügel (FRANK 1991) leisten dieser Einschätzung Vorschub.

Der zweite Grund, Kuppelproduktion nicht *explizit* zu berücksichtigen, ist eine stark abstrahierende Modellierung der Produktionsmöglichkeiten in einer Ökonomie. Dies ist beispielsweise bei DEBREU (1959) der Fall, der die Produktionsseite der Ökonomie über nur sehr schwach strukturierte Technologiemengen modelliert. Die wenigen und sehr allgemeinen Struktureigenschaften der Technologiemenge stehen nicht im Widerspruch zur Kuppelproduktion; es ist deshalb auch nicht nötig, explizit auf die Zulässigkeit von Kuppelproduktion hinzuweisen.[3] Gelegentlich findet sich jedoch ein Hinweis auf die Zulässigkeit von Kuppelproduktion, um die Allgemeingültigkeit von Modellergebnissen zu unterstreichen (vgl. V. NEUMANN 1938).

Den dritten Grund, Kuppelproduktion im Stichwortverzeichnis nicht aufzuführen, liefert eine abweichende Terminologie; die Begriffe Kuppelproduktion, Verbundproduktion und Mehrproduktfertigung werden häufig vermengt. Einige Autoren, beispielsweise HOITSCH (1985:17), sprechen von Verbundproduktion, meinen damit aber nur den spezielleren Fall der starren oder begrenzt

[3]Allerdings trifft Debreu für seinen zentralen Beweis der Existenz eines Marktgleichgewichtes u.a. die 'free disposal'- und die Nichtsättigungsannahme (DEBREU 1959:83f). Beide Annahmen hängen eng mit der Abwesenheit unerwünschter Kuppelprodukte zusammen, wie wir im neunten Kapitel zeigen werden.

flexiblen Kuppelproduktion.[4] Andere wiederum behandeln die Mehrproduktfertigung und schließen Kuppelproduktion implizit ein. Im folgenden betrachten wir dieses "begrifflich-terminologische Chaos" (RIEBEL 1981:298) genauer. Darauf aufbauend präzisieren wir die Begriffe Kuppel- und Verbundproduktion und demonstrieren den Vorteil einer genauen Begriffsbildung an konkreten Beispielen.

Der Begriff verbundene Produktion oder Verbundproduktion wird in der Literatur selten näher bestimmt. Häufig erschließt sich nur aus dem Kontext, was damit gemeint ist. Allgemein ist die Auffassung, Verbundproduktion sei die *gemeinsame* Ausbringung mehrerer unterschiedlicher Erzeugnisse. Von der Kuppelproduktion, wie Riebel sie definiert, unterscheiden sie zwei Merkmale: Bei der Verbundproduktion ist die *gemeinsame* Ausbringung mehrerer Produkte weder *zwangsläufig*, noch muß sie Ergebnis des *gleichen* Produktionsprozesses sein. Verbundproduktion umfaßt damit mehr als Kuppelproduktion. Eine völlig flexible Kuppelproduktion ist deshalb streng genommen eine Verbundproduktion, weil sie das Kriterium der Zwangsläufigkeit nicht mehr erfüllt. Die Berechtigung, in diesem Fall von Verbundproduktion zu sprechen, leitet sich vom gemeinsamen Produktionsprozeß ab, der die Produkte *verbindet.*

Die Vorstellung der Verbundenheit unterschiedlicher Erzeugnisse läßt sich auf zahlreiche Sachverhalte projizieren: So spricht RIEBEL (1981:299) beispielsweise von *verbundener Produktion im engeren Sinn*, wenn unterschiedliche Erzeugnisse um einen gemeinsamen Engpaß in der Produktion konkurrieren. Führen wir den Engpaß auf die beschränkte Verfügbarkeit eines Kapitalgutes zurück, so sind Erzeugnisse, die mit diesem Kapitalgut hergestellt werden, Verbundprodukte. Die unterschiedlichen Erzeugnisse *verbindet* dann nämlich die gemeinsame, jedoch *zeitlich* auseinanderfallende Nutzung des gleichen Kapitalgutes.

Noch weitergehend ist die Vorstellung, alle Erzeugnisse eines Mehrproduktunternehmens seien verbunden, da die Güter zumindest über eine einheitliche Firmenleitung verbunden sind (vgl. RIEBEL 1981:300). Besonders in der volkswirtschaftlichen Literatur ist es beliebt, Mehrproduktunternehmen,

---

[4] Auf den Unterschied zwischen Kuppel- und Verbundproduktion gehen wir unten ein.

Verbund- und Kuppelproduktion gleichzusetzen. Die angekündigte Untersuchung der Kuppelproduktion erweist sich dann als die Analyse eines Mehrproduktunternehmens, dessen Technologie eine Produktionsfunktion mit streng konkaver Transformationskurve beschreibt (vgl. HENDERSON UND QUANDT 1985:92ff).

Am großzügigsten wird der Begriff Verbundproduktion in der Praxis der chemischen Industrie verwendet. Verbundproduktion liegt hier bereits vor, wenn zwei Produktionsanlagen physisch, d.h. durch eine Rohrleitung verbunden sind.

Offensichtlich läßt sich beliebig ausdehnen, was unter Verbundproduktion zu verstehen ist. Letztlich ist der gesamte Produktionsbereich einer Volkswirtschaft ein Produktionsverbund; die verschiedenen Produktionssektoren sind nämlich über den Vorleistungsbezug miteinander verbunden.

Im angelsächsischen Sprachraum ist es unüblich, Kuppel- und Verbundproduktion zu unterscheiden; es wird generell von 'joint production' gesprochen. Soll auf den Fall der starren Kuppelproduktion eingeschränkt werden, so geschieht dies bestenfalls durch den Hinweis auf 'fixed proportions'. Hingegen wird in Verbindung mit 'joint production' oft auch 'joint supply', d.h. verbundenes Angebot abgehandelt (vgl. MCCLOSKEY 1985:124). Auf den ersten Blick scheinen diese Begriffe synonym, vor allem unter der Voraussetzung, daß ein Unternehmen alle seine Kuppelprodukte auf Märkten anbietet; der 'joint production' folgt dann ein 'joint supply'.[5] Ein verbundenes Angebot muß jedoch nicht auf verbundener Produktion basieren; sogar für eine Tauschökonomie ist es vorstellbar, daß Konsumenten mehrere Produkte nur zusammen anbieten oder nachfragen. Bei einer Präferenzordnung, in der manche Produkte in einem komplementären Verhältnis stehen, ist dieser Fall möglich. Fragestellungen, die mit verbundenem Angebot zu tun haben, beschränken sich folglich nicht auf Ökonomien mit Kuppelproduktion.[6]

---

[5] Aus einem verbundenen Angebot folgt nicht, daß der Abnehmer dieser Produkte ein und dasselbe Wirtschaftssubjekt sein muß.

[6] Ein Beispiel für verbundenes Angebot, das nicht auf Kuppelproduktion zurückgeht, finden wir im Wertpapierhandel vor. So werden Sparziele häufig durch einen Korb unterschiedlicher Wertpapiere angestrebt. Ist das Sparziel erreicht, liquidiert der Investor den

Eine synonym mit 'joint products' gebrauchte Bezeichnung für Kuppelprodukte lautet 'by-products'. Im Deutschen entspricht dies den Nebenprodukten. Kuppel- und Nebenprodukte unterscheiden sich jedoch in einem wichtigen Punkt: Ein Kuppelprodukt ist dann Nebenprodukt, wenn es gemessen an seinem Beitrag zum Erlös eines Unternehmens nur eine untergeordnete Rolle spielt (vgl. CORCORAN 1978:204). Während Kuppelprodukt ein technischer und damit wertneutraler Begriff ist, beinhaltet die Bezeichnung Nebenprodukt bereits eine Wertung.

Soweit zum üblichen Gebrauch der Begriffe Kuppel- und Verbundproduktion sowie 'joint production' und 'joint supply'. Angesichts der unscharfen, aber dennoch sinnvollen Trennung von Kuppel- und Verbundproduktion ist es nötig, Präzisierungen vorzunehmen. Im folgenden werden wir deshalb die Begriffe Kuppel- und Verbundproduktion mit produktions- und kapitaltheoretischen Konzepten fassen. Daran anschließend zeigen wir die Vorteile einer exakten Begriffsbildung an zwei konkreten Beispielen auf.

2.2 Begriffspräzisierung: Kuppel- und Verbundproduktion

Wir gehen bei unseren Definitionen von einzelnen Produktionsprozessen aus. Unter einem Produktionsprozeß verstehen wir eine zulässige, d.h. technisch mögliche Transformation von Inputs in Outputs. In einer Ökonomie, in der es n unterschiedliche Güter gibt, wird ein Produktionsprozeß durch einen $n-$dimensionalen Inputvektor a und einen n-dimensionalen Outputvektor b dargestellt. Alle zulässigen Produktionsprozesse bilden die Technologiemenge (vgl. STEPHAN 1989:21).

In vielen Modellen wird angenommen, jeder der Outputvektoren enthielte nur eine von null verschiedene Komponente; d.h. ein Outputvektor degeneriert zu einem Skalar. Ein besonders prominentes Beispiel hierfür ist die

Wertpapierkorb und bietet damit gleichzeitig eine Vielzahl unterschiedlicher Wertpapiere an (persönliche Kommunkiation, RIESS, Allianz Wertpapierabteilung).

sogenannte *Leontief- Ökonomie* (vgl. ARROW UND HAHN 1986:40).[7] Indem wir zulassen, daß der Outputvektor mehrere von null verschiedene Komponenten enthält, führen wir auf einfache Weise Kuppelproduktion ein:

Definition 2.1: Ein Produktionsprozeß, dessen Outputvektor mehr als eine von null verschiedene Komponente enthält, ist ein *K-Prozeß* (Kuppelproduktionsprozeß). Bei nur einer von null verschiedenen Outputkomponente liegt ein *E-Prozeß* (Einfachproduktionsprozeß) vor.

Die Definition eines K-Prozesses stimmt weitgehend mit dem üblichen Verständnis *starrer* Kuppelproduktion überein. Der Unterschied besteht lediglich darin, daß wir den Produktionsprozeß als die zulässige Kombination eines Input-und Outputvektors konkretisierten (vgl. Riebels Definition, Abschnitt 2.1).

Obwohl die Definition unverfänglich scheint, birgt sie doch eine Besonderheit in sich: Häufig werden nämlich In- und Outputvektor saldiert und damit zu einer sogenannten *Aktivität* zusammengefaßt (KOOPMANS 1951:35). Statt durch zwei Vektoren ist ein Produktionsprozeß dann nur noch durch einen Vektor beschrieben. Die Inputs einer Aktivität sind an ihrem negativen Vorzeichen, die Outputs an ihrem positiven Vorzeichen zu erkennen. Es ist nun naheliegend, eine Aktivität als K-Prozeß zu bezeichnen, wenn sie mehr als eine strikt positive Komponente enthält. Dann vernachlässigen wir allerdings die Möglichkeit, daß ein Gut sowohl In- wie auch Output des gleichen Produktionsprozesses sein kann. Ist die Inputkomponente des betreffenden Gutes größer als die entsprechende Outputkomponente, so liegt nach unserer Definition noch immer ein K-Prozeß vor. Eine *Aktivität* würde in diesem Fall jedoch keinen K-Prozeß anzeigen. Worin besteht diese Inkonsistenz?
Durch die Saldenbildung geht eine Information über die zeitlich-logische Struktur eines Produktionsprozesses verloren: Die Inputs müssen zu Beginn der

---

[7] Die Leontief-Ökonomie ist theoretisch grundlegend für die Input-Output-Analyse. Sie ist deshalb sehr bedeutend für die empirische Wirtschaftsforschung. Auf die Probleme, die Produktionsprozesse mit mehreren von null verschiedenen Outputkomponenten für die Input-Output-Analyse mit sich bringen, werden wir in späteren Kapiteln noch eingehen.

Produktionsdurchführung, die Outputs werden am Ende verfügbar sein. Um diese zeitliche Differenz auch in die Darstellung einer *Aktivität* zu integrieren, müßten wir In- und Outputs zeitlich indizieren. In den Prozeß eingehende und aus ihm hervorgehende Güter wären dann immer wie unterschiedliche Güter zu behandeln. Durch die Saldierung von In- und Outputvektor würde somit lediglich das Vorzeichen bestimmt. Verzichten wir auf eine zeitliche Indizierung bei der Aktivitätsdarstellung, so müssen wir aus Gründen der Konsistenz auch unterstellen, daß ein Gut entweder In- oder Ouptut des Produktionsprozesses ist.[8]

Nach diesem Exkurs über unterschiedliche Darstellungen eines Produktionsprozesses kehren wir zum K-Prozeß zurück. Offensichtlich sind die gemeinsamen Erzeugnisse eines K-Prozesses *direkte* Kuppelprodukte. Wir wollen die Kuppelprodukt-Eigenschaft jedoch nicht auf die Erzeugnisse eines K-Prozesses beschränken. Den Begriff der Kuppelproduktion definieren wir deshalb etwas allgemeiner, wozu wir den kapitaltheoretischen Technikbegriff benötigen. In Anlehnung an FABER (1979:62) definieren wir eine *Technik* folgendermaßen:

Definition 2.2: Eine Technik zur Herstellung eines bestimmten Produktes besteht aus allen erforderlichen Produktionsprozessen, um ausgehend von den nicht-produzierten Inputs zu diesem Produkt zu gelangen.

Eine Technik umfaßt somit nicht nur den Produktionsprozeß, dessen Outputvektor das betreffende Produkt enthält, sondern darüber hinaus alle nötigen Produktionsprozesse, um erforderliche Rohstoffe, Vorprodukte und Kapitalgüter herzustellen. Das Konzept einer Technik beinhaltet somit einen Blick auf die *Vorgeschichte* eines Produktes.
Abweichend von der Technikdefinition, wie sie beispielsweise bei FABER UND PROOPS (1991:147) erfolgt, beziehen wir die Technik nicht zwingend auf Konsumgüter. Das Produkt, auf das sich die Technik bezieht, bezeichnen wir als *Zielprodukt.*

---

[8]Daß dies jedoch häufig nicht zutrifft, zeigt das Beispiel Kapitalgüter. Ein Teil von ihnen nutzt sich durch den Produktionsvorgang ab, die verbleibenden gehen wieder aus ihm hervor.

Auf dem Technikbegriff aufbauend definieren wir:

Definition 2.3: Alle Produkte, die im Zuge einer bestimmten Technik hergestellt und nicht in folgenden Prozessen der *gleichen* Technik vollständig weiterverarbeitet werden, bezeichnen wir als Kuppelprodukte des Zielproduktes.

Abschließend definieren wir den Begriff der Verbundproduktion.

Definition 2.4: Die Herstellung unterschiedlicher Zielprodukte bezeichnen wir als Verbundproduktion, wenn die Kuppelprodukte eines Zielproduktes als Inputs innerhalb der Technik der anderen Zielprodukte verwendet werden.

Einen Produktionsverbund bilden somit sich überschneidende Techniken; überschneidend in dem Sinne, daß sie ein und denselben Produktionsprozeß enthalten.

Was ist mit diesen Definitionen gegenüber der eingangs angeführten Umschreibung von Kuppelproduktion gewonnen? Um die Vorteile unseres Begriffsapparates zu verdeutlichen, betrachten wir in Abbildung 2.1 eine einfache Produktionsstruktur. Sie besteht aus sechs Gütern (G_1,...,G_6) und vier Produktionsprozessen (P_1,...,P_4). Die Kreise stellen Güter, die Quadrate Produktionsprozesse dar. Die Abbildung ist so zu interpretieren, daß beispielsweise durch P_1 das Gut G_1 in die beiden Güter G_3 und G_4 transformiert wird.

Kuppelprodukte im Sinne der eingangs angeführten Definition von Riebel sind nur G_3 und G_4; sie sind zwangsläufig gemeinsame Produkte des Produktionsprozesses P_1. Gemäß unserer Definition 2.1 ist P_1 ein K-Prozeß. Erklären wir G_5 zum Zielprodukt, so umfaßt die entsprechende Technik die beiden Prozesse P_1 und P_3. Dann ist G_4 ein Kuppelprodukt von G_5, aber G_5 nur ein Verbundprodukt von G_4. Hier zeigt sich, daß Kuppelproduktion nur auf der Ebene eines K-Prozesses eine symmetrische Beziehung ist. Werden nachgelagerte Produktionsstufen berücksichtigt, so ergeben sich Asymmetrien. Dies hängt damit zusammen, daß Kuppelproduktion Zwangsläufigkeit impliziert, zumindest im Rahmen einer Technik; Verbundproduktion hingegen beruht auf der Entscheidung, Kuppelprodukte weiterzuverarbeiten.

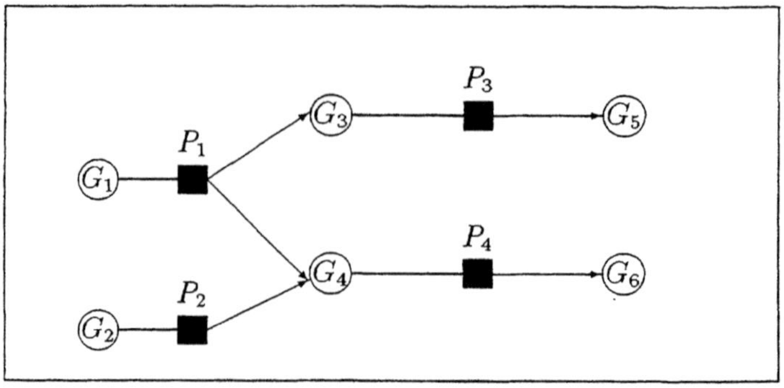

Abbildung 2.1: Beispiel einer Produktionsstruktur

Betrachten wir nun die Kuppelproduktion von G_3 und G_4 genauer. Offensichtlich lassen sich die Mengenverhältnisse beider Produkte verändern, indem die Prozesse P_1 und P_2 gemischt werden. In diesem Fall ist es sinnvoll, von flexibler Kuppelproduktion zu sprechen. [9] Durch die entsprechende Wahl der Technik zur Herstellung von G_6, nämlich $\{P_2, P_4\}$, kann G_3 als Kuppelprodukt *vermieden* werden.

Die genaue Unterscheidung von K-Prozessen, Kuppel- und Verbundproduktion erweist sich bei der Analyse realer Produktionsstrukturen als sinnvoll, wie wir an zwei konkreten Beispielen zeigen wollen. In unserem ersten Beispiel stellen wir die Emission von Kohlendioxid (CO_2) als die Folge von Kuppelproduktion dar. Unser zweites Beispiel gilt einem Schlüsselprozeß der chemischen Industrie, der sogenannten *Chlor-Alkali-Elektrolyse.*

- **Beispiel 1: Die Emission von CO_2**

Um 1988 den Energiebedarf der Bundesrepublik Deutschland zu decken, wurden über 707 Mio. Tonnen (Steinkohleäquivalent) fossile Energieträger verbrannt (StBA 1988). Damit gingen mehr als 650 Mio. Tonnen emittiertes CO_2 (Proops et al. 1993:172) einher, was den natürlichen Treibhauseffekt der Atmosphäre mit an Sicherheit grenzender Wahrscheinlichkeit verstärkt. Nachdem viele Staaten bei der Toronto-Konferenz ihren Willen erklärten, die

[9] Wie weit die Flexibilität geht, hängt natürlich auch davon ab, ob die Produktionsprozesse beliebig teilbar und additiv sind.

CO_2-Emissionen zu senken, galt es aus ökonomischer Sicht, gangbare Wege der Reduktion aufzuzeigen. In diesem Kontext ist auch die Studie von PROOPS ET AL. (1993) zu sehen, auf die wir im folgenden Bezug nehmen.
Wie hängt das Ziel, die CO_2-Emissionen zu senken, mit der Kuppelproduktion zusammen?

Aus technischer Sicht ist die Bereitstellung von Energie durch Verbrennen fossiler Energieträger die Nutzung der Reaktionswärme einer chemischen Reaktion.[10] Unabhängig davon, ob Erdgas, Erdöl oder Kohle verbrannt wird, Produkte sind immer CO_2 und verfügbare Energie. Wir haben es deshalb bei der Verbrennung fossiler Energieträger mit typischen K-Prozessen zu tun, deren volkswirtschaftliche Bedeutung außerordentlich groß ist. Unterscheiden wir wie PROOPS ET AL. (1993:36) drei fossile Energieträger, nämlich Erdgas, Erdöl und Kohle, so erhalten wir auch drei K-Prozesse. Der jeweilige *Emissionskoeffizient* entspricht dem Verhältnis von zwangsläufig ausgebrachtem CO_2 und Energie. Die Produktproportion Energie zu CO_2 läßt sich durch Kombination der drei K-Prozesse in Grenzen variieren, wobei die obere Grenze Erdgas, die untere Grenze Kohle vorgibt. Um diese Flexibilität in der Realität auszunutzen, ist jedoch Zeit erforderlich, da Anlagenbestände und vorgegebene Kapazitäten umzustrukturieren sind. Kurzfristig bestimmen die Anlagenbestände den sogenannten *Brennstoffmix* und damit das Ausbringungsverhältnis der Kuppelprodukte CO_2 und Energie.

In Abbildung 2.2 ist die Produktionsstruktur eines Modelles dargestellt, wie es beispielsweise PROOPS ET AL. (1993) verwenden. Kernenergie, die idealiter eine Entkoppelung von CO_2 und Energie ermöglicht, bleibt unberücksichtigt. Die Technik zur Herstellung eines beliebigen Konsumgutes G_h ist durch die Prozeßkombination $\{P_1^c, P_i, \dots, P_j\}$ gegeben. G_1 ist ein aus Erdöl, Erdgas und Kohle zusammengesetzter Input, der mittels P_1^c in Energie (G_2) und CO_2 (G_3) transformiert wird.[11]

[10] Chemische Industrie und Energiewirtschaft beruhen in diesem Fall auf dem gleichen Prinzip, nämlich der Nutzung chemischer Reaktionen. Sie unterscheiden sich lediglich in ihren Prioritäten: Für die chemische Industrie sind aus der Reaktion hervorgehende Substanzen, für die Energiewirtschaft die freiwerdende Reaktionswärme Ziel der Produktion.

[11] Der Hochindex c deutet an, daß es sich bei P_1^c um einen aus mehreren Einzelprozessen

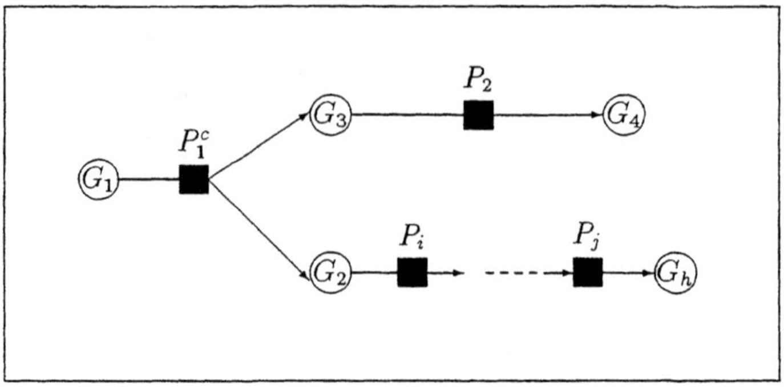

Abbildung 2.2: Struktur eines Kohlendioxid-Emissions-Modelles

Ein zentraler Bestandteil des Modells von PROOPS ET AL. (1993) ist die verursachergerechte Zurechnung der CO_2-Emissionen auf jedes einzelne Konsumgut (G_h). Damit wird Kuppelproduktion auf zwei Stufen quantifiziert: Auf der ersten Stufe, dem K-Prozeß, in Form der Emissionskoeffizienten. Auf der zweiten Stufe über die Produktionsprozesse hinweg in Form von CO_2 pro Konsumguteinheit. Der entsprechende Koeffizient wird dann als CO_2-Intensität bezeichnet.

Die bei gegebener Technik und gegebenem Anlagenbestand starre Kuppelproduktion von Konsumgut G_h und CO_2 läßt sich nun ausnutzen, um beispielsweise die Folgen veränderten Konsumverhaltens für die CO_2-Produktion zu prognostizieren. Da zudem annahmegemäß kein Prozeß P_2 existiert, kann die Menge des Kuppelproduktes mit den Emissionen gleichgesetzt werden.

Eine Möglichkeit, die starre Kuppelproduktion von G_h und CO_2 zu flexibilisieren, ist eine Änderung der Technik. Diese Änderung kann sowohl am K-Prozeß (P_1^c) selbst anknüpfen, also an der Energietechnik und am Brennstoffmix, als auch an den Produktionsprozessen P_i ... P_j.

Die Integration von Kohlendioxid in einen Produktionsverbund ist bisher nur in einigen wenigen Fällen durchgeführt. Gut G_4 könnte beispielsweise Methanol sein, da zu dessen Herstellung CO_2 als Vorprodukt dienen kann.[12]

zusammengesetzten Prozeß handelt.

[12]Bei CO_2 handelt es sich nicht generell um ein unerwünschtes Kuppelprodukt. Innerhalb

- **Beispiel 2: Die Chlor-Alkali-Elektrolyse**

In unserem zweiten Beispiel betrachten wir die Chlor-Alkali-Elektrolyse, die wir im folgenden mit CAE abkürzen. Innerhalb der chemischen Industrie gehört die CAE zu den zentralen Produktionsprozessen; die Menge der durch sie direkt hergestellten Produkte belief sich 1991 auf über 6 Mio. Tonnen (StbA lfd.Jgg.a). Für einen einzelnen Prozeß ist dies selbst innerhalb der chemischen Industrie ein ungewöhnlich hoher Mengendurchsatz. Alleine von Chlor, einem der Erzeugnisse der CAE, hängen direkt und indirekt schätzungsweise 60 % des europäischen Chemieumsatzes ab (CHEMISCHE INDUSTRIE 1991:18). Nicht nur die wirtschaftliche, sondern auch die umweltpolitische Bedeutung ist außerordentlich: Die CAE ist der Kernprozeß der sogenannten *Chlorchemie*, zu deren Produkten zahlreiche, aus Umweltschutzgründen umstrittene Erzeugnisse gehören. Wegen ihrer großen Bedeutung dient die CAE während der gesamten Arbeit als Referenzbeispiel.

Vereinfacht ausgedrückt besteht die CAE darin, eine Kochsalzlösung durch Anlegen einer elektrischen Spannung in ihre Einzelteile Chlor, Natronlauge und Wasserstoff zu zerlegen. Sie ist folglich ein K-Prozeß mit drei Kuppelprodukten. Anhand von Abbildung (2.1) auf Seite 20 betrachten wir einen Teilausschnitt des sogenannten *Chlor-Alkali-Komplexes*, der sich auf der CAE aufbaut. Lassen wir den mengenmäßig unbedeutenden Wasserstoff beiseite, so ist die CAE durch P_1 adäquat dargestellt. Das Gut G_1 ist der Rohstoff Steinsalz, G_3 steht für Chlor und G_4 für Natronlauge. Die Weiterverarbeitungsmöglichkeiten für diese beiden Kuppelprodukte sind sehr vielfältig, wir greifen deshalb jeweils eine Möglichkeit heraus. Beispielsweise kann P_3 die Verarbeitung von Chlor in der Polyvinylchloridherstellung sein; Polyvinylchlorid ist ein unter der Abkürzung PVC bekannter Kunststoff. Dem Prozeß P_4 entspricht beispielsweise der sogenannte Bauxit-Aufschluß mit Natronlauge. Der Bauxit-Aufschluß ist ein wichtiger Prozeß der Aluminiumherstellung. Erhöht sich der Bedarf an Aluminium und wird dieses über die Technik $\{P_1,P_4,...\}$

---

der chemischen Industrie gibt es einige Prozesse, die es als Input benötigen. Auch werden große Anstrengungen unternommen, weitere Anwendungsmöglichkeiten innerhalb der chemischen Industrie zu erschließen (TAMME ET AL. 1994:12). Mit einem Tonnenpreis von 222 DM (StBA, lfd.Jgg.a) ist CO_2 z.B. wesentlich teurer als Schwefelsäure.

hergestellt, so steigt zwangsläufig auch die Chlorproduktion; gemäß unserer Terminologie ist Chlor dann ein Kuppelprodukt des Aluminiums. Mit der erhöhten Chlorproduktion wird wiederum die Möglichkeit geschaffen, mehr PVC im Verbund herzustellen. Steigt hingegen der Bedarf an PVC, so nimmt zwangsläufig die Produktionsmenge von Natronlauge zu. Damit können zwei zentrale Grundstoffe einer Volkswirtschaft, nämlich Aluminium und PVC im Verbund hergestellt werden.

Das Mengenverhältnis von Chlor und Natronlauge läßt sich durch Hinzunahme von Prozeß P_2 flexibilisieren. Die Grenzen der Flexibilität sind durch die alleinige Produktion von Natronlauge mit P_2 und dem Produktmengenverhältnis der CAE gezogen. Den realen Hintergrund von P_2 bilden natürliche Lagerstätten von Natriumcarbonat, das zu Natronlauge verarbeitet werden kann.

2.3 Zusammenfassung und weiterführende Fragestellungen

Fassen wir unsere Überlegungen zum Begriff der Kuppelproduktion und seiner Verwendung zusammen: Die Produktionsmöglichkeiten einer Volkswirtschaft sind im Idealfall sehr flexibel; flexibel im Sinne veränderbarer Produktmengenkombinationen. Das produzierte Güterbündel ist dann Ergebnis einer Wahlhandlung, die nur wenigen Restriktionen unterliegt. Zu diesen Restriktionen gehören beispielsweise begrenzte Verfügbarkeiten von Primärfaktoren wie Rohstoffe oder Arbeitskräfte. K-Prozesse wirken dieser Flexibilität entgegen; sie strukturieren die Produktionsmöglichkeiten, indem bestimmte Güter nur zusammen oder überhaupt nicht hergestellt werden können.

Um die Starrheit, die ein K-Prozeß in sich birgt, Folgeprodukten gleichsam als Erbmasse mitzugeben, definieren wir Kuppelproduktion über den Technikbegriff. Die Symmetrie der Kuppelproduktbeziehung, die auf der Ebene des K-Prozesses vorliegt, muß dann allerdings nicht mehr gelten. Auf der Technikebene kann es sein, daß ein bestimmtes Erzeugnis Kuppelprodukt eines anderen Erzeugnisses ist, die Umkehrung aber nicht gilt. Im Beispiel der

CO_2-Emission ist diese Asymmetrie offensichtlich, bei den komplexen Produktionsstrukturen der chemischen Industrie hingegen häufig nicht. Weiter ist zu beachten, daß auf der Technikebene die Mengenproportionen zwischen Ziel- und Kuppelprodukten flexibel sein können; denn besteht die Möglichkeit, einzelne Prozesse durch alternative Prozesse zu substituieren, so hat dies auch Folgen für die Mengenproportionen zwischen Ziel- und Kuppelprodukten. Im Grenzfall sind alle K-Prozesse durch E-Prozesse austauschbar, so daß Kuppelprodukte gänzlich *vermieden* werden.

Den Begriff Verbundproduktion wenden wir auf Techniken an, wenn diese die Kuppelprodukte einer anderen Technik verarbeiten. Denn bei K-Prozessen besteht die Möglichkeit, daß verschiedene Techniken nicht nur den gleichen, sondern im wörtlichen Sinne denselben Produktionsprozeß enthalten. Konstituieren hingegen ausschließlich E-Prozesse die Technologiemenge, dann ist der Fall ausgeschlossen, daß unterschiedliche Techniken *gleichzeitig* auf denselben Produktionsprozeß zugreifen.

Produktionsverbunde ermöglichen eine weitere Flexibilisierung der Produktionsmöglichkeiten, insofern als Kuppelprodukte einer Technik in einer anderen Technik verwertet werden. Die Flexibilität auf der Ebene eines Produktionsverbundes besteht ebenso wie die auf der Technik-Ebene in der Praxis in vielen Fällen nur über die Zeit hinweg (siehe die Beispiele CO_2 und CAE), da sie den Aufbau neuer Kapitalgüter erfordert. Einen Sonderfall von Produktionsverbund stellen herkömmliche Produktionsanlagen in Verbindung mit Entsorgungstechnologien dar. Als Verbundprodukte werden entsorgte Schadstoffe und Abfälle hergestellt; Kuppelprodukte werden dann im Produktionsverbund nicht verwertet, sondern *entsorgt.*

Soweit zur Zusammenfassung der wichtigsten Begriffe. Der Vorteil dieser Begriffe besteht darin, Produktionsstrukturen präzise beschreiben zu können. Eigenschaften der Produktionsmöglichkeiten, wie Asymmetrien, Starrheiten und eingeschränkte Flexibilitäten werden deutlich herausgestellt. Aus wirtschaftstheoretischer Perspektive sind dies Eigenschaften des technischen Restriktionsraumes einer Ökonomie. Im folgenden formulieren wir drei Kategorien von Fragen, die sich bei einer Ökonomie mit einem solcherart beschaffenen

Restriktionsraum stellen. An erster Stelle stehen Fragen allgemeintheoretischer Natur, die beispielsweise lauten:

- Existiert in einer Ökonomie mit Kuppelproduktion ein Walras-Gleichgewicht, d.h. ein Preissystem, bei dem auf keinem der betrachteten Märkte ein Nachfrageüberhang besteht?
- Wie unterscheiden sich die Eigenschaften eines Allgemeinen Gleichgewichtes in einer Ökonomie mit Kuppelproduktion von denen einer Ökonomie ohne Kuppelproduktion? Zu diesen Eigenschaften gehört neben der Pareto-Optimalität auch die Ein- bzw. Mehrdeutigkeit des markträumenden Preissystems; zu den dynamischen Eigenschaften zählt beispielsweise die Stabilität des Gleichgewichtes.
- Welche komparativ-statischen Aussagen sind möglich? Welche Allokationseffekte gehen beispielsweise von exogen bedingten Preisänderungen aus, gelten die sogenannten Marktgesetze auch bei Kuppelproduktion?
- Welche dynamischen Prozesse laufen in einer Ökonomie mit Kuppelproduktion ab und wie unterscheiden sich diese von den Prozessen in einer Ökonomie ohne Kuppelproduktion?

An zweiter Stelle ist zu fragen, welche Erzeugnisse einer Volkswirtschaft sinnvollerweise als Kuppelprodukte aufzufassen sind und welche Schlüsse sich daraus ziehen lassen. Nicht in allen Fällen ist Kuppelproduktion so leicht zu erkennen, wie in den oben (vgl. 1.1) zitierten Lehrbuchbeispielen. Die folgenden drei Fragen verdeutlichen dies:

- Sind Abfälle und Schadstoffe Kuppelprodukte?
- Ist eine zwar gebrauchte aber noch funktionsfähige Maschine ein Kuppelprodukt der Güter, die mit ihr in der Vorperiode gefertigt wurden?
- Ebenso wie Kapitalgüter in Form von gebrauchten Maschinen weisen Transportdienstleistungen auf zeitlich versetzte Kuppelproduktion

hin: Ist die Rückfahrt eines unbeladenen Frachtschiffes von China nach Deutschland ein zeitlich versetztes Kuppelprodukt der Hinfahrt mit Exportgütern als Ladung?

Besonders Formen der zeitlich versetzten Kuppelproduktion, wie sie in den beiden letzten Fragen angesprochen werden, sind in der Regel nicht unmittelbar als solche zu erkennen.
An dritter Stelle schließlich ist nach den empirischen Aspekten der Kuppelproduktion zu fragen. Dazu gehören neben der mengen- und wertmäßigen Bedeutung von Kuppelprodukten die realen Zeitskalen, innerhalb derer Produktmengenproportionen unveränderlich sind. Fragen in diesem Zusammenhang lauten:

- Wie läßt sich Kuppelproduktion in der Empirie erkennen, modelltheoretisch abbilden und quantifizieren?
- Für welchen Zeitraum ist es beispielsweise realistisch, die im Beispiel 2 dargestellte Kuppelproduktion von Natronlauge und Chlor als starr anzunehmen?

Zusammenfassend lassen sich die drei Kategorien von Fragestellungen folgendermaßen formulieren:

1. Welche Aussagen sind über eine Ökonomie mit Kuppelproduktion möglich?
2. Was alles läßt sich als Kuppelproduktion auffassen?
3. Welche empirische Bedeutung hat Kuppelproduktion und für welchen Zeitraum ist es sinnvoll, von starrer Kuppelproduktion auszugehen?

Die Fragestellungen bilden ein Gerüst, auf das wir im Laufe der Arbeit wiederholt zurückkommen werden. Statt sie in der angegebenen Reihenfolge sukzessiv abzuhandeln, werden wir unsere Vorgehensweise jedoch an einem empirischen Problem ausrichten: den aus Umweltschutzgründen unerwünschten Kuppelprodukten der chemischen Industrie. Im nächsten Kapitel verdeutlichen wir zunächst den allgemeinen Zusammenhang zwischen Umweltproblemen und Kuppelproduktion. Anschließend erfolgt im übernächsten Kapitel die empirische Analyse der chemischen Industrie und ihrer unerwünschten Kuppelprodukte.

Teil II

Unerwünschte Kuppelprodukte

Kapitel 3

Umweltprobleme und Kuppelproduktion

Das vorhergehende Kapitel endete mit einem Katalog von Fragen, die sich alle im Zusammenhang mit Kuppelproduktion stellen. Dem ersten Anschein nach ist diesen Fragen nur die Ausrichtung auf Kuppelproduktion gemeinsam; gestellt aber werden sie aus unterschiedlichsten Interessen: Die Bandbreite reicht von allgemeintheoretischen bis hin zu empirisch-quantitativen Interessensschwerpunkten (vgl. die Fragestellungen in 2.3).

Trotz der unterschiedlichen Interessensschwerpunkte gibt es ein Forschungsgebiet, für das die Kuppelproduktion in all ihren Aspekten relevant ist, nämlich die Umweltökonomik. Das Phänomen der Kuppelproduktion ist wesentlich für den ökonomischen Zugang zu Umweltproblemen (vgl. FABER ET AL. 1993:30). Um dies zu verdeutlichen, betrachten wir produktions- und konsumbedingte Umweltprobleme aus zwei unterschiedlichen Perspektiven. Die erste Blickrichtung bezeichnen wir als die *ökonomisch* orientierte; bei ihr stehen die Konsumbedürfnisse der Gesellschaftsmitglieder und die institutionellen Rahmenbedingungen wirtschaftlichen Handelns im Vordergrund. Die zweite Blickrichtung ist *naturwissenschaftlich* orientiert; bei ihr steht die Wechselwirkung zwischen Wirtschaft und Umwelt an erster Stelle.

3.1 Die ökonomisch orientierte Sichtweise

Bei der ökonomisch orientierten Sichtweise werden die Ursachen einer Umweltkrise in den Bedürfnissen der Gesellschaftsmitglieder sowie in den institutionellen Rahmenbedingungen einer Volkswirtschaft gesucht.

Nach traditionellem ökonomischem Verständnis findet sich der wirtschaftlich relevante Teil der Bedürfnisse in der Präferenzordnung eines Konsumenten wieder. Unter Beachtung physischer und ökonomischer Restriktionen wählt jedes Gesellschaftsmitglied seinen Präferenzen entsprechend das beste Güterbündel aus. Belastet die Herstellung oder der Konsum dieses Güterbündels die Umwelt, so ist das letztlich eine Folge des hinter dem Konsumwunsch stehenden Bedürfnisses. Beispielsweise hängen Umweltprobleme infolge des motorisierten Individualverkehrs zu einem großen Teil mit dem ausgeprägten Bedürfnis nach Mobilität zusammen. Auch die umweltbelastenden Produktionsrückstände der chemischen Industrie sind letztlich auf einzelne Bedürfnisse zurückzuführen: Die der chemischen Industrie zuzurechnende Farbenherstellung beispielsweise ist ein Vorgang, bei dem zahlreiche umweltbelastende Produktionsrückstände anfallen können; eine Ursache für diese Rückstände ist das Bedürfnis nach einer gefällig gestalteten Oberfläche von Produkten.

Die Bedürfnisse sind aber nicht nur für Art und Umfang der hergestellten Güter, sondern auch für die Wahl der Herstellungstechniken von entscheidender Bedeutung. So fließt die Einschätzung zukünftiger Bedürfnisse in die Auswahl von Techniken ein (FABER UND PROOPS 1991). Da unterschiedliche Techniken in der Regel die Umwelt unterschiedlich belasten, besteht auch hier eine Rückbindung an die Bedürfnisse. Für die Auswahl der Techniken sind zudem die institutionellen Rahmenbedingungen wichtig. Dazu gehört die Verteilung von Eigentumsrechten und die Gesetzgebung, welche die Produktionsweise maßgeblich prägen.

Wie sich Institutionen und Bedürfnisse formen und angesichts einer belasteten Umwelt über die Zeit hinweg verändern, sind Fragen im Grenzbereich zwischen Ökonomik und Philosophie. So stellt sich die Frage nach der Rolle von Bedürfnissen in einer Umweltkrise auch aus ethischer Sicht. Die Forschung nach den Gründen für das Zustandekommen und die Veränderung von institutionellen Rahmenbedingungen ist auch in der politischen Philosophie beheimatet.

Wir werden in dieser Arbeit Fragen im Grenzbereich zwischen Ökonomik und Philosophie nicht weiter nachgehen und verweisen statt dessen auf die Arbeiten von MEYER-ABICH (1988), BINSWANGER ET AL. (1990) sowie FABER ET AL. (1994a). Die Darstellung der ökonomisch orientierten Sichtweise erfolgte, um unseren eigenen Zugang zu Umweltproblemen einordnen zu können. Dazu dient auch die im nächsten Abschnitt skizzierte naturwisseschaftliche Sichtweise auf ein Umweltproblem.

3.2 Die naturwissenschaftliche Sichtweise

Produktions- und Konsumaktivitäten setzen Abfälle und Schadstoffe frei, die den Zustand der drei Umweltmedien Boden, Luft und Wasser qualitativ verändern. Das Umweltverhalten der Schadstoffe und Abfälle sowie ihre Wirkungen auf den Menschen werden innerhalb der naturwissenschaftlichen Disziplinen Ökologie, Chemie, Umweltphysik und Toxikologie untersucht. Für die Ökonomik sind die Ergebnisse dieser Disziplinen relevant, da sie Aussagen über die Rückwirkungen einer veränderten Umwelt auf den Produktions- und Konsumbereich enthalten. Vor allem sind Aussagen über die stofflichen Eigenschaften einer Substanz nötig, um ihr das Prädikat Abfall oder Schadstoff verleihen zu können. Dies kommt in der Definition von Schadstoffen und Abfällen zum Ausdruck. In enger Anlehnung an FABER ET AL. (1983:96) definieren wir:

Definition 3.1 Schadstoffe und Abfälle sind Substanzen, die (1) aufgrund ihrer stofflichen Eigenschaften und ihrer Menge die Nutzungsmöglichkeiten der Umwelt negativ beeinflussen und die (2) weder als Produktionsmittel verwendet werden, noch als Konsumgut oder Konsumgutbestandteil erwünscht sind.

Um die Terminologie zu vereinfachen, subsumieren wir fortan Abfälle unter den Schadstoffbegriff. Schadstoffe, die nicht aus Produktions- und Konsumaktivitäten hervorgehen, lassen wir unbeachtet.

Entscheidend für die Klassifikation einer Substanz als Schadstoff sind zwei Merkmale: zum einen ihre stofflichen Eigenschaften und Mengen, zum anderen ihre Stellung zum Produktions- und Konsumbereich. Über die Stellung zum Produktions- und Konsumbereich sind aus einer naturwissenschaftlichen Perspektive nur sehr begrenzt Aussagen möglich. Die Identifikation und Messung nachteiliger Eigenschaften hingegen fällt in das Untersuchungsgebiet der Naturwissenschaften. Die mit dem Fachterminus *adverse Effekte* bezeichneten nachteiligen Eigenschaften einer Substanz (BAHADIR 1991:241) sind häufig nur mit naturwissenschaftlichen Methoden feststellbar.

Zu den adversen Effekten gehören u.a. (vgl. KOCH 1989:18ff):

- Karzinogenität, d.h. eine Substanz wirkt krebserregend- bzw. auslösend,
- Mutagenität, d.h. Veränderung des genetischen Materials der Zellen hervorrufend,
- Genotoxizität, d.h. eine Substanz verändert das Erbgut,
- Teratogenität, d.h. die Entwicklung des Embryos wird nachteilig beeinflußt,
- Giftigkeit, d.h. allgemein Schädigungen von Biosystemen hervorrufend,
- Fischtoxizität, d.h. giftig für Fische. Diese Toxizität dient als Indikator für die allgemeine Giftigkeit einer Substanz,
- Klimawirksamkeit,
- Sachgüterschädigung.

Bevor ein adverser Effekt eintritt, muß die Konzentration der entsprechenden Substanz einen Grenzwert übersteigen, was voraussetzt, daß sie sich akkumuliert. Dazu muß die Geschwindigkeit, mit welcher sie aus dem Produktions- oder Konsumbereich in die Umwelt gelangt, die Geschwindigkeit übersteigen, mit der sie natürliche Prozesse zu unbedenklichen Substanzen umwandelt. Grundsätzlich gilt, daß Substanzen potentiell um so gefährlicher sind, je langsamer sie in der Umwelt abgebaut werden (BAHADIR 1991:241). Die Abbaurate und die umwandelnden chemischen Reaktionen sind deshalb ausschlaggebend für die Umweltbewertung einer Substanz (KOCH 1989:17).[1] Der natürliche Abbau von Schadstoffen in der Umwelt stellt sich aus ökonomischer Sicht als eine Dienstleistung der Natur dar, die der von Kapitalgütern ähnlich ist.

3.3 Schadstoffe als unerwünschte Kuppelprodukte

Über die Kuppelproduktion erhalten wir eine dritte Blickrichtung auf Umweltprobleme, die zwischen den beiden oben beschriebenen liegt: Kuppelproduktion bedingt den Zusammenhang zwischen Güter- und Schadstoffströmen und damit zwischen Bedürfnisbefriedigung und adversen Effekten. Die bewußte Herstellung von Schadstoffen ist immer nur im Zusammenhang mit der von Gütern zu verstehen, die mittel- oder unmittelbar der Bedürfnisbefriedigung dienen.

Betrachten wir die Beziehung zwischen Kuppelproduktion und Umweltproblemen genauer. Jeder aus dem Produktionsbereich stammende Schadstoff muß sich offensichtlich auf Kuppelproduktion zurückführen lassen. Denn gäbe es keine Kuppelproduktion, so würden ausschließlich Produktionsmittel und Konsumgüter hergestellt. Diese sind jedoch ex definitione keine Schadstoffe. Deshalb können FABER ET AL. (1983a:14) auch behaupten, daß *"in der Regel Schadstoffe ausschließlich als Kuppelprodukte erzeugt werden"*. Für STEPHAN (1989:49) gilt dies für Schadstoffe aus dem Produktions- und dem Konsumbereich: *"Pollution is a by-product of production and consumption activities ..."*. Auf die Interpretation von Schadstoffen aus dem Konsumbereich als Kuppelprodukte gehen wir im Abschnitt 4.3 genauer ein.

Ein offensichtlicher und wichtiger Unterschied zwischen Gütern und

[1] Die Abbaurate einer Substanz ist wesentlicher Bestandteil des sogenannten Umweltgefährdungsprofils: So beträgt die Abbaurate von Hexachlorbenzol, bezogen auf einen Zeitraum von fünf Tagen in Belebtschlamm 0,1 %, während Cumarin im gleichen Zeitraum zu 29,5 % abgebaut wird. Hexachlorbenzol ist ein industrielles Produkt, Cumarin gehört zu den Naturstoffen (FREITAG ET AL. 1990).

Schadstoffen besteht darin, daß erstere erwünscht, zweitere unerwünscht sind. Aus naturwissenschaftlicher Sicht ist es prinzipiell einfach, eine Substanz als unerwünscht zu erkennen: Maßgebend sind die von ihr ausgehenden adversen Effekte. Dioxine und Furane sind unerwünscht, weil sie ab einer bestimmten Konzentration krebsauslösend und erbgutverändernd wirken. Diese Eigenschaft haftet ihnen unabhängig vom wirtschaftlichen Verwendungskontext an.

'Unerwünscht' ist jedoch auch eine ökonomische Kategorie. Innerhalb der ökonomischen Theorie wird das Prädikat 'unerwünscht' oder 'schädlich' einem Produkt verliehen, wenn es einen *negativen Wert* aufweist. So bezeichnet DEBREU (1959:33) ein Produkt mit negativem Preis als schädlich. Unerwünschte Produkte treten damit neben die freien Güter, deren Preis null Einheiten beträgt und neben die knappen Güter, die einen strikt positiven Preis aufweisen. Ein negativer Preis bedeutet, daß der Anbieter des schädlichen Produktes bereit ist, dem Nachfrager zusätzlich Güter oder Geld für die Abnahme des schädlichen Produktes zu überlassen.[2]

Der Unterschied zwischen 'unerwünscht' aus naturwissenschaftlicher und ökonomischer Sicht ist wesentlich: Ein adverser Effekt haftet einer Substanz als unveränderliches Merkmal an. Das ökonomische Prädikat 'unerwünscht' hingegen ist abhängig von den Präferenzen, der Technologie, der Ressourcenausstattung und den Rahmenbedingungen einer Wirtschaft. Veränderungen beispielsweise in der Technologie können dazu führen, daß ein unerwünschtes Kuppelprodukt zu einem Gut wird. Während ein adverser Effekt zeitlich invariant ist, kann sich die Eigenschaft eines Produktes, unerwünscht zu sein, im Zeitverlauf verändern.

3.4 Zusammenfassende Bemerkungen

Anhand von Abbildung 3.1 fassen wir die Aussagen dieses Kapitels zusammen. Ausgangspunkt für die Analyse von Umweltproblemen ist die Beobachtung

[2] Der Begriff des negativen Wertes geht wahrscheinlich auf Macleod (1855) zurück. Explizit auf den Zusammenhang zwischen Kuppelprodukten und negativen Werten weist JEVONS (1911:202) in seinem 1871 veröffentlichten Werk hin.

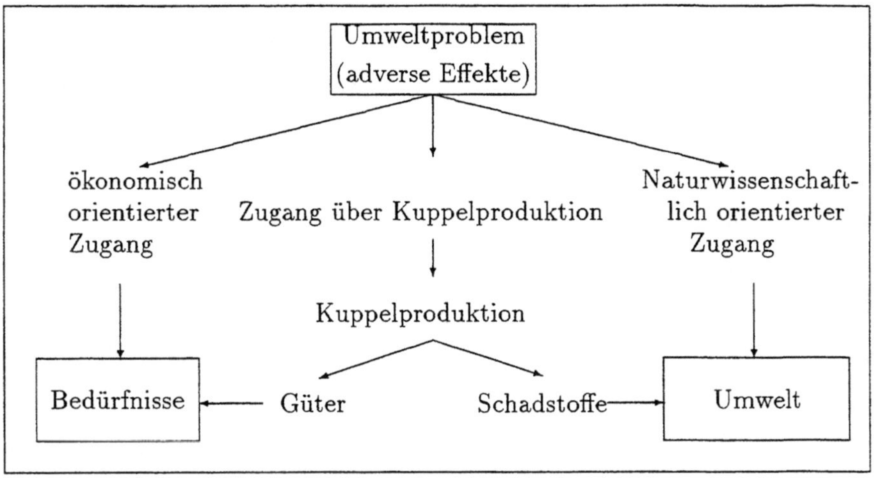

Abbildung 3.1: Zugänge zu Umweltproblemen

eines adversen Effektes, der mittelbar auf die Herstellung und Verwendung von Gütern zurückgeht. Drei Richtungen sind möglich, von denen aus ein Zugang zur ökonomischen Dimension dieses Problemes erfolgen kann.

Die erste, durch den Pfeil links oben angedeutete Richtung besteht darin, nach der Beschaffenheit und Dynamik menschlicher Bedürfnisse zu fragen. Zur Befriedigung dieser Bedürfnisse wserden Güter verwendet, deren Herstellung und Verwendung wiederum für die Freisetzung von Schadstoffen und damit für den adversen Effekt ursächlich ist. Diesen Zugang, der auch Überlegungen über das Zustandekommen von institutionellen Rahmenbedingungen beinhaltet, bezeichnen wir als den ökonomisch orienterierten.

Die zweite Richtung, dargestellt durch den Pfeil rechts oben, sieht eine naturwissenschaftliche Untersuchung des adversen Effekts vor. Untersucht wird das Umweltverhalten von Stoffen aus dem Produktions- und Konsumbereich und ihre Rückwirkungen auf diese beiden Bereiche.

Bei der dritten Richtung schließlich, dargestellt durch den mittleren oberen Pfeil, steht das Phänomen der Kuppelproduktion im Vordergrund. Sie bildet die Klammer zwischen Gütern und Schadstoffen und damit auch zwischen Bedürfnissen und adversen Effekten.

Nach diesen allgemeinen Betrachtungen behandeln wir im folgenden Kapitel die Zielprodukte der chemischen Industrie und deren unerwünschte Kuppelprodukte. Nach einer Beschreibung der allgemeinen Charakteristika der chemischen Industrie beleuchten wir den Zusammenhang zwischen Kuppelprodukten der chemischen Industrie und Umweltproblemen.

In Kapitel 5 befassen wir uns mit der theoretischen und empirischen Abhandlung unerwünschter Kuppelprodukte in der ökonomischen Literatur. Modelle der neoklassischen Umweltökonomik, der Neo-Österreichischen Kapitaltheorie und der Input-Output-Analyse dienen dazu als Diskussionsgrundlage. Dabei wird sich zeigen, daß aus theoretischer Sicht die Integration unerwünschter Kuppelprodukte in die Ökonomik weitgehend vollzogen ist. Erheblicher Forschungsbedarf besteht allerdings bei den empirischen Untersuchungen. Beispielsweise sind Arbeiten über die Folgen der Umweltpolitik, differenziert nach einzelnen Sektoren, nur in geringer Zahl vorhanden.

Kapitel 4

Empirische Analyse der chemischen Industrie

4.1 Einleitung

Eine empirische Analyse der Kuppelproduktion beinhaltet zwangsläufig eine Untersuchung der chemischen Industrie. Die Technologiemenge keines anderen Sektors der Volkswirtschaft wird von einer vergleichbaren Anzahl von K-Prozessen, d.h. Produktionsprozessen mit mehreren Outputus, geprägt. Zwei dieser Prozesse sind von herausragender Bedeutung: die bereits erwähnte Chlor-Alkali-Elektrolyse und die Spaltung des aus Erdöl gewonnenen Rohbenzins, des sogenannten *Naphthas.* Beide K-Prozesse bringen Grundchemikalien hervor, die als essentielle Inputs[1] in viele industrielle Produktionsprozesse eingehen. Die Vermutung, K-Prozesse würden eine empirisch untergeordnete Rolle spielen, widerlegt schon die Existenz dieser beiden K-Prozesse. Mit chemischen Erzeugnissen, die auf der Spaltung von Erdöl basieren, wurden 1992 weltweit 1,6 Billionen DM umgesetzt (ANONYMUS 1993:25), was in etwa der Hälfte des Sozialproduktes der Bundesrepublik Deutschland entspricht.

Eine Eigenschaft dieser beiden K-Prozesse ist allerdings untypisch für die chemische Industrie: Alle ihre Erzeugnisse sind zumindest aus Sicht der chemischen Industrie erwünscht, was in der Regel nicht der Fall ist. So hält es SCHENKEL (1989:114) für ein allgemeines Problem der organisch-chemischen Industrie, daß

---

[1] Ein Input ist dann essentiell für die Herstellung eines Gutes, wenn er nicht substituierbar ist. Diese Eigenschaft kann kurz-, mittel- oder langfristig gegeben sein (vgl. hierzu auch FÄRE 1988:68).

> "eine unendliche (sic!) Vielzahl von Nebenprodukten an(-fällt, d. Verf.), die weder wissenschaftlich noch kommerziell von Interesse sind. [...]. Diese Stoffe gehen mit dem Abwasser oder Abfall ab."

Schenkel beschränkt seine Aussage auf die organisch-chemische Industrie, d.h. auf jenen Teilbereich der chemischen Industrie, der auf den Rohstoffen Erdöl, Erdgas oder Kohle basiert. In einer abgeschwächten Form trifft seine Aussage aber für die chemische Industrie als Ganzes zu: Zahlreiche Produktionsprozesse der chemischen Industrie bringen Erzeugnisse hervor, die weder wissenschaftlich noch kommerziell von Nutzen sind. In der *Encyclopädia Britannica* wird die ständige Suche nach Verwertungsmöglichkeiten für diese Erzeugnisse sogar als wesentliches Merkmal der chemischen Industrie bezeichnet. Dort heißt es:

> "It is virtually impossible ... for the chemical industry to make one product by itself. [...] The necessity of finding uses for this "extras" provides the chemical industry with an ever present challenge."

Das 'wissenschaftliche und kommerzielle Desinteresse' an Kuppelprodukten erwies sich deshalb in der Vergangenheit oft als nur vorübergehend. Für viele ungenutzte und unerwünschte Kuppelprodukte konnten im Zeitverlauf Verwendungen in- und außerhalb der chemischen Industrie entwickelt werden. In der Wirtschafts- und Technologiegeschichte finden sich eindrucksvolle Beispiele erfolgreicher Transformationen von unerwünschten in erwünschte Kuppelprodukte (vgl. Teil III dieser Arbeit). Dennoch gibt es nach wie vor Kuppelprodukte, die nicht nur gesamtwirtschaftlich, sondern auch betriebswirtschaftlich unerwünscht sind. Sie sind weder kostendeckend zu verwerten, noch frei, d.h. kostenlos zu entsorgen. Die betriebswirtschaftlichen Probleme mit unerwünschten Kuppelprodukten beschränken sich nicht auf die chemische Industrie; sie treten dort jedoch mit größter Schärfe auf, was letztlich auf eine generische Eigenschaft chemischer Produktionsprozesse zurückgeht (vgl. 9).

Die Bedeutung unerwünschter Kuppelprodukte für die chemische Industrie belegt der hohe Anteil dieses Sektors an den Umweltschutzausgaben des produzierenden Gewerbes. Mit 23,2% leistete die chemische Industrie 1988 nahezu ein Viertel aller Ausgaben für Umweltschutz (StBA 1991) des produzierenden Gewerbes, während ihr Anteil an der Bruttowertschöpfung nur 8% betrug (StBA 1992).

Die hohen Ausgaben für Umweltschutz zeigen, daß umweltpolitische Maßnahmen die chemische Industrie besonders betreffen. Eine Fortsetzung der Umweltpolitik mit den traditionellen Instrumenten wie Auflagen und Abgaben droht deshalb mit Friktionen wie Arbeitslosigkeit, Verschlechterung der Handelsbilanz und Steuereinnahmeausfälle einherzugehen. Um diesen Friktionen vorzubeugen, werden neue Ansätze für die Umweltpolitik gesucht. 1992 richtete der Bundestag die *Enquete-Komission: Schutz des Menschen und der Umwelt - Bewertungskriterien und Perspektiven für umweltverträgliche Stoffkreisläufe in der Industriegesellschaft* ein, um die Grundlagen zukünftiger Umweltpolitik zu erarbeiten. Ursprünglich trug diese Kommission die Bezeichnung 'Chemie-Enquete'. Das Ziel der Kommission definiert ihr Vorsitzender folgendermaßen (SCHWANHOLD 1993:300):

> "Ziel der Stoffpolitik in einer ökologisch-sozialen Marktwirtschaft ist es, die Kräfte des Wettbewerbs, die Innovationsfähigkeit und die hohe Dynamik der Marktwirtschaft durch Schaffung geeigneter Rahmenbedingungen so zu nutzen, daß sie in Richtung auf die Entwicklung einer stoff- und energieeffizienten und umweltschonenden Wirtschaftsweise wirken, ohne dabei die sozialen Probleme zu verschärfen."

Um dieses Ziel zu erreichen, werden zwei strategische Ansatzpunkte erwogen (ENQUETE 1993:65ff): der marktwirtschaftliche und der quantitativ-interventionistische Politikansatz. Beim marktwirtschaftlichen Ansatz sollen Rahmenbedingungen geschaffen werden, innerhalb derer die Marktdynamik zu einer verringerten Umweltbelastung führt. Instrumente dieses Ansatzes sind die Gewährung von Eigentumsrechten an Umweltgütern oder eine Verschärfung des Haftungsrechtes.

Beim quantitativ-interventionistischen Politikansatz sollen Stoffströme gezielt und systematisch beeinflußt werden. Voraussetzung hierfür sind sogenannte *Stoffstromanalysen*, auf deren Grundlage konkrete Handlungsempfehlungen erarbeitet werden. Bei einer Stoffstromanalyse werden Stoffe und Güter 'Von der Wiege bis zur Bahre' erfaßt und bewertet (ENQUETE 1993:65). Für die chemische Industrie würde dies bedeuten, daß für einzelne Stoffe oder Stoffgruppen spezifische umweltpolitische Maßnahmen ausgearbeitet werden.

Auch um zu entscheiden, ob dies ein sinnvoller und gangbarer Weg für die Umweltpolitik ist, analysieren wir im folgenden die chemische Industrie und ihre unerwünschten Kuppelprodukte. Hierzu strukturieren wir die ökonomischen und ökologischen Probleme aufgrund unerwünschter Kuppelprodukte und schätzen sie in ihrer Größenordnung ein. Dabei werden Unzulänglichkeiten der statistischen Dokumentation sichtbar, die der Anwendung umweltökonomischer Modelle und der Erstellung von Stoffstromanalysen enge Grenzen setzen. Gerade die Anwendung ökonomischer Theorien ist jedoch bei dem von Schwanhold formulierten Politikziel der *Bewertung* von Stoffströmen dringend erforderlich. Die bisher veröffentlichten Stoffstromanalysen (ENQUETE 1993) sind wirtschaftstheoretisch nur sehr rudimentär fundiert.

Wir beginnen unsere Untersuchung bei den Gütern der chemischen Industrie, d.h. ihren Ziel- und erwünschten Kuppelprodukten. Auf den ersten Blick mag diese Vorgehensweise widersprüchlich scheinen; vor allem weil dieser Teil der Arbeit mit 'Unerwünschte Kuppelprodukte' überschrieben ist. Für diese Vorgehensweise sprechen zwei Gründe.

1. Jedem unerwünschten Kuppelprodukt steht ein Zielprodukt gegenüber. Bei der Gestaltung umweltpolitischer Maßnahmen sind die Spezifika dieser Zielprodukte zu berücksichtigen. Nur auf diese Weise läßt sich der formulierte Anspruch einer Stoffpolitik verwirklichen, nämlich gesetzte Umweltschutzziele mit den geringsten sozialen Spannungen zu erreichen.

2. Von der chemischen Industrie hergestellte Güter verlassen den Produktions- und Konsumbereich nach ihrer Nutzung oft als unerwünschte Kuppelprodukte, z.B. als Abfall. Wiederum das Beispiel der Chlorchemie verdeutlicht die daraus resultierenden Spannungen: Für die chemische Industrie stellen viele chlorhaltige Verbindungen gezielt hergestellte und gewinnbringend vermarktete Erzeugnisse dar. Aus ihrer Sicht handelt es sich deshalb um Güter. Aus umweltpolitischer Sicht wird die Güter-Eigenschaft relativiert, indem die Entsorgungsprobleme chlorhaltiger Produkte oder ihr Toxizitätspotential in den Vordergrund rücken. Im Parteiprogramm der *Grünen/Bündnis 90* ist sogar ein Ausstieg aus

der Chlorchemie vorgesehen (vgl. hierzu CHEMISCHE INDUSTRIE 1994/7-8:9). Die Chlorchemie steht damit auf einer Ebene mit der Kernkraft und der Gentechnologie. Ein Ausstieg aus der Chlorchemie bedeutet jedoch zumindest kurzfristig sowohl für die chemische Industrie als auch für die Gesamtwirtschaft eine massive Beeinträchtigung der Produktionsmöglichkeiten (vgl. BUTTGEREIT 1994).

Nachdem wir die erwünschte Seite der chemischen Industrie im nächsten Abschnitt darstellen werden, gehen wir im übernächsten Abschnitt auf die unerwünschten Kuppelprodukte ein. Dabei unterscheiden wir die unerwünschten Kuppelprodukte bei der Herstellung chemischer Zielprodukte von denen, die erst bei Verwendung chemischer Erzeugnisse auftreten.

4.2 Die Güter: Zielprodukte und erwünschte Kuppelprodukte

Die wirtschaftliche Bedeutung der chemischen Industrie gründet im wesentlichen auf drei Funktionen ihrer Erzeugnisse. Die erste besteht darin, als Rohstoffe in andere Sektoren verarbeitet zu werden. Beispiele sind Kunststoffe im Fahrzeugbau und Kunstfasern im Textilsektor. In ihrer zweiten Funktion steigern chemische Erzeugnisse als Hilfsstoffe die Produktivität anderer Faktoren. Dünge- und Pflanzenschutzmittel beispielsweise erhöhen die Produktivität des Faktors Boden. In ihrer dritten Funktion dienen chemische Erzeugnisse als Reinigungsmittel, Hygieneartikel oder Pharmazeutika der Gesundheitspflege. Diese drei Funktionen werden in ihrer Bedeutung so hoch eingeschätzt, daß die chemische Industrie von einigen Ökonomen sogar als der eigentliche Wachstumsmotor westlicher Volkswirtschaften angesehen wird. So vertritt COHENDET (1984:10), der im Auftrag der Europäischen Union an der Universität Straßburg eine Studie über die chemische Industrie anfertigte, noch Anfang der 80er Jahre die Auffassung:

> "Depuis la Seconde Guerre mondiale, la chimie est même considérée comme le véritable moteur de la croissance économique des pays occidentaux."

Darüber hinaus gilt die chemische Industrie als ein *strategisch* wichtiger Sektor. Dieses Prädikat erhält sie aufgrund technologischer Externalitäten, die von ihrer Produktionstätigkeit auf andere Sektoren ausgehen (vgl. MEYER-KRAHMER UND GRUPP 1993:247). Auch entwickelte sie organisatorische Konzepte, *"that provide the core dynamic for the continuing evolution of the modern industrial enterprises."* (CHANDLER 1990:604). Die Übernahme von Organisationsprinzipien der chemischen Industrie in andere Sektoren ermöglichte Produktivitätssteigerungen, die nicht über einen Markt entgolten wurden und damit den Charakter positiver Externalitäten aufweisen. In einer industrieökonomischen Studie konnte GERSTENBERGER (1992) zudem die Vermutung erhärten, daß Forschungen auf dem Gebiet der Verbundwerkstoffe und Farbstoffe, beides Gebiete der chemischen Industrie, den höchsten, nicht über den Markt entgoltenen Wert für die Forschungsaktivitäten von Unternehmen anderer Sektoren haben.

Den erwünschten Erzeugnissen chemischer Produktionsaktivitäten - einschließlich der kaum quantifizierbaren technischen Externalitäten - stehen die unerwünschten Kuppelprodukte mit ihren Folgen für die Umwelt und die menschliche Gesundheit gegenüber. Diese unerwünschten Folgen undifferenziert auf die gesamte chemische Industrie zu beziehen, ist aus analytischer Sicht jedoch unzulässig. Das Produkt 'chemische Erzeugnisse' ist in seiner Zusammensetzung zu heterogen, um ungeprüft als Einheit behandelt zu werden. Wir setzen die Analyse der chemischen Industrie deshalb mit der Betrachtung dessen fort, was sich hinter der Bezeichnung 'chemische Erzeugnisse' verbirgt.

4.2.1 Das Produktspektrum

Die Erzeugnisse der chemischen Industrie gehören im weitesten Sinne zu den Produkten des verarbeitenden Gewerbes. Das Statistische Bundesamt ordnet sie dem Grundstoff- und Produktionsgütergewerbe zu. Diese Zuordnung wird ihrer Produktvielfalt aber nur begrenzt gerecht. Beispielsweise gehören Reinigungs- und Waschmittel ebenso wie Pharmazeutika zu den chemischen Erzeugnissen, die als Verbrauchsgüter auch direkt an die Konsumenten geliefert werden. Das Produktspektrum reicht somit von den rohstoffnahen Grund-

Güterzweig	Produktionswert	
	in Mio DM	in %
Anorganische Grundstoffe und Chemikalien	10.399	6,5
Organische Grundstoffe und Chemikalien	24.334	15,4
Agrochemikalien (Dünger und Pestizide)*	4.673	3,0
Kunststoffe*	27.796	17,5
Chemiefasern	5.003	3,2
Farbstoffe, Farben und Lacke	17.372	11,0
Pharmazeutika	29.225	18,4
Sonstige chemische Erzeugnisse	39.548	25,0
Statistische Differenz	52	0,0
Produktionswert chemischer Erzeugnisse	158.402	10,5
Produktionswert Produzierendes Gewerbe	1.508.590	100

Tabelle 4.1: Produktionswerte der chemischen Industrie nach Güterzweigen. Bezugsjahr ist 1991, Bezugsraum sind die Alten Bundesländer. Bei den mit * gekennzeichneten Gütergruppen ist 1990 Bezugsjahr
Quelle: STBA (lfd.Jgg.a)

stoffen bis hin zu hochwertigen Konsumgütern.

4.2.1.1 Die Aggregationsebene der Güterzweige

Einen groben Überblick über das Produktspektrum und die wirtschaftliche Bedeutung einzelner Produktzweige vermittelt Tabelle 4.1. In der ersten Spalte sind die Produktzweige aufgelistet, die das Statistische Bundesamt in seiner Gütersystematik unterscheidet. In der zweiten Spalte sind die dazugehörigen Produktionswerte ausgewiesen. Im folgenden gehen wir kurz auf die einzelnen Produktzweige ein.

- **Anorganische und organische Grundstoffe und Chemikalien:** Diese beiden Produktzweige vereinen 21,9% des sektoralen Produktionswertes auf sich. Charakteristisch für sie ist ihre Rohstoffnähe; sie bilden die Schnittstelle zwischen natürlich vorkommenden Rohstoffen und chemischen Erzeugnissen. Die drei wichtigsten K-Prozesse in diesem Bereich sind

1. die Chlor-Alkali-Elektrolyse von Steinsalz mit den Kuppelprodukten Chlor, Natronlauge und Wasserstoff.
2. die Spaltung von Naphtha mit den Kuppelprodukten Ethylen, Propylen, dem C_4-Schnitt und den BTX-Aromaten.
3. das Abrösten von Schwefelkies mit den Kuppelprodukten Schwefeldioxid und Metallen.

Diese K-Prozesse sind deshalb so wichtig, weil sie bereits an der Basis der chemischen Industrie eine starre Mengenrelation zwischen einzelnen Erzeugnissen bedingen und die Grundlage für einen komplexen Produktionsverbund schaffen. Umweltpolitische Maßnahmen, welche die Erzeugnisse dieser K-Prozesse betreffen, beeinflussen das Gefüge chemischer Produktionsverbunde an ihrer Wurzel.

Für die Grundstoff- und Chemikalienherstellung ist die Rohstoffverfügbarkeit von zentraler Bedeutung. Dies begünstigt Produktionsstandorte in Regionen mit den erforderlichen Rohstoffvorkommen. Länder wie Saudi-Arabien setzen diesen komparativen Vorteil zunehmend um, indem sie Kapazitäten zur Herstellung organischer Grundstoffe und Chemikalien errichten (vgl. EUROPA CHEMIE 1992/48:2). Eine der potentiellen Friktionen umweltpolitischer Maßnahmen besteht deshalb darin, den Wettbewerbsvorteil von Unternehmen in diesen Regionen gegenüber inländischen Herstellern zu vergrößern.

- **Agrochemikalien:** An dritter Stelle in Tabelle 4.1 folgen Düngemittel und Pestizide, die zu den Agrochemikalien zusammengefaßt werden. Mit 3% haben sie nur einen geringen Anteil am sektoralen Produktionswert.

Besondere Bedeutung für die Düngemittelherstellung erlangte das 1913 eingeführte *Haber-Bosch-Verfahren*, mit dem Luftstickstoff zum Düngervorprodukt Ammoniak verarbeitet wird. Dieses Verfahren gehört zu den wenigen Prozessen der chemischen Industrie, die nur ein Produkt hervorbringen.

- **Kunststoffe und Chemiefasern:** Die Herstellung von Kunststoffen trägt mit 17,5% zum sektoralen Produktionswert bei. Neben den Standardkunststoffen wie Polyvinylchlorid (PVC) und Polypropylen (PP) zählen auch Verbundwerkstoffe mit maßgeschneiderten Merkmalsprofilen zu diesem Produktzweig.

Der Produktzweig 'Chemiefasern' erbringt nur 3,2% des sektoralen Produktionswertes. Vergleichbar der Situation bei den Grundstoffen und Chemikalien verschoben sich auch hier die Wettbewerbsvorteile im letzten Jahrzehnt zuungunsten europäischer Chemieunternehmen. Die Nähe zu den Absatzmärkten, bei Chemiefasern sind dies Textilhersteller, begünstigt tendenziell Hersteller in den Regionen Südostasiens.

- **Farbstoffe, Farben und Lacke:** Mit Farbstoffen, Farben und Lacken erzielt die chemische Industrie 11% ihres Produktionswertes. Der Anteil dieser sehr heterogenen Produktgruppe am Produktionswert ist seit 1943 gleichgeblieben (TELTSCHIK 1992:387)

- **Pharmazeutika:** Der höchste Anteil eines definierten Güterzweiges der chemischen Industrie am sektoralen Produktionswert entfällt auf Pharmazeutika. Der Vergleich zwischen Farben und Pharmazeutika verdeutlicht, warum eine Disaggregation der chemischen Industrie zumindest auf die Ebene der Güterzweige erforderlich ist.

1. Die Präferenzen für Farben und Pharmazeutika unterscheiden sich grundlegend. Den volkswirtschaftlichen Kosten unerwünschter Kuppelprodukte eines Pharmazeutikums steht ein wesentlich höherer Zielproduktnutzen gegenüber, als dies bei den unerwünschten Kuppelprodukten einer Farbe der Fall ist.

2. Der Markt für pharmazeutische Produkte unterscheidet sich grundlegend von dem für Farben, obwohl beides Märkte der chemischen Industrie sind. Während der Markt für Pharmazeutika weitgehend reglementiert ist, herrschen auf dem Markt für Farben die Bedingungen freien Wettbewerbs. Bei der Auswahl umweltpolitischer Instrumente zur Verringerung unerwünschter Kuppelprodukte sind diese Marktbedingungen für die Zielprodukte zu berücksichtigen.

- **Sonstige chemische Erzeugnisse:** Der höchste Anteil am Produktionswert entfällt auf 'sonstige chemische Erzeugnisse', was die Heterogenität des chemischen Produktspektrums unterstreicht.

Die Vielzahl unterschiedlicher Erzeugnisse ist das herausragende Merkmal des Produktspektrums der chemischen Industrie. Das von den Europäischen Gemeinschaften 1979 erstellte *European Inventory of Existing Commercial Chemicals (EINECS)* verzeichnet 100.185 kommerziell genutzte chemische Verbindungen. Da der Stichtag für die Aufnahme einer chemischen Verbindung in das Register inzwischen 15 Jahre zurückliegt, ist die Zahl der gegenwärtig kommerziell genutzten Chemikalien deutlich höher anzusetzen: US-amerikanische, japanische und deutsche Chemieunternehmen meldeten im Zeitraum von 1986 bis 1993 mehr als 17.700 sogenannte *Neustoffe* für den Absatz auf dem deutschen Markt an (EUROPA CHEMIE 1994/7:6). Alleine das Angebot großer Chemieunternehmen umfaßt schätzungsweise 8.000 bis 11.000 unterschiedliche Erzeugnisse (persönliche Kommunikation, BAYER UND BASF).

Diese Vielfalt läßt auf Schwierigkeiten schließen, die bei ökonomisch fundierten Stoffstromanalysen zu überwinden sind. Denn bereits auf der Ebene der oben dargestellten Güterzweige sind aus öffentlichen Statistiken nur noch Angaben über Produktions-, Import- und Exportmengen sowie über die Preise verfügbar. Für ökonomische Studien ist diese Datenbasis zu schmal, wie wir im fünften Kapitel sehen werden.

4.2.1.2 Folgen der Eigenheiten des Produktspektrums für ökonomische Studien

Aus den Eigenheiten des Produktspektrums folgen zwei Schwierigkeiten, die bei ökonomischen Untersuchungen der chemischen Industrie zu überwinden sind.

Die erste Schwierigkeit besteht in einer Sprachhürde: Die Bezeichnung chemischer Erzeugnisse ist naturwissenschaftlich geprägt. Produktbezeichnungen wie *Dioctylorthophthalate* (STBA lfd.Jgg.a, Meldenummer 4264 52) lassen keinerlei Rückschlüsse auf konkrete wirtschaftliche Anwendungen zu.

Die zweite Schwierigkeit liegt in der Heterogenität des Produktspektrums begründet: Der 1991 von Chemieunternehmen in den alten Bundesländern erzielte Produktionswert von 158 Mrd DM (STBA lfd.Jgg.a) verteilt sich gleichmäßig auf viele unterschiedliche Produkte; Schwerpunkte sind kaum zu erkennen.

Einen Eindruck von der Disparität chemischer Erzeugnisse vermittelt Abbildung 4.1. Jeder Punkt stellt ein statistisch erfaßtes Erzeugnis der chemischen Industrie dar, das gemäß seiner Produktionsmenge und seines Preises in der Abbildung positioniert ist. Die Jahresproduktion der Mehrzahl der Produkte liegt zwischen 10.000 und 1 Mio Tonnen, der Preis bewegt sich zwischen 100 und 10.000 DM/Tonne. Nur 1% aller chemischen Erzeugnisse erreicht eine Umsatzhöhe von über 6 Mrd DM. Dies hat für den möglichen und sinnvollen Detaillierungsgrad ökonomischer Studien Konsequenzen. Erfolgt eine Studie mit dem Ziel, wirtschafts- oder umweltpolitisch umsetzbare Aussagen zu treffen, so befindet sich der Wissenschaftler in einem Dilemma:

Entscheidet er sich für eine weitgehende Disaggregation der 'chemischen Erzeugnisse', so droht er sich in Einzelstudien zu verzetteln. Können zudem nur einige wenige Einzelstudien erstellt werden, so sind die gewonnenen Erkenntnisse kaum verallgemeinerungsfähig; denn die Ableitung allgemeingültiger Ergebnisse aus wenigen Einzelstudien entspricht einer unvollständigen Induktion. Entscheidet er sich hingegen für ein hohes Aggregationsniveau, so steht die praktische Umsetzung der Forschungsergebnisse in Frage; für jedes einzelne Produkt lassen sich dann nämlich Argumente finden, warum dieses signifikant vom Aggregat 'chemische Erzeugnisse' abweichende Charakteristika aufweist. Damit gelten Untersuchungsergebnisse zwar im Allgemeinen, nicht jedoch im Besonderen. Dieses Problem tritt besonders bei umweltökonomischen Fragestellungen auf, worauf wir in Kapitel fünf zurückkommen werden.

Für das Produktspektrum der chemischen Industrie bleibt festzuhalten, daß ein hoher Heterogenitätsgrad mit einer statistisch unbefriedigenden Dokumentation einhergeht. Während amtliche Statistiken Angaben über Preise, Mengen und Umsätze noch für zahlreiche Erzeugnisse ausweisen, sind weitergehende Informationen, beispielsweise über Arbeits-, Energie- und Kapitalko-

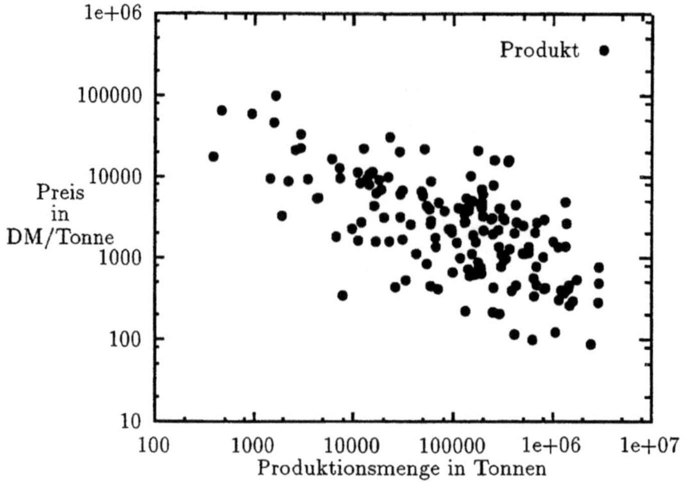

Abbildung 4.1: Produktraster der chemischen Industrie: Produktionsmenge und Preise 1991, Alte Bundesländer
Quelle: STBA (lfd.Jgg.a)

effizienten nur noch auf Sektorniveau veröffentlicht. Wenn wir im folgenden Abschnitt auf die wirtschaftlichen Eckdaten der chemischen Industrie eingehen, müssen wir uns deshalb mit dem Aggregat 'chemische Erzeugnisse' zufriedengeben.

4.2.2 Wirtschaftliche Eckdaten

Die wirtschaftlichen Eckdaten der chemischen Industrie für 1991 sind in Tabelle 4.2 auf Seite 51 zusammengestellt. Um die chemiespezifischen Daten in den gesamtwirtschaftlichen Kontext einzuordnen, sind neben den absoluten Beträgen auch die jeweiligen Anteile der chemischen Industrie sowohl am verarbeitenden Gewerbe als auch an der Gesamtwirtschaft angegeben. Die folgenden Erläuterungen beziehen sich auf diese Tabelle.

Gemessen an der Bruttowertschöpfung des verarbeitenden Gewerbes erbringt die chemische Industrie 9,2% der Wirtschaftsleistung. Ihr Anteil an der gesamtwirtschaftlichen Bruttowertschöpfung beträgt 3,3%. Nach den Sektoren Elektrotechnik (4,6%), Maschinenbau (4,3%) und Straßenfahrzeugbau

Wirtschaftliches Eckdatum	Chemische Industrie in Mio DM	Anteil in %	
		am verarbeitenden Gewerbe	an der Gesamtwirtschaft
Bruttowertschöpfung	72.450	9,2	3,3
Nettosteuerzahlung	2.040	3,4	2,4
Beschäftigte (in 1000)*	642+	7,5	2,5
Bruttolohn- und Gehaltssumme	39.550	10,3	3,7
Bruttoanlageinvestitionen*	12.740	12,1	2,5
Abschreibungen*	9.420	12,5	3,1
Nettoanlagevermögen zu Wiederbeschaffungspreisen	89.810	12,9	1,4
Kapitalstock	181.296	13,0	1,8

Tabelle 4.2: Wirtschaftliche Eckdaten der chemischen Industrie
Bezugsjahr ist 1991, Bezugsraum sind die Alten Bundesländer. Mit * gekennzeichnete Positionen beziehen sich auf 1990, bei der mit + versehenen Position weicht die Maßeinheit von der in der Kopfzeile angegebenen ab
Quelle: StBA (lfd.Jgg.c, 1992)

(4,5%) stellt sie damit den viertgrößten Industriesektor in der Bundesrepublik Deutschland dar.[2]

Bevor wir die weiteren Positionen in Tabelle 4.2 erläutern, betrachten wir die Entwicklung der Bruttowertschöpfung genauer. Sie ist in Abbildung 4.2 auf Seite 53 wiedergegeben.

Im Vergleich zur Gesamtwirtschaft wuchs die chemische Industrie im Zeitraum von 1960-1990 überproportional. Besonders ausgeprägt war der Anstieg in den Jahren 1960 - 1973, der von zwei Faktoren getragen wurde: Erstens expandierten die chemischen Großunternehmen, indem sie ausländische Märkte erschlossen. Zweitens stand mit Naphtha ein Rohstoff zur Verfügung, der als Kuppelprodukt von Heizöl und Fahrbenzin in den Raffinerien in immer größeren Mengen anfiel. Die chemische Industrie stellt aus Naphtha petrochemische Grundstoffe her, die u.a. in die Kunstfaser- und Kunststoffherstellung

[2] In Klammern steht der jeweilige Anteil an der gesamtwirtschaftlichen Bruttowertschöpfung.

eingehen. Diese Produkte substituierten teilweise natürliche Textilfasern und Materialien wie Metalle, Glas, Papier und Holz.[3]

Der erste Ölpreisschock von 1973 bewirkte einen starken, aber nur kurzfristigen Rückgang der Bruttowertschöpfung. Die Preise für organische Grundstoffe stiegen um 71% (STBA lfd.Jgg.b). Am stärksten betraf der Anstieg des Erdölpreises die Kunstfaserherstellung. Die Verteuerung der Fasern traf auf eine preiselastische Nachfrage, so daß die Kapazitäten nicht mehr ausgelastet werden konnten. Dies entfachte einen Preiswettbewerb unter den Chemieunternehmen, mit der Folge von Kapazitätsanpassungen und Rationalisierungen. Die Verluste im Faserbereich beliefen sich 1975 auf 2,5 Mrd DM (BÄUMLER 1989:387). Der zweite Ölpreisschock im Jahre 1979 führte erneut zu einem Rückgang der Bruttowertschöpfung, der erst 1983 wieder ausgeglichen war. Im Vergleich zu 1973 fiel die Verteuerung der organischen Grundstoffe mit 27% (STBA lfd.Jgg.b) allerdings eher gering aus. Diesmal war besonders die Kunststoffherstellung von der Verteuerung betroffen.

Die Gesamtwirtschaft reagierte in ihrer Entwicklung deutlich schwächer auf die beiden Ölpreisschocks als die chemische Industrie. Zurückzuführen ist dies auf die zentrale Bedeutung von Erdölbestandteilen als Rohstoffe der chemischen Industrie.

Nach diesen Betrachtungen zur zeitlichen Entwicklung der Bruttowertschöpfung kehren wir zu den wirtschaftlichen Eckdaten in Tabelle 4.2 zurück. Die Nettosteuerzahlung, das sind die Produktionssteuern abzüglich der Subventionen, ist verglichen mit der wirtschaftlichen Leistung niedrig. Nur 3,4% der von den Unternehmen des verarbeitenden Gewerbes gezahlten Steuern stammen von der chemischen Industrie. Alleine der Sektor Mineralölerzeugnisse leistet 48% (STBA lfd.Jgg.c) der Steuerzahlung des verarbeitenden Gewerbes und damit den weitaus größten Anteil. Der Anteil des Straßenfahrzeugbaus an der Nettosteuerzahlung ist mit 3% (STBA lfd.Jgg.c) allerdings

[3]Teltschik, der eine Monographie über die chemische Industrie aus der Sicht eines Industriechemikers verfaßte, bezeichnet diese Zeit als die Jahre der 'Zügellosigkeit' (TELTSCHIK 1992:213ff). Gemeint sind damit äußerst günstige Rahmenbedingungen für ein schnelles Wachstum. In dieser Monographie findet sich auch eine ausführliche Beschreibung dieser Aufschwungsphase.

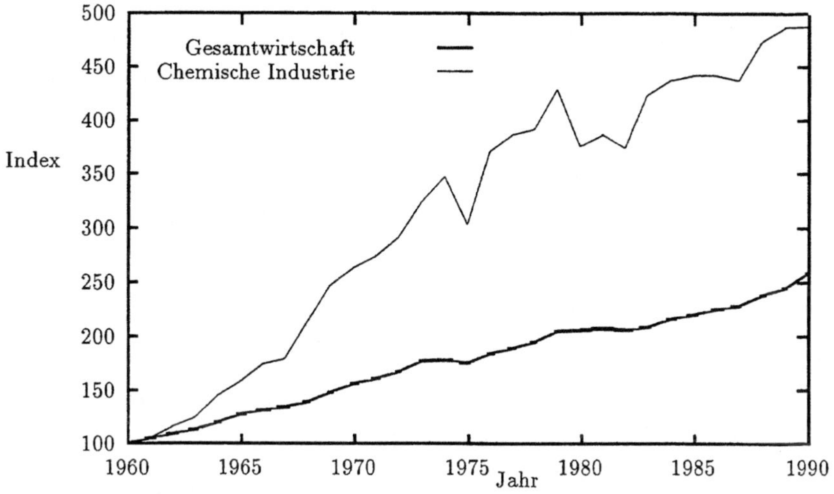

Abbildung 4.2: Bruttowertschöpfung der chemischen Industrie und der Gesamtwirtschaft. Bezugsraum sind die Alten Bundesländer
Quelle: StBA (1992)

noch geringer als der Anteil der chemischen Industrie.

Mit 642.000 Arbeitnehmern beschäftigt die chemische Industrie 7,5% der im verarbeitenden Gewerbe tätigen Personen. Die Bruttolohn- und Gehaltssumme beläuft sich auf 39.550 Mio DM. Im Vergleich zum verarbeitenden Gewerbe und der Gesamtwirtschaft ist dieser Betrag überraschend hoch. Der Bruttolohn- und Gehaltssummenanteil der chemischen Industrie am verarbeitenden Gewerbe von 10,3% übertrifft sogar ihren Anteil an der Bruttowertschöpfung von 9,2%. Die gemeinhin als besonders kapitalintensiv geltende chemische Industrie verwendet gemessen am verarbeitenden Gewerbe einen überproportionalen Anteil ihrer Bruttowertschöpfung für Gehalts- und Lohnzahlungen.

Weniger überraschend ist der hohe Anteil an den Bruttoanlageinvestitionen, an Abschreibungen, am Nettoanlagevermögen und am Kapitalstock. Mit jeweils über 12% ist die chemische Industrie im Vergleich zum verarbeitenden Gewerbe überproportional vertreten. Der niedrige Anteil am gesamtwirtschaftlichen Nettoanlagevermögen und Kapitalstock ist auf die hohen Bestände an

Bauten in anderen Sektoren zurückzuführen.

Veröffentlichte Statistiken weisen die zentralen ökonomischen Variablen, wie Kapital- und Arbeitskoeffizienten nur für das Aggregat 'chemische Erzeugnisse' aus. Eine Disaggrega tion der chemischen Industrie ist schon alleine aus diesem Grund schwierig. Eine pragmatische Vorgehensweise bei der Disaggregation besteht darin, den Kapitalstock entsprechend den Anteilen am Produktionswert zu verteilen. Bei einer Disaggregation auf die Güterzweigebene, die in Tabelle 4.1 auf Seite 45 aufgeführt ist, würden dem Güterzweig Kunststoffe dementsprechend 17,5% des Kapitalstocks der chemischen Industrie zugeordnet. Angeregt ist diese Vorgehensweise dadurch, daß Anlagenbauer den Kapitalbedarf einer Produktionsanlage auf diese Weise schätzen (vgl. ULLRICH 1983:126). Eine von uns durchgeführte Stichprobe[4] hat ergeben, daß der Kapitalbedarf einer chemischen Produktionsanlage mit 95% Wahrscheinlichkeit in einem Intervall liegt, dessen

- untere Grenze die Multiplikation des Jahresproduktionswertes mit 0,9,
- obere Grenze die Multiplikation des Jahresproduktionswertes mit 2,1

vorgibt. Mit dieser Erfahrungsgröße für den Investitionsbedarf einer Produktionsanlage ist es möglich, die gebundenen Kapitalien in einer ersten Annäherung abzuschätzen. Bei Untersuchungen mit einem stärker disaggregierten Sektor 'chemische Industrie' sind solche Erfahrungswerte angesichts der statistischen Dokumentation dringend erforderlich. Für die Aufteilung der Dienstleistungen von Arbeit können wir keine Faustregel angeben.

Im nächsten Unterabschnitt gehen wir auf die gesamtwirtschaftliche Einbindung der chemischen Industrie ein.

4.2.3 Gesamtwirtschaftliche Einbindung

Die gesamtwirtschaftliche Einbindung eines Sektors besteht aus der Verwendung seiner Erzeugnisse im Produktions- und Konsumbereich einerseits, sowie aus den Vorprodukt- und Rohstoffbezügen andererseits. Betrachten wir

---

[4]Die Daten für die Stichprobe stammen aus der in der Zeitschrift 'Chemische Industrie' halbjährlich veröffentlichten Neuanlagentabelle. Berücksichtigt wurden 40 Investitionsprojekte.

Verwendung	1978 in %	1988 in %
Inländische Haushalte	7,7	7,5
Export	27,3	33,2
Vorprodukte	65,2	57,6
Lagerveränderung	0	1,7

Tabelle 4.3: Verwendung chemischer Erzeugnisse in der Bundesrepublik Deutschland (im Inland produziert oder importiert): Grobgliederung
Quelle: StBA (1988,1986)

zunächst die Verwendung chemischer Erzeugnisse.

4.2.3.1 Verwendung chemischer Erzeugnisse

Die chemische Industrie beliefert drei Abnehmergruppen: Die erste Abnehmergruppe sind inländische Produktionssektoren, die chemische Erzeugnisse als Vorprodukte benötigen. Die zweite Gruppe bilden private inländische Haushalte, welche die Erzeugnisse direkt konsumieren. Da die chemische Industrie nur in vernachlässigbaren Mengen Investitionsgüter herstellt, kann die inländische Endnachfrage mit dem Konsumbedarf der privaten Haushalte gleichgesetzt werden. In der dritten Gruppe sind ausländische Unternehmen und ausländische private Haushalte zusammengefaßt. Ihre Belieferung entspricht dem Export. Um die Lieferstruktur in ihrer Veränderung über die Zeit hinweg zu analysieren, vergleichen wir die Werte von 1988 mit denen von 1978. Alle Werte sind auf die Preisbasis 1980 umgerechnet. In Tabelle 4.3 ist die Grobaufteilung des Güterflusses von der chemischen Industrie in die Bereiche inländische Haushalte, Export, Vorprodukte und Lagerbestandsveränderungen vorgenommen.

Nur einen geringen Anteil der chemischen Erzeugnisse, nämlich 7,5% beziehen inländische Endnachfrager. Im Zeitraum 1978 bis 1988 nahm der Anteil der Bezüge privater Haushalte leicht ab. Ein weitaus größerer Teil der chemischen Erzeugnisse wird exportiert. Mit 33,2% Exportanteil gehört die chemische Industrie eindeutig zu den exportorientierten Branchen. Im Vergleich zu 1978 hat der Absatz auf ausländischen Märkten weiter an Bedeutung gewonnen. Der größte Teil der chemischen Erzeugnisse wird im inländischen Produktionsbereich verwendet; über die Hälfte des Produktionswertes entfällt auf Vorprodukte. Gegenüber 1978 hat der Anteil der Vorprodukte zwar deutlich abgenommen; Verschiebungen in den Anteilen sind jedoch vor dem Hintergrund einer realen Zunahme des Produktionswertes von 1978 - 1988 um 26,5% zu sehen. Die Position Lagerveränderungen ist nicht weiter von Bedeutung.

In Tabelle 4.4 ist der Güterfluß chemischer Erzeugnisse im Produktionsbereich aufgeschlüsselt. In der ersten Spalte der Tabelle sind die Sektoren aufgeführt, die 1988 zusammen über 75% aller Vorleistungen der chemischen Industrie beanspruchten. In der zweiten und dritten Spalte sind die Anteile der Sektoren an den insgesamt von der chemischen Industrie erbrachten Vorleistungen für 1978 und 1988 angegeben. Die vierte Spalte enthält die kumulierten Anteile für das Jahr 1988. In Spalte fünf ist die *Chemie-Intensität* des Sektors angegeben. Diese Größe gibt an, welche Ausgaben der betreffende Sektor für chemische Erzeugnisse direkt tätigen muß, um eine Werteinheit seines Outputs herzustellen. Produziert beispielsweise der Sektor 'Kunststoffe'[5] für eine DM Kunststofferzeugnisse, so benötigt er dazu direkte Vorleistungen von der chemischen Industrie in Höhe von 0,21 DM. In Spalte fünf ist der Multiplikatoreffekt ausgewiesen. Er gibt an, wie viele Einheiten ihres Produktes die chemische Industrie zusätzlich herstellen muß, wenn der entsprechende Sektor eine zusätzliche Einheit seines Produktes herstellt. Werden für eine DM Textilien hergestellt, so muß die chemische Industrie *insgesamt* für 0,11 DM Vorprodukte herstellen.

Aus Tabelle 4.4 geht hervor, daß die chemische Industrie einen großen Teil ihrer Erzeugnisse selbst weiterverarbeitet; 1988 waren dies 41,7%. Während der hohe Anteil des Kunststoffsektors naheliegt, ist der an dritter Stelle folgende Sektor 'Dienstleistungen der Sozialversicherung und Arbeitsförderung' auf den ersten Blick überraschend wichtig als Abnehmer chemischer Erzeugnisse. In diesem Sektor sind jedoch die Dienstleistungen der Krankenversicherungen enthalten, so daß die Ausgaben für Pharmazeutika

[5] Der Sektor Kunststoffe umfaßt nur die Verarbeitung von Kunststoffen zu Fertigerzeugnissen. Die Kunststoffherstellung wird der chemischen Industrie zugerechnet.

Verwendender Sektor	Anteil in %		Cum.	Int.	Mpk.
	1978	1988	1988		
Chemische Industrie	40,5	41,7	41,7	0,242	1,340
Kunststoffe	6,2	9,6	51,3	0,210	0,320
Dienstleistungen der Sozialversicherung und Arbeitsförderung	6,4	8,9	60,2	0,079	0,014
Sonstige marktbestimmte Dienstleistungen	3,2	4,7	64,9	0,011	0,026
Textilien	2,2	2,0	66,9	0,060	0,110
Ausbau	2,4	2,7	69,6	0,039	0,080
Straßenfahrzeugbau	2,0	2,4	72,0	0,014	0,050
Elektrotechnik	1,9	1,9	73,9	0,013	0,040
Dienstleistungen des Gesundheitswesens	1,7	1,8	75,7	0,031	0,050

Tabelle 4.4: Verwendung chemischer Erzeugnisse im Produktionsbereich der Bundesrepublik Deutschland (im Inland produziert oder importiert): Feingliederung. (Abkürzungen: Cum. = Kumuliert, Int. = Chemie-Intensität, Mpk. = Nachfragemulitplikator.)
Quelle: Eigene Berechnungen auf der Grundlage von StBA (1988,1986)

größtenteils in diesem Sektor wirksam werden. Zusammengenommen mit den Lieferungen an den Sektor 'Dienstleistungen des Gesundheitswesens' entfällt auf die Gesundheitspflege der größte Teil der von der chemischen Industrie für andere Sektoren erbrachten Vorleistungen.

Betrachtet man die weiteren Positionen in Tabelle 4.4, so ist eine starke Zergliederung der Lieferbeziehungen festzustellen. Beispielsweise erhält der Sektor 'Textilien' nur 2,0% der chemischen Erzeugnisse - und dies, obwohl der Textilsektor als Abnehmer von Chemiefasern und Farbstoffen einen höheren Anteil erwarten ließe.
Der Vergleich der Lieferbeziehungen zwischen 1978 und 1988 zeigt tendenziell eine Konzentration der Güterflüsse von der chemischen Industrie an die anderen Sektoren der Wirtschaft. 1988 bezogen die aufgeführten Sektoren 75,5% der chemischen Erzeugnisse, 1978 entfielen nur 60,1% auf diese Sektoren.

4.2.3.2 Herstellung chemischer Erzeugnisse

Nachdem die Verwendung chemischer Erzeugnisse aufgezeigt wurde, befassen wir uns nun mit ihrer Herstellung.
Die erforderlichen Produktionsfaktoren teilen sich in drei Gruppen auf:

1. Zwischenprodukte, die von anderen Sektoren bezogen werden,
2. Rohstoffe,
3. Dienstleistungen von Kapital und Arbeit.

Auf die Dienstleistungen von Kapital und Arbeit sind wir bereits im Unterabschnitt 4.2.2 eingegangen.

Als Rohstoffe setzt die chemische Industrie im wesentlichen nur neun Substanzen ein: Rohphosphate, die größtenteils in der Agrochemie zu Düngemitteln verarbeitet werden, Stein- und Kalisalz als Rohstoffe der Chlor-Alkali-Industrie, Schwefel in elementarer Form oder als Schwefelkies, Erdgas und Kohle sowie Wasser und Luft (HOPP 1993:235). Auf diesen wenigen Rohstoffen baut die weitverzweigte Produktpalette der chemischen Industrie auf.

Zusätzlich zu den Rohstoffen erfordert die Produktion chemischer Erzeugnisse Vorleistungen aus anderen Sektoren der Volkswirtschaft. In Tabelle 4.5 ist die Herkunft dieser Vorleistungen aufgeschlüsselt.

Liefernder Sektor	1978 in %	1988 in %	Cum. 1988
Chemische Industrie	46,4	47,8	47,8
Sonstige marktbestimmte Dienstleistungen	7,5	15,3	63,1
Elektrizität	3,8	4,9	68,0
Großhandel und Rückgewinnung	5,0	4,8	72,8
Mineralölerzeugnisse	5,6	4,1	76,9
sonstiger Verkehr	2,4	3,0	79,9

Tabelle 4.5: Vorleistungsbezug der chemischen Industrie in der Bundesrepublik Deutschland (im Inland produziert oder importiert)
Quelle: StBA (1988,1986)

Den größten Teil ihrer Vorleistungen erbringt die chemische Industrie selbst. Darauf folgen die marktbestimmten Dienstleistungen. Bereits an dritter Stelle steht der Bezug elektrischer Energie. Die chemische Industrie ist der größte Verbraucher elektrischen Stroms unter den Industriesektoren. 1993 bezog sie 26% des an die Industrie gelieferten Stroms (Europa Chemie 1994/22:1). Der Sektor Mineralölerzeugnisse, der als Rohstofflieferant zentrale Bedeutung hat, rangiert an fünfter Stelle, nach dem Großhandel und der Rückgewinnung.

Die wirtschaftliche Bedeutung der chemischen Industrie ist damit hinreichend beschrieben. Zudem wurde die statistische Datenbasis skizziert. Um detailliertere Informationen zu erhalten, ist ein Rückgriff auf das Angebot privatwirtschaftliche Datenanbieter erforderlich.

Im nächsten Abschnitt betrachten wir die unerwünschten Kuppelprodukte, die auf die Herstellung und Verwendung chemischer Erzeugnisse zurückgehen.

4.3 Direkte unerwünschte Kuppelprodukte chemischer Erzeugnisse

4.3.1 Vorbemerkung

Es gibt zwei Gruppen unerwünschter Kuppelprodukte, die mit den Zielprodukten der chemischen Industrie zusammenhängen: Die erste Gruppe umfaßt alle unerwünschten Kuppelprodukte, die im Produktionsbereich der chemischen Industrie während der *Herstellung* ihrer Zielprodukte entstehen. Verantwortlich für den Verbleib dieser direkten Kuppelprodukte ist die chemische Industrie; von ihr sind die Kosten für Entsorgung, Verwertung oder Vermeidung zu tragen. Solche unerwünschten Kuppelprodukte sind direkter Art. Beispiele hierfür sind Emissionen in Luft und Wasser sowie Abfälle chemischer Unternehmen. Maßnahmen zur Entsorgung unerwünschter Kuppelprodukte werden als additiver Umweltschutz bezeichnet; additiv deshalb, weil diese Maßnahmen technisch nicht zur Herstellung vermarktbarer Erzeugnisse erforderlich sind und *ausschließlich* der Entsorgung unerwünschter Kuppelprodukte dienen. Die erforderlichen Kapitalgüter werden Entsorgungs- oder 'end-of-the-pipe-' Technologien genannt. Maßnahmen zur Verwertung oder Vermeidung unerwünschter Kuppelprodukte werden unter dem Begriff 'produktionsintegrierter Umweltschutz' subsumiert (vgl. FABER ET AL. 1988:Kapitel 9).

Die zweite Gruppe beinhaltet unerwünschte Kuppelprodukte, die bei der *Verwendung* chemischer Erzeugnisse im Produktions- und Konsumbereich der Volkswirtschaft auftreten. Beispiele für solche indirekten Kuppelprodukte sind Pestizidrückstände im Grundwasser und Fluor-Chlor-Kohlenwasserstoffe in der Stratosphäre. Schadstoffe aus dem Konsumbereich sind dabei nicht ganz so einfach als unerwünschte Kuppelprodukte zu erkennen, wie die aus dem Produktionsbereich. Der Anknüpfungspunkt geht auf LANCASTER (1975) zurück, der Konsum als eine Produktionsaktivität interpretierte. Der Output dieser Aktivität ist ein 'act of consumption' mit einem oder mehreren Konsumgütern als Input. In diesem Sinne deuten wir den Konsum von Gütern als einen K-Prozeß, dessen Zielprodukt die Befriedigung von Bedürfnissen ist. Schadstoffe aus dem Konsumbereich lassen sich so auf natürliche Weise unter dem Kuppelproduktbegriff subsumieren.

Um die unerwünschten Kuppelprodukte aus der Verwendung chemischer Erzeugnisse zu vermeiden oder zu verwerten, ist von der chemischen Industrie zusätzlich ein *produktintegrierter* Umweltschutz gefordert (vgl. CHRIST 1992). Bereits bei der Produktentwicklung sind adverse Effekte während und nach der Verwendung eines chemischen Erzeugnisses zu berücksichtigen.

Wir fassen zusammen: Die chemische Industrie ist sowohl mit ihren direkten, als auch mit ihren indirekten Kuppelprodukten konfrontiert. Während die direkten Kuppelprodukte bei der Zielproduktherstellung innerhalb der chemischen Industrie auftreten, entstehen die indirekten erst später in anderen Sektoren oder im Konsumbereich. In dieses Zwei-Gruppen-Schema lassen sich die meisten Umweltprobleme einordnen, die mit der chemischen Industrie in Zusammenhang stehen.

Im nächsten Unterabschnitt behandeln wir die erste Gruppe unerwünschter Kuppelprodukte. Im Vordergrund stehen Art und Umfang dieser Kuppelprodukte sowie die von ihnen verursachten Kosten für die chemische Industrie. Im darauf folgenden Unterabschnitt wenden wir uns der zweiten Gruppe unerwünschter Kuppelprodukte zu.

4.3.2 Umweltmedienorientierte Analyse unerwünschter Kuppelprodukte

In den drei folgenden Teilabschnitten stellen wir Art und Umfang unerwünschter Kuppelprodukte bei der Herstellung chemischer Erzeugnisse dar. Dabei dient die in der Umweltberichterstattung übliche Unterscheidung von Schadstoffen nach dem von ihnen belasteten Umweltmedium als Gliederungshilfe. Entsprechend den drei Umweltmedien Luft, Wasser und Boden sind Luftschadstoffe, Abwässer und Abfälle zu unterscheiden.

Nimmt man die Gesamtausgaben für Umweltschutz als Indikator, so bereiten der chemischen Industrie die direkten unerwünschte Kuppelprodukte im Abwasser die größten Probleme: 52,1% der Gesamtausgaben tätigte sie 1988 für den Gewässerschutz. Es folgen mit 30,6% die Gesamtausgaben für die

Luftreinhaltung. Für die Abfallbeseitigung verwendete sie 16,3% der Gesamtausgaben. Das verbleibende 1% der Gesamtausgaben ist zur Lärmbekämpfung erforderlich. Diese Rangfolge gilt auch für die gesamten Umweltschutzausgaben in Deutschland, wobei auf gesamtwirtschaftlichem Niveau der Anteil der Abfallbeseitigung mit 21,4% deutlich höher ist (StBA 1991). Nahezu gleich ist der Anteil der Ausgaben für die Luftreinhaltung, auf die wir in der folgenden Sektion eingehen.

4.3.2.1 Luftschadstoffe

Luftschadstoffe gehören historisch gesehen zu den ersten Kuppelprodukten, deren 'Unerwünschtheit' sich in gesetzlichen Regelungen manifestierte. Bereits die *Preußische Gewerbeordnung* von 1845 verpflichtete Unternehmer, ihre Produktionsanlagen so zu errichten, daß dem Publikum keine erheblichen Nachteile, Gefahren oder Belästigungen aus dem Gewerbebetrieb erwachsen (§26, PrGewO). Obwohl damit von Rechts wegen alle Arten von Schadstoffen erfaßt waren, betrafen die einschlägigen Paragraphen der Gewerbeordnung tatsächlich nur Luftschadstoffe. In einem schon damals als langwierig geltenden Genehmigungsverfahren mußten die Unternehmer Vorkehrungen gegen zu hohe Immissionswerte nachweisen, beispielsweise indem sie im Bauplan einen hohen Schornstein vorsahen. Für die chemische Industrie waren diese Regelungen relevant, da sie ausdrücklich zu den Gewerben zählte, deren Anlagen einer besonderen polizeilichen Genehmigung bedurften. Die Regelungen der Preußischen Gewerbeordnung fanden 1869 Eingang in die *Gewerbeordnung des norddeutschen Bundes* und anschließend auch in die *Reichsgewerbeordnung.* 1895 erließ Preußen die erste *Technische Anleitung Luft (TA-Luft)*, um Defizite im Immissionsschutz zu vermindern. Mitte der fünfziger Jahre erreichte die Luftbelastung in industriellen Ballungsräumen wie dem Ruhrgebiet ein Ausmaß, das weitere gesetzliche Regelungen erforderlich machte (MfU-NW 1993:9). 1959 wurden die einschlägigen Paragraphen der Gewerbeordnung novelliert und 1962 durch eine *Technische Anleitung Luft (TA-Luft)* ergänzt. Erst das 1974 verabschiedete und 1990 novellierte *Bundesimmissionsschutzgesetz (BImSchG)* löste die Vorschriften der Gewerbeordnung ab und bildet den Kern der modernen Luftreinhaltepolitik. Ein weiteres wichtiges Datum in der Luftreinhaltung ist der Erlaß der neuen, bis heute maßgeblichen TA-Luft im Jahre 1986. Diese brachte eine Verschärfung der Grenzwerte und eine Ausdehnung des Geltungsbereiches auch für Altanlagen mit sich.[6] Als umweltpolitische Instrumente zur Luftreinhaltung kamen in Deutschland bisher nur die dem Ordnungsrecht zuzuordnenden Emissionsauflagen und Prozeßnormen zur Anwendung. Auf den Einsatz marktanaloger Instrumente wie Abgaben und Lizenzen wird bisher verzichtet.[7] Eine Vorreiterrolle im Einsatz marktanaloger Instrumente in der Luftreinhaltepolitik nehmen die Vereinigten Staaten ein. Die 'Clean Air Act Amendements' von 1990 sehen die Einführung handelbarer Emissionslizenzen für Schwefeldioxid bis zum Jahre 2000 vor.

Zu den in Deutschland ordnungsrechtlich reglementierten Luftschadstoffen gehören Schwefeldioxid, Kohlenmonoxid, Stickoxide, flüchtige-organische-Verbindungen und Staub. Wegen ihrer gesundheitsschädigenden Wirkungen unterliegen die Immissionswerte dieser Schadstoffe einer besonderen Überwachung. Von den 1986 ausgegebenen 11,7 Mrd DM zur Behandlung von Erkrankungen und Schädigungen von Atmungsorganen schätzt das Umweltbundesamt 2,3 - 5,8 Mrd DM als durch die Luftverunreinigung bedingt (UMWELTBUNDESAMT 1989). Nach diesen allgemeinen Bemerkungen zur Luftreinhaltepolitik kommen wir nun zu den Schadstoffemissionen der chemischen Industrie.

In den alten Bundesländern belastete die chemische Industrie 1990 die Atmosphäre mit 198.000 Tonnen Luftschadstoffen, wobei Kohlendioxidemissionen nicht eingerechnet sind. Damit stammen 1,3% aller Luftschadstoffe aus der chemischen Industrie (VCI 1993:6). Ihr Ausstoß von Kohlendioxid (CO_2) belief sich 1988 auf 27.321 Mio Tonnen (STBA 1991), womit 3,9% aller CO_2-Emissionen direkt auf die Herstellung chemischer Erzeugnisse zurückgehen.

Die Zusammensetzung der Emissionen, ihre zeitliche Entwicklung sowie die relative Bedeutung von Emissionen aus der chemischen Industrie ist in Tabelle 4.6 ersichtlich. In der ersten Spalte sind die als Luftschadstoffe

[6] Eine knappe Einführung in die Umweltrechtsgeschichte findet sich in KLOEPFER (1989). Einen ausführlichen Überblick über die frühe Luftreinhaltegesetzgebung gibt MIECK (1967).

[7] Es gibt zwar gewisse Emissionshandelmöglichkeiten, diese wurden aber praktisch nicht genutzt.

Emission von	Menge 1990 in Tonnen	Anteil an		Reduktion geg. 1979 bzw. 1980		
		Industrie	Gesamt	Chemie	Industrie	Gesamt
CO_2*	27.321.000	19,1	3,9	-8	21,6	10,3
CO	58.000	4,4	0,7	38	34,9	31,7
SO_2	56.000	13,8	6,0	69	53,5	70,6
NO_x	52.000	20,6	2,0	54	36,7	11,8
VOC	26.000	19,2	1,0	66	37	7,2
Staub	6.000	4,1	1,3	71	59	34,8

Tabelle 4.6: Luftschadstoffe aus der chemischen Industrie (Alte Bundesländer). Bei mit * gekennzeichneten Zeilen beziehen sich alle Größen statt auf 1990 auf 1988. Eine negative Reduktion entspricht einer Zunahme
Quellen: Berechnungen auf der Basis von VCI (1993) und StBA (1991)

klassifizierten Substanzen aufgeführt. Im einzelnen handelt es sich um Kohlendioxid (CO_2), Kohlenmonoxid (CO), Schwefeldioxid (SO_2), Stickoxide (NO_x), flüchtige-organische-Verbindungen (VOC) und Staub. In Spalte zwei sind die von der chemischen Industrie emittierten Mengen aufgelistet. Um diese Mengen zu relativieren, finden sich in Spalte drei bzw. vier die Anteile der Emissionen aus der chemischen Industrie an den industriebedingten- bzw. an den Gesamtemissionen. In den Spalten fünf, sechs und sieben ist die Verringerung der Schadstoffemissionen aus chemischer Industrie (Chemie), Industrieprozesse und Industriefeuerung im verarbeitenden Gewerbe (Industrie) sowie die Reduktion der Gesamtemission (Gesamt) ausgewiesen. Für die chemische Industrie ist die Veränderung gegenüber 1979, für Industrie- und Gesamtemissionen gegenüber 1980 berechnet. Nicht in der Tabelle enthaltene Zahlen, die wir bei unseren folgenden Ausführungen verwenden, sind durch Veröffentlichungen des StBA (1991,lfd.Jgg.c,b) belegt.

Bevor wir auf die einzelnen Schadstoffe eingehen, ist aufgrund von Tabelle 4.6 allgemein festzustellen:

- Der Anteil der chemischen Industrie an den industriebedingten Schadstoffemissionen des verarbeitenden Gewerbes (Industrie) ist außer bei CO und Staub deutlich höher als ihr Anteil an der Bruttowertschöpfung des verarbeitenden Gewerbes, der 9,2% beträgt. Berücksichtigt man zudem, daß sie 30,7% aller vom verarbeitenden Gewerbe für die Luftreinhaltung getätigten Ausgaben leistet, so wird der Umfang unerwünschter, die Luft belastender Kuppelprodukte deutlich.

- Mit Ausnahme von CO_2 verringerte die chemische Industrie ihre Emissionen erheblich. Insgesamt sank die Emission im Zeitraum 1979 - 1980 um 59%. Demgegenüber stehen real um über 45% gestiegene Ausgaben für die Luftreinhaltung.

Wir kommen nun zu den einzelnen Schadstoffen.

- Kohlendioxid (CO_2)

In der ersten Zeile von Tabelle 4.6 sind die Angaben für CO_2 eingetragen. Die Klassifizierung als Luftschadstoff geht auf das Treibhauspotential von CO_2 zurück. Mengenmäßig hebt sich die Emission deutlich von der anderer Luftschadstoffe ab. Mit über 27 Mio Tonnen hat die chemische Industrie einen Anteil von 19,1% an den industriebedingten Emissionen. Ein Vergleich mit den CO_2-Emissionen anderer Sektoren zeigt, daß die chemische Industrie betragsmäßig nur noch von den Sektoren 'Erzeugung und Verteilung von Elektrizität' (240 Mio Tonnen CO_2) und 'Herstellung von Eisen und Stahl' (53.315 Tonnen CO_2) übertroffen wird (StBA lfd.Jgg.c). Besonders auffällig ist die gegen den allgemeinen Trend (-10,3%) gerichtete Zunahme der Emissionen. Wie aus Tabelle 4.6 hervorgeht, sanken die CO_2-Emissionen des verarbeitenden Gewerbes im Zeitraum 1979 bis 1988 um 21,6%. Die der chemischen Industrie stiegen hingegen um 8% an.

Der wichtigste K-Prozeß für die Kuppelproduktion von CO_2 ist auch in der chemischen Industrie die Verbrennung fossiler Energieträger zur Bereitstellung verfügbarer Energie. Die hohe Emissionsmenge hängt somit mit dem hohen Energieverbrauch chemischer Prozesse zusammen. Zu den besonders energieintensiven Prozessen gehört die Chlor-Alkali-Elektrolyse. Daneben erfordert die Nutzung der 'freien' Ressource Luft zur Gewinnung von Gasen einen erheblichen Energieeinsatz (persönliche Kommunikation, BASF). Die Herstellung chemischer Grundstoffe, von Düngemitteln und Kunststoffen erfordert ca.

85% des Energieeinsatzes (HORNKE UND LÜCKE k.A.:7). Eine weitergehende Zuweisung unerwünschter Kuppelprodukte aus der Energiebereitstellung ist auf der Grundlage öffentlicher Statistiken nicht möglich.

- Kohlenmonoxid (CO)

Kohlenmonoxid, dessen Daten in der zweiten Zeile der Tabelle 4.6 angegeben sind, ist ein Blutgift. Ebenso wie CO_2 ist es ein klassisches Kuppelprodukt nutzbarer Energie, wenn diese durch Verbrennen fossiler Energieträger bereitgestellt wird. Mengenmäßig ist es mit 58.000 Tonnen der bedeutendste der gesundheitsschädigenden Luftschadstoffe aus der chemischen Industrie. Der Anteil der Emissionen an Industrie- bzw. Gesamtemissionen ist jedoch vergleichsweise niedrig. Wichtigste Emissionsquelle von CO ist der Straßenverkehr, auf den 72% der Gesamtemissionen entfallen. Unter den industriellen CO-Emittenten ragen die Unternehmen der Sektoren 'Eisen und Stahl', 'Steine und Erden' sowie 'Aluminiumherstellung' heraus (FÖRSTNER 1990:370). Betrachtet man die Veränderungen der Emissionen aus Chemie, Industrie und Gesamtwirtschaft, so zeigt sich, daß die chemische Industrie ihre Emissionen überdurchschnittlich verringerte. Dennoch fällt die Reduktion verglichen mit der anderer Schadstoffe, CO_2 ausgenommen, am geringsten aus. Ursächlich hierfür sind zwei Faktoren: Zum einen fehlen Entsorgungstechnologien, so daß die Emissionen nur durch Vermeidung oder Verwertung sinken können. Diese Maßnahmen des produktionsintegrierten Umweltschutzes erfordern Veränderungen des bestehenden Kapitalstocks, die nur über längere Zeiträume hinweg zu realisieren sind. Zum anderen sind die Grenzwerte für CO-Emissionen vergleichsweise hoch, so daß Verminderungen weniger dringlich sind.

Innerhalb der chemischen Industrie ist Kohlenmonoxid allerdings nicht nur ein unerwünschtes Kuppelprodukt, sondern auch ein wichtiger Rohstoff, der als Bestandteil des *Synthesegases* in zahlreichen Prozessen eingesetzt wird. Der Verwertung von Kohlenmonoxid aus den Emissionsströmen in Produktionsprozessen steht jedoch die aufwendige Isolierung aus der Abluft entgegen, so daß sie aus ökonomischen Gründen oftmals unterbleibt. Prinzipiell würde die Aufnahmefähigkeit des Marktes für das CO-Folgeprodukt Methanol aber ausreichen, um eine vollständige Verwertung zumindest theoretisch zu ermöglichen.[8] Die Produktionsmenge von Methanol würde sich durch die vollständige Verwertung ceteris paribus um ca. 7% erhöhen.[9]

- Schwefeldioxid (SO_2)

In der dritten Zeile sind die Angaben für Schwefeldioxid abzulesen. Emittiertes SO_2 verursacht den sogenannten *sauren Smog*, der bereits um die Jahrhundertwende besonders ausgeprägt in London auftrat; er ist deshalb auch als *London Smog* bekannt. Der adverse Effekt dieses Smogs besteht darin, die Atmungsorgane zu schädigen und Kreislauffunktionen zu beeinträchtigen. In Verbindung mit anderen Luftschadstoffen verursacht Schwefeldioxid zudem Wald- und Sachgüterschäden.[10]

Der Anteil der chemischen Industrie an der Gesamtemission ist mit 6% hoch. Innerhalb der industriellen Emittenten nimmt sie zusammen mit dem Sektor 'Mineralölerzeugnisse' sogar eine Spitzenposition ein; keiner der anderen Sektoren, die Elektrizitätserzeugung und der Sektor 'Mineralölerzeugnisse' ausgenommen, emittiert mehr SO_2 als die chemische Industrie. Zu den K-Prozessen, die SO_2 als unerwünschtes Kuppelprodukt hervorbringen, gehört die Energieerzeugung durch Verbrennen fossiler Energieträger. Daneben emittieren aber auch chemiespezifische Anlagen SO_2, beispielsweise die zur Schwefelsäureherstellung. Die Hoechst AG beziffert den Anteil ihrer SO_2-Emissionen aus den Chemieanlagen auf 51%; der Rest stammt aus den Energieanlagen (HOECHST 1992:18).

Ebenso wie Kohlenmonoxid ist Schwefeldioxid ein wichtiges Zwischenprodukt der chemischen Industrie. Es wird hauptsächlich zu Schwefelsäure

---

[8] Das Argument der prinzipiellen Verwertbarkeit greifen wir im vierten Kapitel ausführlich auf.

[9] Auf die Methode dieser Berechnung gehen wir in Kapitel 9 ein.

[10] Im Vergleich zu den anderen Luftschadstoffen ist SO_2 seit langem als solcher bekannt. MESSINGER (1911) zitiert eine Untersuchung, in der für die SO_2-Konzentration in Manchaster Spitzenwerte von bis zu 4,8 mg SO_2 pro m^3 Luft angegeben werden. Im Jahresmittel wurden 1,3 mg pro m^3 Luft gemessen. Verglichen mit den Immissionswerten der TA-Luft 1986 übertraf die SO_2-Konzentration im Manchaster der Jahrhundertwende die heute zulässigen Immissionswerte um das Zehnfache.

weiterverarbeitet. Eine vollständige Verwertung von SO_2 in der Schwefelsäureherstellung würde deren Produktionsmenge ceteris paribus um ca. 3% erhöhen. Die vollständige Verwertung der gesamten SO_2-Emissionen würde eine zusätzliche Schwefelsäureproduktion von 52% bedeuten.

Zur Verringerung der SO_2-Emissionen haben im wesentlichen entsorgende Technologien beigetragen. Sogenannte *Rauchgasentschwefelungsanlagen (REA)* verarbeiten das in der Abluft enthaltene SO_2 zu Schwefelsäure, Gips oder schwefelhaltigem Dünger. Streng genommen handelt es sich deshalb bei der REA nicht um eine Entsorgungstechnologie, sondern um einen Produktionsverbund, innerhalb dessen SO_2 verwertet wird. Da für REA-Gips selbst bei einem Preis von null Einheiten noch immer ein Angebotsüberschuß besteht, muß ein Teil deponiert werden (vgl. hierzu FÖRSTNER 1990:353).

- Stickoxide (NO_x)

Emittierte Stickoxide sind aus zwei Gründen Luftschadstoffe: Zum einen entfalten sie einen adversen Effekt auf das Lungengewebe. Zum anderen sind sie ursächlich für den *Photosmog*, da sich im Zusammenwirken mit emittierten Kohlenwasserstoffen das toxische Ozon bildet.

Aus der chemischen Industrie stammen 2% der insgesamt emittierten Menge. Der Anteil, den sie mit NO_x an den industriell bedingten Emissionen hat, ist der größte unter den Luftschadstoffen. Der wichtigste Emittent ist wie auch bei Kohlenmonoxid der Straßenverkehr mit einem Emissionsanteil von 63,5%.

Über die zugrundeliegenden K-Prozesse sind nur wenige Aussagen möglich. Außerhalb der chemischen Industrie sind primär Verbrennungsprozesse fossiler Energieträger für die Emission verantwortlich. Für die chemische Industrie sind Angaben über die Herkunft wie auch bei SO_2 nur für die Hoechst AG möglich. Dort kommen 31% der Stickoxidmengen aus Chemieanlagen, der Rest aus den Energieanlagen (HOECHST 1992:18).

Um die Mengenproportionen Zielprodukte/Stickoxide zugunsten der Zielprodukte zu verschieben, wurden erst in der jüngeren Vergangenheit entsorgende Technologien installiert. Die meisten der Anlagen zur Verringerung der Stickoxidemission gingen 1987-1988 in Betrieb (FÖRSTNER 1990:398). Sie werden als *DeNO$_x$-Anlagen* bezeichnet und liefern als Verbundprodukte entweder elementaren Stickstoff oder verwertbare Stickstoffverbindungen. Ein signifikanter Nachteil dieser Anlagen ist ihr Verschleiß an Katalysatoren, die bereits nach einer Betriebszeit von 2-3 Jahren aufwendig zu entsorgen sind (FÖRSTNER 1990:404).

Die in jüngster Zeit entwickelten Entsorgungstechniken ermöglichen eine simultane Entfernung von SO_2 und NO_x aus dem Abgasstrom. Der ökonomisch bedeutende Aspekt an diesen Technologien ist die Aufarbeitung von SO_2 und NO_x auf Ammonsulfatsalpeter. Dieser gilt als wertvoller Stickstoff- und Schwefeldünger (PAUR UND SCHIKARSKI 1990:18ff). Darüber hinaus sind Stickoxide Zwischenprodukte der chemischen Industrie und dienen unter anderem der Salpetersäureherstellung.[11]

- Flüchtige-organische-Verbindungen (VOC)

VOC ist eine Sammelbezeichnung für organische Verbindungen mit niedrigem Dampfdruck.[12] In vielen Fällen ist ein adverser Effekt nur zu vermuten, da das Gefährdungspotential der VOCs aus einer schwer nachzuweisenden Toxizität besteht. Ob eine Verbindung beispielsweise krebserregend oder erbgutverändernd wirkt, bedarf langwieriger Untersuchungen. Vor allem bei Erbgutveränderungen treten die biologischen Effekte erst mit erheblichen zeitlichen Verzögerungen auf (KOCH 1989:18).

---

[11] Bei den Stickoxiden wird der Zusammenhang zwischen Umwelt- und Ressourcenproblemen deutlich: Bereits 1914 begann Hoechst mit dem Versuch, Stickoxide aus der Abluft von Verbrennungsanlagen zu gewinnen (vgl. HOECHSTER ARCHIVE 1966). Diese Stickoxide sollten dann zu Salpetersäure weiterverarbeitet werden, für die große Nachfrage bestand. Die erfolgreiche Entwicklung des *Haber-Bosch-Verfahrens* eröffnete dann jedoch einen anderen Zugang zur Salpetersäure, so daß die Verwertung von Stickoxiden aus Verbrennungsprozessen nicht mehr weiter verfolgt wurde.

[12] Zu den wichtigsten VOCs gehören: n-Hexan, Benzol, 3-Methylhexan, n-Heptan, Toluol, Oktan, Ethylbenzol, m+p-Xylol, o-Xylol, n- Nonan, Isopropylbenzol, n-Propylbenzol, 3-Ethyltoluol, 4-Ethyltoluol, 1,3,5-Trimethylbenzol, 2-Ethyltoluol, 1,2,4-Trimethylbenzol, Trichlormethan, 1,1,1-Trichlorethan, Tetrachlormethan, Trichlorethen, Tetrachlorethen (vgl. MFU-NW 1993:178).

Die chemische Industrie trägt 1% zur Gesamtmenge der emittierten VOCs bei. Wichtigster Emittent ist auch hier der Straßenverkehr. Im Unterschied zu den oben beschriebenen Schadstoffen sind die VOC-Emissionen aus den Energieanlagen der chemischen Industrie vernachlässigbar: Bei Hoechst (HOECHST 1992) stammen 98% der emittierten VOCs aus den Chemienanlagen. Eine weitergehende Zuweisung auf K-Prozesse ist auf der Grundlage der verfügbaren Daten nur für wenige der VOCs möglich. Der Schwerpunkt zukünftiger Luftreinhaltepolitik liegt eindeutig bei dieser Stoffgruppe (vgl. MFU-NW 1993) und den Stäuben.

- Staub

In der letzten Zeile der Tabelle 4.6 sind die Angaben für Staub zusammengestellt. Staubemissionen bestehen aus feinstverteilter Materie in der Luft. Als besonders toxisch gelten schwermetallhaltige Stäube (FÖRSTNER 1990:390). Darüber hinaus enthalten Stäube *polycyclische aromatische Kohlenwasserstoffe (PAH)* mit großem Toxizitätspotential, wie beispielsweise Benzoapyren. Die Staubemissionen der chemischen Industrie wurden in erheblichem Umfang reduziert. Maßgeblich für die zulässigen Emissionsgrenzwerte ist die TA-Luft und die Bundesimmissionsschutzverordnung (BImSchV). Die darin festgelegten Grenzwerte sind im Vergleich zu den oben erläuterten Schadstoffen am niedrigsten. Um die Grenzwerte zu erreichen oder zu unterschreiten, werden Filter eingesetzt, die wiederum einer aufwendigen Entsorgung bedürfen.

Zusammenfassend und ergänzend halten wir als die wichtigsten Charakteristika der Luftschadstoffe aus der chemischen Industrie fest:

1. Der Anteil der chemischen Industrie an der Luftverunreinigung ist im Vergleich zu den anderen industriellen Emittenten des verarbeitenden Gewerbes hoch. Insgesamt betrachtet aber sind Kraftwerke und Straßenverkehr die wichtigsten Emittenten. Dabei ist jedoch zu beachten, daß Emissionen aus der chemischen Industrie im Vergleich zu denen aus dem Straßenverkehr auf wenige Standorte konzentriert sind. Daraus folgen regional hohe Imissionswerte.

2. Der zentrale K-Prozeß, aus dem Luftschadstoffe hervorgehen, ist die Ver-

brennung fossiler Energieträger zur Energiebereitstellung.

3. Die meisten Luftschadstoffe haben dualen Charakter, d.h. die entsprechenden Substanzen finden innerhalb von Produktionsprozessen als Inputs Verwendung. Daraus folgt die grundsätzliche Möglichkeit, viele der Luftschadstoffe zu verwerten.

4. Die in den vergangenen Jahren gelungene Verringerung der Emissionen ist größtenteils auf Maßnahmen des additiven Umweltschutzes zurückzuführen.

5. Der adverse Effekt von Luftschadstoffen besteht primär in ihrer toxischen Wirkung. Ausnahmen hiervon sind CO_2 durch sein Treibhauspotential und Schwefeldioxid durch zusätzliche Wald- und Sachgüterschäden.

6. Die einzelnen Luftschadstoffe verstärken oder schwächen sich gegenseitig in ihrem adversen Effekt. So ist emittiertes Schwefeldioxid kühlend und wirkt damit dem Treibhauseffekt entgegen. Die Interaktion von NO_x und VOCs bei der Bildung von Ozon ist derart, daß innerhalb bestimmter Konzentrationsbereiche eine isolierte Verringerung eines der beiden Schadstoffe die Ozonbildung erhöht (vgl. REPETTO 1987).

4.3.2.2 Abwasser

Die chemische Industrie setzte 1987 ca. 4,1 Mrd m^3 Wasser als Kühlmittel, Rohstoff oder Reaktionsmedium in ihren Produktionsanlagen ein (HOPP 1993:342). Davon verließen 3,5 Mrd m^3 die Chemiewerke wieder als Abwasser. Die Qualität dieses Abwassers hängt entscheidend von der Nutzungsform ab. Bei der Nutzung als Kühlmittel entsteht als Kuppelprodukt idealerweise lediglich aufgewärmtes Wasser. 79% des Abwasservolumens der chemischen Industrie besteht aus diesem Kühlwasser (STBA 1991), das unbehandelt abgeleitet wird. Von einer Beeinträchtigung der Umwelt durch das gegenwärtig abgeleitete Warmwasservolumen muß nach heutigem Wissensstand nicht ausgegangen werden (vgl. IKSR 1989:26). Wir werden deshalb im folgenden das Kühlwasser nicht zum Abwasser rechnen. Die Nutzung von Wasser als Reaktionsmedium bringt hingegen Gewässerbelastungen mit sich. Diese gehen von unverbrauchten Rohstoffen und Reaktionsprodukten aus, die aus technischen oder ökonomischen Gründen nach dem Produktionsvorgang im Abwasser belassen werden und unbehandelt in die Vorfluter gelangen. Das Verhältnis von unbehandeltem zu behandeltem Abwasser beträgt in der chemischen Industrie eins zu drei (StBA 1993).

Die chemische Industrie hat einen hohen Anteil an der gesamten Abwasserbelastung. Ihr Abwasseraufkommen belief sich 1987 auf 744 Mio m^3, womit ihr Anteil am Abwasseraufkommen des verarbeitenden Gewerbes 38% beträgt (StBA 1993). Daß sie 1988 zudem 49% aller vom verarbeitenden Gewerbe getätigten Ausgaben für Gewässerschutz leistete, belegt das große Aufkommen wasserbelastender Kuppelprodukte.

Der freien Entsorgbarkeit dieser unerwünschten Kuppelprodukte im Abwasser chemischer Betriebe stehen das *Wasserhaushaltsgesetz* und das *Abwasserabgabengesetz* entgegen. Erste Ansätze der deutschen Abwassergesetzgebung finden sich schon im *Preußischen Wassergesetz* von 1912. Vorausgegangen waren regelmäßige und systematische Untersuchungen der Wasserqualität des Rheins durch die *Abwasser-Comission der Farbenfabriken zu Leverkusen* seit 1901 (Verg 1988:146ff).[13] Mit dem Wasserhaushaltsgesetz von 1957 erhielt die Abwassergesetzgebung ihr modernes Gepräge. Ab diesem Zeitpunkt begann auch der Bau von Kläranlagen, beispielsweise 1958 durch Bayer in Dormagen. 1976 wurde das Wasserhaushaltsgesetz novelliert und durch das Abwasserabgabengesetz ergänzt. Mit dieser Regelung entschied sich der Gesetzgeber zum

[13]An den Standorten der chemischen Industrie waren um die Jahrhundertwende auffällige Gewässerverschmutzungen zu beobachten. So beschreibt Shadwell (1906) den Blick auf die Wupper bei Elberfeld und Barmen als "absolute horrible" (ebd. 197). Seiner Ansicht nach war die Wupper der am stärksten verschmutzte Fluß der Welt. Ursächlich für die geringe Wassergüte waren hauptsächlich Abwässer chemischer Fabriken. So berichtet er, daß "...the dye and chemical works are most offensive" (ebd. 197). Abhilfe würde eine geringfügige Reallokation der Produktionsmittel bringen: "but if the chemical works, instead of boasting of the number of chemists they employ and the millions of capital they have invested, would apply the knowledge of the one and a small portion of the other to disposing of their refuse and abating the nuisance, they might command more respect than it is possible to pay them at the present." (ebd. 199).

erstenmal, ein marktanaloges Instrument in der Umweltpolitik einzusetzen. Alleine aus diesem Grund eignet sich das Umweltmedium 'Wasser' besonders gut für ökonomische ex-post-Untersuchungen; steht doch mit der Abwasserabgabe ein Fundus empirischer Erfahrungen zur Verfügung, an denen sich modelltheoretische Aussagen evaluieren lassen. Allerdings kam die Abwasserabgabe nicht in ihrer Reinform zum Einsatz. Zusammen mit ordnungspolitischen Maßnahmen bildet sie einen *Instrumentenverbund* (KLOEPFER 1989:654). Dieser Instrumentenverbund verwischt die Anreizwirkung der Abgabe auf die Verbesserung der Wassergüte. HANSMEYER (1993:74) weist darauf hin, daß der ordnungsrechtliche Teil der Wassergütepolitik die Wirkungsspielräume für eine Abgabe entscheidend einschränkt. GAWEL (1993) sieht gar die Gefahr einer ungerechtfertigten Schuldzuweisung bei einem möglichen Politikversagen.

In den vergangenen Jahren wurden Wasserhaushaltsgesetz und Abwasserabgabengesetz mehrfach novelliert, wobei sich eine weitere Gewichtsverlagerung zugunsten ordnungspolitischer Maßnahmen abzeichnet. Von den neueren Regelungen ist für die chemische Industrie vor allem Anhang 22 der Rahmen-Abwasser-Verwaltungsvorschrift bedeutend. Darin wird erstmals ein Abwasserkataster verlangt, der Angaben über die Entstehungsorte von Abwässern innerhalb chemischer Großbetriebe enthält. In vielen Fällen ist bis heute nicht einmal den Chemieunternehmen bekannt, welche Abwässer ihre Produktionsanlagen im einzelnen herstellen (persönliche Kommunikation, BAYER, BASF und HOECHST). Eine vollständige Zuweisung auf Zielprodukte ist damit aufgrund mangelnder Informationstransparenz gegenwärtig kaum möglich. Zusätzlich enthält Anhang 22 technische Anforderungen, die sich nicht an den allgemein anerkannten Regeln bzw. am Stand der Technik orientieren. Diese *Allgemeinen Anforderungen* sehen Maßnahmen des produktionsintegrierten Umweltschutzes vor, um das Abwasseraufkommen und die Schadstofffracht zu verringern. [14]

Nach den rechtlichen Aspekten der Abwasserbeseitigung betrachten wir nun die Mengenseite des Abwasserproblems. Abwasserbelastende Stoffe werden

[14]Eine ausführliche Diskussion der Folgen des Anhangs 22 der Rahmen-Abwasser Verwaltungsvorschrift für die chemische Industrie findet sich in HAGEL ET AL. (1992/4:13).

in zwei Klassen eingeteilt, die anorganischen und die organischen Substanzen.

Zur Klasse der anorganischen Substanzen im Abwasser gehören Salze, Stickstoff- und Phosphorverbindungen sowie Schwermetalle. Gemessen wird die Gewässerbelastung mit diesen Verbindungen in Form von Konzentrationen (Abwassermenge pro Volumeneinheit) und Frachten (Abwassermenge pro Zeiteinheit).

- Salze

Auf den Rhein bezogen bilden Salze die größte Mengenkomponente des Abwassers (MALLE 1991:264). Obwohl von der eingeleiteten Menge dieser Stoffe nach gegenwärtigem Wissen keine Gefahren für das Trinkwasser ausgehen, sind sie dennoch unerwünscht. Sie verursachen negative externe Effekte, indem sie beispielsweise Produktionsanlagen der Wasserwerke schädigen. Da sie als wassergefährdend eingestuft sind, unterliegt ihre Einleitung zudem ordnungsrechtlichen Auflagen. Die unerwünschte Kuppelproduktion eines schwefelhaltigen Salzes (Glaubersalz) bei der Herstellung von β-Naphthol durch Hoechst ist einer der wenigen Fälle, bei dem es wegen dieser Umweltschutzauflagen zur Produktionseinstellung kam (EUROPA CHEMIE 1992/25). Eine ökonomisch vertretbare Entfernung des Glaubersalzes aus dem Abwasser war nicht möglich. Die Einleitung von Chloriden, d.h. chlorhaltigen Salzen, in den Rhein wurde 1976 durch das Chlorid-Abkommen zwischen den Rheinanrainern geregelt. In einem Zusatzprotokoll von 1991 vereinbarten sie zusätzlich eine Obergrenze für Chloride mit 200 mg/l. Die bisherigen Spitzenwerte sollen damit um 40% unterschritten werden. Wichtigste industrielle Chlorideinleiter sind die Kaliminen im Elsaß. Das Zusatzprotokoll sieht Rückhaltemaßnahmen vor, die Kosten in Höhe von 120 Mio DM verursachen (ANONYMUS 1991:504). Diese Kosten werden abweichend vom Verursacherprinzip gemeinsam von den Reinanrainern getragen.

- Stickstoff- und Phosphorverbindungen

Der adverse Effekt von Stickstoff- und Phosphorverbindungen im Abwasser besteht darin, daß sie das Algenwachstum anregen. Eine Folge dieser sogenannten Eutrophierung sind neben der Störung ökologischer Gleichgewichte Geruchs- und Geschmacksbeeinträchtigungen des Trinkwassers (FÖRSTNER 1990:201).

Am Beispiel der BASF läßt sich die Entwicklung der Einleitung stickstoffhaltiger Verbindungen in den Rhein verfolgen. Die BASF ist der wichtigste Einleiter sogenannten Ammonstickstoffes in den Rhein. Im Zeitraum 1972 - 1990 verringerte sie die Produktion dieses unerwünschten Kuppelproduktes um 53% auf 15.330 Tonnen jährlich. Durch weitere Maßnahmen soll bis Ende 1994 eine weitere Reduktion um 62% erreicht werden, was Investitionen in Höhe von 100 Mio DM erfordert. Einen Produktionsbetrieb, in dem ein Zusatzstoff für ölige Lacke in Kuppelproduktion mit Ammonium-Stickstoff hergestellt wurde, legte die BASF mit dem Hinweis auf die Entlastung des Rheins still (EUROPA CHEMIE 1991/35:6).[15]

Über die Herkunft der Phosphate lassen sich nur sehr ungenaue Angaben machen. 1987 stammten 18% des Phosphateintrags aus Industriebetrieben. Der größte Teil, nämlich 35% entfällt auf Humanexkremente, gefolgt von diffusen Quellen wie beispielsweise der Landwirtschaft (29%) und der Verwendung von Wasch- und Reinigungsmitteln (18%) (HEINTZ UND REINHARDT 1989:167). Die Phosphatfracht des Rheins ist von 1974 bis 1989 um über 60% gesunken (IKSR lfd.Jgg.)

- Schwermetalle

Auf die toxischen Eigenschaften von Schwermetallen wiesen wir bereits bei den Luftschadstoffen hin. Mit dem Bau von Kläranlagen sanken die Schwermetallgehaltmengen im Abwasser signifikant ab. So verringerte sich im Zeitraum 1972 -1988 die Cadmium- und Quecksilberfracht um ca. 95%, die Chromfracht um über 75% und die Bleifracht um über 85% (vgl. MALLE 1991:266). Am Beispiel der Schwermetallrückhaltung durch Kläranlagen wird ein typisches Problem entsorgender Technologien deutlich: Statt im Abwasser befinden sich die Schwermetalle nach der Klärung im Klärschlamm. Als Folge davon ist eine Ausbringung des Schlamms als Dünger kaum möglich. Klärschlamm stellt dann einen Abfall dar, der wiederum entsorgungsbedürftig ist.

---

[15]Eine Überprüfung, ob die Produktionsstillegung alleine wegen der Abwasserentlastung erfolgte, oder ob andere ökonomische Gründe dahinterstanden, ist nicht möglich. Der Betrieb verursachte überschlagsmäßig 400.000 DM jährliche Abwasserabgabe aufgrund der Ammon-Stickstoffeinleitung.

- Organische Verbindungen

Die zweite Klasse abwasserbelastender Schadstoffe sind organische Verbindungen. Ihre Menge im Abwasser geben sogenannte *Summenparameter* an, wie z.B. der *CSB-Wert*. Er weist aus, wieviel Sauerstoff zur vollständigen Oxidation aller organischen Stoffe im Abwasser benötigt wird und ist damit ein *Indikator* für den Gehalt organischer Stoffe im Abwasser. Die chemische Industrie hatte 1970 am CSB-Wert des Rheins einen Anteil von 41%, im Jahre 1985 betrug der Anteil nur noch 16% (vgl. HOLOUBEK 1991:28).[16]

Um die Abwasserbelastung mit schwer abbaubaren organischen Verbindungen zu messen, wird der *AOX*-Wert berechnet. Er ist ein Maß für die organisch gebundenen Halogene im Abwasser. Sollen im besonderen chlorierte organische Verbindungen untersucht werden, so steht mit dem *AOCl*-Wert ein Maß für organisch gebundenes Chlor zur Verfügung. Dieser Indikator dient als Leitparameter für den Gehalt schwer abbaubarer Verbindungen in einem Gewässer (MALLE 1991:262). Welche chlorierte organische Verbindungen im Abwasser enthalten sind, kann im einzelnen nicht ausgesagt werden. Nur 10-20% der durch den AOCl ausgewiesenen Belastung kann einzelnen chemischen Verbindungen zugewiesen werden. Aus welchen Verbindungen sich die verbleibenden 80-90% zusammensetzen, ist unbekannt (MALLE 1991:261).

Die Entwicklung der organischen Abwasserbelastung ist am besten für den Rhein dokumentiert. Wie auch bei der anorganischen Abwasserbelastung und den Luftschadstoffen wurden gegenüber den 70er Jahren große Verminderungen der Schadstoffeinträge erreicht. Aus Abbildung **??** geht hervor, daß die Belastung mit chlorierten organischen Verbindungen von 550 g/s im Jahre 1973 auf weniger als 50 g/s im Jahre 1989 sank - ein Rückgang um über 90%. Besonders signifikant ist der Rückgang 1973 - 1975, dem Zeitpunkt der Inbetriebnahme der BASF-Kläranlage und des ersten Ölpreisschocks. Da in den folgenden Jahren die AOCl-Fracht zunächst wieder anstieg, ist zumindest

[16] In ökonomischen Untersuchungen wird häufig der BSB_5-Wert als Maß für die Wassergüte verwendet (vgl. STEPHAN 1988). Er unterscheidet sich vom CSB dadurch, daß nur die biologisch abbaubaren organischen Stoffe erfaßt werden. Er eignet sich, um das Reinigungspotential für eine biologische Kläranlage abzuschätzen, oder um deren Reinigungseffekt zu messen.

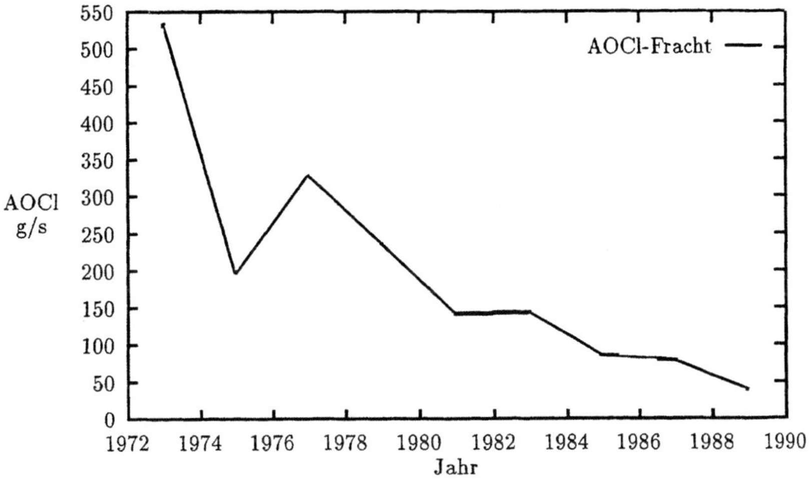

Abbildung 4.3: Chlorierte organische Verbindungen im Rhein
Quelle: MALLE (1991:262)

ein Teil der verringerten AOCl-Fracht auf einen ölpreisbedingten Produktionsrückgang zurückzuführen.[17]

Eine ähnliche Entwicklung zeigt auch der CSB-Wert, so daß wir auf eine Präsentation verzichten und statt dessen auf die Veröffentlichungen des IKSR (lfd.Jgg) hinweisen.

Ein differenzierteres Bild von der zeitlichen Entwicklung der Abwasserbelastung erhalten wir durch den Rückgriff auf firmenspezifische Daten. In Abbildung 4.4 ist die Entwicklung der organischen Fracht im Abwasser der Bayer AG eingezeichnet. Zum Vergleich ist die Entwicklung der Produktionsmenge abgetragen. Aus der Abbildung geht hervor, daß bereits in den 70er Jahren die organische Abwasserfracht und die Produktionsmenge entkoppelt wurden. Im Beobachtungszeitraum entwickelten sich erstmals von 1971 bis 1972 Abwasserfracht und Produktionsmenge gegenläufig. 1971 nahm Bayer sowohl an ihrem Standort in Dormagen wie auch in Leverkusen Ausbaustufen von Kläranla-

[17]Die Interpretation von Frachtraten ist nicht ganz unproblematisch. Da die vom Rhein geführte Wassermenge jährlichen Schwankungen unterliegt, ergeben sich alleine hieraus Veränderungen der Frachtraten.

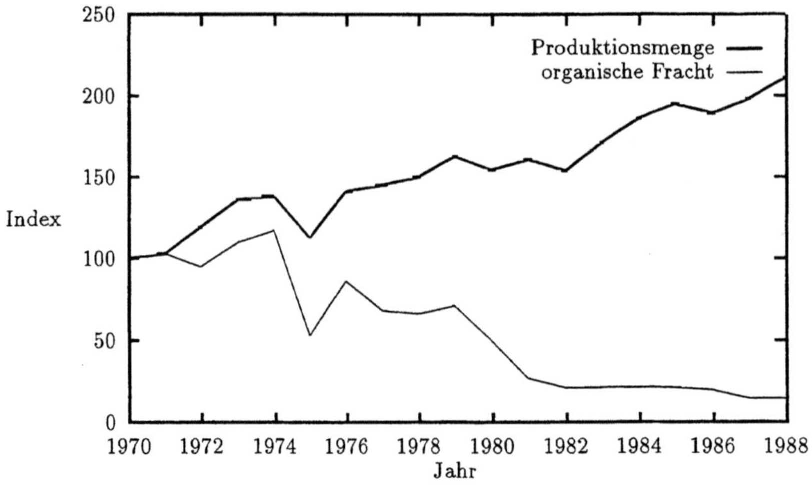

Abbildung 4.4: Abwasser- und Produktmengen der Bayer AG
Quelle: BUEB ET AL. (1990)

gen in Betrieb. Danach folgte die Abwassermenge jedoch wieder dem Trend der Produktionsmenge. Insbesondere der Produktionsrückgang 1973 aufgrund des Ölpreisschocks und die anschließende Erholung zeigt den Gleichlauf von Abwasser- und Produktionsmenge. Ab 1979 ist ein kontinuierlicher Rückgang der Abwassermenge, unabhängig von der Produktionsmenge zu beobachten. 1980 waren die nochmaligen Erweiterungen der Kläranlagen in Leverkusen und Uerdingen abgeschlossen (vgl. hierzu BUEB ET AL. 1990).

Bei den organischen Abwässern der BASF, die seit 1972 ermittelt werden, ist im Zeitraum 1972 - 1974 ein Rückgang um 11% zu erkennen. 1974 wurde die Kläranlage in Betrieb genommen, was eine Verringerung der Abwasserbelastung um weitere 85% ermöglichte. Ausgehend von diesem Belastungsniveau halbierte sich die Abwasserbelastung bis 1991 nochmals (vgl. MALLE 1992).

Betrachten wir zusammenfassend die Abwasserprobleme der chemischen Industrie, so ist festzustellen:

- Verglichen mit anderen Sektoren der Volkswirtschaft hat die chemische Industrie hohe Ausgaben für den Gewässerschutz zu tätigen. Dies läßt auf ein signifikantes Aufkommen abwasserbelastender Kuppelprodukte schließen.

- Durch den Bau von Kläranlagen und in jüngerer Zeit durch produktionsintegrierten Umweltschutz wurden in einem Zeitraum von 20 Jahren erhebliche Verbesserungen der Wassergüte erreicht.

4.3.2.3 Abfall

Das Abfallproblem ist das jüngste der bisher besprochenen Umweltprobleme. Gegenstand eines eigenen Bereiches der Umweltpolitik wurde es 1972 mit dem Erlaß des *Abfallgesetzes.* Nachdem sich trotz mehrmaliger Novellierungen keine Verringerung der Abfallmengen abzeichnete, fand 1986 eine Neukonzeption des Abfallrechtes statt. Beabsichtigt ist mit diesem Gesetz eine Umorientierung weg von der Entsorgung hin zur Vermeidung von Abfällen, was auch in seinem Titel 'Gesetz über die Vermeidung und Entsorgung von Abfällen' zum Ausdruck kommt. Ebenso wie die Luftreinhaltegesetzgebung sieht das Abfallrecht keinen Einsatz marktanaloger Instrumente vor. Die bundeweite Einführung einer aus umweltökonomischer Sicht favorisierten Abfallabgabe (vgl. FABER ET AL. 1988) als Anreiz zur Vermeidung und Verwertung von Abfällen scheiterte nicht zuletzt am massiven Widerstand der chemischen Industrie (vgl. hierzu CHEMISCHE INDUSTRIE 1991/7).[18].

Am gesamten Abfallaufkommen der Bundesrepublik Deutschland hatte die chemische Industrie 1990 einen Anteil von 3,6%. Ihr Anteil am verarbeitenden Gewerbe betrug 11,2% (STBA lfd.Jgg.c). In Relation zur Bruttowertschöpfung ist die chemische Industrie durchschnittlich abfallintensiv. Gegenüber 1987 stellt dies einen deutlichen Fortschritt dar. Noch vor drei Jahren hatte sie am Abfallaufkommen des verarbeitenden Gewerbes einen Anteil von 26,8%. Besonders auffallend ist ihr hoher Anteil am Sonderabfallaufkommen: 1987 fielen 63,7% aller Sonderabfälle in der chemischen Industrie an.

Die Entwicklung des Abfallaufkommens läßt sich exemplarisch anhand

[18]Eine differenzierte Betrachtung der Wirkung einer Abgabe sowie bereits erfolgte Anwendungen finden sich in FABER ET AL. (1988)

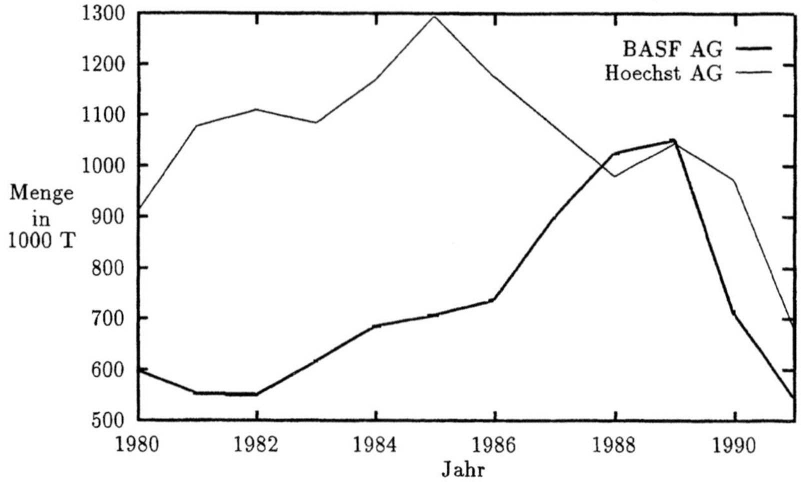

Abbildung 4.5: Abfallaufkommen der BASF und Hoechst AG
Quelle: BASF (lfd. Jgg.) und HOECHST (1992)

einzelner Chemieunternehmen aufzeigen. In Abbildung 4.5 ist das Abfallaufkommmen der BASF AG und der Hoechst AG eingezeichnet.

Bei der BASF AG stieg die Abfallmenge im Zeitraum 1980 - 1989 um 76% an. Dieser Anstieg ist hauptsächlich eine Folge zunehmenden Bauschuttaufkommens, während das Klärschlammaufkommen mit 266.000 Tonnen nahezu konstant blieb und die betrieblichen Rückstände sogar leicht abnahmen. Ab 1989 ist eine sinkende Abfallmenge zu beobachten, was auf eine vollständige Verwertung des Bauschutts zurückzuführen ist. Gegenüber 1980 verringerte sich das Abfallaufkommen um 7%. Im Zeitraum 1991 - 1993, der nicht mehr in der Abbildung ausgewiesen ist, nahm die BASF eine Klärschlammverbrennungsanlage in Betrieb, durch die sich die Abfallmenge nochmals deutlich verringerte. Im Zeitraum 1980 - 1993 sank die Abfallmenge um 59% (vgl. BASF lfd.Jgg.).

Die Abfallmengenentwicklung von Hoechst zeigt ein ähnliches Bild. Auch hier stieg die Abfallmenge zunächst an. Die Trendwende gelingt Hoechst jedoch bereits 1985 durch eine Reduzierung der Sonderabfall- und Hausmüllabfallmengen. Ab 1989 setzt ein verstärkter Rückgang der Abfallmenge ein, wiederum getragen von einer verringerten Sonder- und Hausmüllabfallmenge.

Die Abfallmenge wird entweder durch Verbrennung oder durch produktionsintegrierten Umweltschutz reduziert. 1991 verbrannte die Hoechst AG ca. 14% ihres Abfalls. Der Verbrennungsanteil der BASF AG ist mit 24% deutlich höher.

Auch auf sektoraler Ebene ist der Verbrennungsanteil in der chemischen Industrie höher als im verarbeitenden Gewerbe. 1990 verbrannte die chemische Industrie ca. 14% des von ihr zu entsorgenden Abfalls. Im verarbeitenden Gewerbe beträgt der Verbrennungsanteil nur 6% (StBA 1993).

Die Entsorgungstechnologien für Abfälle stellen selbst wieder K-Prozesse mit unerwünschten Kuppelprodukten dar. Eine Deponie, die vor allem in ihrer älteren Bauform mit einem unkontrollierten chemischen Reaktor zu vergleichen ist, verursacht Sickerwässer und Deponiegase. Sickerwässer weisen hohe Konzentrationen an organischen und anorganischen Inhaltsstoffen auf. Die Deponiegase enthalten zu 2% Schwefelwasserstoff, Kohlenmonoxid, Stickstoff und zum Teil giftige Spurengase (Förstner 1990:326). Auch bei der Abfallverbrennung treten unerwünschte Kuppelprodukte auf. Zum einen verbleiben pro Tonne verbrannten Abfalls 250-350 kg Asche und Schlacke, 20 - 40 kg hochgradig schadstoffhaltige Filterstäube und 8 - 45 kg Verbundprodukte aus der Rauchgaswäsche (Förstner 1990:310f) Zum anderen ist die Abluft der Verbrennungsanlage je nach Bauausführung selbst wieder schadstoffhaltig.

4.3.2.4 Unerwünschte Kuppelprodukte am Beispiel der BASF AG

Am Beispiel der BASF fassen wir unsere umweltmedienorientierte Betrachtung von Art und Umfang unerwünschter Kuppelprodukte zusammen. Die BASF ist meines Wissens das einzige Unternehmen, das die Produktionsmenge ihrer erwünschten Erzeugnisse in Relation zur Menge unerwünschter Kuppelprodukte setzt und dies auch veröffentlicht (vgl. BASF lfd.Jgg.). Referenzgröße sind dabei 1000 kg chemische Erzeugnisse, die das Produktangebot der BASF widerspiegeln. Um 1992 eine Tonne dieser 'composite commodity' herzustellen, mußten 18,7 kg unerwünschte Kuppelprodukte akzeptiert werden, wovon

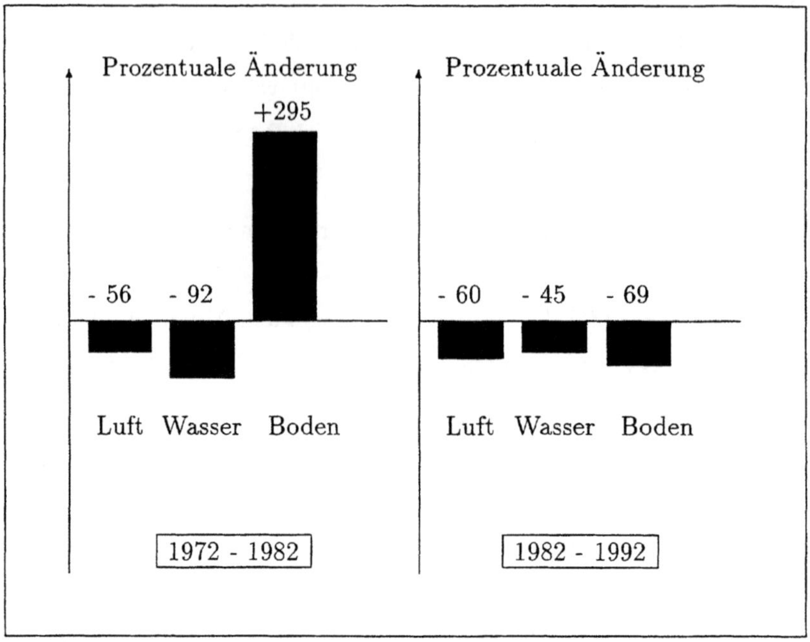

Abbildung 4.6: Prozentuale Mengenänderung unerwünschter Kuppelprodukte je Tonne Zielprodukt der BASF
Quelle: BASF (lfd.Jgg.)

- 3,7 kg die Luft,
- 1,7 kg das Wasser und
- 14,3 kg den Boden

belasten. Zusätzlich wurden 779 kg CO_2 in Kuppelproduktion hergestellt. Besonders aufschlußreich sind jedoch weniger die absoluten Zahlen, als vielmehr die Veränderung der Mengenproportionen zwischen erwünschten und unerwünschten Produkten. In Abbildung 4.6 ist diese Änderung für zwei Zeiträume zu ersehen.

In der linken Abteilung der Abbildung ist die Mengenveränderung im Zeitraum 1972 - 1982 veranschaulicht. Je Tonne ihres Produktes verringerte die BASF die Emission von Luftschadstoffen um 56% und die Einleitung abwasserbelastender Substanzen um 92%. Das Abfallaufkommen ist dagegen um 295% gestiegen. Daraus wird deutlich, daß die Verminderung im Luft- und Abwasserbereich zu einer signifikanten Erhöhung der Abfallmengen führte. Ein Grund hierfür ist die Umleitung der Schadstoffströme weg von den Medien Luft und Wasser hin zum Medium Boden. Die in den 70er und 80er Jahren dominierenden additiven Maßnahmen zur Verringerung der Luft- und Wasserbelastung erzeugten als unerwünschte Kuppelprodukte wiederum Abfälle. Statt der Abwässer fielen nun Klärschlämme an, statt der Luftschadstoffe Filterrückstände.

In der zweiten Abteilung sind die Veränderungen im Zeitraum 1982 - 1992 zu sehen. Die größte Verminderung wurde nun im Bereich der Abfälle erreicht. Zum einen ermöglichte dies die Verwertung von Bauschutt als Auffüllmaterial und zum anderen die Verbrennung von Klärschlämmen.

Nach diesen mengenmäßigen Betrachtungen kommen wir nun zu den beobachtbaren Auswirkungen von Umweltschutzmaßnahmen auf die Kosten- und Kapitalstockentwicklung in der chemischen Industrie.

4.3.3 Kostenverursachung und Kapitalbildung

Im vorhergehenden Unterabschnitt beschränkten wir uns im wesentlichen darauf, Art und Umfang unerwünschter Kuppelprodukte zu beschreiben. Dabei wurde sichtbar, daß sich unter einer restriktiveren Umweltpolitik die industriebedingte Umweltbelastung erheblich verringerte. Die chemische Industrie als einer der wichtigsten industriellen Emittenten senkte hauptsächlich durch nachgeschaltete Entsorgungsanlagen wie Kläranlagen, Rauchgaswäscher und Müllverbrennungsanlagen die Menge ihrer Schadstoffeinträge in die Umwelt. Diesen Verringerungen stehen Investitionen und Betriebsausgaben gegenüber, um den erforderlichen Kapitalstock aufzubauen und zu betreiben. In diesem Unterabschnitt untersuchen wir das Ausmaß dieser Kosten in der chemischen Industrie. Es gilt dabei, die Hypothese zu prüfen, daß unerwünschte Kuppelprodukte bei sich verändernden umweltpolitischen Rahmenbedingungen signifikante Kostensteigerung mit sich bringen.

In Abbildung 4.7 sind die Gesamt- und Investitionsausgaben der chemischen Industrie für Umweltschutz ersichtlich. Die Gesamtausgaben umfassen die laufenden Ausgaben für Löhne und Gehälter, Roh-, Hilfs- und Betriebs-

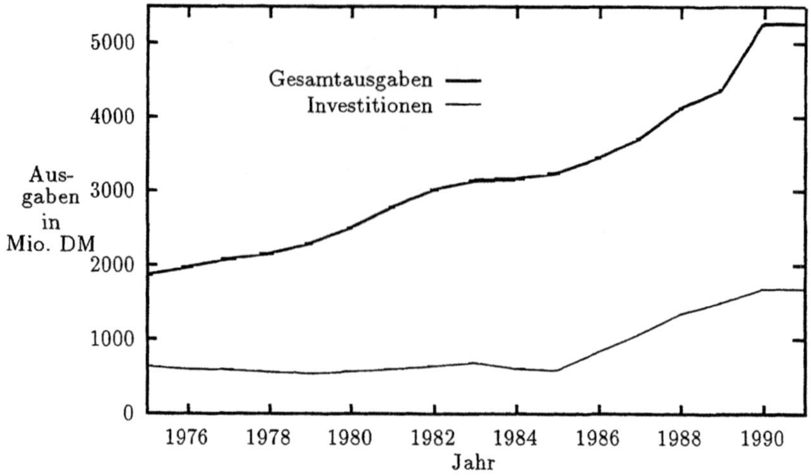

Abbildung 4.7: Gesamtausgaben und Investitionen der chemischen Industrie für Umweltschutz in laufenden Preisen
Quelle: StBA (1991) für den Zeitraum 1975 - 1988 und eigene Berechnung auf der Basis von VCI (1993) für 1988 - 1991

stoffe etc. sowie die Investitionsausgaben. Für den Sektor 'chemische Industrie' sind diese Daten erst ab 1975 verfügbar. Da wesentliche Umweltgesetze wie das Bundesimmissionsschutzgesetz, Wasserhaushalts- und Abwasserabgabengesetz kurz davor in Kraft traten, ist der erste Kostenschub nicht ausreichend dokumentiert und deshalb außerhalb unserer Betrachtung.

Aus Abbildung 4.7 ist ersichtlich, daß die nominellen Gesamtausgaben für Umweltschutz von 1975 - 1991 monoton zunehmen; in einem Zeitraum von 16 Jahren haben sie sich nahezu verdreifacht. Real stiegen die Gesamtausgaben in diesem Zeitraum um 68%.[19] Der Ausgabenverlauf zeigt zwei Phasen, wobei die erste Phase den Zeitraum 1975 - 1983 und die zweite Phase 1983 - 1991 abdeckt. In der ersten Phase folgen die Gesamtausgaben einem schwach ausgeprägten logistischen Wachstum, das 1980 mit einer Wachstumsrate von 11,4% seinen Höhepunkt erreicht und 1983 weitgehend abgeklungen ist. Ein

[19] Der Berechnung dieser Zahl liegt ein umweltausgaben- und sektorspezifischer Preisindex für den Zeitraum von 1975 - 1988 zugrunde. Die drei folgenden Jahre wurden mittels eines umweltausgaben- aber nicht sektorspezifischen Indexes berechnet.

überproportionaler Anstieg der Ausgaben entfällt auf die Kosten der Abfallentsorgung, deren Anteil an den Gesamtausgaben in der ersten Phase von 14,4 auf 18% anstieg (STBA 1991). Die Investitionsausgaben verbleiben während der ersten Phase auf nahezu konstantem Niveau.

In der zweiten Phase stieg, 1988 und 1989 ausgenommen, die Wachstumsrate der Gesamtausgaben bis 1990 an, um dann innerhalb eines Jahres auf null zu sinken. Für den betrachteten Zeitraum sind dann 1990-1991 zum ersten Mal konstante Gesamtausgaben für Umweltschutz zu beobachten. Diese Zäsur im Kostenanstieg ist vor dem Hintergrund der wirtschaftlichen Entwicklung zu sehen. Während des stärksten Ausgabenanstieges, nämlich von 1989 - 1990 um 20%, stagnierte die nominelle Bruttowertschöpfung der chemischen Industrie. Die daraus resultierende Spannung von Umweltschutz einerseits und Wachstumszielen andererseits ermöglichte es, ein Moratorium für weitere Maßnahmen seitens der Umweltpolitik durchzusetzen. Insbesondere scheiterte die Implementierung einer Abfallabgabe. Neuere Zahlenangaben, die nur für einzelne Firmen vorliegen, zeigen sogar eine Trendumkehr des Kostenverlaufs: Die BASF verzeichnete im Zeitraum 1991 - 1993 um ca. 15,2% gesunkene Gesamtausgaben für Umweltschutz (vgl. BASF lfd.Jgg:55).

Die von der chemischen Industrie verausgabten Finanzmittel für Umweltschutz werden in anderen Sektoren nachfragewirksam. Diese Feststellung ist die Grundlage für das vielgebrauchte Argument, Umweltschutzmaßnahmen führen zur Nachfrage nach Umweltschutztechnologien- und Dienstleistungen und geben somit der Volkswirtschaft indirekt einen Wachstumsimpuls. Die Zusammensetzung der Gesamtausgaben ist in Tabelle 4.7 wiedergegeben.

In der ersten Spalte ist angegeben, in welchen Sektoren die Umweltschutzaufwendungen der chemischen Industrie nachfragewirksam wurden. Spalte zwei weist die entsprechenden Beträge aus, die in den Spalten drei, vier und fünf auf die jeweiligen Umweltmedien verteilt werden. In der letzten Spalte ist angegeben, welcher Anteil der insgesamt getätigten Zahlungen der chemischen Industrie an den jeweiligen Sektor den Aufwendung für Umweltschutz zuzurechnen ist.

Auffällig sind vor allem die hohen Ausgaben für Energie, Wasser- und

	Aufwendungen	Mio DM	Davon für: Abfall	Wasser	Luft	Anteil in %
Vorleistung	Energie, Wasser, Bergbauerzeugnisse	1.052	187	631	234	11,7
	Chemische Erzeugnisse	339	80	167	83	0,8
	Mineralölerzeugnisse	58	34	0	24	2,3
	Stahl- und Maschinenbau, ADV, Fahrzeuge	81	9	52	20	6,8
	Elektrotechnik, Feinmechanik, EBM	19	2	12	5	1,1
	Dienstleistungen	63	22	21	20	6,0
	Externe Umweltleistungen	732	213	519	0	100,0
	Vorleistungen gesamt	2.344	547	1411	386	
Importe		181	85	95	77	0,8
Abschreibungen		739	71	397	271	10,4
Löhne und Gehälter		802	118	496	188	2,1
Gesamt		4.142	821	2.399	922	2,4

Tabelle 4.7: Umweltschutzaufwendungen der chemischen Industrie 1986
Quelle: Berechnungen auf der Grundlage von StBA (1991)

Bergbauerzeugnisse, wobei der Hauptteil auf Energie entfällt. 11,7% der Ausgaben für Energie, Wasser und Bergbauerzeugnisse sind nötig, um Umweltschutzmaßnahmen durchzuführen. Berücksichtigt man, daß im Energiesektor wiederum unerwünschte Kuppelprodukte entstehen, so wird ein gegenläufiger Effekt deutlich: Zwar sinken die Emissionen in der chemischen Industrie, dafür steigen sie ceteris paribus in der Energieerzeugung.

Nach dieser etwas detaillierteren Kostenbetrachtung kommen wir nun zur Einordnung der Ausgaben und Investitionen für Umweltschutz in den wirtschaftlichen Kontext der chemischen Industrie. In den beiden Abbildungen 4.7 und 4.9 ist der Anteil der Gesamtausgaben für Umweltschutz an der Bruttowertschöpfung und der Anteil des Anlagevermögens für Umweltschutz am gesamten Anlagevermögen angegeben. Zum Vergleich sind die Zeitreihen für das verarbeitende Gewerbe ebenfalls eingezeichnet.

Aus Abbildung 4.8 geht hervor, daß der Anteil der Gesamtausgaben für Umweltschutz im verarbeitenden Gewerbe über den betrachteten Zeithorizont nahezu konstant geblieben ist. Den gestiegenen Ausgaben für Umweltschutz

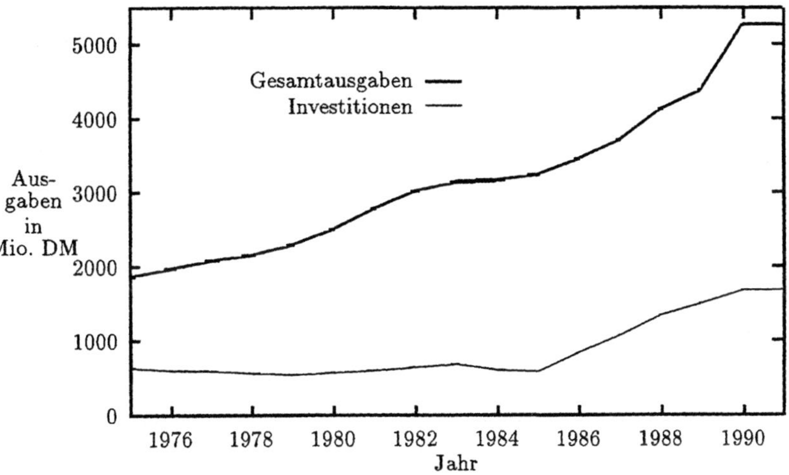

Abbildung 4.8: Anteil der Gesamtausgaben für Umweltschutz an der Bruttowertschöpfung der chemischen Industrie und des verarbeitenden Gewerbes
Quelle: StBA (1991)

steht somit eine entsprechende Zunahme der Bruttowertschöpfung gegenüber. Der Anteilsverlauf der chemischen Industrie ist hingegen uneinheitlich. Von 1975 - 1979 verringerte er sich von 5,5% auf 5%, um dann innerhalb von zwei Jahren auf über 6% anzusteigen. Der Einschnitt von 1979 fällt mit dem zweiten Ölpreisschock zusammen. Für die Jahre nach 1988 sind für das verarbeitende Gewerbe noch keine Daten verfügbar. In der chemischen Industrie zeigt sich jedoch ab 1988 ein signifikanter Anstieg. 1991 betrug der Anteil 7,3% (eigene Berechnung auf der Grundlage von VCI 1993 und StBA 1993).

In Abbildung 4.9 ist der Anteil des Bruttoanlagevermögens für Umweltschutz am gesamten Bruttoanlagevermögen aufgezeichnet. Wie aus der Abbildung hervorgeht, ist der Anteil des Anlagevermögen für Umweltschutz in der chemischen Industrie wesentlich höher als im verarbeitenden Gewerbe. Im betrachteten Zeitraum von 13 Jahren stieg er von 7,3% auf 9,5%.

Die oben beschriebene Kostenentwicklung spiegelt den Aufbau von Kapitalstöcken zur Entsorgung unerwünschter Kuppelprodukte wider. Über die Kostenimplikationen des produktionsintegrierten Umweltschutzes liegen bis-

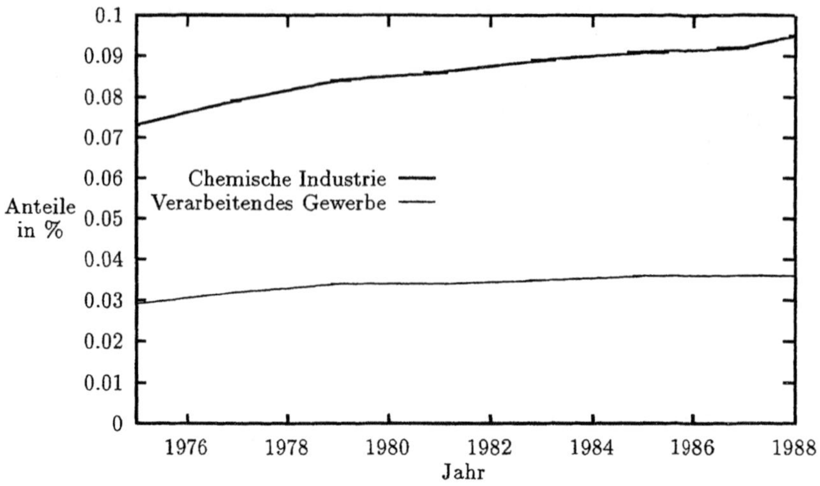

Abbildung 4.9: Anteil des Anlagevermögens für Umweltschutz am gesamten Anlagevermögen (brutto) der chemischen Industrie und des verarbeitenden Gewerbes
Quelle: STBA (1991)

her keine veröffentlichten Daten vor. Wir stellen deshalb im nächsten Unterabschnitt die Ergebnisse einer umfassenden Fallstudienuntersuchung vor.

4.3.4 Produktionsintegrierter Umweltschutz - Ergebnisse einer Fallstudienuntersuchung

Um Aussagen über die Kostenimplikationen des produktionsintegrierten Umweltschutzes treffen zu können, untersuchten wir 32 Fallstudien. In diesen Fallstudien wurden Produkte und Produktgruppen untersucht, die für die chemische Industrie von signifikanter Bedeutung sind. Auf die Einzelheiten der Fallstudienanalyse gehen wir in FABER ET AL. (1994) ein. Eine detaillierte Studie über Titandioxid erstellte KOSCHEL (1994). An dieser Stelle sind zwei Ergebnisse aus den Fallstudien von Interesse. Das erste Ergebnis betrifft die Art unerwünschter Kuppelprodukte.

Aus Tabelle 4.8 geht hervor, daß in 12 von 32 Fällen Schwefelverbindungen als unerwünschte Kuppelprodukte auftreten. Dies ist ein überraschend hoher Anteil. Bei unserer an den Umweltmedien orientierten Betrachtung in den vorangegangenen Abschnitten ergaben sich keinerlei Hinweise auf die Bedeutung dieser Stoffgruppe als unerwünschte Kuppelprodukte. Zurückzuführen sind diese Kuppelprodukte größtenteils auf den Einsatz von Schwefelsäure als Prozeßchemikalie. Mit einer Produktionsmenge von 2,5 Mio Tonnen im Jahre 1991 (StBA lfd.Jgg.a) ist sie ein Massenprodukt der chemischen Industrie. Nachdem sie in den Produktionsprozessen eingesetzt wurde, verläßt sie verdünnt und teilweise chemisch verändert die Produktionsanlagen im Abwasser.

Folgende weitere unerwünschten Kuppelprodukte kamen relativ häufig vor: In 7 von 32 Fällen wurden im Abwasser Chlorverbindungen ausgetragen, häufig in Form von Salzen. In 14 von 32 Fällen waren organische Verbindungen unerwünschte Kuppelprodukte. In 7 von 32 Fällen waren Schwermetalle und ihre Verbindungen Gegenstand produktionsintegrierten Umweltschutzes.

Das zweite Ergebnis betrifft die Art des produktionsintegrierten Umweltschutzes und seine Kostenimplikation. In Tabelle 4.9 ist das Ergebnis zusammengefaßt. In der überwiegenden Zahl der Fallstudien wurden unerwünschte Kuppelprodukte vermieden. Dabei dominiert die Substitution kompletter Verfahren und wichtiger Rohstoffe (Subst.). Nur in wenigen Fällen konnten Kuppelprodukte durch eine optimierte Verfahrensführung vermieden werden (Opt.). In 13 Fällen wurden die unerwünschten Kuppelprodukte verwertet. Dabei erfolgt die Verwertung im Produktionsverbund (Verbund) oder durch Recycling (Rec.).

In der letzten Spalte ist die qualitative Veränderung der Wirtschaftlichkeit angegeben. In 13 der 32 Fälle verbessert sich die Wirtschaftlichkeit der Zielproduktherstellung durch den produktionsintegrierten Umweltschutz. In zwei weiteren Fälle ist die Verbesserung mit hoher Wahrscheinlichkeit gegeben. Diese Verbesserung ist auch dann vorhanden, wenn die unerwünschten Kuppelprodukte keine umweltpolitisch bedingten Kosten verursachen würden. Damit können wir festhalten, daß in fast der Hälfte aller unserer Fallstudien gleichzeitig mit dem Umweltschutz die Wirtschaftlichkeit der Verfahren verbessert wurde.

Zielprodukt	Unerwünschtes Kuppelprodukt			
	Schwefel-verbindung	Chlor-verbindung	organische Verbindung	Metall-verbindung
Methyl-tert-butylester	•		•	
Ethylenoxid		•	•	
Propylenoxid		•	•	
Methionin	•		•	
Polypropylen			•	
Acetylen				
Synthesegas				
Vitamine	•		•	•
Methacrylsäure	•			
Tert-Butylamin			•	
Nitrobenzol	•		•	
Nitroaromaten				•
Aminodiphenylamin		•	•	
Diphenylbasen				•
Dichlorbenzidin				•
Caprolactam	•		•	
Parachlortoluol		•	•	
Toluylendiisocyanate		•		
Isophorondiisocyanat		•	•	
Vitamin B_3				
Naphthalin	•			
Naphthalindisulfonsäure	•			
Phthalsäureanhydrid			•	
Antrachinon				
Tinuvin				•
Alkohole			•	
Silicone		•		
Phosphorsäure	•			
Pharmawirkstoffe	•			
Zellwolle	•			
Esterwachse				•
Titandioxid	•			•

Tabelle 4.8: Arten unerwünschter Kuppelprodukte (Fallstudienauswertung)
Quelle: MÜLLER (1993), FABER ET AL. (1994) und KOSCHEL (1994)

Zielprodukt	Maßnahme				ver- besserte Wirt.
	Vermeidung		Verwertung		
	Subst.	Opt.	Verbund	Rec.	
Methyl-tert-butylester	•				•
Ethylenoxid	•				•
Propylenoxid	•				○
Methionin	•				•
Polypropylen	•				•
Acetylen			•		
Synthesegas			•		
Vitamine	•				•
Methacrylsäure	•				
Tert-Butylamin	•				
Nitrobenzol				•	
Nitroaromaten	•				•
Aminodiphenylamin			•		•
Diphenylbasen	•				
Dichlorbenzidin	•				
Caprolactam	•				
Parachlortoluol	•				○
Toluylendiisocyanate			•	•	•
Isophorondiisocyanat	•	•			•
Vitamin B_3		•			•
Naphthalin	•				
Naphthalindisulfonsäure	•				
Phthalsäureanhydrid			•		
Antrachinon					
Tinuvin	•		•		•
Alkohole		•		•	
Silicone				•	•
Phosphorsäure	•				•
Pharmawirkstoffe				•	
Zellwolle				•	
Esterwachse		•			
Titandioxid	•			•	○

Tabelle 4.9: Maßnahmen des produktionsintegrierten Umweltschutzes (Fallstudienauswertung). (○ bedeutet: sehr wahrscheinlich)
Quellen: MÜLLER (1993), FABER ET AL. (1994) und KOSCHEL (1994)

4.4 Die Verwendung chemischer Erzeugnisse als Ursache unerwünschter Kuppelprodukte

Im vorhergehenden Abschnitt untersuchten wir die unerwünschten Kuppelprodukte aus dem Produktionsbereich der chemischen Industrie. Die beschriebenen Umweltprobleme sind eine mittelbare Folge von K-Prozessen, die zur Technologie der chemischen Industrie gehören. Beschränken wir uns auf diese unerwünschten Kuppelprodukte, so erfassen wir aber nur einen Teil der Umweltprobleme, die mit der chemischen Industrie zusammenhängen. Als mindestens ebenso dringlich werden Umweltprobleme empfunden, die mit der Verwendung chemischer Erzeugnisse zusammenhängen. Prominente Beispiele hierfür sind Fluor-Chlor-Kohlenwasserstoffe (FCKW) in der Stratosphäre, Pestizidrückstände im Grundwasser, Emissionen chlorierter Lösungsmittel und PVC-Abfälle. Nach unserer Definition handelt es sich dabei nicht um unerwünschte Kuppelprodukte chemischer Erzeugnisse; denn Pestizidrückstände beispielsweise entstehen im Produktionsbereich der Agrarwirtschaft und sind deshalb den Zielprodukten dieses Sektors zuzurechnen. Warum ist es dennoch sinnvoll, diese unerwünschten Kuppelprodukte zumindest als indirekte Kuppelprodukte chemischer Erzeugnisse aufzufassen?

Genauso wie bei den unerwünschten Kuppelprodukten der ersten Gruppe können auch die der zweiten Gruppe duch Vermeidung, Verwertung oder Entsorgung in ihrer Menge verringert werden. Diese Maßnahmen sind von den Verursachern durchzuführen, d.h. von den Betreibern des entsprechenden K-Prozesses. Die chemische Industrie wird davon in Form veränderter Absatzmöglichkeiten tangiert. Gelingt es beispielsweise einem Unternehmen der Metallverarbeitung, Prozeßchemikalien nach ihrem Einsatz in der Produktion wieder aufzubereiten, so schwinden für die chemische Industrie Absatzmöglichkeiten. Dieser drohende Verlust schafft drei Anreize:

1. Den Anreiz, einer restriktiven Umweltgesetzgebung im politischen Prozeß entgegenzuwirken, um Absatzmöglichkeiten aufrechtzuerhalten oder

zumindest ihren Rückgang zu verlangsamen.

2. Den Anreiz, Produkte zu entwickeln und anzubieten, die später nicht in Form unerwünschter Kuppelprodukte den Produktions- oder Konsumbereich verlassen.

3. Den Anreiz, Entsorgungs- und Verwertungsstrukturen aufzubauen und damit de facto die Verantwortung für die unerwünschten Kuppelprodukte anderer Sektoren zu übernehmen.

Der zweite und dritte Anreiz verdeutlicht, warum es sinnvoll ist, unerwünschte Kuppelprodukte der zweiten Gruppe als indirekte Kuppelprodukte der chemischen Industrie zu deuten: Ebenso wie bei den direkten unerwünschten Kuppelprodukten hat die chemische Industrie bei den indirekten Kuppelprodukten einen Anreiz, Umweltschutzmaßnahmen zu ergreifen. Hier allerdings zusätzlich in Form des *produktintegrierten* Umweltschutzes.

Nach diesen allgemeinen Betrachtungen wenden wir uns den wichtigsten Kuppelprodukten der zweiten Gruppe zu.

4.4.1 Chlorchemie und Pestizide

In diesem Unterabschnitt gehen wir der Frage nach, welche unerwünschten Kuppelprodukte auf die Verwendung chemischer Erzeugnisse zurückgehen. Wir konzentrieren uns dabei auf die Produkte der Chlorchemie, zu denen auch viele der Pestizide gehören. Als besonders umstritten in ihrer Wirkung auf Mensch und Umwelt erwiesen sich dabei folgende Produktgruppen:

- **Polyvinylchlorid (PVC)**
- **Chlorierte Kohlenwasserstoffe (CKW)**
- Polychlorierte Biphenyle (PCB)
- Pentachlorphenol (PCP)
- CKW-Lösungsmittel (Per, Tri, Methylenchlorid, 1,1,1-Trichlorethan)
- **Fluor-Chlor-Kohlenwasserstoffe (FCKW)**
- Trichlorchluormethan (R11)
- Dichlordifluormethan (R12)
- Trifluortrichlorethan (R113)
- Tetrafluordichlorethan (R114)
- Pentafluormonochlorehtan (R115)
- **Pestizide**
- DDT
- Triazine

Die Häufigkeit, mit der chlorierte organische Verbindungen als Schadstoffe auftreten, führt zu Vorbehalten gegenüber ihrer ökonomischen Nutzung. Das Spektrum der Ablehnung kuliminiert dabei in der Äußerung des sogenannten 'Sippenverdachtes' (MARSMANN 1992:30)[20]:

> "Die Einführung des Chlorsubstituenten in eine organische Verbindung (d.h., ihre Chlorierung, d. Verf.) führt generell zu unerwünschten Wirkweisen. Die C-Cl-Bindung ist per se toxisch, persisten und akkumulierend."

Noch prononcierter drückt Hutzinger, der im Auftrag des VCI ein Gutachten zur Dioxin-Situation verfaßte, die Ablehnung chlorhaltiger Erzeugnisse aus (zitiert von BÜCHEL 1992:4):

> "Gott schuf 91 Elemente, der Mensch mehr als ein Dutzend und der Teufel eins - das Chlor."

In diesen beiden Zitaten kommen Extrempositionen zum Ausdruck. Aber auch der Sachverständigenrat nimmt gegenüber der Chlorchemie eine eher kri-

[20]Es sei angemerkt, daß MARSMANN diese Auffassung kritisiert. Er kommt zu dem Ergebnis, daß weder eine pauschale Be- noch Entlastung chlororganischer Verbindungen theoretisch möglich ist.

tische Haltung ein. So weist er darauf hin, daß nach Einschätzung von Chemikern und Verfahrenstechnikern in Industrie und Hochschule die Entwicklung der Chlorchemie in den 50er und 60er Jahren eine der entscheidenden industriellen Fehlentwicklungen des 20. Jh. darstellt (SACHVERSTÄNDIGENRAT 1991:219).

Bei den Produkten der Chlorchemie wird die Ambivalenz in der Bewertung von Produkteigenschaften deutlich. Erwünscht ist ihre Eigenschaft, sehr stabil und damit langlebig zu sein. Damit ist aber auch eine wichtige Voraussetzung für das Auftreten adverser Effekte gegeben, nämlich die zur Akkumulation. Die Eigenschaft der Stabilität wird beispielsweise bei den Fluor-Chlor-Kohlenwasserstoffen genutzt, da sie extrem reaktionsträge und damit risikolos in Verbraucherprodukten einzusetzen sind. Gelangen die Fluor-Chlor-Kohlenwasserstoffe jedoch in die Atmosphäre, so erweist sich ihre Stabilität und ihre Langlebigkeit als signifikanter Nachteil. Sie verweilen dann nämlich über längere Zeiträume in der Atmosphäre und entfalten ihre unerwünschten Eigenschaften. Auch bei Polyvinylchlorid trägt der Chlorgehalt wesentlich zur Langlebigkeit des Kunststoffes bei. Dieser Eigenschaft stehen die Nachteile bei der Deponierung oder dem Verbrennen der Abfälle gegenüber.

Im einzelnen läßt sich für die aufgezählten Produktgruppen festhalten:

4.4.1.1 Polyvinylchlorid (PVC)

PVC ist mit einer Produktionsmenge von 1.209.700 Tonnen (STBA lfd.Jgg.a) im Jahre 1993 ein Massenprodukt der chemischen Industrie. Die Breite seiner Einsatzmöglichkeiten und seine Bedeutung als Rohstoff wird von Vertretern der chemischen Industrie mit der von Eisen verglichen (BINDER 1991). Anwendungsgebiete finden sich im Bausektor bis hin zur Medizintechnik.

Aus umweltpolitischer Sicht ist PVC aus mehreren Gründen umstritten. Die vorgebrachten Argumente des SACHVERSTÄNDIGENRATES (1991) werden von Seiten der chemischen Industrie allerdings teilweise bestritten und als unbelegt zurückgewiesen. Im einzelnen sprechen gegen die Verwendung von PVC vier Gründe:

1. Die hohe jährliche Produktion baut im Konsumbereich einen PVC-

Bestand auf, der erst nach erheblicher zeitlicher Verzögerung den Konsumbereich in Form eines unerwünschten Kuppelproduktes verlassen wird. Die dann zu entsorgenden PVC-Abfälle stellen ein Mengenproblem dar.

2. Die Entsorgung der PVC-Abfälle durch Verbrennen ist wiederum mit unerwünschten Kuppelprodukten verbunden. Dazu gehört hauptsächlich Salzsäure.

3. Die Entsorgung auf einer Deponie bereitet neben einem Mengen- auch ein Toxizitätsproblem. Dieses Toxizitätsproblem folgt aus dem Zusatz von Additiven, welche die Eigenschaften von PVC in gewünschte Richtungen verändern. Die verwendeten Bleiverbindungen, Organo-Zinnstabilisatoren, Barium/Cadmium Stabilisatoren und Phthalsäureester (vgl. FABER ET AL. 1994a) sind hinsichtlich potentieller adverser Effekte umstritten.

4. Bei unkontrollierter Verbrennung, z.B. bei einem Hausbrand, führt PVC zur Bildung von hochtoxischen polychlorierten Dibenzodioxinen- und Furanen.

Die Hinnahme der Nachteile des PVC-Einsatzes ist aus der Sicht des Sachverständigenrates nicht erforderlich, da Substitute verfügbar sind (vgl. hierzu auch MÜLLER 1993). Ein häufig in diesem Zusammenhang vorgebrachtes Argument lautet zudem, PVC sei eine Chlorsenke. D.h. seine Herstellung erfolge nur, um das Kuppelprodukt Chlor zu verwerten (vgl. MILLER 1992:848). Diese Art der Verwertung verlagert Umweltprobleme jedoch nur in die Zukunft, nämlich solange bis PVC den Produktions- oder Konsumbereich verläßt.

4.4.1.2 Chlorierte Kohlenwasserstoffe

Ebenso wie der Einsatz von PVC ist auch die Verwendung chlorierter Kohlenwasserstoffe umstritten. Als Zielprodukt verlassen diese die chemische Industrie hauptsächlich als Lösungsmittel. Bei der Verwendung werden erhebliche Mengen emittiert, die in Form von VOCs die Atmosphäre belasten. 43,3% der emittierten VOCs stammen aus der Lösungsmittelverwendung (VCI 1993). Eine

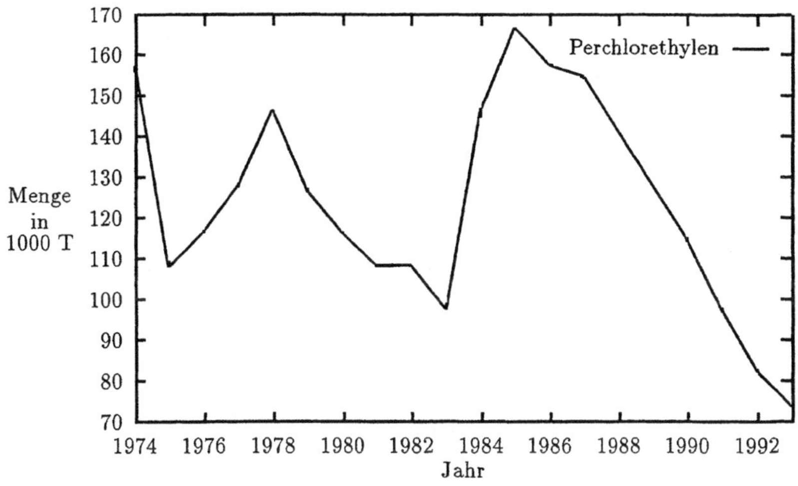

Abbildung 4.10: Produktion von Perchlorethylen in der Bundesrepublik Deutschland.
Quelle: StBA (lfd.Jgg.)

Folge davon ist ein Substitutionsdruck für die chemische Industrie. In Abbildung 4.10 ist die Mengenentwicklung von Perchlorethylen, einem der wichtigen chlororganischen Lösungsmittel, wiedergegeben.

Anhand von Perchlorethylen lassen sich die Probleme ökonomischer Untersuchungen im Bereich der chemischen Industrie und insbesondere der Chlorchemie demonstrieren. Wie aus der Abbildung hervorgeht, unterliegt die Perchlorethylenproduktion starken Schwankungen. Die Ursachenforschung für diese Schwankungen erhält aufgrund der Datenlage stark spekulative Züge. Hinzu kommt, daß die Verwendung dieser Verbindung nur für einen Bruchteil der Produktionsmenge dokumentiert ist. 1986 wurden 50.000 Tonnen einzelnen Anwendungen zugewiesen (Umweltbundesamt 1992). Ein Großteil, nämlich 38,5%, bezog der Metallsektor, wo Perchlorethylen zur Entfettung von Metallen verwendet wird. 23,1% werden von den Textilreinigungen nachgefragt. Die verbleibende Menge wird exportiert oder zur Herstellung von FCKW verwendet.

Die adversen Effekte von Perchlorethylen gehen auf sein Toxizitätspotential zurück. Es steht im Verdacht, krebserregend zu sein, Leber und Nieren zu schädigen sowie das zentrale Nervensystem zu beeinträchtigen.

Seit 1985 ist die Produktionsmenge stark rückläufig, was auf zwei Faktoren zurückführbar sein dürfte. Zum einen ist die Produktionsmenge der Folgeprodukte FCKW im Zeitraum 1986 - 1992 um 53% gesunken (ANONYMUS 1994/2:72). Zum anderen ist die Verwendung von Perchlorethylen seit 1986 mit dem Erlaß der HKW-Verordnung Gegenstand ordnungsrechtlicher Auflagen.

4.4.1.3 Fluor-Chlor-Kohlenwasserstoffe (FCKW)

An den FCKW wird die zeitliche Abfolge von erwünschten Effekten und adversen Effekten besonders deutlich. Die beiden wichtigsten FCKW, das F11 (Trichlorfluormethan) und F12 (Dichlordifluormethan) werden eingesetzt als Aerosol in Spraydosen, als Kühlmittel und als Hilfsstoffe bei der Kunststoffherstellung, insbesondere bei der von Polyurethanen. Ihr adverser Effekt besteht darin, die Ozonschicht abzubauen und den Treibhauseffekt zu verstärken. Insbesondere der Abbau der Ozonschicht hat unerwünschte Auswirkungen, da das Risiko einer Hautkrebserkrankung signifikant steigt. Schätzungen der amerikanischen EPA zufolge führt die erhöhte UV-Strahlung alleine in den Vereinigten Staaten in den nächsten 88 Jahren zu 40 Mio zusätzlichen Hautkrebserkrankungen, davon schätzungsweise 800.000 mit tödlichem Ausgang (JAKOBI 1988). Das Beispiel FCKW zeigt, welche erheblichen wirtschaftlichen Friktionen zu erwarten sind, wenn einzelne Stoffe gezwungenermaßen zu substituieren sind. Der Wert technischer Systeme, die von FCKW als Hilfsstoffe abhängen, beträgt weltweit 320 Mrd DM (vgl. EUROPA CHEMIE 1992/37). In vergleichbarer Schärfe ist die Spannung zwischen Ökonomie und Ökologie bisher nur beim Treibhauseffekt zutage getreten.

In der Wiener Konvention zum Schutz der Ozonschicht und den dazugehörigen Protokollen wurde festgelegt, den Verbrauch 1990 auf das Niveau von 1986 einzufrieren. Bis 1999 ist der Verbrauch um 90% zu verringern. In der Europäischen Union ist ein Ausstieg bis 1995 vorgesehen. Die chemische Industrie reagierte auf diese Maßnahmen durch produktintegrierten Umweltschutz und durch Verwertung. Im Sinne des produktintegrierten Umweltschutzes wurde ein Ersatzstoff, das R 134a entwickelt. Um den Einsatz von FCKW in geschlossenen Systemen weiter zu ermöglichen, bietet die chemische Industrie zusätzlich die Rücknahme und anschließende Verwertung an (VCI 1993).

4.4.1.4 Pestizide

Pestizide haben die Funktion, Nutzpflanzen vor natürlichen Konkurrenten zu schützen. Große Mengen der ausgebrachten Pestizide verfehlen allerdings ihr Ziel, nämlich unerwünschte Pflanzensorten und Schädlinge, und gelangen statt dessen ins Grundwasser. Schätzungen zufolge erreichen weniger als 20% ihr Ziel (TIVY 1993:306). Pestizidrückstände im Grundwasser gehören zu den klassischen Umweltbelastungen.

Für die chemische Industrie sind Pestizide ein Zielprodukt, das der Sektor Agrarwirtschaft nachfragt. Die unerwünschte Kuppelproduktion im Agrarsektor hat mehrere, die chemische Industrie betreffende Folgen. Zum einen wurde ihr die Produktion bestimmter Pflanzenschutzmittel gänzlich verboten. So ist es in Deutschland seit 1972 verboten, das Pflanzenschutzmittel *DDT* herzustellen, ein- oder auszuführen, in den Verkehr zu bringen oder anzuwenden (§1, DDT-Gesetz). Zum anderen sind auch andere Pflanzenschutzmittel einer dichten Regelung unterworfen. So dürfen Pflanzenschutzmittel nicht angewandt werden, wenn mit schädlichen Auswirkungen für Mensch, Tier, Grundwasser oder sonstige Naturhaushalte zu rechnen ist (§6, PflSchG).

4.4.2 Allgemeine Charakteristika

Bei den unerwünschten Kuppelprodukten der ersten Gruppe wurde deutlich, daß die 'Unerwünschtheit' eines Kuppelproduktes von dem Umfeld abhängt, in dem es anfällt. Besonders anschaulich war dies bei den Luftschadstoffen, die in einem entsprechenden Umfeld wichtige Zwischenprodukte darstellen. Wir bezeichneten dieses Phänomen als den dualen Charakter eines Kuppelproduktes; ob es erwünscht oder unerwünscht ist, hängt vom Ort ab, an dem es sich befindet. Unerwünschte Kuppelprodukte der zweiten Gruppe haben diesen dualen Charakter mit denen der ersten Gruppe häufig gemeinsam. Ein Pestizid im Grundwasser unterscheidet sich von dem im Transportbehältnis nur durch seinen Aufenthaltsort. Im Unterschied zu den Kuppelprodukten der ersten Gruppe kommt jedoch ein zeitlicher Aspekt der Dualität hinzu: Ein und dieselbe Substanz ist zunächst erwünschtes Zielprodukt der chemischen Industrie und später unerwünschtes Kuppelprodukt eines verwendenden Sektors.

Die Produkteigenschaften, die das Erzeugnis der chemischen Industrie später in ein unerwünschtes Kuppelprodukt transformieren, sind nur durch die chemische Industrie zu verändern. Zusätzlich zum additiven und produktionsintegrierten Umweltschutz ist deshalb auch der produktintegrierte Umweltschutz als eine Maßnahme möglich. Dieser ist jedoch nur über längere Zeiträume hinweg zu realisieren. Um ein neues Produkt auf den Markt zu bringen, benötigt die chemische Industrie nahezu siebeneinhalb Jahre. Im einzelnen sind dies (Europa Chemie 1994/21:1):

2,8 Jahre für die Laborforschung,
0,5 Jahre für die Projektierung,
1,5 Jahre für die Konzessionserteilung,
0,5 Jahre für den Bau einer Pilotanlage,
2,0 Jahre für die Verfahrensentwicklung.

Ein weiterer Aspekt des Umschlages von einem erwünschten in ein unerwünschtes Produkt betrifft einen potentiellen Interessenskonflikt zwischen dem Hersteller und dem Verwender dieses Produktes. Der Verwender versucht, den Verbrauch des Produktes zu verringern und benötigt dazu möglicherweise sogar die Hilfestellung des Herstellers. Hingegen liegt es im Interesse des Herstellers, den Verbrauch seines Produktes stabil zu halten und möglichst sogar auszuweiten. Langfristig löst sich diese Spannung idealiter in Form einer Produktinnovation seitens des Herstellers auf, durch die sich die Umweltprobleme beim Verwender verringern.

Die unerwünschten Kuppelprodukte der zweiten Gruppe verdeutlichen zudem, daß Umweltprobleme zwangsläufig den Zeithorizont unternehmerischer Aktivitäten verändern. Für den Hersteller einer chemischen Verbindung ist zunächst nur der Zeitraum relevant, den er zum Durchlaufen aller Produktionsprozesse bis zur Herstellung seines Zielproduktes benötigt. Mit dem Verkauf des Zielproduktes endet die Herstellungsdauer und damit die direkte Verantwortung für alle bis zu diesem Zeitpunkt aufgetretenen unerwünschten Kuppelprodukte. Für den abnehmenden Sektor wiederum endet die Herstellungsdauer erst mit der Vermarktung seiner Erzeugnisse. Innerhalb dieser Herstellungsperiode durchläuft er den kritischen K-Prozeß. Obwohl der abnehmende Sektor das unerwünschte Kuppelprodukt herstellt, fällt die Verantwortung faktisch auf das Chemieunternehmen zurück; faktisch verantwortlich ist es deshalb, weil von ihm Gegenmaßnahmen erwartet werden.[21] Das Chemieunternehmen wird dadurch gezwungen, alle folgenden Produktionsstufen zu berücksichtigen und unerwünschte Kuppelprodukte, die sein Zielprodukt später verursachen wird, in seiner Produktentwicklung zu berücksichtigen. Die Dauer, innerhalb der das Chemieunternehmen für unerwünschte Kuppelprodukte verantwortlich ist, umfaßt somit nicht nur seine eigene Herstellungsperiode, sondern zusätzlich die der Abnehmer seiner Produkte. Daraus folgt für die chemische Industrie die Notwendigkeit, die Zukunft seiner Erzeugnisse bereits bei der Produktentwicklung zu berücksichtigen.

4.4.3 Zusammenfassende Bemerkungen

In diesem Kapitel untersuchten wir die unerwünschten Kuppelprodukte der chemischen Industrie. Dabei waren zwei Gruppen unerwünschter Kuppelprodukte zu unterscheiden, deren Zusammenhang in Abbildung (4.11) graphisch dargestellt ist.

Die Kuppelprodukte der ersten Gruppen entstehen in der chemischen Industrie bei der Herstellung der Zielprodukte. Da sie während der Herstellungsphase t_0 bis t_1 auftreten, fallen sie in ihren unmittelbaren Verantwortungsbereich. In den vergangenen beiden Jahrzehnten erwies sich die chemische Industrie als sehr flexibel hinsichtlich der Verringerung dieser Kuppelprodukte. Durch den Einsatz entsorgender Technologien gelang es ihr, das Mengenaufkommen zu senken. Diese Art des Umweltschutzes führte jedoch zu einer signifikanten Kostensteigerung. Diese wiederum gefährdet die Wirtschaftlichkeit der Zielproduktherstellung und birgt deshalb die Gefahr ökonomischer Friktionen in sich.

Vor dem Hintergrund zunehmender Grenzvermeidungskosten bei entsor-

[21] Besonders deutlich kommt diese Verantwortung durch das US-amerikanische Produkthaftungsrecht zum Ausdruck.

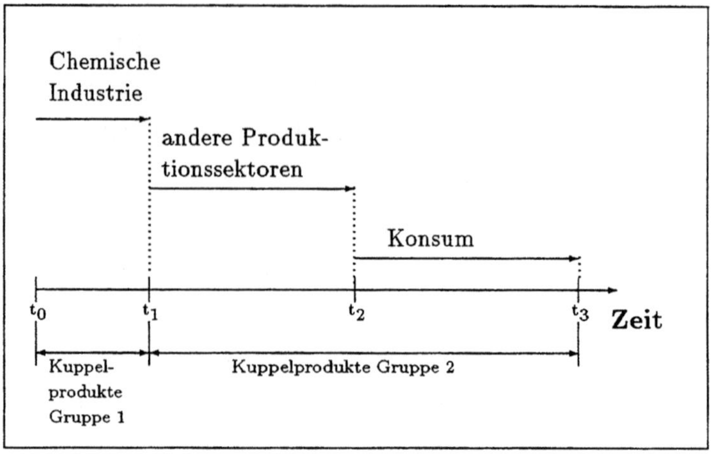

Abbildung 4.11: Gruppen unerwünschter Kuppelprodukte

genden Technologien gewinnen zukünftig Maßnahmen des produktintegrierten Umweltschutzes an Bedeutung. Im Gegensatz zu den Maßnahmen des additiven Umweltschutzes sind auf diese Weise sogar Verbesserungen der Wirtschaftlichkeit möglich, wie wir durch Fallstudien (vgl. 4.3.4) belegen konnten. Unerwünschte Kuppelprodukte schaffen dann den Anreiz, die Zielproduktherstellung auch unter den traditionellen betriebswirtschaftlichen Gesichtspunkten zu verbessern.

Die Kuppelprodukte der zweiten Gruppe fallen in Sektoren an, die chemische Erzeugnisse verwenden und dadurch unerwünschte Kuppelprodukte herstellen. Charakteristisch für diese Gruppe ist, daß die Produkte nacheinander eine nutzenstiftende Phase und eine Schadensphase durchlaufen. Der Zeitpunkt, bei dem sie auftreten ist dabei im Vergleich zu den beiden vorherigen Gruppen schwieriger zu bestimmen. Während einige unerwünschte Kuppelprodukte sofort auftreten, z.B. die Fluor-Chlor-Kohlenwasserstoffe, treten andere erst am Ende einer längeren Nutzungsdauer auf. Auch in diesem Bereich zeichnet sich eine deutliche Entlastung der Umwelt als Schadstoffempfänger ab.

Kapitel 5

Unerwünschte Kuppelprodukte in der Ökonomik

5.1 Einleitung

Im vorhergehenden Kapitel befaßten wir uns mit den unerwünschten Kuppelprodukten der chemischen Industrie. Dabei stellte sich heraus, daß viele dieser Kuppelprodukte dualen Charakter haben: Aus chemischer Sicht identische Substanzen können ökonomisch sowohl erwünscht als auch unerwünscht sein. Diese Dualität tritt sowohl in der Zeit, als auch im Raum auf; denn ob ein Kuppelprodukt unerwünscht ist, hängt von den Umständen seiner Entstehung ab. Nur selten, wie bei Dioxinen und Furanen, ist ein Kuppelprodukt von vornherein unerwünscht.

Die Dualität legt es nahe, die Verwertung vieler Schadstoffe zumindest technisch für möglich zu halten. Diese Vermutung greift der Sachverständigenrat für Umweltfragen, im folgenden als Sachverständigenrat bezeichnet, in seinem Sondergutachten von 1990 auf. Wegen der exponierten Darstellung unter dem Titel 'Betriebliche Kuppelproduktion und Abfallentstehung' (SACHVERSTÄNDIGENRAT 1991:111) gehen wir darauf im folgenden Abschnitt ein. Daran anschließend betrachten wir Modelle von Ökonomien mit unerwünschten Kuppelprodukten. Da in den meisten umweltökonomischen Modellen unerwünschte Kuppelprodukte explizit oder implizit berücksichtigt werden, beschränken wir uns auf eine Diskussion der Grundansätze. Ausgangspunkt der ökonomischen Analyse von Umweltproblemen ist dabei die Unterscheidung verschiedener Nutzungsformen der Umwelt. Vier Nutzungsformen werden unterschieden (vgl. SIEBERT 1974:142):

- Umwelt als Schadstoffempfänger,
- Umwelt als öffentliches Konsumgut,
- Umwelt als Rohstofflieferant und
- Umwelt als Standort wirtschaftlicher Aktivitäten.

Unerwünschte Kuppelprodukte beanspruchen die Umwelt als Schadstoffempfänger. Bei zunehmendem Schadstoffbestand ergibt sich eine Verwendungskonkurrenz mit den drei anderen Nutzungsmöglichkeiten. Indem die Umwelt auf diese Weise den Status eines knappen Gutes erhält, werden unerwünschte Kuppelprodukte zum Gegenstand ökonomischer Analysen. Die Verwendungskonkurrenz zwischen der Umwelt als Schadstoffempfänger einerseits und als öffentliches Konsumgut andererseits wird als Einstieg in die Modellwelten dienen. Zwei Fragen stehen dabei im Vordergrund. Zum einen sollen die Möglichkeiten untersucht werden, unerwünschte Kuppelprodukte in einem ökonomischen Modell zu erfassen. Zum anderen prüfen wir, welche Verbindungen sich zwischen den ökonomischen Modellen und der im vierten Kapitel beschriebenen Empirie herstellen lassen.

Abschließend betrachten wir zwei ökonometrische Studien, in denen die Auswirkungen der Umweltpolitik auf die wirtschaftliche Entwicklung abgeschätzt wurden.

5.2 Abfallwirtschaft und Kuppelproduktion

Der Sachverständigenrat wertet zwei Ansätze der Ökonomik als wesentlichen Beitrag zur Gestaltung der Umweltpolitik (SACHVERSTÄNDIGENRAT 1991:110ff). Der erste Ansatz ist die Theorie externer Effekte. Aus ihr kann auf einer sehr grundsätzlichen Ebene der Handlungsbedarf der Umweltpolitik begründet werden (vgl. Abschnitt 5.3). Der zweite, komplementäre Ansatz, ist die Betrachtung von Abfällen in ihrer Eigenschaft als Kuppelprodukte. Ausgangspunkt dieses zweiten Ansatzes ist eine Aufsatz von BUNDE UND ZIMMERMANN (1988) über Abfälle aus ökonomischer Sicht. Die Autoren weisen darin auf den fließenden Übergang eines Kuppelproduktes vom Abfall zum Wirtschaftsgut hin. Auf dieser Erkenntnis aufbauend, lassen sich umweltpolitische Handlungsempfehlungen ableiten, die der Sachverständigenrat allerdings nur sehr vage formuliert. Um die Argumentation zu verdeutlichen, sei folgendes Beispiel gegeben:

Ein Unternehmen stelle zwei Produkte her, wobei eines Zielprodukt und das andere Kuppelprodukt sei. Die Mengenrelation zwischen beiden Produkten sei starr und betrage 1:1. Für das Unternehmen gebe es zwei Möglichkeiten, das Kuppelprodukt zu verarbeiten. Die erste Möglichkeit ist die Entsorgung mit konstanten Grenzkosten c_E. Als zweite Möglichkeit kann es das Kuppelprodukt verwerten, wobei konstante Grenzkosten c_V anfallen. Eine Einheit Kuppelprodukt lasse sich dabei zu einer Einheit Verbundprodukt verarbeiten. Das Verbundprodukt sei dann zu einem Preis von p_V Einheiten verkäuflich. Drei Konstellationen lassen sich nun sinnvollerweise unterscheiden, wobei das Unternehmen die Zielproduktherstellung in jedem Fall aufrechterhalte:

1. $0 \leq p_V < c_V < c_E$: In diesem Fall entschließt sich das Unternehmen zur Herstellung des Verbundproduktes, obwohl die Verwertungskosten den Verkaufserlös des Verbundproduktes übersteigen. Aus der Sicht des Unternehmens ist das Kuppelprodukt deshalb unerwünscht. Das Unternehmen wird folglich versuchen, die Menge des unerwünschten Kuppelproduktes durch Verfahrensinnovationen zu verringern oder die Verwertungsmöglichkeiten zu verbessern. Für die Umweltpolitik besteht kein weiterer Handlungsbedarf.

2. $0 < c_E < c_V - p_V$: Der Verlust bei einer Verwertung übersteigt die Entsorgungskosten. Für das Unternehmen ist es deshalb günstiger, das Kuppelprodukt zu entsorgen, womit es zu Abfall wird. Indem der Entsorgungspreis angehoben wird, beispielsweise durch eine Abfallabgabe, läßt sich die unter 1. dargestellte Situation herbeiführen.

3. $p_V - c_V \geq 0, c_E > 0$: Das Kuppelprodukt kann gewinnbringend verwertet werden. Es ist dann auch aus Sicht des Unternehmens erwünscht.

Bunde und Zimmermann (1988) unterscheiden noch weitere Fälle, in denen sie dem Kuppelprodukt Kostenanteile des K-Prozesses zuweisen. Wie wir in Abschnitt 10.2 sehen werden, ist eine Kostenzuweisung bei K-Prozessen aber nur unter Vorbehalten möglich und aus volkswirtschaftlicher Sicht erklärungsbedürftig. Wir lassen diese Fälle deshalb unberücksichtigt.

Mit obigen Kostenabwägungen belegt der Sachverständigenrat die Zweckmäßigkeit erhöhter Entsorgungskosten. Sie schaffen nämlich den Anreiz, Abfälle zu verwerten und damit das gesamtwirtschaftliche Abfallaufkommen zu senken. Auch hinterfragt er die im Abfallgesetz eingeräumte Priorität der Abfallvermeidung vor Abfallverwertung und -beseitigung. Bei wenig umweltschädlichen und leicht zu verwertenden Abfällen kann der Verwertung Vorrang eingeräumt werden (vgl. SACHVERSTÄNDIGENRAT 1991:112f).

Betrachten wir nun die unerwünschten Kuppelprodukte der chemischen Industrie im Lichte obiger Ausführungen. Unerwünschte Kuppelprodukte zu verwerten zählt in der chemischen Industrie zu den Maßnahmen des produktionsintegrierten Umweltschutzes. In unseren Fallstudien (vgl. Unterabschnitt 4.3.4) war nahezu jede dritte Maßnahme des produktionsintegrierten Umweltschutzes eine Verwertungsmaßnahme. Nur jede fünfte Verwertungsmaßnahme verbesserte mit Sicherheit die Wirtschaftlichkeit. Für den produktionsintegrierten Umweltschutz, der mit einer Wahrscheinlichkeit von 40% die Wirtschaftlichkeit eines Produktionsverfahrens verbessert, ist dies eine niedrige Quote. Bei Verwertungsmaßnahmen muß somit eher mit sinkenden Gewinnen gerechnet werden, als bei Vermeidungsmaßnahmen. Dies deutet darauf hin, daß die Verwertung häufig eine Reaktion auf umweltpolitische Maßnahmen, bzw. auf deren Androhung ist. Damit wurde der Übergang von der oben unter zweitens beschriebenen Kostensituation zur ersten in der jüngeren Vergangenheit erfolgreich angereizt. Die Überlegungen von Bunde und Zimmermann und des Sachverständigenrates über die Wirkung erhöhter Entsorgungskosten lassen sich damit mit bisherigen Erfahrungen belegen.

Aus vier Gründen ist der *Verwertungsgedanke* jedoch zu hinterfragen.

1. Zwar ist die Weiterverarbeitung unerwünschter Kuppelprodukte zu Verbundprodukten durch den dualen Charakter der meisten Substanzen technisch möglich. Die Kosten sind bei der gegebenen Datenlage aber nicht absehbar. Der Fall prohibitiv hoher Verwertungskosten läßt sich

deshalb nicht ausschließen.

2. Die Annahme exogen gegebener Preise für das Verbundprodukt und die Annahme konstanter Grenzentsorgungs- bzw. Grenzverwertungskosten sind empirisch kaum aufrechtzuerhalten.

3. Die einzelnen chemischen Substanzen in den Emissionsströmen müssen identifiziert sein, um eine Verwertung zu erwägen. Wie wir bei den chlororganischen Abwässern feststellten (vgl. Abschnitt 4.3.2.2), ist dies in der chemischen Industrie nicht durchgängig der Fall.

4. Die erfolgreiche Verwertung unerwünschter Kuppelprodukte ist nicht immer vorbehaltlos zu begrüßen. Dies wird deutlich am Beispiel der Chlorchemie. Ein häufig gebrauchtes Argument gegen die Herstellung und Verwendung von PVC lautet, es diene lediglich als Chlorsenke und sei von zweifelhaftem Nutzen für die Abnehmer.[1] Hinsichtlich obiger Ausführungen des Sachverständigenrates ist diese Kritik unberechtigt. Chlor ist ein giftiges Gas, dessen Entsorgung hohe Kosten verursacht. Wenn PVC tatsächlich ein Verbundprodukt ist, um überschüssiges Chlor aus der Chlor-Alkali-Elektrolyse zu verwerten, so entspricht dies entweder der ersten oder der dritten der oben beschriebenen Kostensituationen. Die chemische Industrie verhält sich dann ganz im Sinne obiger Ausführungen. Eine Verwertung unerwünschter Kuppelprodukte bringt jedoch immer die Gefahr mit sich, Entsorgungsprobleme in verschärfter Form in die Zukunft zu verlagern (vgl. Abschnitt 4.4.1.1). Die partiale Betrachtung einzelner unerwünschter Kuppelprodukte und ihrer Verwertungsmöglichkeiten stößt deshalb schnell an Grenzen.

Soweit zum 'Kuppelproduktansatz' des Sachverständigenrates. In den folgenden Abschnitten untersuchen wir, wie unerwünschte Kuppelprodukte in formal-ökonomische Modelle integriert werden und welche Aussagen getroffen werden. Wir beginnen mit den neoklassischen Modellen.

---

[1] In diesem Sinne argumentiert beispielsweise Greenpeace.

5.3 Neoklassische Modelle

Modelle der neoklassischen Tradition sind auf die Untersuchung allokationstheoretischer Fragen ausgerichtet. Im Mittelpunkt stehen die Aussagen der beiden Wohlfahrtssätze über die Beziehung von Marktgleichgewichten und paretooptimalen Güterallokationen. Der erste Wohlfahrtssatz besagt, daß nur unter bestimmten Annahmen die Güter- und Faktorallokation in einem Marktgleichgewicht das Kriterium der Pareto-Optimalität erfüllt (QUIRK UND SAPOSNIK 1968:137). Sind diese Annahmen verletzt, so ist ein korrigierender Eingriff des Staates in den Wirtschaftsablauf gerechtfertigt. Der zweite Wohlfahrtssatz gibt die Bedingungen an, unter denen ein beliebiges Pareto-Optimum durch ein geeignetes Preissystem und durch Einkommenstransfers als Marktgleichgewicht implementiert werden kann (QUIRK UND SAPOSNIK 1968:140).

Die Existenz unerwünschter Kuppelprodukte gefährdet aus mehreren Gründen die Gültigkeit *beider* Wohlfahrtssätze. Der erste Wohlfahrtssatz setzt ein vollständiges Marktsystem voraus, wozu auch Märkte für unerwünschte Kuppelprodukte gehören (vgl. NEWBERY 1990). Ein Unternehmen, dessen unerwünschte Kuppelprodukte andere Wirtschaftssubjekte schädigen, leistet idealiter auf diesem Markt Schadensersatz oder erhält Unterlassungszahlungen. Bildet sich aufgrund ungenügend spezifizierter Eigentumsrechte oder aufgrund unvollständiger Informationen solch ein Markt nicht heraus, so ist das Marktsystem unvollständig. Die unerwünschten Kuppelprodukte verursachen dann einen negativen externen Effekt, der zu einer Divergenz von sozialen und privaten Kosten im Marktgleichgewicht führt. Bereits 1920 erkannte Pigou diese mögliche Divergenz zwischen privaten und sozialen Kosten und leitete daraus die Notwendigkeit einer staatlichen Intervention ab.[2]

Eng mit dem Problem fehlender Märkte für unerwünschte Kuppelpro-

[2]Pigou untersuchte zahlreiche Fälle, in denen private und soziale Grenzerträge voneinander abweichen. Unter anderem am Beispiel der Schadstoffemissionen eines Chemieunternehmens erläutert er, daß zwischen sozialem und privatem Grenzertrag eine Lücke klafft, weil die Schäden durch die Emissionen nicht in Rechnung gestellt werden: *"... for this smoke in large towns inflicts a heavy uncharged loss on the community, in injury to buildings and vegetables, expenses for washing clothes ..."* (PIGOU 1929:186).

dukte ist die Problematik öffentlicher Güter verknüpft. Dem liegt die Annahme zugrunde, unerwünschte Kuppelprodukte würden die Qualität des öffentlichen Konsumgutes 'Umwelt' mindern. Die Versorgung mit einem öffentlichen Gut ist in einer dezentralisierten Marktwirtschaft tendenziell zu niedrig; wiederum sind staatliche Interventionen erforderlich, um einen pareto-optimalen Zustand herbeizuführen (vgl. BERNHOLZ UND BREYER 1984:Kapitel 4.2).

Damit ein pareto-optimaler Zustand durch staatliche Intervention über das Preissystem und die Einkommensverteilung mit Sicherheit herbeigeführt werden kann, müssen die Voraussetzungen des zweiten Wohlfahrtssatzes erfüllt sein. Dazu gehört die hinreichende Bedingung einer konvexen gesamtwirtschaftlichen Technologiemenge. Wie wir unten sehen werden, ist die Konvexität bei der Existenz unerwünschter Kuppelprodukte jedoch gefährdet.

Unter welchen Bedingungen unerwünschte Kuppelprodukte tatsächlich zu Marktversagen führen und mit welchen Instrumenten dieses behoben oder abgeschwächt werden kann, sind zentrale Fragen der neoklassischen Umweltökonomik. Eine ökonomische Theorie unerwünschter Kuppelprodukte schließt deshalb weite Bereiche der Umweltökonomik mit ein. Eine umfassende Darstellung der Umweltökonomik ist jedoch nicht Gegenstand unserer Untersuchung. Wir beschränken uns deshalb im folgenden auf Grundstrukturen.[3]

Im nächsten Abschnitt betrachten wir ein einfaches Modell der neoklassischen Umweltökonomik. Untersucht wird eine Ökonomie, in der Umwelt sowohl als Schadstoffempfänger, wie auch als öffentliches Konsumgut genutzt wird.

5.3.1 Umwelt als Schadstoffempfänger und öffentliches Konsumgut

Die Verwendungskonkurrenz zwischen der Umwelt als Schadstoffempfänger und als öffentliches Konsumgut liegt einer Vielzahl umweltökonomischer Modelle zugrunde. Eine sehr allgemeine und eng an die Arrow-Debreu-Welt angelehnte Formulierung dieser Verwendungskonkurrenz ist das Modell von MÄLER (1974,1985). Auch in den Allgemeinen Gleichgewichtsmodellen von

[3] Einen Überblick über die neueren Entwicklungen der Umweltökonomik geben CROPPER UND OATES (1992).

BAUMOL UND OATES (1988) sowie von SIEBERT (1974,1992) beeinträchtigen unerwünschte Kuppelprodukte die Funktion der Umwelt als öffentliches Konsumgut. Wir werden in diesem Abschnitt stellvertretend das Modell von SIEBERT (1992:Kapitel 3 und 4) analysieren. An ihm läßt sich der Aufbau eines neoklassischen Umweltmodelles einfach demonstrieren. Zwar wurde dieser Ansatz mittlerweile verallgemeinert und erweitert (vgl. HEDIGER 1991), seine Grundstruktur ist jedoch typisch für Modelle der neoklassischen Umweltökonomik. Zudem formuliert Siebert die Produktionsseite der Modellökonomie in Form neoklassischer Produktionsfunktionen mit abnehmenden Grenzerträgen der Konsumgutproduktion. Daraus folgen Besonderheiten für die Kuppelproduktion, die in der Literatur weitgehend übersehen werden.

Im Grundmodell werden drei relevante Bereiche einer Ökonomie berücksichtigt:

1. **Der Produktionsbereich**
   Unter Einsatz eines Produktionsfaktors stellen gewinnmaximierende Unternehmen Konsumgüter her. Als unerwünschte Kuppelprodukte entstehen dabei Schadstoffe. Mit einem Entsorgungsprozeß können diese unerwünschten Kuppelprodukte unschädlich gemacht werden.

2. **Der Konsumbereich**
   Die nutzenmaximierenden Haushalte fragen sowohl Konsumgüter als auch das öffentliche Gut 'Umweltqualität' nach.

3. **Der Umweltbereich**
   Die Qualität des Umweltbereiches wird durch die Einbringung unerwünschter Kuppelprodukte vermindert.

Für uns ist besonders der Produktionsbereich interessant, da hier die unerwünschte Kuppelproduktion modelltheoretisch erfaßt wird.

5.3.1.1 Produktionsbereich

In seinem statisch formulierten Grundmodell geht Siebert davon aus, daß bei der Herstellung von Konsumgütern Schadstoffe anfallen, die er ausdrücklich als 'unerwünschte Kuppelprodukte' bezeichnet (SIEBERT 1974:148). Modelltheoretisch wird dieser Sachverhalt wie folgt umgesetzt:

Untersuchungsgegenstand ist eine Ökonomie, in der zwei Konsumgüter, G_1 und G_2, mittels eines einzigen Produktionsfaktors, G_0, hergestellt werden. Die Menge des Produktionsfaktors, x_0, ist exogen vorgegeben und wird preisunelastisch in vollem Umfang angeboten. Die funktionalen Zusammenhänge zwischen hergestellten Konsumgütermengen und den Einsatzmengen des Produktionsfaktors beschreiben die beiden neoklassischen Produktionsfunktionen

$$y_i = g_i(x_{i0}) \text{ mit } \frac{\partial g_i(x_{i0})}{\partial x_{i0}} > 0 \text{ und } \frac{\partial^2 g_i(x_{i0})}{\partial x_{i0}^2} < 0 \qquad (i = 1, 2).$$

Mit y_i ist die Produktionsmenge von Konsumgut G_i ($i = 1, 2$) bezeichnet, x_{i0} ist die Menge des zur Produktion von Konsumgut i eingesetzten Produktionsfaktors. Die Produktionsfunktionen weisen positive und abnehmende Grenzerträge auf.

Beide Konsumgüter haben einen Schadstoff als Kuppelprodukt, wobei es sich vereinfachend um den gleichen Schadstoff handelt. Die unerwünschte Kuppelproduktion wird über die Funktionen

$$s_i^P = h_i(y_i) \text{ mit } \frac{\partial h_i(y_i)}{\partial y_i} > 0 \text{ und } \frac{\partial^2 h_i(y_i)}{\partial y_i^2} \geq 0 \qquad (i = 1, 2),$$

in das Modell eingeführt. Um sie von den Produktionsfunktionen abzugrenzen, werden sie 'Emissionsfunktionen' genannt. Mit s_i^P ist die mit der Herstellung des Konsumgutes G_i einhergehende Schadstoffmenge bezeichnet, der Hochindex P steht für 'Produktion'. Die Emissionsfunktionen sind streng monoton zunehmend und konvex in der Konsumgutmenge.

In ihrem Krümmungsverhalten unterscheiden sich Emissions- und Produktionsfunktion grundlegend voneinander. Dieser Symmetriebruch beeinflußt die Eigenschaften der Produktionsmöglichkeitenmenge in die gewünschte Richtung, worauf wir unten noch näher eingehen werden. Um die Annahme einer konvexen Emissionsfunktion zu stützen, bedient sich Siebert des Materialbilanz-Ansatzes. Dieser Ansatz geht auf AYRES UND KNEESE (1969) zurück und basiert darauf, daß die Masse in einem geschlossenen System konstant ist. Wird diese Gesetzmäßigkeit im Modell berücksichtigt, so muß die

Masse der in die Produktion eingehenden Rohstoffe mit der Masse aller Erzeugnisse übereinstimmen, vorausgesetzt die Mengeneinheiten stimmen überein.

Über den Materialbilanz-Ansatz lassen sich sogar *streng* konvexe Emissionsfunktionen begründen (vgl. SIEBERT 1992:30). Hierzu fassen wir Emissions- und Produktionsfunktion in einer Funktion $s_i^P \equiv z_i(x_{i0}) = h_i(g_i(x_{i0}))$ zusammen. Der Produktionsfaktor wird als Rohstoff interpretiert, der sich im Produktionsvorgang *vollständig* auf Konsumgut und Schadstoff verteilt. Bezeichne α_i den Massenanteil des Rohstoffes im Konsumgut G_i und β_i den Massenanteil im Schadstoff, dann folgt aus dem Materialbilanz-Ansatz:

$$x_{i0} = \alpha_i y_i + \beta_i s_i^P = \alpha_i g_i(x_{i0}) + \beta_i z_i(x_{i0}).$$

Siebert begründet die strikte Konvexität der Emissionsfunktion durch einige Umformungen. Die strikte Konvexität ist aber auch direkt einzusehen, wenn wir obigen Ausdruck zweimal nach x_{i0} differenzieren:

$$0 = \alpha_i \frac{\partial^2 g_i}{\partial x_{i0}^2} + \beta_i \frac{\partial^2 z_i}{\partial x_{i0}^2}.$$

Da die Grenzerträge in der Konsumgutproduktion annahmegemäß abnehmen, ist $\alpha_i \frac{\partial^2 g_i}{\partial x_{i0}^2} < 0$. Dann aber muß $\beta_i \frac{\partial^2 z_i}{\partial x_{i0}^2} > 0$ sein, d.h. die Schadstoffmengen sind streng konvex in x_{i0}. Daraus folgt, daß auch die Emissionsfunktion $s_i^P = h_i(y_i)$ streng konvex in der Konsumgutmenge sein muß.

Diese Einsicht läßt sich leicht verallgemeinern: Erfolgt die Herstellung eines Gutes unter Einsatz von Rohstoffen, ist der Grenzertrag des Rohstoffeinsatzes abnehmend, und gilt die Massenerhaltung, so folgt zwangsläufig die Herstellung mindestens eines Kuppelproduktes mit zunehmendem Grenzertrag im Rohstoffeinsatz. Auf die Implikationen dieses Satzes gehen wir in 5.3.1.4 ein.

Zusätzlich sieht Siebert in seinem Modell die Möglichkeit vor, Schadstoffe unter Einsatz des Produktionsfaktors zu entsorgen. Die dazugehörigen sektorspezifischen Entsorgungsfunktionen $s_i^E = s_i^E(x_{i0}^E)$ mit dem Output 'entsorgter Schadstoff' sind annahmegemäß streng konkav in der Menge des eingesetzten Produktionsfaktors. Die beiden Produktions- und Emissionsfunktionen sowie die Entsorgungsfunktionen bilden die Technologie der Modellökonomie vollständig ab.

5.3.1.2 Umwelt- und Konsumbereich

Um das Modell zu schließen, wird ein Zusammenhang zwischen nicht entsorgter Schadstoffmenge $S = s_1^P + s_2^P - s_1^E - s_2^E$ und der Umweltqualität hergestellt. Den funktionalen Zusammenhang zwischen der kardinal gemessenen Umweltqualität U und nicht entsorgter Schadstoffmenge S beschreibt eine streng konkave und streng monoton abnehmende Schadensfunktion $U = G(S)$. Dieses Krümmungsverhalten impliziert, daß eine Erhöhung von S die Umweltqualität zunehmend verringert.

Die Produktionsmöglichkeiten können in diesem Modell ohne die explizite Berücksichtigung unerwünschter Kuppelprodukte beschrieben werden. Hierzu müssen lediglich Produktions-, Emissions-, Schadens- und Entsorgungsfunktionen in einer Funktion $F(y_1, y_2, U) \leq 0$ zusammengefaßt werden. Die unerwünschten Kuppelprodukte sind dann nur noch implizit über den Zusammenhang zwischen Konsumgütermengen und Umweltqualität erfaßt.

Die dreidimensionale Menge der Produktionsmöglichkeiten mit den beiden Konsumgütern und der Umweltqualität als Variablen ist unter den getroffenen Annahmen streng konvex. Ihren Rand beschreibt eine streng konkave Transformationsfunktion.

Im Konsumbereich fragen nutzenmaximierende Haushalte die beiden Konsumgüter und die Umweltqualität nach. Die Präferenzen der Haushalte seien durch strikt quasi-konkave Nutzenfunktionen mit den Argumenten Konsumgütermengen und Umweltqualität repräsentierbar.

5.3.1.3 Optimale Faktorallokation und Marktgleichgewicht

Um die optimale Allokation des Produktionsfaktors in dieser Ökonomie zu bestimmen, wird der Nutzen eines Wirtschaftssubjektes unter der Nebenbedingung des konstanten Nutzens aller anderen Wirtschaftssubjekte und Einhaltung der Produktionsmöglichkeiten maximiert. Im nächsten Schritt wird überprüft, ob die notwendigen Bedingungen für ein Pareto-Optimum in einem

Marktgleichgewicht unter vollkommener Konkurrenz erfüllt sind. Ist dies der Fall, dann trifft die Aussage des ersten Wohlfahrtssatzes für diese Ökonomie zu. In der Regel wird dies jedoch nicht der Fall sein. Solange ein gewinnmaximierendes Unternehmen unerwünschte Kuppelprodukte frei entsorgen kann, wird es diese in seinem Gewinnmaximierungskalkül vernachlässigen und damit einen pareto-suboptimalen Zustand herbeiführen. Selbst freiwillige Verhandlungen zwischen Schädiger und Geschädigten führen zu keiner pareto-optimalen Allokation, wenn die Umwelt ein öffentliches Konsumgut ist (vgl. TURNER ET AL. 1994:25).

Um sicherzustellen, daß ein pareto-optimaler Zustand als Marktgleichgewicht implementierbar ist, müssen die Produktionsmöglichkeiten eine konvexe Menge bilden (vgl. MALINVAUD 1985:94). Im oben beschriebenen Modell ist die Menge sogar strikt konvex, so daß jede pareto-optimale Faktorallokation durch eine Steuer als Marktgleichgewicht implementiert werden kann. Um die Konvexität zu sichern, wurden im Modell die Annahmen über die Krümmungseigenschaften der Funktionen getroffen. [4]

Soweit zur Struktur des Grundmodelles der neoklassischen Umweltökonomik. Eine der wichtigsten Weiterentwicklungen ist die zu einem dynamischen Allokationsmodell. Die Dynamisierung erfolgt im einfachsten Fall durch eine intertemporale Wohlfahrtsfunktion und durch eine Differentialgleichung, welche die Veränderung des Schadstoffbestandes über die Zeit hinweg beschreibt (SIEBERT 1992:213). Produktions- und Emissionsfunktionen erhalten keine zeitliche Struktur.

[4] Siebert schwächt die Annahmen für die Existenz einer eindeutig pareto-optimalen Allokation im Anhang zu seinem Modell ab (SIEBERT 1992:41). Dabei weist er darauf hin, daß das Arrow-Enthoven-Theorem für eine konkave Zielfunktion und quasi-konkave Restriktionen ein globales Maximum garantiert. Tatsächlich sichert dieses Theorem lediglich die Existenz einer endlichen Lösung des Maximierungsproblems, nicht jedoch seine Eindeutigkeit (MURATA 1977:317). Die von Siebert im Anhang abgeschwächten Annahmen sind folglich viel zu schwach, um ein globales Maximum zu sichern.

5.3.1.4 Bemerkungen zur Kuppelproduktion

Die Modellierung der Kuppelproduktion bleibt bei allen Modellerweiterungen (z.B. bei HEDIGER 1991) gleich. Sie erfolgt immer nach dem Schema: (1) Eine Produktionsfunktion beschreibt die Herstellung eines Konsumgutes. (2) An diese Produktionsfunktion wird eine Emissionsfunktion gekoppelt. Daraus folgt die Kuppelproduktion von Konsumgut und Schadstoff. (3) Durch einen Entsorgungsprozeß gewinnt die Ökonomie an Flexibilität hinsichtlich der Mengenrelation von Schadstoffen und Konsumgütern. Nicht entsorgte Schadstoffe werden über eine Schadensfunktion auf eine Veränderung der Umweltqualität umgerechnet.

Welche zusätzlichen Einsichten sind zu erwarten, wenn die Kuppelproduktion in diesem Modell genauer analysiert wird? Um diese Frage zu beantworten, betrachten wir das Verhalten eines gewinnmaximierenden Unternehmens genauer. Wir lassen dabei den Entsorgungsprozeß unberücksichtigt und unterdrücken den Konsumgüterindex i, da unsere Ausführungen unabhängig vom gewählten Konsumgut gelten. Die Einsatzmenge des Rohstoffes bezeichnen wir vereinfachend mit R. Zusätzlich erhebe der Staat eine Abgabe in Höhe von t_S Einheiten pro hergestellter Schadstoffeinheit. Der Preis für das Konsumgut, p_y, der Abgabensatz, t_S, und der Rohstoffpreis, p_R, sind dem Unternehmen exogen vorgegeben. Der Gewinn G des Unternehmens errechnet sich aus

$$G = p_y g(R) - t_S z(R) - p_R R.$$

Für die gewinnmaximale Einsatzmenge des Rohstoffes R^* gilt notwendigerweise

$$\frac{dG}{dR} = p_y \frac{\partial g(R^*)}{\partial R} - t_S \frac{\partial z(R^*)}{\partial R} - p_R = 0.$$

Hinreichend für ein Gewinnmaximum ist die Bedingung[5]

$$\frac{d^2G}{dR^2} = p_y \underbrace{\frac{\partial g^2(R^*)}{\partial R^2}}_{\ominus} - t_S \underbrace{\frac{\partial z^2(R^*)}{\partial R^2}}_{\oplus} < 0.$$

[5] Das Vorzeichen der einzelnen Terme wird durch $\ominus$ bzw. $\oplus$ angegeben.

Unter der Annahme einer streng konkaven Produktionsfunktion und einer streng konvexen Emissionsfunktion ist diese Bedingung erfüllt. Die Besteuerung des Schadstoffes trägt dann dazu bei, daß der Grenzgewinn einer zusätzlichen Einheit Rohstoff schneller fällt. Die gewinnmaximale Rohstoffeinsatzmenge ist daher geringer als ohne Besteuerung.

Es gibt jedoch keinen zwingenden Grund, für die Herstellung der Schadstoffe einen konvexen und für die Konsumgüterherstellung einen konkaven Funktionsverlauf vorauszusetzen. Diese Festlegung ist beliebig - ebensogut könnte der umgekehrte Fall vorliegen. Dann würde das Unternehmen sein Zielprodukt mit zunehmendem, das unerwünschte Kuppelprodukt mit abnehmendem Grenzertrag produzieren. Es hätte folglich einen ständigen Anreiz, die Produktion auszudehnen. Dies entspricht der Problematik zunehmender Skalenerträge, die zusätzlich zu der des negativen externen Effektes kommt und eine eigene Art des Marktversagens darstellt.[6]

Wird das Zielprodukt mit zunehmendem Grenzertrag hergestellt, so vergrößert die Abgabe auf den Schadstoff sogar die Zunahme des Grenzgewinnes bei einer Produktionserhöhung. Eine Halbierung der Produktionsmenge beispielsweise kann dann mittels einer Abgabe nicht angereizt werden; denn solange das Unternehmen trotz Abgabe einen Gewinn erwirtschaftet, wird es an der exogen vorzugebenden Kapazitätsgrenze produzieren. Übersteigen die durch die Abgabe erhöhten Kosten den Erlös an der Kapazitätsgrenze, so stellt das Unternehmen seine Produktion ein. Zu beachten ist allerdings, daß es durch eine Erweiterung der Kapazität zurück in den Gewinnbereich kommen kann; denn die Grenzerträge nehmen schneller zu als die Grenzkosten.

Betrachten wir nun wieder den ursprünglichen Fall, in dem das Zielprodukt mit abnehmenden, das Kuppelprodukt hingegen mit zunehmenden Grenzerträgen hergestellt wird. Im Gegensatz zur Ausgangssituation des Modelles gelinge es nun dem Unternehmen, einen Markt für das Kuppelprodukt zu erschließen, auf dem es einen Preis von p_S Einheiten pro ursprünglicher Schadstoffeinheit erzielt. Das Gewinnmaximum ist dann bei der Übereinstimmung

[6]Eine ausführliche Diskussion von Marktversagen einschließlich dem Marktversagen bei zunehmenden Skalenerträgen findet sich in BERNHOLZ UND BREYER (1984:86ff).

von Grenzkosten und Grenzerlösen nur erreicht, wenn

$$\frac{d^2G}{dR^2} = p_y \underbrace{\frac{\partial g^2(R^*)}{\partial R^2}}_{\ominus} + p_S \underbrace{\frac{\partial z^2(R^*)}{\partial R^2}}_{\oplus} < 0 \tag{5.1}$$

erfüllt ist. Im Gegensatz zu den vorher behandelten Fällen hängt das Vorzeichen von (5.1) von den Preisen ab. Ob die Grenzkosten=Grenzerlös-Regel für das Gewinnmaximum gilt, kann alleine aufgrund der Technologie nicht mehr entschieden werden. Je nachdem, welche exogenen Marktpreise dem Unternehmen vorgegeben werden, verhält es sich, als würde es unter zu- oder abnehmenden Skalenerträgen produzieren. Bei einem sehr hohen Preis p_S beispielsweise ist es wahrscheinlich, daß der positive Term von (5.1) überwiegt. Gelingt es dem Unternehmen folglich, das Problem des negativen externen Effektes durch die Verwertung zu lösen, so stellt sich möglicherweise eine andere Form des Marktversagens ein, das dem Marktversagen bei zunehmenden Skalenerträgen entspricht.

Abschließend betrachten wir den Entsorgungsprozeß etwas genauer. Wegen der Massenerhaltung muß aus dem Entsorgungsprozeß zwangsläufig ein Verbundprodukt hervorgehen, das im Modell jedoch nicht weiter beachtet wird. Bei konsequenter Anwendung des Materialbilanz-Ansatzes stellt man jedoch fest, daß die *Menge* des entsorgten Schadstoffes durch den Entsorgungsprozeß sogar zunimmt. Dies ist eine Folge der abnehmenden Grenzerträge im Entsorgungsprozeß. Der Schadstoff wird sich im Zeitverlauf möglicherweise akkumulieren und zu einem Mengenproblem führen. Wird Kuppelproduktion durch einen Verbund flexibilisiert, so geht mit der Verringerung des Kuppelproduktes zwangsläufig eine Erhöhung der Verbundproduktmenge einher.

Mit diesen Bemerkungen zur Kuppelproduktion schließen wir unsere Untersuchung der Verwendungskonkurrenz zwischen der Umwelt als Schadstoffempfänger und als öffentliches Konsumgut. Im nächsten Abschnitt behandeln wir die Verwendungskonkurrenz zwischen der Umwelt als Schadstoffempfänger und als Rohstofflieferant.

5.3.2 Umwelt als Schadstoffempfänger und Rohstofflieferant

Negative externe Effekte zwischen Unternehmen sind in ihrer Struktur vergleichbar mit der Beeinträchtigung öffentlicher Konsumgüter durch unerwünschte Kuppelprodukte. Die Verwendungskonkurrenz besteht in diesem Fall zwischen der Umwelt als Schadstoffempfänger und als Rohstofflieferant. Ein Unternehmen, welches seine unerwünschten Kuppelprodukte in die Umwelt einbringt, schädigt ein anderes, das die Umwelt als Rohstofflieferant nutzt. Die Schädigung erfolgt dabei über eine Minderung der Rohstoffqualität durch die Schadstoffeinträge. Wir nehmen diesen Fall in unsere Diskussion auf, weil neben dem Problem fehlender Märkte das der nicht-konvexen Produktionsmöglichkeitsmenge tritt. Ein einfaches Modell, wie es beispielsweise MALINVAUD (1985:232ff) formuliert, verdeutlicht die Problematik:

Gegeben seien zwei Konsumgüter, deren Produktion die Produktionsfunktionen

$$y_i = g_i(x_{i0}, y_j) \text{ mit } \frac{\partial g_i(x_{i0}, y_j)}{\partial x_{i0}} > 0 \text{ und } \frac{\partial^2 g_i(x_{i0}, y_j)}{\partial x_{i0}^2} \leq 0 \qquad (i = 1, 2)$$

beschreiben. Die Produktion beider Güter erfolgt unter Einsatz eines Produktionsfaktors x_{i0}. Zusätzlich behindern sich die Konsumgüter gegenseitig in ihrer Produktion, d.h.

$$\frac{\partial g_i(x_{i0}, y_j)}{\partial y_j} < 0 \qquad (i = 1, 2; i \neq j).$$

Auf den ersten Blick sind keine unerwünschten Kuppelprodukte zu erkennen. Die gegenseitige Behinderung läßt sich jedoch auf unerwünschte Kuppelprodukte zurückführen, die nur implizit im Modell enthalten sind. Dahinter steht die Vorstellung, daß die Kuppelprodukte die Qualität der Umwelt als Rohstofflieferant verschlechtern. Sind die Unternehmen aufgrund fehlender Eigentumsrechte an der Umwelt als Rohstofflieferant nicht gezwungen, die Beeinträchtigung anderer Unternehmen durch ihre unerwünschten Kuppelprodukte zu berücksichtigen, so ist das Marktgleichgewicht dieser Ökonomie nicht pareto-optimal. Mittels einer Abgabe auf emittierte Schadstoffe kann jedoch

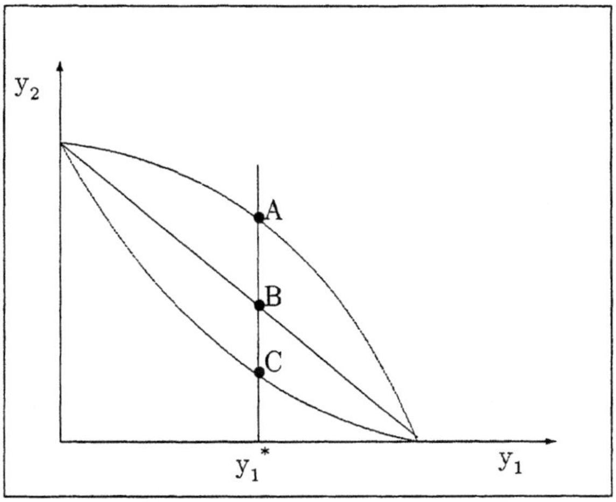

Abbildung 5.1: Negative externe Effekte und Nicht-Konvexitäten

im Idealfall ein Pareto-Optimum erreicht werden. Der Idealfall bezeichnet die Situation einer konvexen Produktionsmöglichkeitenmenge. Bei einem externen Effekt kann diese Konvexität jedoch nicht vorausgesetzt werden, worauf bereits BAUMOL UND BRADFORD (1972) hinwiesen. Anhand von Abbildung 5.1 läßt sich dies unmittelbar einsehen.

Die Transformationskurve in einer Situation ohne negativen externen Effekt sei konkav und spiegle damit die üblichen Annahmen über neoklassische Produktionsfunktionen wider. Die Produktionsmengen der Konsumgüter in der Ausgangssituation entsprechen der Mengenkombination im Punkt A. Vereinfachend sei angenommen, nur die Herstellung von Gut 1 beeinträchtige die von Gut 2, d.h. der negative externe Effekt tritt nur in einer Richtung auf: Bei konstanter Menge y_1^* muß dann auf einen Teil von Gut 2 verzichtet werden; die Transformationskurve wird zunehmend flacher. Ihre Randpunkte bleiben dabei aber unverändert. Je stärker der negative externe Effekt, um so weniger kann von Gut 2 bei konstanter Produktionsmenge von Gut 1 hergestellt werden. Ab einem bestimmten Punkt schlägt die Konkavität der Transformationskurve in eine Konvexität um. Die Probleme, ein Pareto-Optimum durch

Abgaben und Einkommenstransfers herbeizuführen, sind dann wiederum denen zunehmender Skalenerträge ähnlich.

5.3.3 Zusammenfassung

Fassen wir die Berücksichtigung unerwünschter Kuppelprodukte in den oben beschriebenen Modellwelten zusammen. Ausgangspunkt ist die Annahme, die Produktion von Konsumgütern erfolge in Kuppelproduktion mit Schadstoffen - ein Zusammenhang, der über die Emissionsfunktion hergestellt wird. Diese Schadstoffe beeinträchtigen die Funktion der Umwelt als öffentliches Konsumgut oder als Rohstofflieferant. Daraus ergibt sich die Möglichkeit eines negativen externen Effektes und somit einer nicht pareto-optimalen Güterallokation.

Abschließend sei noch darauf hingewiesen, daß sich das Grundmodell der neoklassischen Umweltökonomik auf eine sehr einfache Grundstruktur zurückführen läßt, die unerwünschte Kuppelprodukte nur noch implizit enthält. Dazu muß nur angenommen werden, die Haushalte würden das Gut Umweltqualität den Unternehmen anbieten. Ein Unternehmen, welches diese Umweltqualität bezieht, kann den Entsorgungsaufwand für unerwünschte Kuppelprodukte absenken. Bei gleicher Einsatzmenge der anderen Produktionsfaktoren ist somit eine Ausdehnung der Konsumgutproduktion möglich. Umweltqualität hat damit die üblichen Eigenschaften eines Produktionsfaktors (vgl. CROPPER UND OATES 1992:678ff).

5.4 Neo-österreichische Kapitaltheorie

Mit den Modellen der neo-österreichischen Kapitaltheorie werden ähnliche Fragestellungen untersucht wie mit den Modellen der Neoklassik. In beiden Fällen geht es um die Existenz und die Eigenschaften von Gleichgewichtspreissystemen (vgl. STEPHAN 1988:59). In der konkreten Modellformulierung und in der Akzentuierung unterscheiden sich die beiden Ansätze indessen deutlich voneinander: Der neo-österreichische Ansatz ist auf die Untersuchung intertemporaler Preissysteme ausgerichtet. Er wurde formuliert, um die Frage nach den notwendigen und hinreichenden Bedingungen für positive Zinssätze zu beantworten. Entsprechend sorgfältig werden zeitliche Strukturen der Produktion und des Konsumentenverhaltens berücksichtigt. Eine statische Formulierung der neo-österreichischen Kapitaltheorie, vergleichbar mit dem neoklassischen Grundmodell von SIEBERT (1974,1992), existiert nicht.

Im folgenden Unterabschnitt beschreiben wir in groben Zügen die wichtigsten Elemente des neo-österreichischen Ansatzes. Daran anschließend werden wir seine Eignung für die Analyse der Interaktion von Ökonomie und Ökologie aufzeigen und die Berücksichtigung unerwünschter Kuppelprodukte analysieren.

5.4.1 Grundelemente

Die historischen Wurzeln des Ansatzes finden sich in den Arbeiten BÖHM-BAWERKS (1884/1889), dem Begründer der österreichischen Kapitaltheorie. Auf ihn gehen die beiden wichtigsten Elemente des Ansatzes zurück: Die *Mehrergiebigkeit längerer Produktionswege* und die *Minderschätzung künftiger Bedürfnisse*. Vereinfacht ausgedrückt, beinhaltet Mehrergiebigkeit längerer Produktionswege die Möglichkeit, durch Verzicht auf Konsumgüter in der Gegenwart die zukünftige Konsumgutproduktion zu steigern. Dahinter steht die Vorstellung, gegenwärtiger Konsumverzicht setzt Produktionsfaktoren frei, die zum Aufbau von Kapitalgütern eingesetzt werden. Die Kapitalgüter wiederum gestatten während ihrer Nutzungsdauer eine Ausweitung künftiger Konsumgutproduktion. Minderschätzung künftiger Bedürfnisse hingegen ist eine Annahme über das Konsumentenverhalten. Sie besagt, daß der Nutzen zukünftigen Konsums systematisch unterschätzt wird (vgl. STEPHAN 1988:60).

In den 50er und 60er Jahren griff Bernholz die Frage nach den Gründen für positive Zinssätze auf und knüpfte dabei an die Überlegungen BÖHM-BAWERKS (1884/1889) und v. STACKELBERGS (1941) zur Mehrergiebigkeit und Minderschätzung an. In einem 1971 veröffentlichten Aufsatz (BERNHOLZ 1971) formulierte er das Grundmodell der neo-österreichischen Kapitaltheorie in seinen wesentlichen Zügen: ein Zwei-Perioden-Modell mit zwei Sektoren[7]

[7] Im ersten Sektor werden die Konsumgüter, im zweiten die Kapitalgüter hergestellt.

und drei Produktionsprozessen, das Mehrergiebigkeit längerer Produktionswege und Minderschätzung zukünftiger Bedürfnisse zuläßt. In den folgenden Jahren entwickelten Bernholz, Faber, Jaksch, Proops, Reiss und Stephan den Ansatz weiter.[8]

Neben den Modellerweiterungen, wie die Berücksichtigung beliebig vieler Sektoren (FABER 1979) und beliebig langer Zeithorizonte (STEPHAN 1986), gelang es, den Ansatz in einem kompakten Grundmodell zu konzentrieren. Dieses Grundmodell bildet die Plattform für Modellerweiterungen, wie sie beispielsweise zur Untersuchung umweltökonomischer Fragestellungen vorgenommen wurden (FABER ET AL. 1983, 1983a FABER ET AL. 1990, FABER UND PROOPS 1993 und JÖST 1994). Dieses Grundmodell ist verkürzt dargestellt folgendermaßen aufgebaut:

Ausgangspunkt sind zwei alternative Techniken zur Herstellung eines Konsumgutes. Eine Technik ist dabei definiert als die minimale Kombination von Produktionsprozessen, um ein Konsumgut ausgehend von den Primärfaktoren herzustellen (FABER UND PROOPS 1991:147). In seiner einfachsten Form beinhaltet das Modell zwei Techniken zur Konsumgutproduktion: Die erste Technik (T_1) besteht aus nur einem Produktionsprozeß, mit dem unter Einsatz des Primärfaktors Arbeit ein Konsumgut hergestellt wird. Die Herstellung dauert eine Zeitperiode, wobei der Arbeitseinsatz zu Beginn der Periode erfolgt und das Konsumgut am Ende der Periode verfügbar ist. Die zweite Technik (T_2) enthält zwei Produktionsprozesse. Einer der beiden Prozesse bildet die Möglichkeit ab, das Konsumgut unter Einsatz der Faktoren Arbeit und Kapital herzustellen. Der andere Produktionsprozeß ermöglicht die Herstellung des Kapitalgutes, wiederum unter Arbeitseinsatz. Im Gegensatz zur ersten Technik vergehen bei der zweiten Technik zwei Perioden zwischen erstmaligem Faktoreinsatz und der Konsumgutverfügbarkeit; denn in der ersten Periode wird das Kapitalgut, in der zweiten das Konsumgut hergestellt. Der Zeitverlauf wird diskret modelliert.

Formal betrachtet, handelt es sich bei den drei Produktionsprozessen

---

[8]Einen Überblick über die Entwicklung der neo- österreichischen Kapitaltheorie gibt FABER (1986).

um zwei E-Prozesse und einen K-Prozeß (vgl. Definition auf Seite 17). Wenn das erste Gut Arbeit, das zweite Kapital und das dritte ein Konsumgut ist, so erhalten wir mit der im zweiten Kapitel eingeführten Schreibweise für Prozeß P_1:

$$P_1 = ((a_{11}, 0, 0)(0, 0, 1)).$$

Er ermöglicht die Herstellung einer Einheit Konsumgut bei Einsatz von a_{11} Einheiten Arbeit. Der zweite Prozeß,

$$P_2 = ((a_{12}, a_{22}, 0)(0, (1-d)a_{22}, 1)),$$

verarbeitet a_{12} Einheiten Arbeit und a_{22} Einheiten Kapital zu einer Einheit Konsumgut und $(1-d)a_{22}$ Einheiten Kapital. Dabei ist d $(0 \leq d \leq 1)$ die Abnutzungsrate des Kapitals. Dieser Prozeß ist ein K-Prozeß, mit dem Zielprodukt Konsumgut und dem Kuppelprodukt Kapital. Die mit dem abgenutzten Kapitalgüterbestand in späteren Perioden hergestellten Konsumgüter sind nach unserer Definition Verbundprodukte der in der ersten Nutzungsperiode hergestellten Konsumgüter. Der dritte Prozeß schließlich,

$$P_3 = ((a_{13}, 0, 0)(0, 1, 0)),$$

sieht die Herstellung des Kapitalgutes vor. Die beiden Prozesse P_2 und P_3 konstituieren Technik T_2; Technik T_1 besteht nur aus P_1. Eine vorgegebene Menge des Primärfaktors Arbeit beschränkt das Betriebsniveau von P_1 und P_3 nach oben, das Niveau von P_2 wird zusätzlich durch den Kapitalgüterbestand begrenzt.

Diese Grundstruktur bildet die Produktionsmöglichkeiten ab. Im Gegensatz zu dem in 5.3 beschriebenen neoklassischen Modell setzt sich die Technologiemenge aus additiven und teilbaren Produktionsprozessen zusammen.[9] Die daraus resultierenden Produktionsfunktionen sind linear-limitational und

[9] Die Annahme additiver und teilbarer Produktionsprozesse ist allerdings kein generelles Unterscheidungskriterium neo-österreichischer Ansätze von neoklassischen Ansätzen. Das neoklassische Modell von MÄLER (1985) beispielsweise basiert ebenfalls auf additiven und teilbaren Produktionsprozessen.

schwierig zu handhaben, weil sie in Angebotskorrespondenzen münden; dafür aber sind die Modellaussagen nicht von beliebigen Annahmen über zu- bzw. abnehmende Grenzerträge abhängig, wie dies im Modell von SIEBERT (1992) der Fall ist.

Das Optimierungsproblem im neo-österreichischen Ansatz besteht darin, die Wohlfahrt in dieser Ökonomie über einen vorgegebenen Zeitraum unter Einhaltung der Produktionsmöglichkeiten zu maximieren. Dabei ist zu entscheiden, ob der Primärfaktor Arbeit in

- Prozeß P_1 eingesetzt wird und damit bereits nach einer Periode Konsum ermöglicht, oder
- ob Arbeit in die Herstellung des Kapitalgutes zu investieren ist, um damit in der darauffolgenden Periode eine im Vergleich zur Ausgangssituation höhere Konsumgutproduktion zu ermöglichen.

Vorausgesetzt, die zweite Technik ist mehrergiebig, so steht einer erhöhten Konsumgutproduktion in der Zukunft der gegenwärtige Konsumverzicht und die Minderschätzung zukünftiger Bedürfnisse entgegen.

Soweit zum Grundmodell der neo-österreichischen Kapitaltheorie. Bevor wir auf die Berücksichtigung unerwünschter Kuppelprodukte eingehen, lohnt es sich, den K-Prozeß P_2 in einem Exkurs näher zu betrachten.

• Exkurs: Kapital als Kuppelprodukt im neo-österreichischen Ansatz

Das Entscheidungsproblem im neo-österreichischen Ansatz besteht in der optimalen Allokation des Faktors Arbeit. Existieren in der Ausgangssituation keine Kapitalgüter, so gibt es als Alternativen nur die Verwendung in der laufenden Produktion (P_1) oder die Kapitalbildung (P_3). Wie die Entscheidung ausfällt, hängt maßgeblich vom Zeithorizont des Entscheidungsträgers ab. Trivialerweise wird bei einem Zeithorizont von nur einer Periode der Prozeß P_3 niemals eingesetzt. Erst wenn der Zeithorizont des Entscheidungsträgers mindestens die Anzahl der Perioden umfaßt, die nötig sind, um das Kapitalgut herzustellen und erstmalig zu nutzen, kommt Technik T_2 überhaupt in Betracht. Im Grundmodell sind dies zwei Perioden. Übersteigt der Zeithorizont diese Mindestdauer von zwei Perioden, so stehen dem heutigen Konsumverzicht zusätzliche Konsumgutmengen in weiteren Folgeperioden gegenüber; vorausgesetzt, daß die Abnutzungsrate $d < 1$ ist. Mit anderen Worten: Nur weil abgenutztes Kapital ein Kuppelprodukt der mit ihm hergestellten Konsumgüter ist, erhält der Zeithorizont seine fundamentale Bedeutung für das Entscheidungsverhalten. Wäre auch P_2 ein E-Prozeß, so würde eine Verlängerung des Zeithorizontes über zwei Perioden hinaus keine Veränderung im Entscheidungsverhalten gegenüber einem Zeithorizont von genau zwei Perioden bedingen. Denn nach einmaliger Nutzung wäre das Kapitalgut vollständig verbraucht. Die weiter in der Zukunft liegenden Produktionsmöglichkeiten blieben dann von der Kapitalbildung unberührt.[10] Mit anderen Worten: Die Produktion von Kapital als Kuppelprodukt verbindet Güterströme über die Zeit hinweg.

Nach diesem Exkurs gehen wir in den drei folgenden Unterabschnitten auf die Eignung der neo-österreichischen Kapitaltheorie zur Untersuchung umweltökonomischer Fragen ein. FABER ET AL. (1983:8) sehen die besondere Eignung in der Möglichkeit, dynamische Prozesse adäquat abzubilden. Dies gilt sowohl für Prozesse in der Ökonomie als auch für ökologische Prozesse. Es lassen sich drei Ebenen unterscheiden, auf denen der neo-österreichische Ansatz zur Untersuchung von Umweltproblemen beitragen kann. Dies sind die konkrete Modellebene, die Ebene industrieller Entwicklungsmuster und die konzeptionelle Ebene.

5.4.2 Konkrete Modellierung unerwünschter Kuppelprodukte

Auf der konkreten Modellebene erweiterten FABER ET AL. (1983) den neoösterreichischen Ansatz zu einem physikalisch fundierten Rohstoff- und Umweltmodell. Die Einbeziehung unerwünschter Kuppelprodukte erfolgt dabei durch Erweiterung der Produktionsprozesse um einen Schadstoff. Die Akkumulation bzw. den Abbau des Schadstoffes in der Umwelt beschreibt eine sogenannte Diffusionsfunktion. Im Umweltbereich verbleibende Schadstoffe mindern die Umweltqualität und somit die gesellschaftliche Wohlfahrt.[11]

---

[10] Zur zentralen Bedeutung des Zeithorizontes für das Entscheidungsverhalten vgl. FABER UND PROOPS (1991).

[11] Im Grundmodell wird eine intertemporale soziale Wohlfahrtsfunktion zugrunde gelegt.

Auf dieser Modellgrundlage werden zwei aufeinander aufbauende Fragenkomplexe untersucht: Zum einen lassen sich technisch zulässige Konsum- und Schadstoffpfade identifizieren und unter Effizienzgesichtspunkten vergleichen. Zum anderen wird ein intertemporales Preissystem berechnet. Dieses Preissystem resultiert aus einem Optimierungsansatz, bei dem eine intertemporale Wohlfahrtsfunktion unter den technischen und den Umweltrestriktionen maximiert wird. Daraus lassen sich Schattenpreise für alle Konsum- und Kapitalgüter sowie für die unerwünschten Kuppelprodukte ableiten. Die Persistenz der Schadstoffe in der Umwelt bedingt intertemporale Kosten, deren Höhe natürliche Abbaupotentiale maßgeblich beeinflussen.

Bezogen auf die chemische Industrie läßt sich mit dem neo-österreichischen Ansatz untersuchen, wie sich der Schattenpreis eines Zielproduktes bestimmt. Ohne auf den konkreten Optimierungsansatz und die Parameter einzugehen, erhalten wir für die Grenzkosten c_Z und damit für den Schattenpreis p_Z eines Zielproduktes der chemischen Industrie:[12]

$$p_Z = c_Z = c_1 + c_2(d, T) + c_U(\gamma, \delta, \phi, T) + c_R(\sigma, \delta, T) \tag{5.2}$$

Die erste Kostenkomponente c_1 entspricht den laufenden Produktionskosten pro Einheit Zielprodukt. In diese Komponente gehen die direkten Kosten für Roh-, Hilfs- und Betriebsstoffe sowie die Kapitaldienstleistungskosten ein. Die zweite Kostenkomponente $c_2(d, T)$ entspricht den intertemporalen Opportunitätskosten der Kapitalabnutzung. Diese Kosten hängen von der Abnutzungsrate d und dem Zeithorizont T ab. Je länger der Zeithorizont, um so geringer sind diese Kosten. Die dritte Kostenkomponente c_U entspricht den intertemporalen Umweltkosten durch die unerwünschten Kuppelprodukte. Diese Kosten hängen vom Schaden γ durch diese Kuppelprodukte ab, von der natürlichen Abbaurate ϕ, von der sozialen Diskontrate δ und vom Zeithorizont T. Die vierte Kostenkomponente c_R entspricht den intertemporalen Rohstoffkosten. Diese Kosten hängen von rohstoffspezifischen Parametern σ, von der sozialen Diskontrate δ und vom Zeithorizont T ab.

[12] Der vollständige Optimierungsansatz ist in FABER ET AL. (1983:Kapitel 2,7 und 8) formuliert.

In einer Marktwirtschaft ist die Übereinstimmung der betriebswirtschaftlichen mit den volkswirtschaftlichen Kosten kaum zu erwarten. Solange die freie Entsorgung der unerwünschten Kuppelprodukte möglich ist, bleiben die Kosten c_U im betriebswirtschaftlichen Kalkül unberücksichtigt. Ob die intertemporalen Kosten der Rohstoffnutzung c_R berücksichtigt werden, ist ebenfalls zweifelhaft (vgl. Faber et al. 1991b).

An den einzelnen Kostenkomponenten wird auch deutlich, welche Unsicherheiten und Unzulänglichkeiten ihrer Evaluation im Wege stehen. So beeinflußt der Zeithorizont T entscheidend die Höhe der Kosten. Je kürzer der Zeithorizont ist, um so weniger werden intertemporale Kosten berücksichtigt. Die Wahl der Länge des Zeithorizontes ist zudem willkürlich. Andere Größen, wie der Grenzschaden δ, die Schadstoffabbaurate ϕ und die soziale Diskontrate γ lassen sich häufig kaum mit der erforderlichen Genauigkeit evaluieren.

5.4.3 Industrielle Entwicklungsmuster

Auf der Ebene industrieller Entwicklungsmuster lassen sich mit der neo-österreichischen Kapitaltheorie Aussagen über den Strukturwandel einer Ökonomie treffen. Im Vordergrund steht dabei die Ablösung von alten durch neue Techniken. Die Grundlagen für diese industrieökonomische Anwendung finden sich in einem Aufsatz von FABER UND PROOPS (1991) über den Zusammenhang zwischen der Innovation einer neuen Technik und dem Zeithorizont des Entscheidungsträgers.

Um diesen Zusammenhang herzustellen, wird eine neue Technik betrachtet, die für einen hinreichend langen Zeitraum gegenüber der bestehenden Technik mehrergiebig sei. Ob eine Innovation erfolgt, hängt trotz Mehrergiebigkeit von den Präferenzen der Wirtschaftssubjekte ab. Im einfachsten Fall diskontieren diese die zusätzlich hergestellte Konsumgütermenge mit konstanter Rate ab. Übersteigt der so errechnete Gegenwartswert zukünftiger Mehrproduktion den zum Aufbau des neuen Kapitalgutes erforderlichen Wert des Konsumverzichts, so wird die neue Technik eingeführt.

Ein zentraler Parameter in diesem Entscheidungskalkül ist der Zeithorizont. FABER UND PROOPS (1991) bewiesen die Existenz eines kritischen Zeithorizontes, dessen Überschreiten zur Innovation der neuen Technik führt. Eine notwendige Voraussetzung hierfür ist, daß die neue Technik zumindest über einen unendlichen Zeithorizont mehrergiebig ist und der Gegenwartswert der zukünftigen Mehrproduktion den Wert des heutigen Konsumverzichtes überwiegt.

5.4.4 Konzeptionelle Anknüpfungspunkte

Auf der konzeptionellen Ebene ermöglicht es der Ansatz, natürliche Vorgänge in der Umwelt in ökonomische Kategorien zu fassen (vgl. FABER ET AL. (1983:1f). Dabei steht die Korrespondenz von künstlichen und natürlichen Kapitalgütern im Vordergrund. Ein künstliches Kapitalgut ist beispielsweise eine Maschine, wie sie aus P_3 hervorgeht. Das Besondere an diesem Gut besteht darin, daß es seine Dienstleistung über mehrere Perioden hinweg abgibt, mindestens aber eine Periode nach seiner Fertigstellung. Die Dimensionierung von Kapitalgütern erfolgt deshalb sinnvollerweise auch in Produktionspotential pro Zeiteinheit. In der chemischen Industrie beispielsweise ist es üblich, Kapitalgüter in Jahrestonnen zu messen. Die Umwelt erbringt Leistungen, die der von Kapitalgütern entsprechen. Zum einen liegen diese Leistungen in der Bereitstellung von erneuerbaren Ressourcen, beispielsweise in Form jährlicher Felderträge. Zum anderen sind Ökosysteme in der Lage, Schadstoffe abzubauen. Die Abbaufähigkeit wird dabei in den Einheiten 'abgebauter Schadstoff pro Zeiteinheit' gemessen. Sie stellt eine Leistung dar, wie sie typischerweise Kapitalgüter erbringen.

Auch lassen sich Schadstoffbestände als eine Form 'unerwünschter Kapitalgüter' interpretieren. Schadstoffe aus dem Produktions- und Konsumbereich entfalten ihre adversen Effekte über längere Zeiträume hinweg. Besonders deutlich ist dies bei radioaktiven Abfällen zu erkennen, die einer dauerhaften Betreuung in den Endlagerstätten bedürfen. Ihr Bestand kann deshalb als ein *unerwünschtes Kapitalgut* interpretiert werden, dessen Output statt einer Wohlfahrtssteigerung eine Wohlfahrtsminderung mit sich bringt.

5.4.5 Zusammenfassung

Im neo-österreichischen Ansatz werden zwei Typen von Kuppelprodukten berücksichtigt: Kapitalgüter und Schadstoffe. Eine der zentralen Fragen ist die nach den Schattenpreisen dieser Kuppelprodukte. Wie wir in Abschnitt 5.3 gesehen haben, ist die Bestimmung der Schattenpreise von Schadstoffen auch ein Anliegen der neoklassischen Umweltökonomik - in dieser Hinsicht sind sich beide Ansätze also ähnlich. Der Unterschied liegt hauptsächlich in der stärkeren Strukturierung zeitlicher und produktionstechnischer Abläufe beim neo-österreichischen Ansatz. Auf diese Weise ist es möglich, die Frage nach der *Zulässigkeit* von Entwicklungspfaden detailliert zu untersuchen. Auch ohne die Konzepte der Diffusions-, Schadens- und Wohlfahrtsfunktionen sind dann nicht-triviale Modellaussagen möglich.

Eine weitere Stärke des neo-österreichischen Ansatzes liegt in der Möglichkeit, industrielle Entwicklungsmuster zu erklären. Beispielsweise ist die Frage, warum Technologien mit produktionsintegriertem Umweltschutz trotz wirtschaftlicher Überlegenheit nicht eingeführt werden, aus neo-österreichischer Sicht leicht zu beantworten: Die Frage nach der Wirtschaftlichkeit ist eine Frage nach Mehrergiebigkeit. Diese wiederum hängt zentral vom Zeithorizont ab. Zudem ist Mehrergiebigkeit keine hinreichende Bedingung für die Einführung neuer Verfahren. Letztendlich hängt es von der Höhe der Abdiskontierung zukünfiger Zahlungs- oder Güterströme ab, ob ein neues Verfahren eingeführt wird.

5.5 Das Input-Output-Modell

Die Anwendung des Input-Output-Modelles auf umweltökonomische Fragestellungen leitete LEONTIEF (1970) ein. Er zeigt in diesem Aufsatz einen Weg auf, wie sich unerwünschte Kuppelprodukte auf konsistente und einfache Weise in den Modellrahmen integrieren lassen. In den folgenden Jahren wurden zahlreiche Studien veröffentlicht, in denen das Modell sowohl weiterentwickelt, als auch empirisch umgesetzt wurde (vgl. FØRSUND UND STRØM, 1976). Ausgangspunkt ist dabei meist das auf LEONTIEF (1936,1951) zurückgehende

Grundmodell der *offenen statischen Input-Output-Analyse*, das wir im nächsten Unterabschnitt vorstellen.

5.5.1 Das Grundmodell

Es gibt zwei Möglichkeiten, sich dem Input-Output-Modell zu nähern. Die erste Möglichkeit ist eine Untersuchung der volkswirtschaftlichen Verflechtungstabellen, wie sie beispielsweise das Statistische Bundesamt veröffentlicht. Diese Verflechtungstabellen enthalten Angaben über die Güterströme zwischen den einzelnen Sektoren einer Volkswirtschaft sowie über die Zusammensetzung der Bruttowertschöpfung jedes einzelnen Sektors. Eine Annäherung an das Modell aus dieser Richtung betont seinen empirischen Charakter. Die zweite Möglichkeit der Annäherung besteht darin, ein Modell zu formulieren, das sich mit den Daten dieser Verflechtungstabellen füllen läßt. Wir werden uns dieser zweiten Möglichkeit bedienen, um von vornherein die Annahmen des Modelles zu betonen.

Das Grundmodell der offenen statischen Input-Output-Analyse läßt sich auf vier Annahmen gründen.

Annahme 5.1: Jedes Gut G_i $(i = 1, \ldots, N)$ kann nur durch genau einen E-Prozeß hergestellt werden.

Annahme 5.2: Das 0-te Gut ist Arbeit. Sie ist der einzige Primärfaktor und wird in jedem Produktionsprozeß benötigt.

Annahme 5.3: Die Produktionsprozesse sind beliebig teilbar und additiv.

Annahme 5.4: Die Güter G_i $(i = 1, \ldots, N)$ werden zu dem Preis angeboten, der ihren Herstellungskosten entspricht.

Durch Annahme 5.1 ist Kuppelproduktion ausgeschlossen. Die Einschränkung auf nur einen Produktionsprozeß für jedes der produzierbaren Güter vereinfacht die Modellhandhabung, da Probleme der Technologiewahl ausgeblendet werden.[13] Jedem Sektor der Volkswirtschaft wird ein Produktionsprozeß zugewiesen. Annahme 5.2 impliziert nach oben beschränkte Produktionsmöglichkeiten, da der Primärfaktor Arbeit in nur endlichen Mengen verfügbar ist. Aus Annahme 5.3 folgen konstante Skalenerträge. Die vierte Annahme schließlich ermöglicht die Berechnung eines Preissystems unter Anwendung des Vollkosten-Prinzipes. Sie besagt, daß im Gleichgewicht keine Gewinne erwirtschaftet werden (ARROW UND HAHN 1986:41) und ist damit gleichbedeutend mit der Annahme vollkommener Konkurrenz auf allen Märkten.

Wegen der ersten und dritten Annahme läßt sich die Technologie durch konstante Inputkoeffizienten a_{ij} darstellen. Dabei gibt a_{ij} an, wie viele Einheiten von Gut G_i erforderlich sind, um eine Einheit von G_j herzustellen.

Die zentrale Fragestellung der offenen statischen Input-Output-Analyse lautet dann: Welche Menge y_i $(i = 1, \ldots, N)$ des $i-ten$ Gutes muß produziert werden, um eine gegebene Endnachfrage x_i^K $(i = 1, \ldots, N)$ zu befriedigen, und welche Menge des Primärfaktors Arbeit ist dazu erforderlich?

Die Antwort auf den ersten Teil dieser Frage erhalten wir durch Lösung des Gleichungssystems

$$y_i = \sum_{j=1}^{N} a_{ij} y_j + x_i^K \qquad (i = 1, \ldots, N).$$

Dieses Gleichungssystem läßt sich in Matrizenschreibweise überführen, wobei A die Technologiematrix a_{ij} mit der Dimension $(N \times N)$ bezeichnet, I die Einheitsmatrix, y den n-dimensionalen Bruttooutputvektor und x^K den N-dimensionalen Nachfragevektor. Dann erhalten wir

$$y = Ay + x^K$$

und schließlich

$$y = (I - A)^{-1} x^K. \tag{5.3}$$

[13]Aufgrund des Nicht-Substitutionstheorems kann die Annahme genau eines E-Prozesses je Gut fallengelassen werden (vgl. GALE 1960:301ff). Das Theorem besagt, daß bei Abwesenheit von Kuppelproduktion und nur einem Primärfaktor die Technologiewahl unabhäging von den Nachfrageverhältnissen ist. Da dieses Theorem bei Kuppelproduktion nicht anwendbar ist, behalten wir die Annahme genau eines Produktionsprozesses pro Gut bereits im Grundmodell bei.

Die Matrix $(I - A)^{-1}$ trägt die Bezeichnung Leontief-Inverse (vgl. MILLER UND BLAIR 1985). Damit für jedes $x^K \geq 0$ ein $y \geq 0$ existiert, muß die Matrix $(I - A)$ eine quasi-dominante Diagonale aufweisen (MURATA 1977:24). Ökonomisch besagt diese Annahme, daß von allen Gütern im Saldo positive Mengen hergestellt werden können. Technologien, die diese Eigenschaften erfüllen, werden als *produktiv* bezeichnet (WOODS 1990:22).

Gleichung (5.3) ist die Grundgleichung der Input-Output-Analyse. Sie beschreibt die Mengenseite der Ökonomie. Als Restriktion für die Güterherstellung ist der Bestand des verfügbaren Primärfaktors Arbeit aufzunehmen. Sei a_o der N-dimensionale Vektor der Arbeitsinputkoeffizienten und x_0 die insgesamt verfügbare Arbeitsmenge, so muß

$$x_0 \geq a_0^T x = a_0^T (I - A)^{-1} x^K$$

erfüllt sein.[14]

Die Preisseite des Modelles läßt sich aufgrund von Annahme 5.4 mit einem Vollkosten-Ansatz berechnen. Die Preise p_i bestimmt dann das Gleichungssystem

$$p_i = \sum_{j=1}^{N} a_{ji} p_j + a_{i0} p_0 \qquad (i = 1, \ldots, N).$$

Dieses System läßt sich wiederum in Matrizenschreibweise formulieren:

$$p = A^T p + a_0 p_0.$$

Nach p aufgelöst erhalten wir

$$p = (I - A^T)^{-1} a_0 p_0. \tag{5.4}$$

Damit ist das Grundmodell in seinen wesentlichen Zügen beschrieben. Eine ausführliche Darstellung geben MILLER UND BLAIR (1985) sowie PROOPS ET AL. (1993). In den beiden folgenden Unterabschnitten zeigen wir, wie sich unerwünschte Kuppelprodukte in dieses Modell integrieren lassen.

[14] Der Hochindex T steht für 'transponiert'.

5.5.2 Zurechnung unerwünschter Kuppelprodukte

Jeder Sektor einer Volkswirtschaft benötigt zur Herstellung seiner Produkte Vorleistungen anderer Sektoren. Die Stärke des Input-Output-Modelles liegt darin, diese Güterströme zu berücksichtigen und damit ein komplexes Verflechtungsgebilde analytisch zu fassen. Unerwünschte Kuppelprodukte bleiben im Grundmodell aber unberücksichtigt. Eine Frage, die mit Hilfe der Input-Output-Analyse durch eine Erweiterung beantwortet werden kann, lautet: Welche Menge unerwünschter Kuppelprodukte muß zwangsläufig in jedem einzelnen Sektor und insgesamt hergestellt werden, um eine gegebene Endnachfrage zu befriedigen?

Die unerwünschte Kuppelproduktion wird über Emissionskoeffizienten modelliert. Der Emissionskoeffizient s_i gibt an, wie viele Einheiten eines bestimmten Schadstoffes bei der Produktion einer Einheit von Gut i entstehen. Fassen wir die Emissionskoeffizienten im N-dimensionalen Vektor s zusammen, so erhalten wir als produzierte Schadstoffmenge $S = s^T x$. Unter Verwendung von (5.3) erhalten wir

$$S = s^T (I - A)^{-1} x^K. \tag{5.5}$$

Mit Hilfe dieser Gleichung lassen sich sowohl ex-post- als auch ex-ante-Analysen durchführen. In einer ex-ante-Analyse wird beispielsweise ein Szenario über die zukünftig herzustellenden Konsumgütermengen entwickelt. Mittels Gleichung (5.5) lassen sich dann die produzierten Schadstoffmengen berechnen. Eine mögliche ex-post-Analyse besteht darin, beobachtete Veränderungen von S in einzelne Effekte zu zerlegen. Diese Einzeleffekte erhalten wir, indem wir Gleichung (5.5) total differenzieren:[15]

$$\begin{aligned} \triangle S \;=\; & \underbrace{\left[\triangle s^T\right](I-A)^{-1}x^K}_{K-Effekt} + \underbrace{s^T\left[\triangle (I-A)^{-1}x^K\right]}_{T-Effekt} + \\ & \underbrace{s^T(I-A)^{-1}\left[\triangle x^K\right]}_{N-Effekt} + Restterm \end{aligned} \tag{5.6}$$

[15]Eine ausführliche formale Darstellung dieser Zerlegung und ihrer mathematischen Grundlagen findet sich in PROOPS ET AL. (1993:Kapitel 4 und 5).

Schadstoff	Emission 1986		Veränderung 1980-1986			
			Komponentenzerlegung			
	Direkt	Zurechnung	K-Effekt	T-Effekt	N-Effekt	Gesamt
SO_2	105.501	141.621	-54.370	-24.469	38.783	-40.056
NO_x	49.667	84.216	-14.259	-12.622	20.890	-5.991
Cadmium	1,2	1,18	-0,55	-0,20	0,34	-0,41
Arsen	0	6,24	-1,11	-1,64	1,63	-1,12
Blei	7	107,7	-29,0	-13,9	27,67	-15,3
Quecksilber	5	4,6	-9,9	-0,7	2,2	-8,41

Tabelle 5.1: Ausgewählte Schadstoffemissionen durch die Produktion chemischer Erzeugnisse- Zurechnung und Komponentenzerlegung
Alle Mengenangaben erfolgen in Tonnen
Quelle: Eigene Berechnungen auf der Grundlage von STBA (1991), ISI (1992)

Aus Gleichung (5.6) geht hervor, daß Veränderungen der Schadstoffmenge auf vier Ursachen zurückzuführen sind:

1. K-Effekt: Dieser Term gibt an, wie sich die Gesamtemissionen aufgrund einer veränderten Mengenrelation zwischen Kuppel- und Zielprodukt in den einzelnen Sektoren veränderten.

2. T-Effekt: Dieser Ausdruck gibt die Veränderung der Schadstoffmenge an, die auf eine Änderung der Produktionsprozesse zurückzuführen sind (Struktureffekt).

3. N-Effekt: Eine veränderte Endnachfrage bedingt veränderte Schadstoffmengen, die mit diesem Ausdruck zu berechnen sind.

4. Restterm: Bei nichtmarginalen Veränderungen der einzelnen Variablen tritt ein Approximationsfehler auf, der durch diesen Term aufgefangen wird (vgl. PROOPS ET AL. 1993:59).

Am Beispiel der chemischen Industrie und chemischer Erzeugnisse demonstrieren wir die empirische Anwendung der Zurechnung von Schadstoffen und der Komponentenzerlegung (5.6).

In der ersten Spalte von 5.1 sind die betrachteten Schadstoffe aufgezählt. In der zweiten Spalte der Tabelle geben wir die Schadstoffmengen an, welche die chemische Industrie direkt emittiert. In der dritten Spalte werden die

Schadstoffmengen aufgeführt, die den an den Endverbrauch gelieferten chemischen Erzeugnissen zuzurechnen sind. Die Berechnung erfolgt mittels (5.5). Die drei folgenden Spalten enthalten die Veränderung der zurechenbaren Emissionen, zerlegt in die einzelnen Effekte (5.6). Die letzte Spalte gibt die Gesamtveränderung an. Für SO_2 galt 1986:

1. Die Produktionsanlagen der chemischen Industrie emittierten 105.501 Tonnen SO_2.

2. Um den Endverbrauch, d.h. die privaten Haushalte und den Export mit chemischen Erzeugnissen zu versorgen, entstanden in allen Sektoren zusammen 141.621 Tonnen SO_2.

3. Indem in den einzelnen Sektoren die Mengenrelation zwischen Ziel- und Kuppelprodukt zugunsten des Zielproduktes verschoben wurde, verringerten sich die SO_2-Emissionen gegenüber 1980 um 54.370 Tonnen.

4. Veränderungen der sektoralen Produktionsprozesse verringerten die Emissionen gegenüber 1980 um 24.469 Tonnen.

5. Durch die gestiegene Endnachfrage nach chemischen Erzeugnissen erhöhten sich die Emissionen gegenüber 1980 um 38.783 Tonnen.

6. Insgesamt verringerten sich die dem Produkt 'chemische Erzeugnisse' zurechenbaren SO_2-Emissionen um 40.056 Tonnen. Der Restterm ist vernachlässigbar.

Mit diesem Ansatz lassen sich unerwünschte Kuppelprodukte auf Zielprodukte zurechnen. Die Vorgehensweise ist identisch mit der Zurechnung von Primärfaktoren auf Endprodukte, der sogenannten Imputation.

Ein Input-Output-Modell, bei dem Entsorgungsprozesse berücksichtigt werden und Preise für unerwünschte Kuppelprodukte berechenbar sind, stellen wir im nächsten Abschnitt vor. Es handelt sich dabei um das Modell von LEONTIEF (1970).

5.5.3 Das erweiterte Input-Output-Modell

Es sei angenommen, jeder Sektor stelle neben seinem Zielprodukt den gleichen Schadstoff als unerwünschtes Kuppelprodukt her. Die Schadstoffmenge x_s^K werde von der Gesellschaft als Nettoemission hingenommen. Um diesen Emissionsgrenzwert einzuhalten, kann ein zentraler Entsorgungsprozeß betrieben werden. Aus Vereinfachungsgründen erzeuge dieser keine weiteren unerwünschten Kuppelprodukte. Die zu entsorgende Schadstoffmenge sei mit y_s bezeichnet. Unter diesen Annahmen erhalten wir dann das folgende erweiterte Modell (vgl. LEONTIEF 1970):

Der Bruttooutput der einzelnen Sektoren errechnet sich durch das Gleichungssystem

$$y_i = \sum_{j=1}^{N} a_{ij} y_j + x_i^K + \underbrace{a_{is} y_s}_{\text{Entsorgungssektor}} \qquad (i = 1, \ldots, N), \tag{5.7}$$

wobei a_{is} angibt, wie viele Einheiten von G_i als Vorprodukt nötig sind, um eine Einheit des Schadstoffes mit dem Entsorgungsprozeß zu neutralisiern. Zusätzlich erhalten wir eine Gleichung für die zu entsorgende Schadstoffmenge, die als Bruttooutput des Entsorgungssektors interpretiert wird:

$$y_s = \underbrace{\sum_{j=1}^{N} s_j y_j}_{\text{Schadstoffproduktion}} - \underbrace{x_s^K}_{\text{Tolerierte Menge}}. \tag{5.8}$$

Überführen wir (5.7) und (5.8) in partitionierte Matrixschreibweise, so erhalten wir

$$\left(\begin{array}{c} y \\ \hline y_s \end{array}\right) = \left(\begin{array}{c|c} A & a_{.s} \\ \hline s^T & 0 \end{array}\right) \left(\begin{array}{c} y \\ \hline y_s \end{array}\right) + \left(\begin{array}{c} x^K \\ \hline -x_s^K \end{array}\right),$$

mit $a_{.s}$ als den Inputvektor des Entsorgungsprozesses. Dieser Ausdruck läßt sich auflösen zu

$$\left(\begin{array}{c} y \\ \hline y_s \end{array}\right) = \left(\begin{array}{c|c} I - A & -a_{.s} \\ \hline -s^T & 1 \end{array}\right)^{-1} \left(\begin{array}{c} x \\ \hline -x_s^K \end{array}\right),$$

womit die Mengenseite des Modelles vollständig beschrieben ist. Analog zum Grundmodell ist die Arbeitsrestriktion einzuhalten, wobei jetzt zusätzlich Arbeit zur Entsorgung des Schadstoffes erforderlich ist.

Mit diesem Ansatz ist es möglich, einen Preis für den Schadstoff zu berechnen. Sei p_s der Preis, den die einzelnen Unternehmen in den Sektoren für die Produktion einer Einheit ihres Schadstoffes bezahlen müssen. Dieser Preis muß ausreichen, um die Kosten der Entsorgung zu tragen. Diese Kosten wiederum errechnen sich durch

$$p_s = \sum_{j=1}^{N} a_{js} p_j + p_0 a_{0s}. \tag{5.9}$$

Für die Güterpreise gilt

$$p_i = \sum_{j=1}^{N} a_{ji} p_j + a_{i0} p_0 + s_i^* p_s \qquad (i = 1, \ldots, N), \tag{5.10}$$

wobei s_i^* angibt, wie viele Einheiten des Schadstoffes die Unternehmen im Sektor i pro produzierter Einheit ihres Zielproduktes zu entsorgen haben. Muß die gesamte Schadstoffmenge entsorgt werden, so gilt $s_i^* = s_i$.
In Matrixschreibweise erhalten wir für (5.9) und (5.10)

$$\left(\begin{array}{c} p \\ \hline p_s \end{array} \right) = \left(\begin{array}{c|c} A^T & s^* \\ \hline a_{.s}^T & 0 \end{array} \right) \left(\begin{array}{c} p \\ \hline p_s \end{array} \right) + \left(\begin{array}{c} a_0 \\ \hline a_{0s} \end{array} \right)$$

Lösen wir nach dem Preisvektor auf, so folgt

$$\left(\begin{array}{c} p \\ \hline p_s \end{array} \right) = \left(\begin{array}{c|c} I - A^T & -s^* \\ \hline -a_{.s}^T & 1 \end{array} \right)^{-1} \left(\begin{array}{c} a_0 \\ \hline a_{0s} \end{array} \right).$$

Damit sind unerwünschte Kuppelprodukte in das Input-Output-Modell integriert.

5.5.4 Schlußfolgerungen

Die Berücksichtigung unerwünschter Kuppelprodukte ist im Input-Output-Modell auf einfache Weise möglich. Konzepte wie das der Diffusions-, Schadens-

und Wohlfahrtsfunktion werden nicht benötigt. Der Vorteil der Input-Output-Analyse besteht vor allem in ihrer Anwendbarkeit auf empirische Fragestellungen (z.B. PROOPS ET AL. 1993). Von Nachteil sind die restriktiven Annahmen 5.1 bis 5.4. Auch ist im erweiterten Input-Output-Modell die Aufteilung der zu entsorgenden Schadstoffmenge auf die einzelnen Sektoren (s_i^*) einer gewissen Beliebigkeit unterworfen.

Ebenfalls auf empirische Fragestellungen ausgerichtet sind ökonometrische Untersuchungen, die wir im nächsten Abschnitt aufgreifen.

5.6 Ökonometrische Untersuchungen

In der wirtschaftswissenschaftlichen Literatur nimmt die Kosten-Nutzen-Analyse umweltpolitischer Maßnahmen einen breiten Raum ein. Besondere Aufmerksamkeit gilt der Messung des Nutzens dieser Maßnahmen, was eine Bewertung von Umweltgütern voraussetzt. Die Bestimmung der Kosten dieser Maßnahmen werden hingegen weniger als ein grundsätzliches, denn als ein empirisches Problem angesehen. Dabei ist auch zu fragen, welche Folgen die umweltpolitischen Maßnahmen für die gesamtwirtschaftliche Entwicklung hatten. In Kapitel 4 untersuchten wir die Kostenentwicklung der chemischen Industrie in Deutschland, wobei wir auf veröffentlichte Statistiken zurückgreifen konnten. Um weitergehende Untersuchungen über die Kostenimplikationen anzustellen, sind modelltheoretisch fundierte Analysen erforderlich. Zu diesen Analysen gehören ökonometrische Studien.

Ökonometrische Studien, die auch explizite Aussagen über die chemische Industrie enthalten, liegen nur in sehr geringer Zahl vor. Wir werden im folgenden zwei Studien skizzieren und, soweit dies möglich ist, die Rolle der chemischen Industrie herausheben.

5.6.1 Die Studie von Hettige, Lucas und Wheele

In ihrer Studie untersuchen HETTIGE ET AL. (1992) den Zusammenhang zwischen den Emissionen toxischer Substanzen, der wirtschaftlichen Entwicklung, den internationalen Handelsströmen und der Handelspolitik. Die Studie erstreckt sich auf 80 Länder und umfaßt den Zeitraum von 1960-1988. Betrachten wir die Ergebnisse der Studie.

1. Die Schadstoffmenge pro Einheit Bruttosozialprodukt nimmt mit steigendem Bruttosozialprodukt zunächst zu, durchläuft ein Maximum und geht anschließend wieder zurück. Diesen Verlauf führen die Autoren auf den Strukturwandel einer Volkswirtschaft zurück: Einer ersten Phase der Industrialisierung folgt eine Umstrukturierung zugunsten der Dienstleistungssektoren.

2. Die Schadstoffmenge pro Einheit industriellen Outputs steigt mit zunehmendem Pro-Kopf-Einkommen stetig an. Dieses Ergebnis überrascht, weil es sich nicht in das Bild einer industriellen Entwicklung fügt. Denn die typische industrielle Entwicklung einer Volkswirtschaft umfaßt drei Phasen: In der ersten Phase dominieren Sektoren mit geringem Schadstoffausstoß, beispielsweise Landwirtschaft und Handwerk. In der zweiten Phase beherrschen schadstoffintensive Sektoren wie die chemische Industrie und die Metallverarbeitung die wirtschaftliche Entwicklung. Mit zunehmender Industrialisierung gewinnen dann weniger schadstoffintensive Industriesektoren wie die Mikroelektronik an Gewicht.

3. In den 60er Jahren stieg die Schadstoffmenge pro Einheit Bruttosozialprodukt in den OECD-Ländern stark an. Nachdem in den 70er und 80er Jahren Umweltgesetze erlassen wurden, stiegen die Schadstoffemissionen in den Entwicklungsländern signifikant an. Die Autoren vermuten deshalb, daß die Umweltgesetzgebung in den OECD-Staaten eine Verlagerung schadstoffintensiver Industrien in Entwicklungsländer veranlaßte.

4. Ein Importzoll auf Chemikalien in den Entwicklungsländern führte zu einem überproportionalen Wachstum der chemischen Industrie und damit zu einer Zunahme der Schadstoffintensität des aggregierten industriellen Outputs in diesen Ländern.

Betrachten wir die Annahmen genauer, die dieser Studie zugrunde liegen. Die Untersuchung von 80 Ländern und ein Untersuchungszeitraum von 28

Jahren lassen einen erheblichen Datenbedarf vermuten. Durch weitreichende Annahmen über die Art und den Umfang der Kuppelproduktion von Schadstoffen und Sektoroutputs verringern die Autoren den Datenbedarf erheblich. Als Grundlage für die Mengenrelation Zielprodukt zu unerwünschten Kuppelprodukten stehen ausschließlich Daten für die USA des Jahres 1987 zur Verfügung. Benutzt wird das 1987 Toxic Release Inventory, veröffentlicht von der Environmental Protection Agency (EPA). Indem die Autoren annehmen, daß

1. die ungewichtete Addition der Emission von 320 unterschiedlichen toxischen Substanzen ein geeignetes Maß für die Menge des unerwünschten Kuppelproduktes eines Sektoroutputs ist,
2. das Mengenverhältnis Schadstoffe - Sektoroutput über 28 Jahre konstant ist,
3. das Mengenverhältnis Schadstoffe - Sektoroutput für 80 Länder das gleiche ist,

ermöglichen sie ihre empirischen Aussagen. Mit anderen Worten: Die Autoren nehmen an, die Technik eines Sektors bestehe aus einem K-Prozeß, der in allen 80 Ländern der gleiche ist und über 28 Jahre unverändert blieb. Diese Annahme ist nur vor dem Hintergrund einer unzureichenden Datenbasis verständlich. Die Schlußfolgerungen haben damit allerdings eher den Charakter fundierter Vermutungen. Bedauerlich ist auch der hohe Aggregationsgrad der Studie. Spezielle Aussagen über die chemische Industrie sind nur am Rande zu entnehmen (siehe oben).

5.6.2 Die Studie von Barbera und McConnell

Eine ebenfalls ökonometrisch konzipierte Studie legen BARBERA UND MCCONNELL (1990:50ff) vor. Sie untersuchen, ob Umweltgesetze in den 70er Jahren den Produktivitätsanstieg der US-amerikanischen Wirtschaft verlangsamten. Ihre Basishypothese lautet, die Umweltgesetzgebung habe einen direkten und einen indirekten Effekt auf die Produktivität von Industriesektoren. Als

Maß für die Produktivitätsänderung verwenden sie die Veränderung der Gesamtkosten eines Sektors, die nicht durch Preis- oder Outputänderungen zu erklären ist. Der direkte Effekt der Umweltgesetzgebung besteht in den Anschaffungskosten von Entsorgungstechnologien. Der indirekte Effekt ist auf eine veränderte Faktornachfrage zurückzuführen. Er kann auch negativ sein, d.h. die Produktivität erhöhen. Eine Erhöhung der Produktivität ist durch eine beschleunigte Erneuerung des produktiven Kapitalstocks zu erklären.

Über den gesamten Zeitraum von 1960-1980 bremsten Umweltgesetze den Anstieg der totalen Faktorproduktivität in der chemischen Industrie um ca. 10%. Verantwortlich sind hierfür in erster Linie die Kosten für die Anschaffung von Entsorgungstechnologien. Der indirekte Effekt ist nachrangig.

5.7 Zusammenfassende Bemerkungen

Wir fassen die Ergebnisse dieses Kapitels in sechs Unterpunkten zusammen.

1. Die Wirtschaftstheorie stellt eine Reihe von Modellen für die Untersuchung von Ökonomien mit unerwünschten Kuppelprodukten bereit. Diese Modelle lassen sich in zwei Gruppen einteilen. Die erste Gruppe umfaßt primär theoretische Ansätze, mit denen sich allgemeine Schlußfolgerungen über die Eigenschaften von gleichgewichtigen Preissystemen und optimalen Faktorallokationen ableiten lassen. Konkrete empirische Umsetzungen sind mit großen Schwierigkeiten verbunden. Insbesondere die Konzepte der Schadens-, Diffusions- und Wohlfahrtsfunktion sind empirisch nur schwer zugänglich. Die zweite Gruppe umfaßt Modelle, in denen die Emissionen unerwünschter Kuppelprodukte exogen begrenzt werden. Hierzu gehören vor allem die Input-Output-Modelle. Mit ihnen ist es möglich, alleine auf der Grundlage technischer Parameter Aussagen über die Preise unerwünschter Kuppelprodukte zu treffen. Zwischen den allgemeintheoretischen Ansätzen der Allgemeinen Gleichgewichtstheorie und den technologieorientierten Input-Output-Modellen ist die neo-österreichische Kapitaltheorie angesiedelt. Die drei nebeneinander stehenden Ansätze wurden bereits zusammengeführt (vgl. FABER ET AL.

1983, STEPHAN 1989) und bilden eine theoretische weitgehend ausgearbeitete Grundlage für die modelltheoretische Analyse unerwünschter Kuppelproduktion. Eine empirische Anwendung wurde von FABER ET AL. (1983a) und STEPHAN (1988) vorgenommen.

2. In den Modellen werden vor allem zwei Maßnahmen zur Verringerung unerwünschter Kuppelprodukte untersucht: Die Vermeidung durch Prozeßsubstitution und ihre Entsorgung. Der Übergang von einem unerwünschten in ein erwünschtes Kuppelprodukt oder der Aufbau eines Produktionsverbundes bleibt dagegen unberücksichtigt. Betrachtet man die Input-Output-Analyse, so wird ein Hindernis sofort sichtbar. Kommt es zu einer Verwertung, so ist die quadratische Form der Technologiematrix nicht mehr zwingend gegeben. Im Modell von Siebert wurden zudem Schwierigkeiten mit den Eigenschaften der Produktionsfunktionen sichtbar.

3. In den Fallstudien stellte sich heraus, daß mit Vermeidungsmaßnahmen häufig eine verbesserte Wirtschaftlichkeit einhergeht. Damit aber wird ein intertemporales Allokationsproblem sichtbar, das in den Bereich der Industrieökonomik hineinreicht: Unter welchen Bedingungen erfolgen Innovationen? Mit dem neo-österreichischen Ansatz steht ein Instrumentarium zur Verfügung, mit dem sich diese Fragestellung untersuchen läßt.

4. Die ökonometrischen Untersuchungen liefern wenige Ergebnisse. Die Ansätze rechenbarer Gleichgewichtsmodelle liefern zwar Ergebnisse, diese sind jedoch kaum zu interpretieren (vgl. HAZILLA UND KOPP 1990). Das Datenproblem ist in allen Studien dominierend.

Teil III

Entwicklungslinien der chemischen Industrie

Kapitel 6

Einführung in die Entwicklungslinien

6.1 Fragestellung

Die chemische Industrie befindet sich im Vergleich zu anderen Sektoren der Volkswirtschaft in einer besonderen Situation: Die Entscheidung für ein Mehrproduktunternehmen entspringt bei ihr weniger einem unternehmerischen Kalkül, als vielmehr einer naturgesetzlichen Vorgabe. Aus der naturgesetzlichen Vorgabe der Kuppelproduktion ergibt sich eine wichtige Schlußfolgerung: Erwünschte und unerwünschte Kuppelprodukte können für die chemische Industrie keine Neuheit der letzten dreißig Jahre sein. Sie können also nicht erst in der Phase entstanden sein, in der das Umweltbewußtsein stark zugenommen hat. Vielmehr müssen sie auch in der Entwicklungsgeschichte der chemischen Industrie aufgetreten sein. Damit sind wir bei der Fragestellung für diesen Untersuchungsteil angelangt: Welche Folgen ergaben sich aus der Kuppelproduktion für die Entwicklung der chemischen Industrie in den letzten 200 Jahren?

Gegenwärtig nehmen unerwünschte Kuppelprodukte über ihre gestiegenen Beseitigungskosten Einfluß auf Forschungsprogramm, Technologiewahl, Produktionsprogramm und Kapitalbildung. Die gestiegenen Beseitigungskosten spiegeln eine verknappte Umwelt als Schadstoffempfänger wider. Daß Kuppelprodukte in Form von Abfällen bereits in der frühen Geschichte der chemischen Industrie, zumindest idealiter, Einfluß auf die Entwicklung nahmen, belegt ein Auszug aus der Vorrede zu einem chemischen Handbuch (A.W. Hofmann (1818-1892)):

> "In der ideellen chemischen Fabrik, - dem Thünenschen isolierten Staat vergleichbar -, gibt es, streng genommen, keine Abfälle, son-

> dern nur Produkte (Haupt- und Nebenprodukte). Je besser in der realen Fabrik die Abfälle verwertet werden, desto mehr nähert sich, gesicherten und vorteilhaften Bezug der Rohstoffe vorausgesetzt, der Betrieb seinem Ideal, desto größer ist der Gewinn."

Aus dem Zitat geht auch eindeutig hervor, daß ein Zusammenhang zwischen Gewinnsteigerung und Verwertung von Kuppelprodukten bereits in einer frühen Phase der Industrialisierung gesehen wurde. Dieser Zusammenhang ist einzusehen, wenn wir die chemische Industrie in ressourcenökonomischer Sicht betrachten: In ihr werden geringwertige Rohstoffe über chemische Reaktionen in hochwertige Güter umgesetzt. Im Idealfall können ein Teil der Rohstoffe sogar dem freien Gut Luft entnommen werden, wie beim Haber-Bosch-Verfahren. Die Nutzbarmachung geringwertiger Rohstoffe gehört zu den großen Leistungen der chemischen Industrie. Kuppelprodukte sind vor diesem Hintergrund nichts anderes als Rohstoffe, deren Verwertung unter dem Ressourcenaspekt naheliegt.

Mit der Analyse von Entwicklungslinien der chemischen Industrie versuchen wir, die Faktoren zu identifizieren, welche die langfristige Entwicklung dieses wichtigen Bereiches der Volkswirtschaft bestimmen. Die Antwort auf die Frage nach der Bedeutung der Kuppelprodukte ist im Kontext von Erfindungen, Innovationen, Nachfrageverhältnissen, Rohstoff- und Umweltrestriktionen zu suchen.

Neben diesem erkenntnisorientierten Ziel dient die Untersuchung der historischen Bedeutung der Kuppelproduktion einem weiteren Ziel; dem Beleg dafür, daß Kuppelproduktion keine zu vernachlässigende Sonderform innerhalb der Technologiemenge einer Ökonomie darstellt.

6.2 Untersuchungsobjekt

Eine vollständige Untersuchung der chemischen Industrie können wir aufgrund ihrer Komplexität und Produktvielfalt in diesem Rahmen nicht leisten. Wir beschränken uns deshalb auf einzelne Entwicklungslinien. Eine Entwicklungslinie ist dabei entweder an Produkten/Produktgruppen oder an Rohstoffbasen ausgerichtet. Die Entwicklungslinien wählten wir nach vier Kriterien aus:

1. Das Produkt oder die Produktgruppe ist hinsichtlich der gegenwärtigen Produktionsmenge oder des Produktionswertes wichtig für die chemische Industrie, wie z.B. Natriumcarbonat.

2. Das Produkt hat eine Schlüsselfunktion für zahlreiche Produktionsverfahren inner- und außerhalb der chemischen Industrie, wie z.B. Schwefelsäure.

3. Die Entwicklungslinie ist repräsentativ für die allgemeine Entwicklung der chemischen Industrie, wie z.B. bei Chlor.

4. Die Umwelt- und Ressourcenaspekte der Produktionsaktivitäten innerhalb einer Entwicklungslinie sind besonders aufschlußreich, wie z.B. bei den Teerfarben.

An mehreren Stellen dehnen wir das Untersuchungsobjekt auf Sektoren außerhalb der chemischen Industrie aus. Es handelt sich dann um Entwicklungen innerhalb eines Produktionsverbundes, der die chemische Industrie einschließt, wie z.B. der Produktionsverbund zwischen Metallhütten, Kokereien und chemischer Industrie.

Geographisch beschränken wir uns überwiegend auf Deutschland und Großbritannien. Der untersuchte Zeitraum erstreckt sich auf bis zu 250 Jahre und damit nahezu auf die gesamte Industriegeschichte.

6.3 Forschungsstand, Quellen und Vorgehensweise

Untersuchungen über die Entwicklung der chemischen Industrie wurden im Rahmen der wirtschafts- und technikhistorischen Forschung durchgeführt. Zwei Forschungsschwerpunkte sind zu erkennen:

Den ersten Schwerpunkt bilden Arbeiten über die I.G. Farben AG. Die in der I.G. Farben zusammengeschlossenen deutschen Chemieunternehmen konstituierten während des Dritten Reiches den größten europäischen Industriekonzern. Mit Unterbrechungen bestand dieser Konzern von 1916 -1951, wobei die wichtigste Phase die Zeit zwischen 1925 und 1945 ist. Die wettbewerbspolitischen Folgen, bedingt durch die Größe dieses Unternehmens, und die staatliche Einflußnahme auf die Unternehmenspolitik wurden aus ökonomischer Sicht mehrfach untersucht. So analysierte STRATMANN (1985) am Beispiel der I.G. Farben die Grenzen politischen Einflusses auf wirtschaftliche Aktivitäten. HAYES (1989) und BORKIN (1986) legten ihren Forschungsschwerpunkt auf die Interaktion von Staat und Wirtschaft, wobei vor allem die Einflußnahme der I.G. Farben auf die Politik untersucht wurde.

Den zweiten Schwerpunkt chemiehistorischer Studien bilden Arbeiten, deren Erkenntnisinteresse sich an der Interaktion von Wissenschaft und Wirtschaft ausrichtet. Die enge Verbindung von Universitätsforschung, industrieller Forschung und wirtschaftlicher Anwendung sind ein geeigneter Ansatzpunkt für die Innovationsforschung. Hervorzuheben sind hier Arbeiten von TREUE (1966), im weitesten Sinne auch die Arbeiten HABERS (1958, 1971). Daneben werden einzelne Produktentwicklungen als Fallstudien innerhalb der Industrieökonomik behandelt (KAUFER, 1980).

Kapitaltheoretische, ressourcen- und umweltökonomische Analysen liegen nur für Teilgebiete der chemischen Industrie vor. Als Quellenmaterial greifen wir im folgenden deshalb auf eine Vielzahl unterschiedlicher Veröffentlichungen zurück. Einen Großteil unserer Informationen entnahmen wir Kompendien zur chemischen Technologie. Als besonders aufschlußreich erwiesen sich die Kompendien von LUNGE (1916), LASSAR-COHN (1899), BÜCHNER (1986) und ULLMANN (1982). In diesen Werken werden hauptsächlich die Produktionsprozesse und deren chemische Grundlagen beschrieben. Darüber hinaus enthalten sie Kostenaufstellungen, Rohstoffquellen, Verwendung der Produkte und Produktionszahlen. Angaben über investierte Kapitalien sind dagegen sehr selten aufgeführt. Unter den wirtschaftshistorischen Arbeiten über die chemische Industrie ist das Werk von HABER (1958) herausragend. Er beschreibt weite Teile der chemischen Industrie im 19. Jh. und versucht ein umfassendes Bild zu zeichnen. Schwerpunkte bilden der Einfluß wissenschaftlicher Forschungen und internationale Aspekte. Sachlich ist das Werk auf die anorganisch-chemische Industrie fokussiert. Die Anforderungen an das chemisch-technologische Hintergrundwissen zum Verständnis des Werkes sind allerdings erheblich. Eine vergleichsweise umfassende Arbeit über die organisch-chemische Industrie und über die chemische Industrie im 20. Jh. liegt bisher nicht vor. Als ebenfalls sehr aufschlußreich haben sich Veröffentlichungen aus den Firmenarchiven und Firmengeschichten erwiesen. Besonders hervorzuheben sind die Dokumente aus Hoechster Archiven, die Firmengeschichte der ICI (Imperial Chemical Industries) (READER 1970) und die Firmengeschichte der Bayer AG (PINNOW 1938, VERG 1988). Darüber hinaus liegen firmenspezifische Monographien über die chemische Industrie von Mitarbeitern von Hoechst und BASF vor (TELTSCHIK 1992, BÄUMLER 1989).

Das statistische Material stammt aus den zuvor genannten Quellen und wird von den Veröffentlichungen des Statistischen Bundesamtes Wiesbaden ergänzt. Um unsere Vorgehensweise darzulegen, ist es sinnvoll, nochmals die konkrete Fragestellung zu betrachten: Welchen Einfluß haben Kuppelprodukte auf die langfristige Entwicklung der chemischen Industrie, d.h. konkret auf das Forschungs- und Produktionsprogramm, auf die Kapitalbildung sowie auf die Nutzung der Umwelt als Rohstofflieferant und Schadstoffempfänger?

Um diese Fragen zu beantworten, führen wir eine qualitative und quantitative Untersuchung ausgewählter Entwicklungslinien der chemischen Industrie durch.

Im nächsten Kapitel beleuchten wir zunächst die Entstehungsphase der chemischen Industrie. Anschließend beginnen wir mit der Analyse der einzelnen Entwicklungslinien. In der ersten Entwicklungslinie untersuchen wir ein Massen- und Schlüsselprodukt der chemischen Industrie: die Schwefelsäure. Wie wir anhand von Fallstudien erkennen konnten, gehen mit der Verwendung von Schwefelsäure erhebliche Umweltbelastungen einher. In der darauf folgenden Entwicklungslinie befassen wir uns mit einem zentralen Bereich der chemischen Industrie: dem Chlor-Alkali-Komplex. In der dritten Entwicklungslinie untersuchen wir die Agrochemie, zu der auch das Haber-Bosch-Verfahren gehört. Mit diesen drei Entwicklungslinien decken wir den wichtigsten Teil der anorganisch-chemischen Industrie ab. Im Kapitel acht befassen wir uns dann mit der organisch-chemischen Industrie. Zunächst untersuchen wir die Verwertung von Teerbestandteilen durch die chemische Industrie. Aus dieser Verwertung ist der große Teil der Farbstoffproduktion hervorgegangen. Anschlie ßend werden wir unser Untersuchungsobjekt auf den Verbund von Metallhütten, Kokereien und chemischer Industrie ausdehnen. Die auf Erdöl basierende chemische Industrie ist die letzte der untersuchten Entwicklungslinien. Den Abschluß bilden Schlußbemerkungen.

Kapitel 7

Anorganisch-chemische Industrie

7.1 Die chemische Industrie im Kontext der industriellen Revolution

Die ersten, im späten 18. und frühen 19. Jh. industriell hergestellten Chemieprodukte sind anorganische Schwerchemikalien. Zu dieser Produktgruppe gehören vor allem Schwefelsäure, Soda und Chlor.

Gehen wir jedoch zunächst noch einen Schritt zurück, indem wir die vorindustrielle Chemikalienherstellung betrachten. Viele Produkte, die wir heute der chemischen Industrie zurechnen, wurden in geringen Mengen bereits im Mittelalter hergestellt. Apotheker und Alchimisten bereiteten Chemikalien mit einfachsten Mitteln zu, wie beispielsweise Schwefelsäure. Andere Produkte wiederum, die heute größtenteils durch die chemische Industrie hergestellt werden, konnten natürlichen Vorkommen direkt entnommen werden. Zu diesen natürlichen Vorkommen gehören Pflanzenextrakte und Bodenschätze. Mitte des 18. Jh. ändern sich die Rahmenbedingungen der Produktion chemischer Güter. In Großbritannien gewinnt die sogenannte 'industrielle Revolution' an Dynamik. Die als die Mutter aller Industrien der Welt geltende Textilindustrie (RÜBBERDT 1972) entsteht. Vorausgegangen waren die Erfindung der Spinnmaschine im Jahre 1769 durch Arkwright und der Baumwollentkernungsmaschine durch Whitney im Jahre 1793. Durch diese Maschinen ließ sich die Verarbeitung der Textilrohstoffe Baumwolle und Flachs beschleunigen.

Eine wichtige Voraussetzung für die Kapitalbildung im Textilsektor war durch die Entwicklung der Agrarwirtschaft gegeben. Zeitgleich mit der industriellen Revolution fanden auch in der Agrarwirtschaft Umwälzungen statt:

Die traditionelle landwirtschaftliche Anbaumethode wurde auf die wissenschaftlich fundierte Fruchtfolgenwirtschaft umgestellt. Diese neue Bewirtschaftungsmethode zog eine zweite 'enclosure movement' nach sich.[1] Für die industrielle Revolution war dieser Wechsel der Anbaumethode wichtig. Durch die wissenschaftliche Fruchtfolgewirtschaft erhöhten sich die landwirtschaftlichen Erträge. Größere Flächen konnten nun mit gleichem Arbeitsaufwand bewirtschaftet werden. Als Folge des dadurch sinnvollen 'enclosure' wurde Arbeitskraft aus dem Agrarsektor freigesetzt. Diese Arbeitskraft wurde für die industrielle Revolution eingesetzt. So argumentiert GRAS (1925:172): *"It is doubtless true, ..., that many people left the farms for the factory (Als Folge des enclosures, d. Verf.)"*

Aus kapitaltheoretischer Sicht ist dies ein interessanter Vorgang. Zwei Faktoren ermöglichten die Kapitalbildung im Textilsektor: Zum einen die Erfindung neuer Techniken durch Arkwright und Whitney, zum anderen der Übergang auf die wissenschaftliche Fruchtfolgenwirtschaft im Agrarsektor. Erinnern wir uns daran, daß der Aufbau von Kapitalgütern den Einsatz von Arbeit erfordert. Diese Arbeit muß aus der Konsumgüterproduktion abgezogen werden. Übertragen auf die industrielle Revolution heißt dies, daß Arbeit aus dem Agrarsektor abgezogen werden muß, um sie im Textilsektor einzusetzen. Zu Beginn der industriellen Revolution sind die intertemporalen Opportunitätskosten einer Reallokation des Faktors Arbeit sehr gering; die wissenschaftliche Fruchtfolgewirtschaft setzte Arbeit aus dem Agrarsektor frei. Der Aufbau einer Textilindustrie wurde somit durch die revolutionierten landwirtschaftlichen Anbaumethoden begünstigt.

Der Aufbau der Textilindustrie wiederum erforderte den Aufbau einer chemischen Industrie. Um die Funktion von Chemikalien herauszustellen, betrachten wir nun die einzelnen Prozesse der Textilproduktion genauer. Die Textilrohstoffe Baumwolle und Flachs sind Agrarprodukte, deren wichtigste Anbaugebiete außerhalb Großbritanniens lagen, vor allem im Süden der USA. Ma-

---

[1] Ein *enclosure* ist die Aneignung von Landbesitz, bei dem die bisherigen Nutzer vertrieben werden. Diese Vertreibung war möglich, da die bisherigen Nutzer nicht über verbriefte Eigentumsrechte verfügten. Die ersten *enclosures* in England fanden bereits vor 1236 statt. (Eine ausführliche Darstellung findet sich in GRAS (1925:172).)

nufakturen in Großbritannien importierten von dort Rohfasern. Die erste Produktionsstufe in Großbritannien bestand in mechanisierten Arbeitsvorgängen, beispielsweise dem Weben der Rohfasern. Dann wurden die Rohtextilien mit saurer Milch gewaschen. Es folgte die Bleiche, wozu sie auf Rasenflächen dem Sonnenlicht ausgesetzt wurden. Um die erforderliche Materialqualität zu erreichen, mußte mehrfach gewaschen und gebleicht werden. Die sogenannte 'Rasenbleiche' hatte signifikante Nachteile: Die verfügbare Rasenfläche war beschränkt und die Bleichzeit lange. Auch das praktizierte Verbringen der Rohtextilien in die Niederlande zur Bleiche und die anschließende Rückführung nach England lockerte die Restriktion nicht wesentlich. Der Wasch- und Bleichvorgang stellte sich mit steigendem Produktionsvolumen zunehmend als Engpaß der Produktion heraus. Abhilfe schaffte erst der Einsatz von Chemikalien wie Schwefelsäure, Soda, Pottasche[2] und Chlorkalk.

Die saure Milch wurde zunächst durch Pottasche und Schwefelsäure substituiert, wodurch sich der Bleichvorgang von ursprünglich sechs bis acht Monate auf vier Monate verkürzte. Schwefelsäure war bereits seit längerem bekannt, die Herstellungsmethoden jedoch primitiv. Pottasche ist eine Alkalie, die aus Holzasche gewonnen wurde. Um eine Tonne zu gewinnen, mußten alternativ 350 Tonnen Buchenholz, 700 Tonnen Eichenholz oder 1400 Tonnen Pappelholz verbrannt werden (TREUE 1966:32). Da Pottasche auch zur Sprengstoffherstellung benötigt wurde und sich zudem eine Übernutzung der Waldbestände abzeichnete, war eine weitere Substitution erforderlich: Die teure Pottasche wurde zunehmend von der Alkalie Soda abgelöst. Ab 1799 setzten die Bleichereien eine weitere Chemikalie ein: Chlorkalk, der erstmals 1798 dargestellt wurde. Seine Verwendung verkürzte die Bleichzeit auf zwei bis drei Tage. Charles Babbage bewertete diese Innovation folgendermaßen (BABBAGE 1835):

> "The method now practise, although not mechanical, is such a remarkable instance of the application of science to the practical purpose of manufactures, that in mentioning the advantages derived from shortening natural operations, it would have been scarcely pardonable to have omitted all allusion to the beautiful application

[2] Pottasche ist eine Bezeichnung für Kaliumcarbonat. Da dieses Salz die Luftfeuchtigkeit aufnimmt und sich deshalb verflüssigt, wird es in geschlossenen Töpfen (Pots) aufbewahrt.

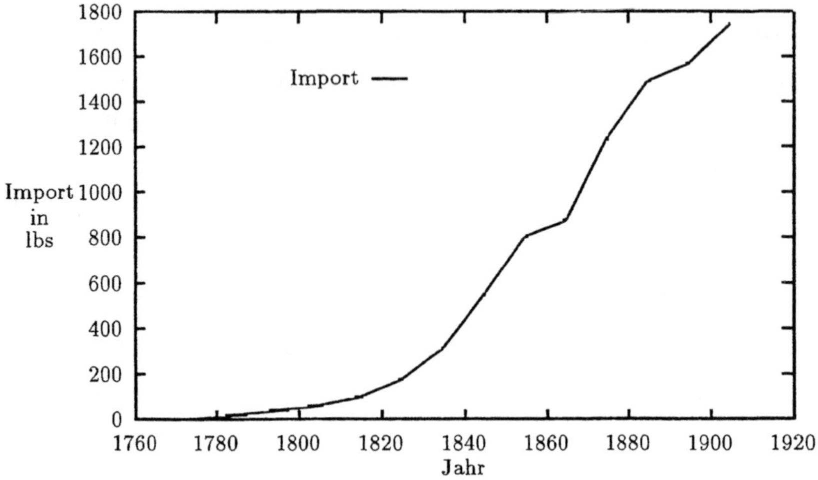

Abbildung 7.1: Nettobaumwollimporte Großbritanniens von 1775 - 1905. Quelle: FISCHER (1992)

of chlorin in combination with lime (Chlorkalk, d. Verf.), to the art of bleaching."

Der Textilsektor benötigte große Chemikalienmengen. Um eine Tonne Baumwolle zu bleichen, waren 200 kg Schwefelsäure, 100 kg Soda und 10 kg Chlorkalk erforderlich (TREUE 1966:42). Betrachten wir in Abbildung 7.1 die Nettobaumwollimporte Großbritanniens, so wird der Nachfragesog nach den anorganischen Grundchemikalien deutlich. Besonders in der Anfangsphase sind die Wachstumsraten sehr hoch. Alleine im Zeitraum 1775 - 1785 stiegen die Importe um 200%.

Fassen wir die Entstehung der chemischen Industrie im Zuge der industriellen Revolution zusammen: In Großbritannien begünstigten veränderte Anbaumethoden in der Agrarwirtschaft die Reallokation von Produktionsfaktoren zugunsten des Aufbaus einer Textilindustrie. Mit steigendem Produktionsvolumen traten in der Textilverarbeitung bei den Wasch- und Bleichprozessen Engpässe auf, die durch Chemikalieneinsatz überwunden wurden. Die Produktion von Schwefelsäure, Pottasche, Soda und Chlorkalk geht somit auf einen Nachfragesog durch die Textilverarbeitung zurück.

7.2 Die Schlüsselchemikalie Schwefelsäure

Die Anfänge industrieller Schwefelsäureproduktion gehen mit der industriellen Revolution in Großbritannien einher. Den Impuls zum Aufbau der Schwefelsäureindustrie gaben die Textilmanufakturen. Als Substitut für saure Milch diente Schwefelsäure der Vorbereitung des Bleichvorganges von Rohtextilien. In diesem Abschnitt untersuchen wir, wie sich die Technik der Schwefelsäureproduktion im Zeitverlauf entwickelt hat. Wir nehmen diese Entwicklungslinie aus folgenden Gründen in unsere Analyse auf:

- Schwefelsäure ist über 200 Jahre hinweg eines der wichtigsten Massenprodukte der chemischen Industrie.
- Sie hat eine Schlüsselfunktion für zahlreiche Produktionsprozesse in- und außerhalb der chemischen Industrie; denn durch sie lassen sich reaktionsträge Rohstoffe wie Steinsalz und Kalk in reaktive Zwischenprodukte umwandeln. Diese können dann wiederum zu Endprodukten weiterverarbeitet werden.
- Die Entwicklungsgeschichte ist für Produktionsprozesse typisch, bei denen unerwünschte Kuppelprodukte einen Verlust von Roh- und Hilfsstoffen bedeuten. Die Vermeidung oder Verwertung dieser unerwünschten Kuppelprodukte ist dann bereits aus ressourcenökonomischen Gründen vorteilhaft.

Bevor wir mit der Untersuchung der Entwicklungslinie beginnen, ist eine kurze Beschreibung der wesentlichen Produktionsprozesse angebracht. Die Herstellung von Schwefelsäure erfolgt in drei Schritten (vgl. HOPP 1993:255): Verbrennung, katalytische Oxidation und Absorption.

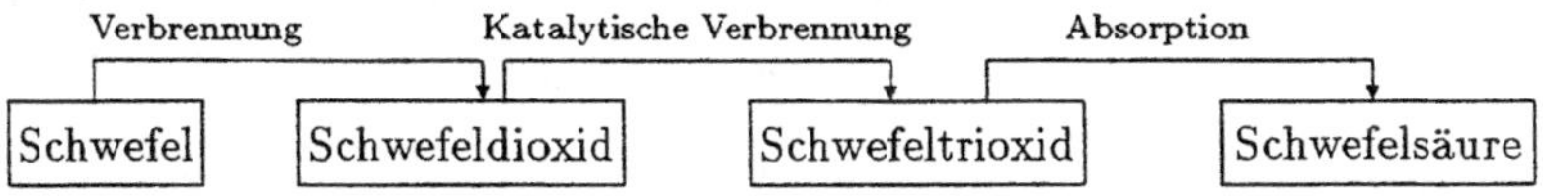

Im ersten Schritt wird Schwefeldioxid hergestellt. Der dazugehörige Produktionsprozeß kann verschiedener Art sein; in der graphischen Darstellung ist die Verbrennung von Schwefel dargestellt. Da Schwefeldioxid aber auch Kuppelprodukt in Metallhütten sein kann, besteht die Möglichkeit, es im Produktionsverbund herzustellen und damit ein potentiell unerwünschtes Kuppelprodukt zu verwerten. Die beiden folgenden Produktionsprozesse, bestehend aus der katalytischen Oxidation von Schwefeldioxid zu Schwefeltrioxid und der Absorption sind die eigentliche Schwefelsäureherstellung. Als weitere Rohstoffe werden lediglich Luftsauerstoff und Wasser benötigt. Die ökonomischen und technischen Aspekte der Umsetzung dieser Produktionsprozesse sind Gegenstand der folgenden Abschnitte.

7.2.1 Die vorindustrielle Schwefelsäureproduktion

Schon im Mittelalter versuchten Alchimisten Schwefelsäure herzustellen, weil sie in ihr das 'mercurius' oder 'sulphur philosophicum' vermuteten. Diese Substanzen galten als Schlüssel für die Herstellung der gesuchten 'materia prima'. Erstmals wurde Schwefelsäure vermutlich in einem alchimistischen Laboratorium im 9. Jh. dargestellt, wobei unklar ist, wie diese Alchimisten zur Schwefelsäure gelangten. Im beginnenden 16. Jh. beschrieb der geistliche Alchimist Basilius Valentinus im 'Triumphwagen des Antimons' einen Weg, um Schwefelsäure zu erhalten. Als Rohstoff verwendete Valentinus elementaren Schwefel. Bereits zu Beginn des 17. Jh. produzierten Säurehütten in Sachsen und Böhmen geringe Mengen Schwefelsäure für gewerbliche Zwecke. Als Rohstoff verwendeten sie Vitriolgestein. Vitriolgestein enthält Metallsulfate, aus denen durch Erhitzen eine hochkonzentrierte Schwefelsäure gewonnen werden kann.[3]. Nachgefragt wurde sächsische Schwefelsäure von Apotheken und Medizinern zur Zubereitung einfacher Arzneien (vgl. FESTER 1923:139ff). Im 30jährigen Krieg wurden die Säurehütten nahezu vollständig zerstört. Erst 1744 belebt die Erfindung des 'Bleu de Saxe' die sächsische und böhmische Schwefelsäureproduktion wieder. Seidenfärber hatten herausgefunden, daß die Behandlung

[3] Heute ist diese Rohstoffbasis unbedeutend; Metallsulfate sind zu selten, um eine geeignete Rohstoffbasis abzugeben.

von Indigo, einem Pflanzensubstrat, mit Schwefelsäure einen Farbstoff ergibt, der sich zum Färben von Textilien eignet. Dieses 'Bleu de Saxe' stieß auf rege Nachfrage (HABER 1958:2) und markiert einen Wendepunkt der wirtschaftlichen Entwicklung der sächsischen und böhmischen Säurehütten.[4]

7.2.2 Die erste industrielle Entwicklungsphase: Sizilianischer Schwefel und das Bleikammerverfahren

Die Entdeckung des 'Bleu de Saxe' markiert einen Wendepunkt der Schwefelsäurenachfrage in Mitteleuropa. Durch die Verwendung zum Färben von Rohtextilien bestand ein klar definierter Produktionszweck. Ein noch stärkerer Nachfrageimpuls ging allerdings von einer Entdeckung des Schotten John Roebuck im Jahre 1741 aus. Roebuck versuchte die Verarbeitung von Baumwolle zu Rohtextilien zu verbessern. Wie oben bereits erwähnt, beginnt diese Verarbeitung mit dem zeitraubenden Wasch- und Bleichvorgang. Roebuck fand heraus, daß die Substitution der sauren Milch durch Schwefelsäure die Rasenbleiche stark verkürzte. Dieses Substitutionspotential eröffnete der Schwefelsäure ein schnell expandierendes Anwendungsgebiet.[5] Die Verarbeitung von Baumwolle ist eng mit der industriellen Revolution verknüpft. Da diese zuerst in Großbritannien einsetzte, vollzog sich auch der Aufbau einer Schwefelsäure-Industrie zunächst in Großbritannien.

7.2.2.1 Die Innovation des Bleikammerverfahrens

Um Schwefelsäure in die Textilverarbeitung einzuführen, mußte die Technik ihrer Herstellung und Verwendung gegenüber der ursprünglichen Wasch- und Bleichtechnik im kapitaltheoretischen Sinn mehrergiebig sein. Das Produkti-

[4] Einen weiterführenden Überblick über die Anfänge der Schwefelsäureproduktion gibt LUNGE (1916:4f). Ausführliche Erläuterungen, einschließlich der Produktionsbeschreibung Valentinus', finden sich auch in DRÖSSER (1908:11ff).

[5] Die beiden Produktionsfaktoren saure Milch und Rasenfläche wurden durch Schwefelsäure substituiert. Da weder Milch noch Rasenfläche spezifische Ressourcen der Textilproduktion waren, ist ihre Substitution problemlos. Allerdings markiert der Übergang zur Schwefelsäure auch den Übergang zur Nutzung der prinzipiell endlichen Ressource Schwefel.

onsverfahren der böhmischen und sächsischen Säurehütten genügte dieser Voraussetzung nicht. Die Säurehütten verwendeten nämlich Eisenvitriol als Rohstoff, das in Großbritannien nur in sehr geringen Mengen verfügbar war. Der Transportaufwand von Sachsen nach Großbritannien wäre bei der Aggressivität der Säure und dem daraus folgenden Materialverschleiß der Transportbehältnisse zu groß gewesen. Entsprechend hoch, nämlich 80.000 Mark/Tonne (LUNGE 1916), war der Preis der aus Eisenvitriol gewonnenen Schwefelsäure. Erst durch zwei Erfindungen trat Mehrergiebigkeit der Schwefelsäureverwendung gegenüber herkömmlichen Bleichverfahren ein. Die erste Erfindung betrifft die Rohstoffbasis, die zweite das Schwefelsäureproduktionsverfahren. Betrachten wir zuerst die neue Rohstoffbasis, die aus Elementarschwefel bestand.

Seit dem 16. Jh. war ein auf Elementarschwefel und Salpeter basierendes Produktionsverfahren für Schwefelsäure bekannt. Damit bestand prinzipiell die Möglichkeit, Eisenvitriol durch Elementarschwefel zu substituieren. In Großbritannien war dieses Verfahren allerdings in Vergessenheit geraten. Erst durch die religiös-politisch bedingte Flucht zweier Franzosen, die das auf Elementarschwefel basierende Verfahren beherrschten, nach Großbritannien war das Wissen über diese Technik wieder verfügbar. 1740 wandte ein Apotheker in Großbritannien dieses Wissen in ein Produktionsverfahren an. Der Säurepreis verringerte sich auf 4.500 Mark/Tonne (LUNGE 1916). 1746 gelang die zweite Erfindung: John Roebuck, der eine Säurefabrikation in Birmingham aufgebaut hatte, erfand das Bleikammerverfahren. Statt den bisher üblichen Glasretorten verwendete Roebuck Bleikammern als Produktionsanlage. Zwar erforderte die Herstellung der Bleikammern einen im Vergleich zu den Glasretorten höheren Arbeits- und Materialaufwand. Sie gestatteten jedoch eine bessere Verwertung des Rohstoffes Schwefel und des Katalysators Salpeter, so daß Mehrergiebigkeit gegenüber dem Verfahren mit Glasretorten vorlag. Der Schwefelsäurepreis sank drastisch auf 320 Mark/Tonne. Mit der Nutzung elementaren Schwefels als Rohstoff und dem Bleikammerverfahren waren die Voraussetzungen für die Verwendung der Schwefelsäure in der Textilproduktion gegeben. Die in den Bleikammern hergestellte Schwefelsäure wird als Kammersäure bezeichnet. Im Vergleich zur Schwefelsäure der böhmischen und sächsischen Säurehütten ist

Jahr	Land	Verfahren	Schwefelsäure	Salpeter
Theoretisch			3,06	0,00
1799	GB	Bleikammer	1,30	0,14
1800	F	Bleikammer	1,11	0,13
1889	D	Bleikammer	1,82	0,04
1902	D	Bleikammer	3,03	0,01
1902	D	Einfachkontakt	2,10	0,00
1960	D	Einfachkontakt	3,00	0,00
1964	D	Doppelkontakt	3,05	0,00

Tabelle 7.1: Verwertung einer Mengeneinheit Schwefel
(GB = Großbritannien, D = Deutschland, F = Frankreich)
Quellen: Zusammenstellung aus DRÖSSER 1908, BÜCHNER 1986 sowie eigene Berechnung

die Kammersäure wesentlich niedriger konzentriert und damit schwächer. Für die meisten Anwendungen, besonders für die Behandlung von Textilrohstoffen, reichte Kammersäure aber aus.

In Frankreich, das über eine Textilproduktion in der Gegend um Lyon und Rouen verfügte, wurde das Bleikammerverfahren erstmals 1769 von einem englischen Spinner eingeführt. In Deutschland fand die Einführung der Bleikammer erst 1812 in Leipzig statt (vgl. DRÖSSER 1908:17).

Der Rohstoff Schwefel und der Katalysator Salpeter mußten importiert werden. Elementarer Schwefel stammte aus Sizilien, Salpeter aus Chile. Die Rohstoffverwertung des Bleikammerverfahrens war in der Anfangsphase sehr unbefriedigend, wie aus der Tabelle 7.1 hervorgeht. In der ersten Tabellenzeile ist die maximale Schwefelsäuremenge angegeben, die mit einer Mengeneinheit Schwefel hergestellt werden kann. Aus einer Tonne Schwefel können höchstens 3,06 Tonnen Schwefelsäure hergestellt werden (vgl. Spalte 4, Zeile 1). In den frühen Bleikammeranlagen wurden nur 42% (vgl. Zeile 2) bzw. 36% (vgl. Zeile 3) der theoretisch möglichen Menge erzielt. Der unverbrauchte Schwefel ging in Form von Schwefeldioxid verloren und belastete die Umwelt. Auch ein Teil des Salpeters belastete in Form von Stickoxiden die Umwelt. Zwei der heute vielbeachteten Luftschadstoffe wurden somit bereits beim ersten industriellen

Produktionsprozeß der chemischen Industrie emittiert. Spätere Ausführungen vorwegnehmend brachte die Ablösung des Bleikammerverfahrens durch den Kontaktprozeß eine signifikante Verschlechterung der Rohstoffverwertung. Das heute übliche Doppelkontaktverfahren erreicht nahezu die maximale Schwefelverwertung.

7.2.2.2 Die Schwefelgewinnung in Sizilien

Großbritannien verfügte über keine eigenen Elementarschwefelvorkommen, so daß nahezu die gesamte Schwefelmenge aus Sizilien einzuführen war. Bis 1808 gehörten diese Schwefelvorkommen dem sizilianischen König. Gemäß dem sizilianischen Berggesetz von 1808 war das Eigentum der Schwefelvorkommen auf die sizilianische Aristokratie übergegangen. Die Ausbeutung der Schwefelvorkommen wurde jedoch nicht direkt von den Grundherren veranlaßt. Sie hatten ein Pachtsystem entwickelt, das sogenannte 'gabella' System (FINLEY ET AL. 1989:210). Innerhalb von sechs bis acht Jahren hatte der Pachtnehmer das Recht, Schwefel zu fördern. Neben der Abgabe von bis zu 40% des gewonnenen Schwefels entrichtete er einen fixen Pachtzins. Wegen des kurzen Zeithorizonts und dem fixen Pachtzins beuteten die Pachtnehmer die Schwefelvorkommen schnellstmöglich aus. Der Aufbau von Kapitalgütern für den Bergbau unterblieb; es wurde fast ausschließlich mit menschlicher Arbeitskraft gefördert. Durch den Einsatz von Kindern zur Förderung konnte der Aufwand zum Ausbau eines Untertagebaus gering gehalten werden. Die Größe der Stollen wurde nämlich entsprechend klein gehalten. Auch wurden nur Rohstoffgemische mit hohem Schwefelgehalt gefördert. Indem die Pachtnehmer auf einen Ausbau der Bergwerke verzichteten, konnten sie ohne Verluste schnell den Standort wechseln. Dadurch produzierten sie kurzfristig mit sehr geringen Grenzkosten. Eine die intertemporale Knappheit der Ressource widerspiegelnde Rohstoffrente wurde durch dieses System vollständig eliminiert.

Der Schwefel wurde vor Ort im Freien aus dem Rohstoffgemisch extrahiert, wozu das schwefelhaltige Gesteingemisch aufgeschichtet und angezündet wurde. Die nötige Energie zum Ausschmelzen wurde somit durch die Verbrennung von Schwefel generiert. Dadurch gingen ca. 66% des Schwefels verloren, der in Form von Schwefeldioxid die Umwelt belastete. Die Folge davon war eine weitgehende Zerstörung der umliegenden Vegetation. 1834 exportierte Sizilien 67.000 Tonnen Schwefel (VAUPEL 1990:117). Unter der Annahme, daß die exportierte und produzierte Schwefelmenge übereinstimmt, ergibt sich hieraus für 1834 eine Schwefeldioxidemission von ca. 267.000 Tonnen. Dies entspricht der zweieinhalbfachen Menge der 1988 von den privaten Haushalten der Bundesrepublik Deutschland verursachten Schwefeldioxidemissionen. Im Vergleich mit den Schwefeldioxidemissionen der deutschen chemischen Industrie im Jahre 1990 zeigt sich ein noch drastischeres Bild: Die sizilianischen Schwefeldioxidemissionen übertrafen die der deutschen chemischen Industrie um den Faktor 4,8 (vgl. Seite 64).[6]

In den 20er Jahren des 19. Jh. wurde ein chemisches Verfahren zur Sodaherstellung eingeführt (vgl. Abschnitt 7.3.2). Für dieses Verfahren war Schwefelsäure als Prozeßchemikalie erforderlich, so daß die Schwefelsäureproduktion weiteren Auftrieb erhielt. Bis 1833 stieg der Schwefelpreis stetig an. Angeregt durch stetig steigende Schwefelpreise und Absatzmengen erschlossen die sizilianischen Schwefelproduzenten zahlreiche Vorkommen. 1833 drückte dann zum ersten Mal ein Überschußangebot sizilianischen Schwefels auf den Preis. Da die Schwefelanbieter versuchten, durch weitere Angebotssteigerung dem sinkenden Gesamtgewinn entgegenzuwirken, fiel der Preis bis 1838 auf 100 Mark/Tonne. Dieser Preis reichte nicht mehr aus, um die Aneignungs- und Extraktionskosten zu decken. Als Gegenmaßnahme beschloß der König von Sizilien, den Schwefelhandel zu monopolisieren. Der Preis erhöhte sich dadurch von 100 Mark/Tonne auf 280 Mark/Tonne. Für Großbritannien war diese Maßnahme nicht akzeptabel, da die Wirtschaftlichkeit der auf Schwefelsäure basierenden Techniken gefährdet war.[7] Die Monopolisierung des Schwefelhandels beendet die erste Phase der industriellen Schwefelsäureproduktion.

---

[6]Eine anschauliche Schilderung der Folgen des Schwefeldioxides für die Vegetation findet sich in der Erzählung Luigi Pirandellos, 'Der Rauch'.

[7]Welche Bedeutung die Schwefelsäure im Industrialisierungsprozeß erreicht hatte, belegt die Tatsache, daß die britische Kriegsmarine vor Sizilien patroullierte.

7.2.3 Die zweite Entwicklungsphase: Rohstoffsubstitution und technische Optimierung

Die britische Textilindustrie bezog direkt und indirekt den Großteil der Schwefelsäureproduktion. Direkt benötigte sie Schwefelsäure, um die Textilrohstoffe für den Bleichvorgang vorzubereiten. Indirekt bezog sie Schwefelsäure über das Zwischenprodukt Soda, denn die Sodaherstellung erforderte Schwefelsäure als Prozeßchemikalie. Soda war wiederum für das Waschen der Textilrohstoffe erforderlich. Mit dem sizilianischen Schwefelmonopol war die Überlegenheit der Sodaproduktion nach dem Leblanc-Verfahren gegenüber dem Einsatz natürlichen Sodas gefährdet. Um den Untergang der in Bleikammern und Leblanc-Anlagen investierten Kapitalien zu verhindern, wurden die Möglichkeiten einer Rohstoffsubstitution geprüft. Als neue Rohstoffbasis für Schwefel wurden Metallerze entdeckt, vor allem das Pyrit. Obwohl das Schwefelmonopol schon nach wenigen Jahren zusammenbrach, waren die britischen Schwefelsäureproduzenten als Importeure sizilianischen Schwefels verlorengegangen, da sie sich in der Zwischenzeit zugunsten von Pyrit als Rohstoff umorientiert hatten.

7.2.3.1 Invention und Innovation der Pyritverarbeitung zu Schwefelsäure

Schwefelhaltige Metallerze, wie Pyrit (Schwefelkies), Kupferkies und Zinkblende wurden in Metallhütten seit langem als Rohstoffe verwendet. Um den Metallgehalt dieser Erze zu extrahieren, wurden sie im Freien geröstet. Der gebundene Schwefel verbrannte zu Schwefeldioxid und gelangte in die Umwelt. Versuche, dieses unerwünschte Kuppelprodukt nutzbar zu machen, reichen bis in das späte 18. Jh. zurück. Das Problem bestand in der Entwicklung geschlossener Öfen, in denen das Schwefeldioxid aus dem Röstgas extrahiert und gewonnen werden konnte. Die Überwindung dieses technischen Problemes gelang erstmals dem Franzosen Perret, der in der Nähe von Lyon eine Schwefelsäurefabrik betrieb. In der Umgebung seines Unternehmens befand sich eine stillgelegte Kupfermine, deren Haldenkies Kupfersulfit enthielt. Der Preis des Haldenkieses betrug 3 Mark/Tonne, ein im Vergleich zum sizilianischen Schwefel sehr geringer Betrag. Perret erkannte die Möglichkeit, diesen Haldenkies als Schwefelquelle zu nutzen. 1833 gelang ihm das Abrösten des Kupferkieses und die Gewinnung des frei werdenden Schwefeldioxides. 1836 erhielt er ein Patent auf den entwickelten Röstofen. Damit stand das technische Wissen für eine Substitution der Rohstoffbasis bereits zwei Jahre vor der monopolbedingten Verteuerung des sizilianischen Schwefels zur Verfügung. Angereizt wurde die Erfindung des Röstofens durch ein Abfallprodukt, nämlich den Haldenkies einer Kupfermine (vgl. DRÖSSER 1908).

7.2.3.2 Der Wechsel der Rohstoffbasis und die Innovation ergänzender Prozesse in Großbritannien

Mit der Erfindung eines Röstofens zeichnete sich bereits die Möglichkeit der Rohstoffsubstitution ab. Der schockartig verteuerte sizilianische Schwefel löste in Großbritannien große Forschungsanstrengungen zur Entwicklung von Röstöfen aus. Innerhalb kurzer Zeit wurden 15 Patente angemeldet (DRÖSSER 1908). James Muspratt, ein wichtiger Schwefelsäure- und Sodaproduzent, installierte den ersten Röstofen Großbritanniens noch 1838. Da ein Pyritröstofen aufwendiger zu errichten ist als ein Schwefelverbrennungsofen, erhöhte sich das Anlagekapital der Säurehersteller. Die Kosten der Säureproduktion wurden somit beim Übergang auf Pyrite durch zwei gegenläufige Effekte beeinflußt: Im Pyrit gebundener Schwefel war billiger als elementarer Schwefel, dafür war der Kapitalaufwand in Form der Pyritöfen größer (LASSAR-COHN 1899:364ff). Dem erhöhten Kapitalaufwand stand die Unabhängigkeit der britischen Schwefelsäureproduktion vom sizilianischen Schwefel gegenüber. Lediglich für einige Schwefelsäureanwendungen war nach wie vor sizilianischer Schwefel erforderlich; Schwefelsäure auf Pyritbasis enthält nämlich Arsen, weshalb sie sich nicht für medizinische und lebensmittelchemische Zwecke eignet.

Bis 1856 griffen die britischen Säurehersteller weitgehend auf inländische Pyritvorkommen zurück. Der steigende Bedarf an Schwefelsäure und die Entdeckung von leicht zu erschließenden Pyritvorkommen in Spanien, Portugal und Norwegen verlagerte die Rohstoffbasis wieder ins Ausland. In den folgenden Jahren steigerten die britischen Schwefelsäurehersteller ihre Produk-

Jahr	Menge in Tonnen
1865	380.000
1870	590.000
1875	730.000
1880	900.000
1885	890.000
1890	870.000
1895	770.000
1900	1.010.000

Tabelle 7.2: Britische Schwefelsäureproduktion von 1865 - 1900
Quelle: HABER (1958:104)

tionsmengen erheblich (vgl. Tabelle 7.2).

Die gestiegenen Produktionsmengen dienten nicht mehr alleine der Textilproduktion. Inzwischen wurden erhebliche Mengen von Superphosphat, einem Dünger, hergestellt. Dazu war Schwefelsäure als Prozeßchemikalie nötig. Damit war die Schwefelsäuretechnik Teilmenge von zwei Techniken zur Befriedigung von Grundbedürfnissen: der Technik zur Herstellung von Textilien und der Technik zur Herstellung von Lebensmitteln.

Nachdem die Verwendung von Pyriten eine dauerhafte Rohstoffversorgung sicherte, konzentrierten die Säurehersteller ihre Entwicklungsanstrengungen auf die Optimierung des Bleikammerverfahrens. Durch die Innovation zweier ergänzender Prozesse konnten sie es wesentlich verbessern. Aus heutiger Sicht handelt es sich bei diesen Prozessen um typische Beispiele für produktionsintegrierten Umweltschutz. Sie dienten der Entfernung der Stickoxide aus der Prozeßabluft und regenerierten den Prozeßkatalysator Salpeter. Der Anlaß ihrer Einführung war jedoch weniger eine Umweltrestriktion, als vielmehr die begrenzte Verfügbarkeit von Rohstoffen. Auf diese Innovationen gehen wir nun genauer ein.

Wie bereits oben erwähnt, diente im Bleikammersystem Salpeter als Katalysator. Größere Salpetervorkommen befanden sich nur in Chile. In der Atacama-Wüste wurde er in Form eines natürlich vorkommenden Salpetersalzes, dem Caliche, abgebaut. Nachdem Salpeter in der Bleikammer die Schwefelverbrennung katalysiert, verläßt er teilweise als Stickoxid die Produktionsanlage. Der Anteil des Salpeterverbrauches an den Produktionskosten belief sich 1868 schätzungsweise auf bis zu 43% [8]. Aus ressourcenökonomischen Gründen war es deshalb naheliegend, nach Möglichkeiten der Wiedergewinnung zu suchen. Hinzu kamen die schlechten Erfahrungen mit dem sizilianischen Schwefelmonopol; denn auch die Salpetervorkommen waren in einem Land konzentriert, so daß latent die Gefahr einer Monopolbildung bestand. Zusätzlich verunsicherten Spannungen zwischen Chile und Bolivien, da Bolivien Besitzansprüche auf die Salptervorkommen geltend machte. Zwar schlossen Bolivien und Chile 1866 einen Vertrag über die gemeinsame Nutzung der Calichevorkommen, die tägliche Praxis führte jedoch immer wieder zu Konflikten. Die Versorgung der britischen Industrie mit Salpeter war aus diesen Gründen wiederholt gefährdet. 1879 mündeten die Spannungen zwischen Bolivien und Chile in den Salpeterkrieg.

Ein Produktionsprozeß zur Rückgewinnung des Stickoxides aus dem Abluftstrom der Bleikammern war bereits 1827 entwickelt worden. Der Franzose Guy Lussac hatte einen nach ihm benannten Turm konstruiert, um Stickoxide mit hochkonzentrierter Schwefelsäure aus dem Abluftstrom zu entfernen. Die Investitionskosten für den Bau eines Guy-Lussac-Turmes und der Bedarf an hochkonzentrierter Schwefelsäure für seinen Betrieb standen der Innovation im Wege. Um hochkonzentrierte Schwefelsäure herzustellen, waren zusätzlich sehr teure Platinapparaturen erforderlich. Das Bleikammersystem mit Guy-Lussac-Turm genügt folglich nicht dem Mehrergiebigkeitskriterium im Vergleich zu dem klassischen Bleikammersystem. Erst die Erfindung eines komplementären Systems, dem nach seinem Erfinder benannten Glover-Turm, ermöglichte ab 1868 die wirtschaftliche Salpeterrückgewinnung. Im Guy-Lussac-Turm absorbierte hochkonzentrierte Schwefelsäure die Stickoxide der Abluft. Ein Rohrleitungssystem leitete die mit Stickoxiden belastete Schwefelsäure in den Glover-

[8] Bei dieser Zahl handelt es sich um eine grobe Schätzung. Sie basiert darauf, daß die Verarbeitung einer Tonne Schwefel 0,09 Tonnen Salpeter verbraucht. Ausgehend von den Preisen für 1889 (LUNGE 1916:1229) und einem auf den Preisreihen von Kockerscheidt errechneten Preisindex, ergibt sich für 1868 der angegebene Wert.

Turm. Dort wurden die Stickoxide aus der Säure entfernt und gleichzeitig Schwefelsäure neu aufkonzentriert. Ein System, bestehend aus Pyritofen, Bleikammer, Guy-Lussac- und Glover-Turm, ermöglichte eine Absenkung des Salpeterverbrauchs um 60%. Die Schwefelsäureherstellung auf der Basis des Bleikammersystems erreichte damit ihren technisch höchsten Entwicklungsstand.

7.2.4 Aufbau der deutschen Schwefelproduktion

In Deutschland setzte die Industrialisierung später als in Großbritannien ein. Entsprechend gering war die Nachfrage nach Schwefelsäure für die Textilproduktion. Die Anfänge der Schwefelsäureindustrie hatten deshalb auch einen anderen Hintergrund. Zwei Entwicklungen waren bedeutend, die der böhmischen[9] und sächsischen Säurehütten sowie die der Metallhütten.

7.2.4.1 Sächsische und böhmische Säurehütten

Der Ursprung der Schwefelsäureherstellung lag bei den böhmischen und sächsischen Säurehütten, die aus Vitriolgestein eine hochkonzentrierte Säure und Oleum[10] herstellten. Die Innovation des Bleikammersystems hatte für viele Anwendungen eine Substitution der hochkonzentrierten Säure und des Oleums durch die Kammersäure nach sich gezogen. Es verblieben nur noch einige wenige Gebiete, für die das Erzeugnis der Säurehütten unabdingbar war. Dazu gehörte die Behandlung pflanzlicher Farbrohstoffe, beispielsweise des Indigos, und die Reinigung von Beleuchtungsöl. Zwar erforderte die Technik zur Herstellung des Oleums wenig Produktionswissen, ihre Durchführung war jedoch aufwendig. Um eine Tonne Oleum herzustellen, mußten zunächst 12 - 40 Tonnen Vitriolschiefer gewonnen werden. Aus diesem Rohstoff wurden zwei Tonnen Vitriolstein extrahiert. Der Extraktionsvorgang war sehr zeitraubend,

[9] Die böhmischen Säurehütten gehören eigentlich zur Österreichischen Monarchie. Sie haben jedoch für die deutsche Wirtschaft eine große Bedeutung, so daß wir sie in diesen Abschnitt eingliedern.

[10] Schwefelsäure wird in zwei Spezifikationen angeboten: Als Standardsäure mit einer Konzentration von 60-100% und als Oleum, das auch als rauchende Schwefelsäure bezeichnet wird, mit zusätzlichem Anhydridgehalt.

denn der Vitriolschiefer mußte dazu drei Jahre der Witterung überlassen werden. Um aus Vitriolstein Oleum zu gewinnen, war Energiezufuhr erforderlich. Für eine Tonne Oleum benötigten die Säurehütten 20 Tonnen Braunkohle. Die Oleumproduktion fand in sogenannten Galeerenöfen statt, einem aus Ton und Glas bestehenden Kapitalgut. Wegen der chemischen Aggressivität von Oleum nutzten sich diese Öfen sehr schnell ab.

Der Aufstieg der böhmischen Säurehütten ist eng mit dem Unternehmer Johann David Starck (1770-1841) verbunden.[11] Die Starkschen Säurehütten hatten eine monopolartige Stellung im mitteleuropäischen Raum. Die Betriebe waren vertikal weitgehend integriert, sogar die Galeerenöfen wurden selbst hergestellt. Als Kuppelprodukt einer Tonne Oleum fielen 1,25 Tonnen eines Eisenrückstandes an, welcher als Farbstoff unter der Bezeichung *Caput mortuum* vermarktet wurde.

Das Bleikammerverfahren und die Oleumproduktion koexistierten in der ersten Hälfte des 19. Jh. unabhängig voneinander. Eine Technikablösung, auf die wir unten eingehen werden, leitete erst die beginnende Teerfarbstoffherstellung ein. Die Produktion wichtiger Teerfarben erforderte hochkonzentrierte Schwefelsäure. Oleum wurde damit Bestandteil großer Teile der Farbstofftechnik. Die erhöhte Nachfrage nach Oleum stieß auf ein unelastisches und monopolisiertes Angebot, wodurch der Preis einer Tonne Oleum von 550 Mark (1866) auf 950 Mark (1875) anstieg (DRÖSSER 1908:119).

7.2.4.2 Die Kuppelproduktion in den Metallhütten

Ab Mitte des 19. Jh. stellten deutsche Metallhütten sogenannte Kammersäure, d.h. Schwefelsäure aus Bleikammeranlagen in handelsüblicher Konzentration, als Verbundprodukt her. Zu diesem Produktionsverbund kam es aus folgenden Gründen: Die Metallhütten setzten als Rohstoff schwefelhaltige Erze ein. Beim rösten dieser Erze reagiert der gebundene Schwefel zu Schwefeldioxid und wurde emittiert. Dies schädigte die umliegende Vegetation, was als Rauchblöße bezeichnet wurde. Nachdem Mitte des 18. Jh. der Zusammenhang von Metallhütten und Rauchblöße erkannt wurde, forderten die Landbesitzer Scha-

[11] Eine ausführliche Beschreibung der Oleumproduktion gibt DRÖSSER (1908:112ff)

densersatz. Diese Schadensersatzansprüche waren nicht unbeträchtlich, wie das Beispiel der Freiberger Werke verdeutlicht. 1864 hatten diese Werke 61.000 Mark Schadenersatz zu bezahlen (DRÖSSER 1908:42).[12] Besonders massiver Bürgerprotest richtete sich gegen die Stollberger Metallhütten (SPELSBERG 1984:555ff), die große Mengen Zinkblende verarbeiteten. Seit 1846 berichtet die Stollberger Chronik den Protest des Gemeinderates gegenüber den Metallhütten. Die Innovation des Bleikammerverfahrens in Verbindung mit einem Pryritröstofen ging in Deutschland deshalb von den Metallhütten aus, die ein unerwünschtes Kuppelprodukt verwerten mußten. In den 40er Jahren des 19. Jh. wurden erste Bleikammerverfahren zur Verwertung des Schwefeldioxides eingeführt. Am besten eigneten sich die Abgase der Eisenhütten. 1854 errichtete der Chemiker Hasenclever eine Schwefelsäureproduktion in unmittelbarer Nachbarschaft der Stolberger Metallhütten. Er hatte einen Ofen entwickelt, der zumindest eine partielle Verwertung der Schwefeldioxidemissionen bei der Verarbeitung von Zinkblende ermöglichte. Die produzierte Schwefelsäure verwendete er in einem Leblanc-Verfahren zur Herstellung von Soda. Die weitgehende Verwertung der Zinkblenderöstgase gelang auf befriedigende Weise erst 1882 mit der Innovation des Rhenania-Blenderöstofens.

Die Entstehung der deutschen Schwefelsäurefabrikation ist somit zu einem großen Teil auf die Verwertung eines Abfallproduktes zurückzuführen. Bereits in diesem frühen Stadium der chemischen Industrie hatten umweltbedingte Restriktionen starke Auswirkungen auf ihre Entwicklung.

7.2.5 Niedergang der Bleikammertechnologie

Ende des 19. Jh. erreichte das Bleikammerverfahren einen hohen technischen Entwicklungsstand. Trotzdem wurden die investierten Kapitalien schon wenige Jahre später durch die Erfindung eines neuen Produktionsprozesses entwertet. Anhand der im folgenden dargestellten Entwicklung läßt sich erkennen, wie

[12] Um diese Zahl zu relativieren sei darauf hingewiesen, daß 1864 das durchschnittliche Jahreseinkommen unter Berücksichtigung der höheren Einkommen der Angestellten 431 Mark betrug (HOFFMANN 1965:469). Die Schadensersatzzahlungen entsprachen somit dem Jahreseinkommen von 141 Arbeitern und Angestellten.

schwer technische Entwicklungen ex-ante abzusehen sind.

Die in der zweiten Hälfte des 19. Jh. beginnende Teerfarbenproduktion erforderte große Mengen hochkonzentrierter Schwefelsäure. Zu deren Herstellung gab es zwei Möglichkeiten: den Bezug von Oleum von einer Säurehütte oder die Aufkonzentration der Kammersäure. Beide Möglichkeiten waren unbefriedigend: Das Oleumangebot war monopolistisch strukturiert und erfolgte deshalb auf hohem Preisniveau. Die Aufkonzentration der billigeren Kammersäure erforderte hohe Investitionen für eine zusätzliche Apparatur, das sogenannte Platinkonzentrationsgefäß. Beide Techniken, sowohl die Säurehüttenproduktion, als auch das Bleikammerverfahren mit Platinkonzentrator, gaben wegen ihres hohen Produktionsaufwands Anlaß zur Suche einer mehrergiebigen Technik.

1875 gelang Winkler die Erfindung dieser Technik. Sein Verfahren basiert darauf, Kammersäure zu zersetzen und über einen Platinkontakt zu leiten. Als Produkt resultiert Oleum. Die Idee, einen Platinkatalysator zu nutzen, war dabei keineswegs neu. Schon 1817 beobachtete ein englischer Wissenschaftler die Kontaktwirkung von Platin, 1831 wurde sogar ein Patent auf die Nutzung fein verteilten Platins als Katalysator erteilt. Die Innovation des Verfahrens, das noch eine Weiterentwicklung voraussetzte, unterblieb jedoch. Erst der gestiegene Oleumbedarf wiederbelebte die Erforschung der Katalysatorwirkung.

In vielerlei Hinsicht war das Verfahren von Winkler noch unausgereift. Besonders die Notwendigkeit, Kammersäure als Rohstoff einzusetzen, beschränkte die Anwendung des Verfahrens auf die Oleumproduktion. Der Einsatz von Schwefeldioxid aus einem Röstofen war nicht möglich, da die mitgeführten Arsenverbindungen den Platinkatalysator zerstörten. Auch wurden nur 70% des eingesetzten Schwefels zu Oleum verarbeitet, der Rest ging verloren. Schließlich war der Betrieb der Anlage energieaufwendig. Aber trotz der technischen Mängel war das Verfahren den herkömmlichen Prozessen überlegen: Mit dem Winkler-Verfahren konnte der Preis für Oleum aus den Säurehütten um 66% unterboten werden (HOECHSTER ARCHIVE 1970:14). Winkler verzichtete auf eine Patentierung und beschleunigte damit die Diffusion seines Verfahrens.

Mit dem Ziel, Röstgase als Rohstoff zu verwenden, entwickelte hauptsächlich die BASF das Winkler-Verfahrens weiter. 1901 teilte die BASF die erfolgreiche Entwicklung des sogenannten Kontaktprozesses mit, wobei Knietsch durch seine Untersuchungen der Thermodynamik katalytischer Oxidationen maßgeblich zum Erfolg beitrug. Um die Arsenverbindungen und andere Verunreinigungen aus dem Röstgas zu entfernen, hatte die BASF den Elektrofilter entwickelt. Elektrofilter sind heute wichtige Kapitalgüter, um Emissionen zu vermindern.

7.2.6 Die Ablösung des Bleikammerverfahrens durch den Kontaktprozeß

Das Kontaktverfahren wurde entwickelt, um Zugang zu hoch konzentrierter Schwefelsäure und Oleum zu erhalten. Durch die Einführung von Elektrofiltern stellte es zudem einen alternativen Prozeß zur Bleikammer dar. Um konkurrenzfähig zu bleiben, mußten die Bleikammerbetreiber ihren Prozeß optimieren. Die Verbesserungen des Verfahrens, u.a. durch Peterson (1923), ermöglichten bis in die 50er Jahre hinein die konkurrenzfähige Produktion von Kammersäure (MÜLLER 1994:642). Die Überlegenheit des Kontaktprozesses war in der Anfangsphase auch keinesfalls evident. Wie aus Tabelle 7.1 auf Seite 159 ersichtlich, sank der Verwertungsgrad von Schwefel durch den Übergang auf das Kontaktverfahren signifikant. Zudem wurden anfangs teure Platinkatalysatoren benötigt. Erst die Umstellung auf billigere Katalysatoren und die Automatisierung des Betriebes führten dazu, daß der Kontaktprozeß gegenüber dem Bleikammerverfahren mehrergiebig war.

Abbildung 7.2 zeigt, wie sich die Anteile der Techniken bei Hoechst entwickelten. Bleikammer- und Kontaktverfahren koexistierten zehn bis zwölf Jahre, wobei die Bleikammerkapazitäten nicht mehr erweitert wurden. Da die mittlere Lebensdauer einer Bleikammeranlage bei intensiver Nutzung acht bis zehn Jahre betrug, wurde die Technikablösung durch die betriebsbedingte Abnutzung vorangetrieben. 1960 entwickelt Bayer das Kontaktverfahren zum Doppelkontaktverfahren weiter. Ein wichtiger Anreiz, den auch die Patentschrift dokumentiert, war die Absenkung der Schwefeldioxidemissionen.

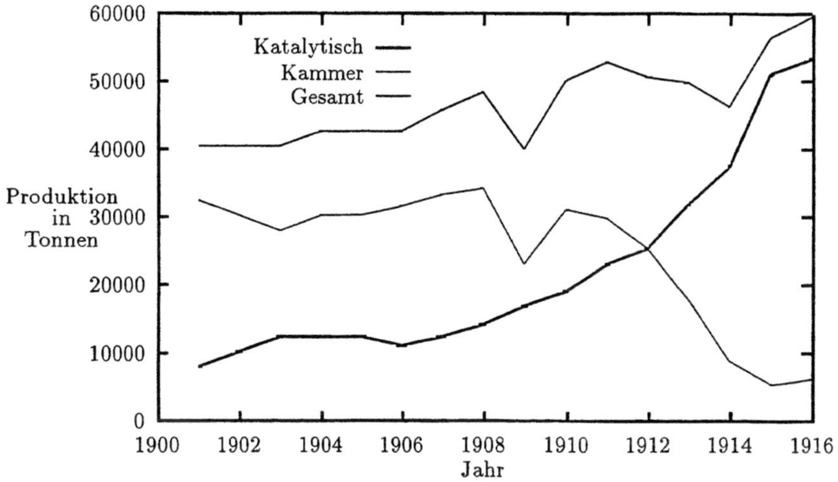

Abbildung 7.2: Technikablösung in der Schwefelsäureherstellung
Quelle: HOECHSTER ARCHIVE 1975

7.2.7 Die gegenwärtige Schwefelsäureproduktion

Schwefelsäure ist zu einem vergleichsweise billigen Massenprodukt geworden. Weltweit gehört sie neben Chlor, Natronlauge und Ethylen zu den mengenmäßig wichtigsten Industriechemikalien. Anhand der folgenden Tabelle 7.3 charakterisieren wir die Schwefelsäureproduktion aus volkswirtschaftlicher Sicht.

Die Tabelle 7.3 besteht aus vier Blöcken: den Marktdaten, der Verwendungsstruktur, der Rohstoffbasis und dem Kapitalbedarf. Zu den Marktdaten gehören Produktionsmenge, Inlandsverbrauch, Preis und Umsatz der in der Bundesrepublik Deutschland (alte Länder) hergestellten bzw. verbrauchten Schwefelsäure. Im Zeitraum von 1987 bis 1991 verringerte sich die Produktionsmenge der Standardsäure um 6,5%, was nur noch dem Produktionsniveau von 1958 entspricht. Die Oleumproduktion ging innerhalb von vier Jahren sogar um 31% zurück. Diese Produktionsrückgänge werden nicht durch gestiegene Importmengen kompensiert, wie am inländischen Verbrauch deutlich wird. Zudem ist der Produktions- und Verbrauchsrückgang dem allgemeinen Trend eines Produktionsmengenzuwachses von Chemikalien entgegengesetzt;

			1987	1991
	Produktions-	Standard	2.704.807	2.527.866
	menge in Tonnen	Oleum	617.981	425.753
Markt-	Inlandsverbrauch	Standard	2.149.578	1.927.657
	in Tonnen	Oleum	619.495	426.086
daten	Preis in	Standard	148,29	91,83
	DM/Tonne	Oleum	150,77	144,38
	Gesamtwert in Mio DM		494.27	293.60
			1991 in %	
Ver-	Organisch-chemische Industrie		46	
wen-	Anorganisch-chemische Industrie		18	
dung	Dünger und Phosphorsäure		5	
	Sonstige		31	
	Schwefelsäure aus		1991 in Tonnen	%
Roh-	Elementarschwefel		1.033.767	35
stoff-	Schwefelkies		324.898	23,5
basis	Metallverhüttung		910.775	33,7
	Sonstige		900.854	30,5
Spezifische Investitionskosten			167 DM/Jahrestonne	

Tabelle 7.3: Daten zur Schwefelsäureproduktion in der Bundesrepublik Deutschland
Quellen: StBA (lfd.Jgg.a), Büchner (1986), Europa Chemie (1992/3 und 4), Strenge (1995)

die Produktionsmenge der chemischen Industrie, gemessen an der realen Bruttowertschöpfung, ist im gleichen Zeitraum um 18% gestiegen (STBA lfd.Jgg.c). Den Mengenrückgang begleitet ein deutlicher Preisverfall der Schwefelsäure. Gegenüber 1987 ist der Preis der Standardsäure um 38,1% gesunken. Im gleichen Zeitraum verringerte sich der Schwefelpreis, der die Rohstoffkosten der Säureherstellung bestimmt, nur um 17,9%. Ein wichtiger Grund für den Rückgang der Schwefelsäureproduktion sind Umweltrestriktionen, auf die wir unten eingehen werden.

Betrachten wir nun die Verwendung der Schwefelsäure. 30 % der Produktionsmenge werden außerhalb der chemischen Industrie, beispielsweise im Bergbau sowie der Eisenver- und -bearbeitung, verwendet. Die verbleibenden 70% verbraucht die chemische Industrie selbst. Die Produktionsprozesse, innerhalb derer Schwefelsäure verwendet wird, sind dabei so vielfältig, daß eine Gruppenbildung kaum möglich ist. Immerhin werden 46% von der organischen chemischen Industrie verbraucht, die somit den größten Abnehmerblock darstellt.

Um Schwefelsäure herzustellen, werden drei Rohstoffe benötigt: Luftsauerstoff, Wasser und Schwefel. Während die beiden erstgenannten Rohstoffe nahezu freie Güter sind, beinhaltet der Schwefelsäurepreis von 91,83 DM einen Schwefelwert von 50,60 DM.[13] Der Bezug des Schwefels erfolgt auf einer breit gefächerten Rohstoffbasis. Elementarer Schwefel als Rohstoff nimmt mit 35% Anteil die Spitzenstellung ein. Er wird im wesentlichen auf zwei Wegen gewonnen: Der erste Weg ist die Erschließung natürlicher Schwefelvorkommen. Bei günstigen geologischen Voraussetzungen kann Schwefel mit dem *Frasch-Verfahren* ohne Gangart gefördert werden (FISCHER 1982:7). Ansonsten muß er auf herkömmliche Weise bergmännisch gewonnen werden. Durch das *Frasch-Verfahren* konnten große Schwefelvorkommen in den USA erschlossen werden, deren Ausbeutung mit geringen Förder- und keinen Extraktionskosten verbunden ist.[14]

---

[13]Dieser Wert errechnet sich aus dem Mengenanteil von Schwefel an der Schwefelsäure, basierend auf dem gewichteten Preis für Schwefel aus unterschiedlichen Quellen.

[14]Beim *Frasch-Verfahren* wird heißes Wasser in das Schwefelvorkommen eingepreßt und der dann gelöste Schwefel hochgepumpt. Die Technik ist der Erdölförderung sehr ähnlich.

Der zweite Weg, Elementarschwefel zu gewinnen, ist die Verarbeitung von Schwefelwasserstoff zu Elementarschwefel nach dem *Claus-Verfahren*. Schwefelwasserstoff fällt in großen Mengen als Kuppelprodukt der Erdöl- und Erdgasförderung an. Schwefel dieser Herkunft wird als *Rekupationsschwefel* bezeichnet (SANDER ET AL. 1982:122). Genaue Daten über die Bedeutung des Rekupationsschwefels sind nicht verfügbar, aber 1980 waren immerhin 65% des in der westlichen Welt geförderten Elementarschwefels Rekupationsschwefel (BÜCHNER 1986:114). Nach Aussagen von Mitarbeitern der chemischen Industrie basiert die deutsche Elementarschwefelproduktion gänzlich auf diesen Rekupationsschwefel (persönliche Mitteilung, Dr. Becker, Bayer AG).

Mit einem Anteil von 11% hat Schwefelkies als Rohstoffbasis die geringste Bedeutung. Schwefelkies, auch Pyrit (FeS_2) genannt, wird bergmännisch abgebaut. Seine Aufbereitung, die als Abrösten bezeichnet wird, ist ein K-Prozeß mit den Produkten Schwefeldioxid, Eisenoxid und anderen Metalloxiden. Wenn genügend Schwefeldioxid für eine Tonne Schwefelsäure auf diesem Weg hergestellt werden soll, dann bedeutet dies ca. 0,35 Tonnen Eisen als Kuppelprodukt. Aus der Sicht der Eisenproduktion betrachtet, können bei der Gewinnung einer Tonne Eisen aus Pyriten 2,9 Tonnen Schwefelsäure hergestellt werden. Neben dem Eisenoxid enthält der Abbrand zudem Edelmetalle. Der Rohstoffwert des Pyrits besteht nur zu 30% aus dem enthaltenen Schwefel, zu 30% aus Eisen und zu 40% aus begleitenden Edelmetallen (FITZER UND FRITZ 1989:23).

Einen Anteil von 23,5% an der gesamten Produktionsmenge hat die Schwefelsäure, deren Rohstoff von den Metallhütten geliefert wird. In den Metallhütten werden sulfidische Erze (Zinkblende, Kupferkies und Bleisulfid) verarbeitet. Dabei fällt als Kuppelprodukt Schwefeldioxid an, das zu Schwefelsäure weiterverarbeitet wird. Bezeichnenderweise wird Schwefelsäure dieser Herkunft 'acide fatale' genannt (Sander et. al. 1982:123), ein Hinweis auf den unerwünschten Charakter des Kuppelproduktes.

Andere Rohstoffquellen für Schwefel gewinnen zunehmend an Bedeutung. Hierzu gehören vor allem Sulfate, die beispielsweise in großen Mengen als Gips bei der Rauchgasentschwefelung anfallen. Auch die Aufbereitung von

Abfallschwefelsäure wird den sonstigen Quellen zugerechnet.

Als wichtiges Ergebnis halten wir fest, daß ein Großteil des Schwefels in Kuppelproduktion mit anderen Rohstoffen erfolgt. Durch diese Kuppelproduktion ist die Schwefelsäureherstellung mit den Sektoren Eisen und Stahl sowie Erdöl und Erdgas verbunden. Eine aus Umweltschutzgründen einzuschränkende Schwefelsäureproduktion verursacht über die Kuppelproduktion Verwertungs- und Entsorgungsprobleme in diesen Sektoren.

Auf die Umweltprobleme, die sich aus der Verwendung der Schwefelsäure als Prozeßchemikalie innerhalb der chemischen Industrie ergeben, sind wir andernorts bereits eingegangen. An dieser Stelle beschränken wir uns auf zwei Gesichtspunkte. Der erste Gesichtspunkt betrifft die produktionsbedingten Schwefeldioxidemissionen. Wie die Betrachtung der Technik jedoch zeigt, ist Schwefeldioxid das zentrale Zwischenprodukt der Schwefelsäureherstellung. Da Schwefeldioxid ein Luftschadstoff ist, sollte seine Emission weitgehend vermieden werden. Durch die in den 60er Jahren dieses Jahrhunderts entwickelten Doppelkontaktverfahren konnten die produktionsbedingten Emissionen auf ein sehr geringes Maß abgesenkt werden. Bei diesen Verfahren betragen die Emissionen 0,3% des eingesetzten Schwefeldioxides (BÜCHNER 1986:123). Unter der Annahme, daß 1991 in der Bundesrepublik nur noch das Doppelkontaktverfahren in Betrieb ist, ergibt dies eine jährliche Schwefeldioxidemission von 6.086 Tonnen. Insgesamt emittierte die chemische Industrie 1991 56.000 Tonnen Schwefeldioxid. Da die chemische Industrie 5.9% der gesamten Schwefeldioxidemissionen verursacht, ist die Schwefelsäureproduktion nur für einen sehr geringen Teil der Gesamtemissionen verantwortlich.[15]

Der zweite Gesichtspunkt betrifft die Schwefeldioxidemissionen, die von anderen Sektoren verursacht werden. Da fossile Energieträger Schwefel enthalten, wird bei deren energetischer Nutzung Schwefeldioxid als unerwünschtes Kuppelprodukt gebildet. Um diese Emissionen aus dem Kraftwerksrauchgas zu entfernen, wurden Rauchgasentschwefelungsanlagen (REA) installiert. Die

[15]Die Zahlenangaben über Emissionen der chemischen Industrie und den Anteil an der Gesamtemission stammen aus einer Veröffentlichung des VCI (1993). Allerdings ist zu beachten, daß diese Emissionen auf wenige Standorte konzentriert sind und damit regional zu hohen Belastungen führen können.

REA-Reststoffe eignen sich für die Weiterverarbeitung zur Schwefelsäure. Das Produktionspotential für Schwefelsäure aus dieser Quelle wird auf 650.000 Tonnen jährlich geschätzt (Prognos-Studie, zitiert in Förstner 1990:360). Damit wäre es möglich, den gesamten Schwefel für die Säureproduktion als Kuppelprodukt zu gewinnen. Da, wie wir andernorts ausgeführt haben, eine Verringerung der Schwefelsäureverwendung aus Umweltgesichtspunkten wünschenswert ist, ergibt sich hier eine Spannung. Während die Rohstoffseite die Produktion nicht begrenzt, tut dies die Ressource Umwelt als Schadstoffempfänger.

7.2.8 Zusammenfassung

In diesem Abschnitt fassen wir die wichtigsten Aspekte der Entwicklung der Schwefelsäuretechnik zusammen. Die Entwicklungsgeschichte der Schwefelsäuretechnik zerfällt in vier Phasen:

Phase 1: 1774 - 1838

Die erste Phase umfaßt einen Zeitraum von 64 Jahren und wird nur in Großbritannien und Frankreich durchlaufen. Es handelt sich dabei um die Schwefelsäureproduktion auf der Basis sizilianischen Schwefels. Nachgefragt wurde die Schwefelsäure sowohl direkt, als auch indirekt über Soda vom Sektor Textilproduktion. Die Kapitalbildung vollzog sich in Form von Bleikammeranlagen, in welchen Schwefeldioxid mit Salpeter als Katalysator zur Schwefelsäure umgesetzt wurde. Kuppelprodukte spielten in der ersten Phase nur aus ressourcenökonomischen Gründen eine Rolle. So entstand beim Ausschmelzen des Schwefels aus dem Steingemisch in Sizilien der Schadstoff Schwefeldioxid. Da dieses Schwefeldioxid einen großen Anteil des geförderten Schwefels band, führte seine Verringerung zwangsläufig zu einer höheren Schwefelausbeute. Wir haben es hier folglich mit einem Kuppelprodukt zu tun, dessen Herstellung die des Zielproduktes verringert. In solchen Fällen existiert immer ein Anreiz zur Verringerung der Kuppelproduktmengen. Obwohl die Emissionsmengen in Sizilien erheblich waren, formierte sich kein Widerstand. Ein Grund hierfür liegt darin, daß Geschädigte und Nutznießer der Schwefelgewinnung in Form der sizilianischen Aristokratie identisch waren.

Auch die Verarbeitung des Schwefels in den Bleikammeranlagen war

Kuppelproduktion. Ein erheblicher Teil des Schwefeldioxides ging aufgrund technischer Unzulänglichkeiten verloren. Auch hier besteht ein unmittelbarer Zusammenhang zwischen emittiertem Schwefeldioxid, Umweltbelastung und verringerter Säureausbeute. Dieser Zusammenhang wurde auch von den Säureproduzenten erkannt, wie aus einer Betriebsanleitung Chaptals von 1808 hervorgeht (zitiert in DRÖSSER 1908:19):

> "..., denn selbst ohne Rücksicht darauf, daß das Herausziehen der Dämpfe (Schwefeldioxid, d. Verf.) ein Verlust sein würde, so könnten sie auch den Nachbarn lästig werden, und die Pflanzen in der umliegenden Gegend verbrennen."

Ein weiteres Kuppelprodukt der Schwefelsäurherstellung war das Stickstoffdioxid. Zwar war die umweltbelastende Wirkung dieses Gases noch nicht bekannt, aber auch hier ging ein wichtiger Rohstoff, nämlich Salpeter, des Bleikammerverfahrens verloren.

Die erste Phase der Schwefelsäureproduktion wurde durch eine Monopolisierung des Schwefelhandels und der damit einhergehenden Rohstoffsubstitution beendet.

Phase 2: 1838 - 1900

In der zweiten Phase wurden schwefelhaltige Metallerze, vor allem Pyrit, als Rohstoffquelle erschlossen. In den folgenden 62 Jahren wurde das Bleikammerverfahren technisch weitgehend optimiert. Die Einführung der Pyritöfen, des Guy-Lussac- und des Glover-Turmes führten zu einer Zunahme des Anlagekapitals. Gleichzeitig wurden durch diese Kapitalgüter die emittierten Schwefeldioxid- und Stickoxidmengen verringert (vgl. Tabelle 7.1, Seite 159). In dieser Phase begann auch der Aufbau einer deutschen Schwefelsäureindustrie. Der Hintergrund dieses Aufbaus unterscheidet sich jedoch grundlegend von der Entwicklung in Großbritannien. In Deutschland diente die Schwefelsäureproduktion hauptsächlich der Verwertung eines lästigen Kuppelproduktes der Metallhütten. Diese verwendeten schwefelhaltige Metallerze als Rohstoff. Beim Röstvorgang wurde das Kuppelprodukt Schwefeldioxid emittiert. Die negativen Folgen für die Umwelt zogen Entschädigungsansprüche nach sich, welche wiederum die Verwertung des Schwefeldioxids zu Schwefelsäure motivierten. In der zweiten Hälfte dieser Phase veränderten sich auch die Nachfragebedingungen. Zwei Nachfragekomponenten kamen hinzu: die Düngemittelproduktion und die Teerfarbenherstellung. Für die Teerfarbenherstellung wurde hochkonzentrierte Schwefelsäure, das Oleum, benötigt. Der hohe Preis für Oleum führte zur Innovation des Winklerschen Kontaktverfahrens. Dieses Verfahren wurde in den Folgejahren so weit verbessert, daß sich auch die Herstellung von Kammersäure nach dem Kontaktverfahren rentierte.

Phase 3: 1900 - 1963

Die dritte Phase begann mit der Ablösung des Bleikammerverfahrens durch das Kontaktverfahren. Der Anlagenbestand der Bleikammeranlagen wurde nicht mehr erneuert, so daß der Technikwechsel nicht unmittelbar mit Kapitalverlusten verbunden war. Allerdings verlor das mit dem Bleikammerverfahren verbundene technische Wissen, das für die Entwicklung von Glover- und Guy-Lussac-Turm nötig war, seine Wert. Die 63 Jahre dauernde Phase des Kontaktverfahrens war in erster Linie durch Kapitalbildung gekennzeichnet. Technische Änderungen fanden nur noch marginal statt.

Phase 4: Ab 1963

1963 führt die Bayer AG das Doppelkontaktverfahren ein, das eine weitere Verringerung der Schwefeldioxidemissionen ermöglichte. Das Doppelkontaktverfahren ist bis heute Stand der Technik. Mit dem ersten Ölpreisschock wurde das seit Ende des zweiten Weltkrieges ununterbrochene Wachstum der Produktionsmengen beendet. 1991 war die Produktionsmenge auf den Stand der 60er Jahre zurückgegangen. Probleme mit Kuppelprodukten sind heute nur noch durch die Verwendung von Schwefelsäure zu erkennen.

Abschließend führen wir nun noch einen Technikvergleich durch. In Tabelle 7.4 sind die wesentlichen Daten dazu enthalten. In der ersten Zeile der Tabelle ist der Preis der Schwefelsäure pro Tonne angegeben. Die zweite Zeile enthält die spezifischen Investitionskosten, d.h. den Investitionsbetrag für die Kapazität einer Jahrestonne. In der dritten Zeile sind die Ausgaben für Arbeit und in der vierten die Ausgaben für Rohstoff pro Tonne Schwefelsäure angegeben. Unter Vernachlässigung der anderen Kostenkomponenten, wie Verwaltungsgemeinkosten etc. erhalten wir den Gewinn und daraus die Amortisa-

	Jahr			
	1889	1902	1902	1993
Verfahren	Blei-kammer	Blei-kammer	Kontakt	Doppel-kontakt
Preis H_2SO_4	35.50	41.00	41.00	91.80
Investition	51.39	32.64	55.55	169.00
Arbeitskosten	3.36	1.65	11.95	0.42
Rohstoffkosten	14.47	16.80	15.00	50.60
Gewinn	17.67	22.55	14.05	40.78
Amort. Dauer	2.91	1.45	3.95	4.14

Tabelle 7.4: Vergleich aller Verfahren zur Schwefelsäureherstellung
Quellen: DRÖSSER (1908), LUNGE (1917), BÜCHNER (1986), eigene Berechnungen

tionsdauer. Beachtlich ist die kurze Amortisationsdauer für das Bleikammerverfahren im Jahre 1902. Durch die Konkurrenz des Kontaktverfahrens wurden die Bleikammern stark verbessert. Trotzdem konnte der Technikwechsel nicht unterbunden werden.

7.3 Die Chlor-Alkali-Industrie

In der zweiten Entwicklungslinie untersuchen wir die Chlor-Alkali-Industrie, d.h. die Herstellung der anorganischen Grundchemikalien Soda (Natriumcarbonat), Natronlauge (Natriumhydroxid) und Chlor. Die Entwicklung der Chlor-Alkali- Industrie unterscheidet sich von der Schwefelsäureproduktion in einem wichtigen Punkt: Die Technik der Schwefelsäureproduktion veränderte sich weitgehend kontinuierlich durch die Verbesserung und Umgestaltung einzelner Prozesse. Beispielsweise substituierte die Kontaktanlage die Bleikammer. Bei der Chlor-Alkali-Industrie vollzieht sich der Wandel hingegen wesentlich diskontinuierlicher.

Für die Analyse der Chlor-Alkali-Industrie haben wir uns entschieden, weil

- es sich bei Chlor, Soda und Natronlauge um zentrale Massenprodukte der chemischen Industrie handelt,

- insbesondere Chlor und Natronlauge Schlüsselfunktionen ausüben,

- die Entwicklungsgeschichte für Kuppelprodukte mit dualem Charakter paradigmatisch ist.

Ihren Ausgang nimmt die Entwicklung der Chlor-Alkali-Industrie mit der Herstellung von Soda.

7.3.1 Sodaherstellung - Entstehung einer Industrie

Wie wir im Abschnitt 7.1 erläuterten, wurden im 18. Jh. Rohtextilien mit Schwefelsäure und Pottasche behandelt. Um die erforderlichen Mengen von Potttasche zu gewinnen, mußten erhebliche Mengen Holz verbrannt werden. Der steigende Pottaschenbedarf der Baumwollverarbeitung überforderte schließlich die Regenerationsfähigkeit der natürlichen Ressource Wald. Vor allem in Großbritannien nahmen die Waldbestände merklich ab, so daß die Beschaffung von Pottasche auf diesem Weg immer schwieriger wurde (LASSAR-COHN 1899:358). Die Funktion der Pottasche in der Textilindustrie kann aber auch von einem Substitut, dem Soda, wahrgenommen werden. Sowohl Pottasche als auch Soda sind Alkalien mit ähnlichen Eigenschaften: Für Soda gab es mehrere Rohstoffbasen. In Ägypten und Asien wurde es an den Ufern von Tronaseen gewonnen. Eine weitere Rohstoffquelle stellte eine Pflanze dar, die sogenannte 'salsola soda'. In Spanien, Sizilien und Teneriffa sind die klimatischen Voraussetzungen für den Anbau dieser Pflanze gegeben, deren Verbrennungsrückstand Barilla, d.h. Soda enthält. Eine dritte Rohstoffquelle waren bestimmte Algenarten, z.B. Seetang, deren Asche ebenfalls Soda enthielt. Seetang konnte an den Küsten Großbritanniens gewonnen werden.

Wir finden somit Ende des 19. Jh. folgende Rohstoffsituation vor: Eine für die Textilproduktion wichtige Prozeßchemikalie, nämlich Pottasche, wird durch Nutzung einer regenerierbaren Ressource, nämlich Holz, gewonnen. Der steigende Bedarf überfordert jedoch die Regenerationsfähigkeit dieser Ressource. Pottasche mußte deshalb zunehmend durch Soda substituiert werden, das ähnliche Eigenschaften aufweist. Für Soda stehen drei Gewinnungsmöglichkeiten zur Verfügung: Die erste besteht darin, natürlich vorkommendes Soda an den Ufern der Tronaseen abzubauen. Die weite Entfernung der Tronaseen von den europäischen Industriezentren erschwert jedoch die Nutzung dieser Sodavorkommen. Die zweite Rohstoffbasis sind Pflanzen, die eine weit höhere Regenerationsrate als Holz haben. Zwei Formen pflanzlichen Sodas erlangten Bedeutung: Das Barilla, das hauptsächlich in Spanien vorkommt und Seetang, der auch an Großbritanniens nördlichen Küsten gewonnen werden kann.

Die Baumwollverarbeitungsbetriebe fragten Soda in einer weiterverarbeiteten Form, nämlich als Seife nach. In Großbritannien konzentrierten sich die Seifensiedereien auf zwei Regionen: London und das Gebiet der Mersey um Liverpool. Während in London schwerpunktmäßig importiertes und durch Zölle verteuertes Barilla verarbeitet wurde, benutzten die Seifensieder in Liverpool Seetang als Sodaquelle. Die beiden natürlichen Sodaquellen galten als ausreichend, um die Versorgung der Textilindustrie zu sichern.

7.3.2 Erfindung des Leblanc-Verfahrens

In Großbritannien bestand kein dringlicher ressourcenökonomischer Anreiz, ein chemisches Verfahren zur Sodaherstellung zu entwickeln, da Barilla und Seetang in ausreichenden Mengen verfügbar waren. Das erste chemische Verfahren zur Sodaherstellung wurde deshalb auch nicht in Großbritannien, wie dies dem Industrialisierungsgrad entsprechend zu erwarten wäre, sondern in Frankreich entwickelt. Zwar versuchte der Schotte Roebuck bereits in den 60er Jahren des 18. Jh. aus Steinsalz Soda herzustellen, der Bankrott seiner Unternehmung ließ diese Bemühungen erfolglos enden. Der Anlaß in Frankreich, ein chemisches Verfahren zur Umwandlung von Steinsalz in Soda zu entwickeln, war eine kriegsbedingte Blockade der Seehandelswege durch England. Frankreich hatte zu diesem Zeitpunkt (60er und 70er Jahre des 18. Jh.) eine aufstrebende Textilindustrie. Die Seeblockade hatte zur Folge, daß spanisches Barilla nur auf dem wesentlich teureren Landweg eingeführt werden konnte. Um vom spanischen Barilla unabhängig zu werden, setzte die Französische Akademie der Wissenschaften 1775/1776 einen Preis für die Auffindung eines chemischen

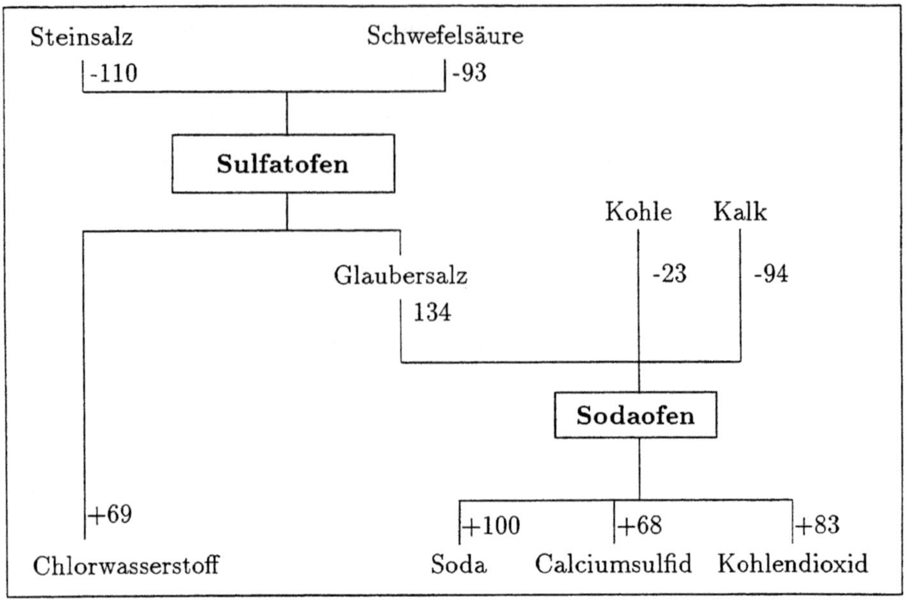

Abbildung 7.3: Das Leblanc-Verfahren
Quelle: Allgemeine chemische Grundlagen

Verfahrens zur Sodaproduktion aus. Zwölf Jahre später begann der Arzt Nicolas Leblanc mit Forschungen zur Sodaherstellung, die nach sechs Jahren zum Erfolg führten. Das Verfahren, im folgenden mit Leblanc-Verfahren bezeichnet, ist in Abbildung 7.3 schematisch dargestellt.

Abbildung 7.3 enthält Angaben über die beteiligten Stoffe und deren Mengenumsätze. Alle Materialflüsse sind so normiert, daß 100 Mengeneinheiten Soda hergestellt werden. Bei den Mengenangaben handelt es sich um Idealgrößen, die in der Praxis nur annäherungsweise erreicht wurden. Die angegebenen Rohstoffeinsätze und Kuppelproduktmengen sind somit die naturwissenschaftlich bedingten unteren Schranken für den Rohstoffeinsatz und die Kuppelproduktausbringung, vorausgesetzt, es werden 100 Mengeneinheiten Soda hergestellt. In den Kästen sind die einzelnen Produktionsapparaturen eingetragen. Diese Produktionsanlagen stellten in der Anfangsphase den spezifischen Kapitalbestand der Sodahersteller dar.

Die Technik der Sodaproduktion nach dem Leblanc-Verfahren ist komplexer als die der Schwefelsäureherstellung. Benötigt werden drei Rohstoffe: Steinsalz, Kalk und Kohle. Die Technik enthält damit mindestens drei Prozesse, um die nötigen Rohstoffe bereitzustellen. Auf der ersten Verarbeitungsstufe wird Steinsalz und Schwefelsäure in einem Sulfatofen zu Glaubersalz verarbeitet. Damit ist auch die Technik der Schwefelsäureproduktion Bestandteil der Leblanc-Sodatechnik. Als Kuppelprodukt des Glaubersalzes entsteht Chlorwasserstoff. Das Glaubersalz wird dann in der zweiten Verarbeitungsstufe mit Kohle und Kalk zu Soda, Calciumsulfid und Kohlendioxid umgesetzt. Damit erfolgt die Herstellung von Soda in Kuppelproduktion mit drei weiteren Substanzen: Die Produktion von 100 kg Soda führt gleichzeitig zu 69 kg Chlorwasserstoff, 68 kg Calciumsulfid und 83 kg Kohlendioxid. Die Menge der Kuppelprodukte des Sodas übertrifft somit die des Hauptproduktes um mehr als das Doppelte.

Das Leblanc-Verfahren ermöglicht die Herstellung von zwei Sodaspezifikationen. Als calciniertes Soda mit einem Sodagehalt von 90-95% und als Kristallsoda mit einem Wassergehalt von 37%. Calciniertes Soda wurde in Färbereien, Bleichereien, bei der Glasfabrikation und zum Zeugdruck verwendet. Kristallsoda fand in den Wäschereien Absatz. Das Zwischenprodukt Glaubersalz konnte alternativ zur Sodaproduktion auch in Glashütten zum Aufschluß des Quarzsandes verwendet werden.

Zwei Jahre nach Abschluß der Entwicklungsarbeit (1792) begann Leblanc in St. Denis, Frankreich, nach seinem Verfahren Soda herzustellen. Die finanziellen Voraussetzungen für die Innovation schuf der Herzog von Orléans. Als dieser im Zuge der französischen Revolution hingerichtet wurde, mußte Leblanc im Jahre 1794 die Produktion wieder einstellen. Sein Patent wurde für nichtig erklärt und die Unterlagen veröffentlicht.[16]

[16] Als Unternehmer sollte Leblanc unbedeutend bleiben. Er starb völlig mittellos in einem Armenhaus.

7.3.3 Innovation des Leblanc-Verfahrens in Großbritannien

Erst 28 Jahre später (1822) wurde das Leblanc-Verfahren in Großbritannien eingeführt. Der aus Irland eingewanderte James Muspratt errichtete in Liverpool eine Leblanc-Fabrik, um Seifensieder zu beliefern. Vermutlich hatter er geringe Mengen von Soda bereits in Irland hergestellt. Der Hintergrund dieser Innovation zeigt ein Muster, das wir auch später bei der Einführung der Chlor-Alkali-Elektrolyse beobachten werden: Nicht die Aussicht auf einen expandierenden Markt, sondern der drohende Verlust eines Absatzmarktes veranlaßte die Innovationen. Auslösendes Moment für die Einführung des Verfahrens in Liverpool war die Senkung des Importzolles auf Barilla, der sodahaltigen Pflanzenasche aus Spanien, um nahezu 50%. Von dieser Maßnahme hatten ausschließlich die Seifensieder in London Vorteile, da nur sie Barilla verarbeiteten. In Liverpool dagegen wurde Seetang als Sodaquelle verwendet. Durch den Wegfall des Importzolles auf Barilla verschob sich der Wettbewerbsvorteil zugunsten der Londoner Hersteller. In dieser Situation waren die Liverpooler Seifensieder bereit, ihre Geschäftsbeziehungen mit den Seetanglieferanten zu lösen und künstliches, nach dem Leblanc-Verfahren hergestelltes Soda einzusetzen.[17] Die Verarbeitung von Leblanc-Soda unterschied sich geringfügig von der natürlichen Sodas. Unter den ursprünglichen Wettbewerbsbedingungen waren die Liverpooler Seifensieder nicht bereit, die Umstellungskosten auf künstliche Soda zu tragen. Erst die Absenkung des Barillazolles verlängerte den Zeithorizont ihrer Entscheidungen. Die Bedingung für die Innovation des Leblanc-Verfahrens war dadurch gegeben. Zusätzlich begünstigte die für 1824 angekündigte Senkung der Salzsteuer die Innovation.

Die Gegend der Merseyside, in der sich Liverpool befindet, eignete sich besonders als Standort für den Betrieb des Leblanc-Verfahrens, da es sowohl Salz als auch Kohlevorräte gab. Im Jahre 1822, also noch zwei Jahre vor der Senkung der Salzsteuer, errichtet Muspratt die erste Leblanc-Sodafabrik in Liverpool. Bei der Verwendung des Leblanc-Sodas stellte sich heraus, daß dieses

[17] Vgl. hierzu auch die Ausführungen von Barker und Harris 1959:225.

gegenüber Barilla noch einen weiteren Vorteil hatte: Es war höher konzentriert und gestattete dadurch die Verwendung geringwertiger Öle in der Seifenproduktion. Die Technik der Seifenproduktion mit Soda aus dem Leblanc-Verfahren erwies sich gegenüber der Technik mit natürlichem Soda als mehrergiebig. Barilla und Seetang wurden durch das Leblanc-Verfahren schnell verdrängt, der Kapitalbildungsprozeß in der Sodaherstellung setzte ein. Der Sodapreis verringerte sich im Zeitraum von 1820 bis 1830 von 720 Mark auf 360 Mark pro Tonne (Haber 1958:12).

Die Kuppelprodukte des Sodas erwiesen sich von Anfang an als problematisch. Nur geringe Mengen des Chlorwasserstoffes wurden zu Salzsäure oder Chlorkalk verarbeitet und damit verwertet. Das Calciumsulfid ging als sogenannter 'tank waste' vollständig verloren. Für den weiteren Entwicklungspfad der Sodaindustrie wurden die Kuppelprodukte aus zwei Gründen wichtig: Umwelt-und Ressourcenschonung sowie Verzögerung technischer Obsolenz.

7.3.4 Umwelt- und Ressourcenaspekte des Leblanc-Verfahrens

Die Herstellung von Soda nach dem Leblanc-Verfahren ermöglichte den Zugriff auf einen reichlich vorhandenen Rohstoff, das Steinsalz. Auch der Verbrauch der anderen Rohstoffe und der Schwefelsäure führte auf absehbare Zeit nicht zu einer Verknappung dieser Ressourcen. Eine Kostensteigerung, bedingt durch sich erschöpfende Rohstoffvorräte, war folglich nicht zu erwarten. Die Funktion der Umwelt als Rohstofflieferant bildete deshalb keine Restriktion für den Betrieb des Leblanc-Verfahrens. Dagegen hatte die Nutzung der Umwelt als Schadstoffempfänger seit der Innovation des Verfahrens durch Muspratt restriktiven Charakter für die Leblanc-Produzenten. Ursächlich hierfür waren die beiden Kuppelprodukte Chlorwasserstoff und Calciumsulfid, sowie in geringerem Ausmaße Schwefeldioxidemissionen aus den Bleikammern der werksintegrierten Schwefelsäureherstellung. Im folgenden werden wir untersuchen, wie sich diese Restriktion äußerte und wie die Leblanc-Hersteller mit den unerwünschten Kuppelprodukten Chlorwasserstoff und Calciumsulfid umgingen.

7.3.4.1 Das Kuppelprodukt Chlorwasserstoff

Soda und Chlorwasserstoff werden beim Leblanc-Verfahren in starrer Kuppelproduktion hergestellt. Auf das Produktmengenverhältnis von einer Tonne Soda und 0,68 Tonnen Chlorwasserstoff kann kein Einfluß genommen werden. Chlorwasserstoff ist gasförmig und gelangte über die Abluft in die Umwelt. Welche Folgen die Emission dieses Kuppelproduktes hatte, können wir folgendem Zitat entnehmen (LASSAR-COHN 1899:394f):

> "... und es (Chlorwasserstoff, d. Verf.) war ursprünglich so lästig, daß fast die Sodafabrikation nach Leblanc an diesem Nebenumstande hätte scheitern können. ... ; kurzum ihre (Chlorwasserstoff, d. Verf.) Anwesenheit in der Luft macht sich auf das unangenehmste geltend. So mußten die Fabriken aus manchen Städten wieder entfernt werden, wie z.B. aus Brüssel, weil kein Handwerker in dem betreffenden Stadtteil seine Instrumente mehr scharf halten konnte."

Probleme mit dem unerwünschten Kuppelprodukt Chlorwasserstoff begleiteten die Leblanc-Sodaproduzenten von Anfang an, wie am Beispiel der Fabrik von Muspratt deutlich wird. Muspratt wählte als Standort seiner Sodafabrik Liverpool, d.h., eine dicht besiedelte Region. Die Verdünnungskapazität der Luft reichte nicht aus, um die Schadstoffkonzentration auf ein unmerkliches Maß zu verringern. Die Folge waren Beschwerden der Liverpooler Bevölkerung. Das einzig verfügbare umweltschutzpolitische Instrument der Behörden bestand darin, die entsprechende Gewerbetätigkeit innerhalb eines bestimmten Gebietes zu untersagen. Dazu mußte das betreffende Gewerbe zu einem öffentlichen Ärgernis erklärt werden. Dieses Instrument hatte in Großbritannien bereits Tradition. So waren 1770 die Kupferhütten in Liverpool zu einem öffentlichen Ärgernis erklärt worden. Wie wir im Abschnitt 7.2.3.1 gesehen haben, führte das Abrösten schwefelhaltiger Kupfererze zu Schwefeldioxidemissionen. Aufgrund dieser Emissionen verhängte die Stadt Liverpool 1770 ein Produktionsverbot für Kupferhütten. Muspratt mußte nun ebenfalls mit der Klassifikation als öffentliches Ärgernis rechnen. Der Ausbau seiner Produktionskapazität in Liverpool war vor diesem Hintergrund nicht durchführbar. Um dennoch eine expandierende Sodanachfrage bedienen zu können, erschloß er einen neuen Standort. 1828 pachtete er Land in der Nähe St. Helens am Sankey Kanal. Dieser Standort hatte zwar den Vorteil der dünnen Besiedlung, aber auch den Nachteil der größeren Entfernung zu den Seifensiedern. In der Gegend um St. Helens waren kaum Seifensieder, dafür aber einige Glashütten ansässig. Muspratt betrieb deshalb eine Produktpolitik, die auf die Substitution von Glaubersalz durch Soda bei der Glasherstellung abzielte. Damit erschloß er für Soda ein neues Anwendungsgebiet, das auch heute noch zu den wichtigsten Sodaanwendungsgebieten zählt.

Probleme mit dem unerwünschten Kuppelprodukt Chlorwasserstoff sind dann wieder im Zusammenhang mit der weiteren Gründung einer Sodafabrik in Everton dokumentiert (BARKER UND HARRIS 1959:230). Muspratt unternahm 1831 diese Gründung nach einem Zerwürfnis mit seinem Teilhaber in St. Helens. Wegen der Klagen der Bevölkerung mußte er sich in Liverpool, wo er nach wie vor Soda produzierte, einem Anhörungsverfahren unterziehen. Der Ausgang dieses Anhörungsverfahrens wurde in Everton mit Interesse verfolgt. Wäre das Liverpooler Sodawerk zu einem öffentlichen Ärgernis erklärt worden, wäre die Werksgründung in Everton gescheitert. Muspratt konnte die Anhörung jedoch so steuern, daß nur Befürworter der Leblanc-Fabrik vorsprachen. Die Aussagen der geladenen Experten gingen so weit, daß ein Arzt die Vorteilhaftigkeit von Chlorwasserstoffemissionen proklamierte, da diese Krankheiten austrieben.[18] Muspratt benutzte die erfolgreiche Abwehr der Anklage als Argument zur Durchsetzung seiner Betriebsgründung in Everton. 1838 wurde das Liverpooler Werk allerdings dann doch zu einem öffentlichen Ärgernis erklärt. Der Produktionsschwerpunkt mußte daraufhin nach Everton verlegt werden.

Am Beispiel der Sodafabrik von Muspratt können wir erkennen, daß Umweltrestriktionen bereits in der Anfangsphase der chemischen Industrie Einfluß auf die Entwicklung nahmen. Um diese Restriktionen zu lockern, wurden Produktionsstandorte verlagert, im Falle Muspratts von Liverpool nach Everton.

[18]Im Liverpool Mercury erschien daraufhin in humoristischer Absicht eine Anzeige, in der die Gründung der 'A Muratic Acid Gas Joint Stock Company' annonciert wurde. Der Geschäftszweck dieser Firma war die Herstellung und der Vertrieb von Pfeifen zum besseren Einatmen der Chlorwasserstoffgase (BARKER UND HARRIS 1959:230).

Die stark expandierende Sodaproduktion (vgl. folgenden Abschnitt) führte dazu, daß sich die Knappheit der Umwelt als Schadstoffempfänger substantiell veränderte. Auch durch eine Standortverlagerung konnte die Umweltrestriktion nicht mehr gelockert oder gar aufgehoben werden. Da die Produktion von Soda ohne gleichzeitige Produktion von Chlorwasserstoff mit dem Leblanc-Verfahren unmöglich ist, mußten alternative Strategien entwickelt werden. Eine langfristige Lösung des Umweltproblemes wurde deshalb in der Verwertung des Kuppelproduktes gesucht. Innerbetriebliche Kreislaufführung schied aus, da Chlorwasserstoff keinen der wichtigen Rohstoffbestandteile enthält. Statt dessen mußte Chlorwasserstoff in eine Form gebracht werden, die seine Verwertung außerhalb der Sodafabrikation ermöglichte. Diese Form war bereits seit längerem bekannt; es handelt sich um elementares Chlor in Verbindung mit Kalk, dem sogenannten Chlorkalk. Chlorkalk konnte als sogenanntes Bleichpulver an die Textilfabrikanten verkauft werden. Für die Leblanc-Fabrikanten bestand somit keine Notwendigkeit, einen neuen Markt für die Verwertung des unerwünschten Kuppelproduktes zu schaffen. Es genügte, einen Weg zu finden, um Chlorwasserstoff in Chlorkalk zu überführen. Dieser Weg führt über elementares Chlor.

Elementares Chlor wurde 1774 erstmals durch Scheele dargestellt. Scheele stellte Chlor mit der Hilfe von Braunstein aus Chlorwasserstoff her, so daß sogar ein Produktionsprozeß für die Überführung von Chlorwasserstoff in das Produkt Chlor existierte. Die Bleichwirkung von Chlor und damit seine Anwendungsmöglichkeit in der Textilindustrie wurde schnell erkannt. Allerdings war elementares Chlor wegen seiner Giftigkeit und seinem gasförmigen Zustand schwer zu handhaben. 1797 gelang es dem Unternehmer Tennant, die Handhabung von Chlor durch die Überführung in Chlorkalk wesentlich zu vereinfachen. 1799 produzierte Tennant bereits 52 Tonnen Chlorkalk. Die Entdeckung, daß Salzsäure in das marktfähige Gut Chlorkalk überführt werden kann, fällt zeitlich eng mit der Entwicklung des Leblanc-Verfahrens zusammen. Die Innovation der Chlorkalkherstellung findet in Großbritannien noch vor der Innovation des Leblanc-Verfahrens statt. Allerdings war die Chlorkalkherstellung unausgereift. Um elementares Chlor aus Salzsäure zu gewinnen, wurde

Braunstein benötigt. Im Zuge der Reaktion entsteht Manganchlorid, das mit nicht umgesetzter Salzsäure ein sogar im 18. Jh. schwer entsorgbares Abwasser ergibt. Wurde das unerwünschte Kuppelprodukt Chlorwasserstoff auf diese Weise verwertet, entstand ein anderes unerwünschtes Kuppelprodukt; die saure Manganchloridlösung. Für die Leblanc-Hersteller hätte die Überführung des Chlorwasserstoffes in Chlorkalk mit Braunstein somit nur neue Umweltprobleme geschaffen. Die Probleme mit dem Kuppelprodukt Manganchlorid und ein Preisverfall für Chlorkalk verhinderten deshalb eine Diffusion der Chlorkalkherstellung durch die Sodafabrikation. Der Preis für Chlorkalk war von 2.800 Mark/Tonne im Jahre 1799 auf 450 Mark/Tonne im Jahre 1825 gesunken (KOCKERSCHEIDT 1905:32).

Einen Wendepunkt im Umgang mit Chlorwasserstoff führte schließlich ein Umweltgesetz herbei. 1862 wurde ein Ausschuß des Oberhauses eingesetzt, der die Schäden giftiger Dämpfe aus bestimmten Fabriken feststellen und die Rechtslage klären sollte. Der Ausschuß prüfte die Möglichkeiten einer Emissionsminderung in Sodafabriken und Kupferhütten. Für die Kupferhütten wurde kein Potential für Emissionsminderungen gesehen. Die hierzu erforderliche Technologie, die auch die Verarbeitung niedriger Schwefelkonzentrationen im Röstgas ermöglichte, wurde erst 1877 von den Duisburger Kupferhütten eingeführt (DRÖSSER 1908:57). Anders hingegen beurteilte der Ausschuß das Emissionsminderungspotential der Sodahersteller. Am 1. Januar 1864 wurde die Emission des Chlorwasserstoffes bei der Sodaproduktion im Vereinigten Königreich unterbunden. Der 'Act for the more effectual Condensation of Muratic Acid Gas in Alkali Works', im folgenden Alkali-Akte genannt, enthielt die Prozeßauflage, mindestens 95% des Chlorwasserstoffes zu kondensieren, d.h. in Salzsäure zu überführen. Die bisherige Emission in das Umweltmedium Luft war damit weitgehend untersagt. Den Vollzug der Alkali-Akte überprüften Betriebsinspektoren, die von zahlreichen Vereinigungen, wie der 'Controlling the Escapes of Noxious Vapours and Fluids from Manufactories' und der 'Alkali Acts Extension Association' unterstützt wurden.

Die Alkali-Akte, die aus heutiger Sicht eine Prozeßnorm ist, hatte mittelfristig eine stark innovationsanreizende Wirkung. Die unmittelbare Reaktion der meisten Produzenten bestand jedoch darin, die gesetzlich vorgeschriebene Salzsäureproduktion durch Einleiten der Säure in Flüsse ungenutzt zu lassen. Damit verlagerte sich das Problem der Umweltverschmutzung vom Medium Luft auf das Medium Wasser. In Lancashire, einem wichtigen Standort der Sodafabrikation, wurden jährlich über 370.000 Tonnen Salzsäure in Gewässer geleitet (HABER 1958:208). Annäherungsweise wurden damit über 50% der insgesamt in Lancashire anfallenden Salzsäure in die Flüsse geleitet.[19]

Das größte Hindernis der Chlorwasserstoffverwertung war die Notwendigkeit, zunächst elementares Chlor aus Chlorwasserstoff gewinnen zu müssen. Bereits zwei Jahre nach Verabschiedung der Alkali-Akte gelang es Weldon, ein Verfahren zur Rückgewinnung des Braunsteines bei der Chlorherstellung zu entwickeln. 1868 meldete Deacon ein Verfahren zur Patentierung an, das die Chlorgewinnung aus Salzsäure ohne Kuppelprodukte ermöglichte. Der Nachteil des Deacon-Verfahrens war, daß nur die Hälfte des Chlorwasserstoffes umgesetzt wurde, und das Verfahren kompliziert in der Handhabung war. Im Gegensatz zum Weldon- Verfahren setzte sich das Deacon-Verfahren nach technischen Verbesserungen schnell durch und ist auch heute noch im Gebrauch. Die Entwicklung des Deacon- und Weldon-Verfahrens ermöglichte die Verwertung des unerwünschten Kuppelproduktes Chlorwasserstoff.

1874 wurde die Alkali-Akte auf schwefel- und stickstoffhaltige Gase ausgedehnt. Auch wurde die Abwassereinleitung gesetzlich eingeschränkt. Damit war auch das zweite Kuppelprodukt des Leblanc-Sodas, das Calciumsulfid, Gegenstand von Umweltgesetzen.

7.3.4.2 Das Kuppelprodukt Calciumsulfid

Wenden wir uns nun dem zweiten Kuppelprodukt, dem Calciumsulfid zu. Die theoretische Produktionsmenge beträgt 0,68 Tonnen je Tonne Soda. Bis

[19] Die Schätzung kommt folgendermaßen zustande: In Lancashire wurden 1866 351.000 Tonnen Steinsalz verarbeitet (HABER 1958:59). Durch stöchiometrische Rechnungen ergibt sich daraus die entsprechende Menge Chlorwasserstoff (217.000 Tonnen). Die Konzentration von Chlorwasserstoff in Salzsäure beträgt ca. 30%, woraus sich eine Salzsäuremenge von 723.000 Tonnen ergibt. Eingeleitet wurden 371.000 Tonnen, d.h. 51% des Chlorwasserstoffes wurden auf diese Weise entsorgt.

1880 wurde auf den Deponien in Lancashire ein Bestand von 4,5 Mio Tonnen Calciumsulfid aufgebaut (ALKALI INSPECTOR 1885:10). Im Gegensatz zum Chlorwasserstoff bindet dieses Kuppelprodukt einen wichtigen Rohstoff des Leblanc-Verfahrens, nämlich den gesamten Schwefel der Schwefelsäure. Neben diesem ressourcenökonomisch unerwünschten Effekt belastet Calciumsulfid die Umwelt. Das in der Luft enthaltene Kohlendioxid wirkte auf die deponierten Calciumsulfidbestände ein und führte zur Entwicklung geruchsintensiven und gesundheitsschädigenden Schwefelwasserstoffes. Auch fanden in der Deponie weitere unerwünschte Reaktionen statt, die zu wasserlöslichen Schwefelverbindungen führten. Diese wiederum wurden durch Regen ausgewaschen und gelangten so in Flüsse und Brunnen. Damit waren die Gewässer sowohl mit Salzsäure, als auch mit Schwefelverbindungen belastet. Die Folge war eine erhebliche Minderung der Qualität dieser Gewässer (HABER 1958:208):

> "The Sankey Canal fed by the Brook could not be used by iron boats and barges owing to the risk of corrosion. A sample of mud from the Brook contained 22,75% of free sulphur."

Beide Faktoren, der ressourcenökonomische und der umweltökonomische, bildeten einen Anreiz, Calciumsulfid zu verwerten. Die erste Entwicklung eines Rückgewinnungsverfahrens für Schwefel aus Calciumsulfid gelang Hofmann in Dieuze, Frankreich. Er nutzte die saure Manganchloridlösung aus der Chlorkalkherstellung, um Schwefelsäure aus Calciumsulfid wiederzugewinnen. Die Innovation seines Verfahrens löste jedoch keine Nachahmung durch andere Sodahersteller aus. Das Verfahren war auf die spezifischen Verfahrensbedingungen in Dieuze zugeschnitten und nicht auf andere Sodafabriken übertragbar (LASSAR-COHN 1899:411). Eine anderes Verfahrensprinzip entwickelte Schaffner in Deutschland. Mit Hilfe des Kuppelproduktes Salzsäure gewann er Schwefel aus Calciumsulfid. Da auf diese Weise nur 50% des Calciumsulfids verwertet werden konnten, fand auch dieses Verfahren keine Verbreitung. Das Schaffner-Helbig-Verfahren von 1878 basierte statt auf Salzsäure auf Magnesiumchlorid. Magnesiumchlorid war inzwischen zu einem lästigen Nebenprodukt der Kaliverarbeitung in Straßburg geworden. Die Einleitung in Flüsse war bis Hamburg am erhöhten Chlorgehalt der Elbe registrierbar. Eine Verwertung war somit in höchstem Maße erwünscht. Gleichzeitig wurde mit diesem Verfahren auch der Kalkgehalt des Calciumsulfids wiedergewonnen, so daß eine Kreislaufführung möglich war. Die Wiedergewinnung des Schwefels in Form von Schwefelwasserstoff, war zu 90% möglich. 1882-1883 brachte der britsche Industrielle Chance das Verfahren in England zur technischen Reife. Die Entwicklung des Verfahrens war dringlich, da die Alkali-Akte 1882 auch auf Abfälle und damit auf den 'tank waste' ausgedehnt wurde. Die Kosten der Schwefelrückgewinnung waren gering genug, um den Preis sizilianischen Elementarschwefels um 50% zu unterschreiten.[20] 1883 reagierten die sizilianischen Anbieter, indem sie ihrerseits den Preis um 50% senkten. Zu diesen Bedingungen war die Innovation des Schaffner-Helbig Verfahrens aus ressourcenökonomischer Sicht nicht mehr lohnend. Ein Nachteil des Verfahrens bestand zudem darin, daß nur Schwefelwasserstoff und nicht elementarer Schwefel gewonnen wurde. Schwefelwasserstoff konnte zwar aufwendig zur Schwefelsäure weiterverarbeitet werden und war damit ein Rohstoff für die Leblanc-Fabrikanten; die Herstellung elementaren Schwefels wäre jedoch besser gewesen. Bereits 1837 hatte Gossage mit Experimenten zur Gewinnung elementaren Schwefels aus dem 'tank waste' begonnen, nach dreißig Jahren erfolgloser Experimente jedoch aufgegeben. Chance griff ein vom deutschen Chemiker Claus 1883 patentiertes, aber technisch nicht durchführbares Verfahren auf und entwickelte eine exakte Prozeßführung. Es gelang ihm, 90% des Schwefelgehaltes zu gewinnen und den Energieverbrauch des Verfahrens niedrig zu halten. Das Problem der Schwefelrecyclierung war damit gelöst. 1891 waren in England 15 Leblanc-Sodafabriken mit diesem Verfahren ausgerüstet.

Chance beabsichtigte, seine Erfindung im Rahmen eines umfangreichen Verbundprojektes umzusetzen. In seiner Sodafabrik sollten zunächst kupferhaltige Erze der Bergbaugesellschaften geröstet werden, um den Schwefel für die Schwefelsäureherstellung zu gewinnen. Diese kupferhaltigen Erze konnte er kostengünstig beziehen. Das erwünschte Kuppelprodukt des Röstvorganges, Kupferoxid, sollte an Kupferhütten geliefert werden. Die Schwefelsäure wur-

[20] Das sizilianische Schwefelmonopol von 1838 war schon nach wenigen Jahren zerbrochen. In den folgenden Jahren gelang es den Sizilianern, Marktanteile zurückzugewinnen.

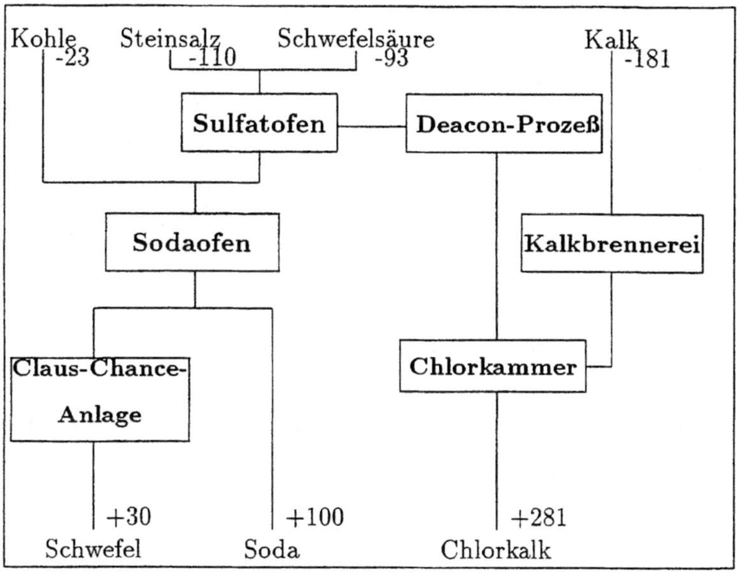

Abbildung 7.4: Voll entwickelte Leblanc-Industrie
Nicht erfaßt sind der Einsatz von 15,6 Tonnen Wasser, 30,2 Tonnen Luftsauerstoff uund die Emission von 41,5 Tonnen Kohlendioxid
Quelle: Allgemeine chemische Grundlagen

de in der Sodaproduktion eingesetzt. Anschließend wurde das Kuppelprodukt Calciumsulfid mit dem Claus-Chance-Verfahren aufgearbeitet, um elementaren Schwefel zu gewinnen. Dieser Schwefel wiederum war ein Konkurrenzprodukt für die sizilianischen Schwefelanbieter. Im Idealfall war sizilianischer Schwefel mit diesem Verfahren überflüssig.

Gegen Ende des 19. Jh. war das Leblanc-Sodaverfahren weitgehend ausgereift. Das Verbundprojekt von Chance stellte die höchste Entwicklungsstufe der Leblanc-Sodaindustrie dar. In Abbildung 7.4 ist eine Anlage mit vollständiger Kuppelproduktverwertung dargestellt. Gegenüber dem ursprünglichen Leblanc-Verfahren verdreifachte sich die Anzahl der installierten Kapitalgüter.

Jahr	Anzahl Werke	Anzahl Arbeiter	Produktions-wert in Pfund	Kapitalstock in Pfund	Steinsalzver-brauch in T
1852	33	6.326	1.250.000	702.000	137.500
1862	50	10.000	2.000.000	2.000.000	k.A.
1866/7	60	k.A.	6.000.000	5.000.000	351.000
1876	k.A.	22.000	7.000.000	7.000.000	k.A.

Tabelle 7.5: Leblanc-Fabrikation in Großbritannien
Quelle: KOCKERSCHEIDT (1905),HABER (1958)

7.3.5 Wirtschaftlicher Kontext der Kuppelproduktverwertung

Im vorangegangenen Abschnitt haben wir aufgezeigt, welche Verfahren eine Verwertung der unerwünschten Kuppelprodukte Chlorwasserstoff und Calciumsulfid ermöglichten. In diesem Abschnitt analysieren wir die wirtschaftlichen Auswirkungen und das Umfeld dieser Maßnahmen. Die Bedeutung der Kuppelprodukte änderte sich im Zeitverlauf und hing von der Phase ab, in der sich die Leblanc-Industrie befand. Wir unterscheiden drei Phasen: Die erste Phase ist der Aufbau und die Prosperität der Leblanc-Produzenten (1822-1874). Die zweite Phase (1874-1892) ist die Konkurrenz zu einem alternativen Sodaherstellungsprozeß. Die dritte Phase (ab 1892) ist der endgültige Niedergang der Leblancproduktion durch ein alternatives Verfahren zur Chlorherstellung.

7.3.5.1 Aufschwungphase der Leblanc-Produzenten

In ihrer Aufschwungphase investierten die Leblanc-Produzenten erhebliche Kapitalien in ihre Werke (vgl. Tabelle 7.5), was sich in einer Ausweitung der Produktion und in der Gründung neuer Firmen niederschlug. Wie die verfügbaren Daten zeigen, verdoppelte sich die Anzahl der Werke im Zeitraum 1852-1876 beinahe. Der durchschnittliche Kapitalbestand pro Werk vergrößerte sich von 21.272 Pfund (1852) auf 83.333 Pfund (1867).

Errechnen wir den Quotienten von Kapitalstock und Produktionswert (vgl. Tabelle 7.5), so erhalten wir einen interessanten Befund: Dieser als Kapitalbedarfskoeffizient bezeichnete Wert nimmt für die Jahre 1862 und 1876 den Wert eins an. Dies entspricht genau dem von KÖLBEL UND SCHULZE (1960) als Orientierungswert für die Vorkalkulation von chemischen Produktionsanlagen angegebenen Wert. Auch liegt dieser Wert in dem Schätzintervall für die Jahre 1990-1993 (vgl. S. 54).

Einen Beleg für die Zunahme der Kapitalintensität liefert der Quotient aus Kapitalstock und Steinsalzverbrauch: 1852 erforderte die Durchsatzkapazität für eine Tonne Steinsalz 5 Pfd. Kapitaleinsatz. 1866/67 betrug dieser Kapitaleinsatz 14 Pfd., d.h. der Kapitalbedarf hatte sich nahezu verdreifacht. Ein wesentlicher Grund für diese Zunahme sind die in Abbildung 7.4 eingezeichneten zusätzlichen Kapitalgüter für die Verwertung der Kuppelprodukte, nämlich die Chance-Claus-Anlagen und der Deacon-Prozeß.

Mit der Verwertung ihrer Kuppelprodukte praktizierten die Leblanc-Produzenten die heute übliche Form des chemischen Multiproduktunternehmens. Darüber hinaus umfaßte ihr Produktionsprogramm Schwefelsäure, die sie über den Eigenbedarf hinaus produzierten. Auch das Zwischenprodukt Glaubersalz wurde überschüssig produziert und an Glashütten verkauft. Neben Soda in kalzinierter und kristallisierter Form boten sie auch das Folgeprodukt Natronlauge an.[21] Gezwungen durch die Alkali-Akte, wurde vor allem Chlorkalk verstärkt hergestellt. An den wichtigsten Standorten Großbritanniens stieg die am Steinsalzdurchsatz gemessene Produktionsmenge von Soda im Zeitraum 1866 - 1878 um 62%. Die produzierte Menge von Chlorkalk stieg im gleichen Zeitraum um 123% (HABER 1958:59).

Ein weiterer Anreiz zur Verwertung der Kuppelprodukte ging von einem Anstieg der Bodenpreise und damit der Deponiekosten aus. Infolge des allgemeinen wirtschaftlichen Aufschwunges waren die Bodenpreise in der Umgebung der Sodafabriken höher. In Widness stiegen die Bodenpreise von 30-40 Pfd./acre in den 50er Jahren auf 1700-2400 Pfd./acre im Jahre 1876 (HABER 1958). Diese Verteuerung machte die Deponie des Calciumsulfids im sogenannten 'tank waste' unattraktiv und schaffte einen zusätzlichen Anreiz, dieses

[21] In Abbildung 7.4 verzichteten wir aus Übersichtlichkeitsgründen auf die Darstellung dieser Weiterverarbeitungsmöglichkeit.

unerwünschte Kuppelprodukt zu verwerten.

In Deutschland begann der Aufbau der Sodafabrikation erst in den 40er Jahren des 19. Jh. Der starke Anstieg der Sodaimporte in den Deutschen Zollverein, im Zeitraum 1833-1841 verdreizehnfachte sich das Importvolumen[22], schien den Aufbau einer eigenen Sodaindustrie aus handelspolitischen Erwägungen notwendig zu machen. Aus dem von MÜLLER (1902) erläuterten handelspolitischen Kalkül geht auch eindeutig hervor, daß das Kuppelprodukt Chlorwasserstoff nicht als unerwünschtes Kuppelprodukt klassifiziert wurde. Die Aussicht auf billige Salzsäure, d.h. in Wasser gelösten Chlorwasserstoff, gehörte in den 40er Jahren zu den Argumenten für eine Erhöhung des Schutzzolles auf Soda.

Eine der ersten deutschen Sodafabriken wurde 1938 von Matthes & Weber in Duisburg gegründet (MIECK 1967). Das Genehmigungsschreiben für diese Anlage ermöglicht einen Einblick in die damalige Genehmigungspraxis. Es wurde ausdrücklich vorgeschrieben, daß die Bauausführung genau den eingereichten Plänen entsprechen muß, damit das Entweichen salzsaurer Gase, gemeint ist damit Chlorwasserstoff, soweit vermieden wird, daß die Nachbarn keinen Schaden erleiden. Weiter wurde das Unternehmen Matthes & Weber verpflichtet, zukünftige Entwicklungen zur Vermeidung der Emissionen in ihrer Anlage umzusetzen. Die Fabrikation von Chlorkalk wurde wegen der unvermeidlichen Chloremissionen gänzlich verboten. Zwei Jahre nach dieser Genehmigung beantragte Matthes & Weber 1840 nochmals die Genehmigung zur Chlorkalkherstellung. Erst nach acht Jahren wurde die Genehmigung erteilt, mit der Auflage, das Werk an einen Standort außerhalb der Stadt zu verlegen.

Unter dem Schutz hoher Zollsätze auf Sodaimporte konnte in relativ kurzer Zeit eine auf dem Leblanc-Verfahren basierende Sodafabrikation aufgebaut werden. Die Bedeutung, die den Kuppelprodukten zugewiesen wurde, war hoch. Die Berichterstatter der Wiener Weltausstellung von 1873 hoben die weitgehende Abfallverwertung in den deutschen Leblanc-Fabriken als einen Vorteil gegenüber den kapazitätsmäßig überlegenen Engländern hervor

[22]Im Jahre 1833 wurden in den Deutschen Zollverein 204 Tonnen Soda importiert. 1841 belief sich die Menge auf 2589 Tonnen (MÜLLER 1902:83).

(TREUE 1966:40).

Fassen wir die Aufschwungphase des Leblanc-Verfahrens zusammen: In Großbritannien wurden erhebliche Kapitalien in diese Industrie investiert. Während dies in der Anfangsphase lediglich der Erhöhung der Sodaproduktion diente, wurde später auch in die Kuppelproduktverwertung investiert. Als wichtigstes Verbundprodukt wurde Chlorkalk hergestellt, der für Bleichzwecke in der Papier- und Rohtextilienherstellung benutzt wurde. Auch in Deutschland entstand eine Sodaindustrie, wobei hier die Möglichkeit, Salzsäure als Kuppelprodukt zu gewinnen, einen wichtigen Innovationsanreiz darstellte.

7.3.5.2 Technikablösung durch das Solvay-Verfahren

Die auf dem Leblanc-Verfahren basierende Sodaindustrie war auf einem hohen Entwicklungsstand angelangt. Die Kapitalgüter und das produktionsspezifische Wissen sollten jedoch mit Beginn der zweiten Phase ihren Wert zunehmend einbüßen. Der Untergang des Leblanc-Verfahrens durch die Innovation einer neuen Technik führte letztlich dazu, daß Großbritannien seine weltmarktbeherrschende Stellung im Bereich der anorganisch-chemischen Industrie verlor.

Den Untergang der Leblanc-Industrie führte die Entwicklung eines alternativen Verfahrens zur Sodaherstellung herbei. Dieses Verfahren unterschied sich so grundlegend vom Leblanc-Verfahren, daß keines der Kapitalgüter der Leblanc-Produzenten für den Betrieb des neuen Verfahrens verwendet werden konnte. Die Übernahme des neuen Verfahren durch einen Leblanc-Produzenten hätte den Aufbau vollständig neuer Produktionsanlagen erfordert.

Die chemischen Grundlagen der alternativen Sodaherstellung, die als Ammoniaksoda- oder Solvay-Verfahren bezeichnet wird, waren bereits seit 1838 bekannt. Die englischen Chemiker Dyar und Hemming hatten den Prozeß patentiert, scheiterten jedoch an der technischen Umsetzung. Auch der Unternehmer Muspratt arbeitete am Ammoniaksoda-Prozeß. 1840 führte er den Prozeß ein, mußte aber bereits nach zwei Jahren wegen der technischen Schwierigkeiten wieder aufgeben. Weitere erfolglose Versuche wurden von den wichtigsten Sodaherstellern, darunter Kunheim (Berlin), Gossage & Deacon

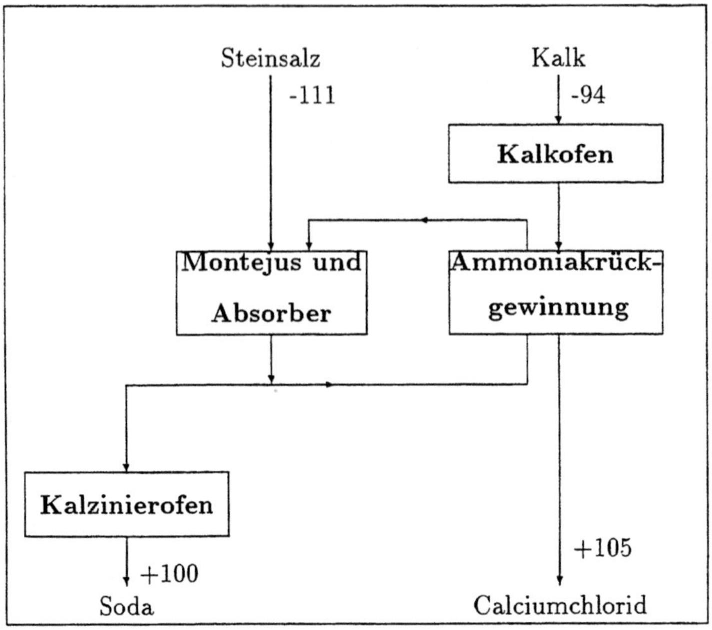

Abbildung 7.5: Das Solvay-Verfahren zur Sodaherstellung
Quelle: Allgemeine chemischen Grundlagen

(England) und Schlösing & Roland (Frankreich), durchgeführt. 1863 begann der Belgier Ernst Solvay am Ammoniaksoda-Prozeß zu arbeiten. Schon 1864 konnte er geringe Mengen sogenannter Ammoniaksoda liefern. In Abbildung 7.5 ist das Verfahren dargestellt. Im folgenden wird es Solvay-Verfahren genannt.

Beim Solvay-Verfahren wird eine Steinsalzlösung mit Ammoniak als Prozeßchemikalie in einem sogenannten *Montejus* und in einem *Absorber* zu Natriumhydrogencarbonat umgesetzt. Ammonika wird dabei zu Ammoniumchlorid reagiert, das unter Einsatz von Kalk wieder zu Ammoniak zurückverarbeitet wird. Bei dieser Rückgewinnung entsteht das Kuppelprodukt Calciumchlorid. Das Natriumhydrogencarbonat wird in einem Kalcinierofen erhitzt und wandelt sich dadurch zu Soda um.

Das Solvay-Verfahren unterscheidet sich vom Leblanc-Verfahren in drei wesentlichen Punkten:

1. Als einziges Kuppelprodukt entsteht Calciumchlorid. Da es sich hierbei um ein festes oder in Wasser gelöstes Salz handelt, war es wesentlich einfacher zu handhaben als gasförmiger Chlorwasserstoff. Zudem konnte das Calciumchlorid im Abwasser ausgetragen werden, ohne größere Umweltschäden zu verursachen. Die Verdünnungskapazitäten der Gewässer reichten aus, um die Konzentration auf ein tolerierbares Maß zu bringen. Calciumchlorid war im 19. Jh. frei entsorgbar.

2. Kohle ist kein unmittelbarer Rohstoff für das Solvay-Verfahren. Zwar erfordert der Prozeß Energiezufuhr, diese kann jedoch auch auf anderen Wegen, z.B. durch Steinkohlengas, bereitgestellt werden. Der Energieverbrauch ist zudem geringer als beim Leblanc-Verfahren. Einer der wesentlichen komparativen Vorteile der britischen Sodaproduzenten war die billige Verfügbarkeit von Kohle (vgl. MÜLLER 1902:83). Durch das Solvay-Verfahren wurde dieser Vorteil abgeschwächt.

3. Statt Schwefelsäure wird Ammoniak als Prozeßchemikalie eingesetzt. Die Erfolglosigkeit der frühen Innovationsversuche des Solvay-Verfahrens hingen mit dem betriebsbedingten Verlust des teuren Ammoniaks zusammen. Solvay begegnete diesem Problem mit technischen Verbesserungen, indem er eine Kreislaufführung des Ammoniaks entwickelte. Hinzu kommt, daß Ammoniak in den Gasanstalten als Kuppelprodukt in zunehmenden Mengen anfiel und somit günstig verfügbar war. Solvay arbeitete in einer Gasanstalt und verfügte dadurch über ausreichende Mengen dieser Prozeßchemikalie für seine Experimente. Er sah im Ammoniaksoda-Prozeß eine Möglichkeit, dieses Kuppelprodukt der Gasanstalten zu verwerten.

Der Innovation des Verfahrens in Belgien im Jahre 1864 folgte die Verbreitung des Verfahrens in Großbritannien, Deutschland und Frankreich. Solvay bediente sich eines ausgeklügelten Lizenzierungsverfahrens, das die Lizenznehmer verpflichtete, Verfahrensverbesserungen dem Lizenzgeber mitzuteilen. Dies ermöglichte eine schnelle Diffusion technischer Verbesserungen über die Gesamtheit der Solvay-Produzenten. Mit der Verbreitung des Solvay-

Verfahrens in Großbritannien, Frankreich und Deutschland begann der Technikablösungsprozeß in der Sodaherstellung.

In Großbritannien führten Brunner & Mond das Solvay-Verfahren ein. Mond hatte sich nach abgebrochenem Chemiestudium 12 Jahre lang mit der Verwertung des Calciumsulfids aus dem Leblanc-Prozeß beschäftigt. 1861 meldete er ein unbedeutendes Patent zu dessen Verwertung an und erlangte damit innerhalb der chemischen Industrie eine geringe Reputation. 1872 traf er auf Solvay und lernte dessen Verfahren kennen. Mond erkannte sofort das Potential des Solvay-Prozesses und brach seine Arbeiten am Leblanc-Prozeß ab. Zusammen mit Brunner, der die kaufmännische Leitung des neugegründeten Unternehmens übernahm, führte Mond das Solvay-Verfahren in Großbritannien ein. Obwohl Solvay bereits erfolgreich nach seinem Verfahren in Belgien produzierte, drohten Brunner & Mond an technischen Schwierigkeiten zu scheitern. Im Gegensatz zum Leblanc-Verfahren gehört das Solvay-Verfahren zu den kontinuierlich arbeitenden Prozessen.[23] Verfahren dieses Typus sind sehr schwer in Betrieb zu nehmen, da alle Materialströme exakt abgestimmt werden müssen. Verlaufen einzelne Prozeßschritte asynchron, so droht das gesamte Verfahren zu scheitern; die Produktionsanlagen werden beschädigt oder gar zerstört. Probleme dieser Art sind auch in der modernen Verfahrenstechnik gegenwärtig (persönliche Kommunikation BAYER).

Aus kapitaltheoretischer Sicht sind die Probleme beim Anfahren der Produktionsanlage folgendermaßen zu sehen: Nachdem das Kapitalgut erstellt ist, kann theoretisch sofort in der nächsten Periode mit der Produktion begonnen werden. Die Anfahrphase stellt ein zusätzliches Zeitintervall zwischen Verfügbarkeit des Kapitalgutes und Aufnahme der Produktion dar. Die Länge dieser Phase kann nur über Wahrscheinlichkeiten abgesehen werden und wirkt im Entscheidungskalkül investitionshemmend. Somit müssen die Kosten einschließlich die der möglichen Beschädigung oder Zerstörung der Produktionsanlagen als zusätzliche Investitionskosten angesehen werden.

---

[23]Ein kontinuierlich arbeitendes Verfahren liefert einen gleichmäßigen Outputstrom und benötigt einen gleichmäßigen Inputstrom. Bei diskontinuierlichen Verfahren werden periodisch Inputs zugeführt und Outputs entnommen.

Zu den technischen Schwierigkeiten, die Brunner & Mond bei der Einführung des Verfahrens hatten, kam als zusätzliches wirtschaftliches Hindernis der Rückgang des Sodapreises. So verringerten die Leblanc-Produzenten im Zeitraum 1872-1882 den Kohleeinsatz um 36% und die Arbeitskosten um 44%. Ein Kostenvergleich beider Verfahren zeigt, daß die Überlegenheit des Solvay-Prozesses in dieser Anfangsphase nicht zu erkennen war (vgl. Tabelle 7.6).

Wie der Kostenvergleich zeigt, hing die Konkurrenzfähigkeit der Leblanc-Produzenten wesentlich von den Erlösen der Kuppelprodukte Chlor und Schwefel ab. Mit 75 Mark pro Tonne Soda arbeitete das Leblanc-Verfahren etwas kostengünstiger als das Solvay-Verfahren. Der Kapitalaufwand für das Solvay-Verfahren war zudem um den Faktor 1,35 höher als beim Leblanc-Verfahren (HABER 1958:101). Allerdings stand das Solvay-Verfahren zu diesem Zeitpunkt am Beginn seiner Entwicklung, während das Leblanc-Verfahren weitgehend ausgereift war. Auch differierte die Wirtschaftlichkeit des Solvay-Verfahrens von Betreiber zu Betreiber.

Im Jahre 1881 wandelten Brunner & Mond ihr Unternehmen in die Aktiengesellschaft Brunner, Mond & Company Ltd. um, wodurch sie Zugang zu den Kapitalmärkten erhielten. In den folgenden zehn Jahren verschärfte sich die Konkurrenz zwischen Leblanc- und Solvaysoda. Unter Vernachlässigung der Kuppelprodukte des Leblanc-Verfahrens begann sich das Solvay-Verfahren als eindeutig überlegen zu erweisen. Die Gewinne von Brunner, Mond & Co. stiegen im Zeitraum 1880-1890 um 63%, obwohl der Sodapreis gesunken war (READER 1970). Die Leblanc-Produzenten richteten daraufhin ihre Produktion immer mehr auf das Kuppelprodukt Chlorkalk aus. Diese Entwicklung ging so weit, daß Chlorkalk zum Zielprodukt wurde. Diese Verschiebung wird anschaulich von LASSAR-COHN (1899:421) beschrieben:

> "So erklärt sich der eingangs erwähnte merkwürdige Umschwung in jener Industrie, daß das, was zu Anfang des Jahrhunderts als ihr Fluch erschien, die gasförmige Salzsäure, jetzt zu Ende des Jahrhunderts ihr wertvollstes Produkt ist."

Die Leblanc-Produzenten verfolgten neben der Verwertung ihrer Kuppelprodukte zwei weitere Strategien, um ihrem Untergang entgegenzuwirken.

Leblanc-Verfahren		
Rohstoffe	Menge in Tonnen	Kosten in Mark
Kohle	4,00	32,0
Kalk	1,75	3,5
Salz	1,50	22,5
Schwefelsäure	k.A.	26,5
Summe		84,5
Lohn		20,0
Gesamtkosten		104,5
Erlös aus Chlorverwertung		25,0
Erlös aus Schwefelverwertung		4,5
Kostenbelastung einer Tonne Soda		75
Solvay-Verfahren		
Rohstoffe	Menge in Tonnen	Kosten in Mark
Kohle	2,10	16,8
Kalk	1,70	3,3
Salz	2,20	33,0
Ammoniak	0,05	15,0
Summe		68,1
Lohn		10,0
Gesamtkosten		104,5
Kostenbelastung einer Tonne Soda		78,1

Tabelle 7.6: Kostenvergleich Leblanc- und Solvayverfahren bei Produktion einer Tonne Soda
Quelle: KOCKERSCHEIDT (1905:22)

Rohstoff	1861	1872	1876	1886	1894
Schwefelsäure	2,35	1,85	0,94	0,57	k.A.
Salz	0,50	0,60	1,00	0,50	k.A.
Kalk	0,50	0,57	0,22	0,33	0,33
Kohle	1,05	1,30	0,83	0,63	0,68
Summe	4,40	4,31	2,99	2,03	1,81
Mengeneffekt	-1,06			-0,37	
Preiseffekt	-0,35			-0,59	

Tabelle 7.7: Rohstoffkosten in Pfund für eine Tonne Leblanc-Soda
Quelle: Haber (1958:100), eigene Berechnungen

Zum einen gingen sie dazu über, Soda zu Natronlauge weiterzuverarbeiten. Sie bereiteten damit den Absatzmarkt für ein Produkt des im folgenden Abschnittes darzustellenden Elektrolyseverfahrens vor. Der Preis für Natronlauge geriet dadurch ebenfalls unter Druck. Als 1886 der Chemiker Löwig einen Weg fand, Solvaysoda zu Natronlauge weiterzuverarbeiten, ging auch dieser Vorteil des Leblanc-Sodas verloren. Zum anderen gelang es, den Leblanc-Prozeß nochmals zu verbessern und damit die Kosten zu senken. Die technischen Verbesserungen setzten am Rohstoffverbrauch des Leblanc- Verfahrens an. Die Verringerung der Rohstoffkosten sind in Tabelle 7.7 aufgeschlüsselt. Soweit die Datenlage es zuläßt, trennen wir in Tabelle 7.7 Preis- und Mengenkomponente des Kostenrückgangs. Im Zeitraum 1861 wurden durch Rohstoffeinsparung die Kosten um 1,06 Pfd. gesenkt. Verbilligte Rohstoffe senkten die Kosten um weitere 0,35 Pfd. Im Zeitraum 1876 - 1886 überwog der Preiseffekt bei der Rohstoffkostensenkung.

Durch einen niedrigen Angebotspreis für Soda sollte zudem eine Markteintrittsbarriere für Solvay-Produzenten aufgebaut werden. Diese Maßnahme erwies sich jedoch als wirkungslos. Bedingt durch die Konkurrenz mit dem Solvay-Verfahren stellten in Lancashire bis 1887 sieben von acht Leblanc-Fabriken ihren Betrieb ein. Die wirtschaftlich desolate Situation der Leblanc-Fabrikanten führte 1891 zu ihrem Zusammenschluß in der United Alkali Company (UAC). In ihr waren nahezu alle Leblanc-Produzenten vereinigt. Bereits im Gründungsjahr der UAC wurde eine Einigung mit Brunner, Mond & Co erzielt, in welcher Produktionsquoten festgelegt wurden. Dadurch gelang es, den Untergang des Leblanc-Verfahrens zu verzögern.

Der Widerstand, den die Leblanc-Hersteller der Ablösung ihres Produktionsverfahrens entgegenbrachten, erklärt sich nicht nur aus dem drohenden Verlust ihres Anlagenkapitals. Da das Solvay-Verfahren keine erwünschten Kuppelprodukte hervorbrachte, war es nur bedingt mit den Leblanc-Verfahren vergleichbar. Ein technischer Vergleich, mit dem sich die Mehrergiebigkeit feststellen ließe, war ohne ein Aggregationskriterium für die Kuppelprodukte des Leblanc-Verfahrens nicht durchführbar. Welches der beiden Verfahren überlegen war, hing von den Preisen für Chlorkalk und Schwefel ab. Die Aussicht auf eine zunehmende Nachfrage nach diesen Produkten motivierte die Leblanc-Unternehmer, ihre Produktion aufrecht zu erhalten. Daß es dieser Motivation bedurfte, zeigt der Vergleich der Kapitalverzinsung von Brunner, Mond & Co. und der UAC (vgl. Abbildung 7.7). Die Solvay-Produzenten erzielten eine ca. dreimal höhere Kapitalverzinsung als die in der UAC zusammengeschlossenen Leblanc-Produzenten. Die relativ stabile Kapitalverzinsung der UAC ist auf andere chemische Erzeugnisse zurückzuführen, die sie herstellte. Dazu gehörten Düngemittel, Schwefelsäure und Teerfarben. In Abbildung 7.6 ist die Kapitalbildung eingezeichnet. Während Brunner & Mond ein starkes Wachstum verzeichneten, stagniert die UAC auf hohem Niveau. Nur durch die sogenannte englische Industriediplomatie, die eine Aufteilung des Marktes zwischen UAC und Brunner & Mond ermöglichte, konnte die UAC weiterbestehen. Dazu, daß die Technikablösung in Großbritannien langsamer als im übrigen Europa stattfand, trug auch die Geschäftspolitik der Brunner, Mond & Company bei: Als Konkurrenten 1908 die Ammonia Soda Company gründeten und ein Werk in Cheshire aufbauten, kauften Brunner, Mond & Co. das umgebende Land. Durch tägliche Entnahme von Wasserproben aus einem vorbeilaufenden Fluß wiesen sie die Umweltbelastung durch dieses Werk nach und erschwerten damit die Produktionsbedingungen. Auch auf solchen Wegen vezögerten Brunner, Mond & Company den schnellen Niedergang der Leblanc-Werke.

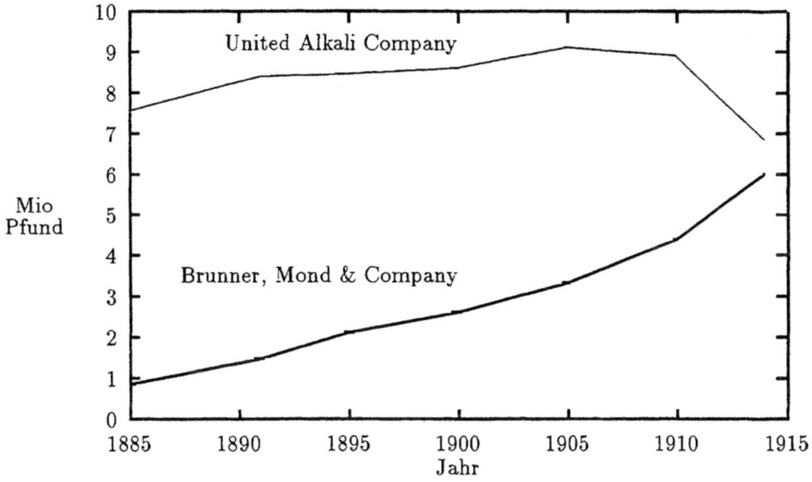

Abbildung 7.6: Kapitalstock britischer Sodaproduzenten
Quelle: READER (1970)

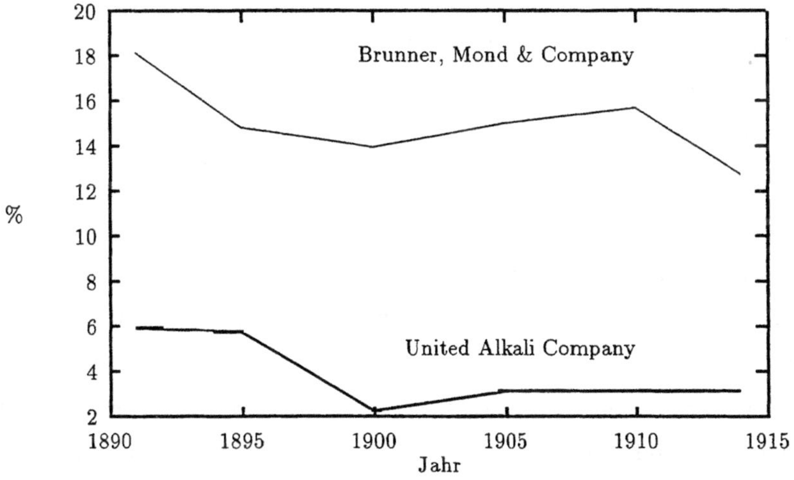

Abbildung 7.7: Kapitalverzinsung britischer Sodaproduktion
Quelle: READER (1970)

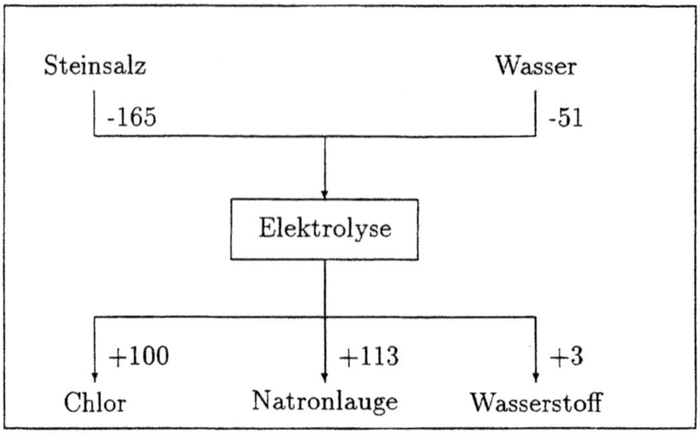

Abbildung 7.8: Chlor-Alkali-Elektrolyse
Quelle: Allgemeine chemische Grundlagen

7.3.5.3 Konkurrenz durch die Elektrolyse

Die endgültige Obsolenz des Leblanc-Verfahrens wurde durch die Innovation elektrolytischer Verfahren herbeigeführt, mit dem sich Chlor herstellen ließ. In Abbildung 7.8 ist der Materialfluß dieses Verfahrens wiedergegeben. Als Rohstoffe werden nur Steinsalz und Wasser benötigt. Mit Hilfe elektrischen Stroms wird die Steinsalzsole in Chlor, Natronlauge und Wasserstoff zerlegt. Die Elektrolyse eröffnete die Möglichkeit, Chlor unabhängig vom Leblanc-Soda herzustellen.

Die beiden Hauptprodukte der Elektrolyse sind Natronlauge und Chlor. Natronlauge kann durch einen einfachen Prozeß in Soda umgewandelt werden. Das Elektrolyseverfahren war somit in der Lage, die gesamte Produktpalette des Leblanc-Verfahrens abzudecken, mit Ausnahme von Schwefel. Zusätzlich wurden geringe Mengen des aus Umweltgesichtspunkten unbedenklichen Wasserstoffes hergestellt. Als direkte Rohstoffe sind lediglich Steinsalz und Wasser erforderlich. Wie die Bezeichnung Elektrolyse bereits nahelegt, ist der Einsatz elektrischen Stroms zentrales Element dieser Technologie. Eine wesentliche Voraussetzung für die Wirtschaftlichkeit der Elektrolyse bestand deshalb in der kostengünstigen Verfügbarkeit elektrischer Energie. Die Erfindung und

Ausreifung des Dynamos bis zum Jahre 1870 schaffte hierfür die Voraussetzung. Mit dem Dynamo war es möglich, Kohle zur Gewinnung elektrischen Stroms zu verwenden.

Die Innovation der Elektrolyse wurde von deutschen Leblanc-Fabrikanten durchgeführt. Vergleichbar mit der Situation in England, standen auch sie in Konkurrenz mit dem 1875 in Deutschland eingeführten Solvay-Verfahren. Solvay hinderte durch eine restriktive Lizenzpolitik die deutschen Sodafabriken an der Übernahme des Solvay-Verfahrens. Zwar führten die deutschen Leblanc-Produzenten ebenfalls Preisabsprachen durch und gründeten ein Sodasyndikat, langfristig wurde darin jedoch keine Lösung erkannt.

Um dem Untergang ihrer Unternehmen entgegenzuwirken, beschlossen die wichtigsten deutschen Sodahersteller 1884 eine gemeinsame Forschungspolitik. Ziel war es, Alternativverfahren zur Herstellung von Soda, Chlor und Natronlauge zu entwickeln. Maßgeblich beteiligt an diesen Forschungen war Ignaz Stroof von den Chemischen Werke Griesheim. In Griesheim wurde seit 1850 Soda nach dem Leblanc-Verfahren hergestellt. Wie aus dem Aufsichtsrat-Protokoll vom 10.5.1884 hervorgeht[24], wurde die Unternehmenssituation nach dem Marktzutritt der Solvay-Produzenten als sehr kritisch bewertet. Vor allem Ignaz Stroof vertrat die Auffassung, daß das Leblanc-Verfahren langfristig trotz der Kuppelproduktverwertung unwirtschaftlich sein würde. Zusätzlich verunsicherten Gerüchte über angebliche Möglichkeiten, aus den Calciumchloridrückständen der Solvay-Fabriken Salzsäure herzustellen die Firmenleitung.[25] Ein Rückzug auf die Schwefelsäureproduktion, um wenigstens einen Teil des Kapitalbestandes zu retten, war ebenfalls unmöglich; denn die wichtigsten Abnehmer der Griesheimer Fabrik, die Teerfarbenhersteller, errichteten eigene Produktionskapazitäten für anorganische Grundchemikalien und Schwefelsäure. Hinzu kam, daß Metallhütten Schwefelsäure als Verbundprodukt herstellten und in großen Mengen anboten.

Die Unternehmensleitung der Chemischen Werke Griesheim beschloß

[24] Das Protokoll ist in Hoechster Archive (1986) abgedruckt.

[25] Das war allerdings ein Irrtum. Bis heute werden die Calciumchloridmengen aus der Solvay-Produktion nicht auf Chlor aufgearbeitet.

deshalb, eine Parallelstrategie zu verfolgen. Zum einen sollte das Unternehmen vertikal integriert werden; konkret bedeutete dies den Aufbau von Kapitalgütern zur Teerfarbenproduktion. Zum anderen sollte Stroof ein neues Produktionsverfahren für anorganische Grundchemikalien entwickeln: die Elektrolyse. Vergleichbar mit der Innovation des Leblanc-Verfahrens als Folge einer Wettbewerbsverzerrung war auch hier der drohende Verlust von Absatzmärkten der Anlaß, in neue Techniken zu investieren.

Elektrolytische Verfahren waren bereits seit längerem im Gebrauch, besonders zur Aluminiumherstellung. Die Übertragung auf die Alkaliproduktion erforderte jedoch zusätzlichen Forschungs- und Entwicklungsaufwand. Das Gebiet der Elektrochemie war noch weitgehend unerforscht. Stroof hörte sogar Vorlesungen zu diesem Thema, um dann das theoretische Wissen in Produktionsanlagen umsetzen zu können. Nach drei Jahren Forschungstätigkeit konnte er 1887 erste Erfolge bei der Entwicklung der Chlor-Alkali-Elektrolyse vorweisen. Ein Jahr später wurde die Verfahrensinnovation beschlossen. Die Kalkulation für eine Elektrolyseanlage mit einer Tageskapazität von einer Tonne Ätzkali[26] und 1,7 Tonnen Chlorkalk eröffnet einen Einblick in die Wirtschaftlichkeit des Verfahrens (Tabelle 7.8).

1892 berichtet Stroof dem Aufsichtsrat im Zusammenhang mit der Errichtung weiterer Anlagen, daß (Stroof, Protokollauszug aus HOECHSTER ARCHIVE 1986:68):

> "Für die Rentabilität eines am richtigen Platz gelegenen größeren Unternehmens die Aussichten sehr günstig seien, besonders wenn das Chlor in Form von flüssigem Chlorkalk in der Nachbarschaft abgesetzt werden könne. Der Verkauf von Ätzkali oder Ätznatron decke die Kosten der Fabrikation so weit, daß sozusagen das Chlor nichts koste."

Das Kuppelprodukt Chlor konnte somit durch die Elektrolyse auf sehr günstige Weise hergestellt werden. Dies verdeutlicht die strategisch ungünstige Situation der Leblanc-Produzenten, deren Wirtschaftlichkeit maßgeblich vom Erlös für Chlor abhing.

[26]Statt mit Steinsalz sollte die Anlage mit Kalisalz beschickt werden. Für Ätzkali konnten höhere Preise realisiert und zudem die Konkurrenz mit dem eigenen Soda vermieden werden.

Anlagenkapital in Mark in Preisen von 1892			
Maschinen und Apparate			229.640,00
Gebäude			57.650,00
Reserve			17.210,00
Gesamt			304.500,00
Rohstoffe	Menge in kg	Preis in Pfg/kg	Kosten in Mark
Kalisalz	1400	19,00	266,00
Kohlen	9180	1,58	145,00
Kalk	935	1,60	15,00
Gesamt			426,00
Lohn 14 Arbeiter			48,00
Amortisation			111,43
Diverse			48,57
Gesamt			208,00
Produktionskosten Gesamt			633,00
Verkaufswerte			
Ätzkali	1000	60,00	600,00
Chlorkalk	1700	15,00	255,00
Gewinn			222,00
Jahresüberschuß 365 Tage			81.030,00

Tabelle 7.8: Kalkulation der Chlor-Alkali-Elektrolyse
Quelle: HOECHSTER ARCHIVE (1986)

Betrachten wir nun die weitere Entwicklung der Chlor-Alkali-Industrie in Großbritannien. Brunner, Mond & Co. waren an einer Innovation der Elektrolyse nicht interessiert. Sie erkannten keine ernsthafte Bedrohung ihrer Wettbewerbsposition auf dem Alkalimarkt. Eine Integration der Elektrolyse in ihre Solvay-Fabriken eröffnete zudem keine interessanten Verbundmöglichkeiten. Auch die Mitgliedsfirmen der UAC schätzten das Potential der Elektrolyse gering ein. Der Vorsitzende Muspratt glaubt noch 1888 nicht an eine technische Umsetzung in absehbarer Zeit (MUSPRATT 1888, cit. Reader 1970):

> "The prospect of making caustic soda and chlorin by electrolysis is rather distant... It is practically proved that it will not take place in our time."

Diese Fehleinschätzung bedeutete den endgültigen Untergang der britischen Leblanc-Produzenten. Im Gegensatz zu den deutschen Leblanc-Produzenten verzichteten sie auf den Übergang zur Elektrolyse. Maßgeblich beteiligt an dieser Fehleinschätzung war der Chefchemiker der UAC, Ferdinand Hurter. Hurter war nach einem sehr erfolgreichen Studium der Chemie in Zürich und Heidelberg in das Leblanc-Werk von Deacon eingetreten. Dort leistete er einen wichtigen Beitrag zur Entwicklung des Deacon-Verfahrens, mit dem Chlor aus Chlorwasserstoff gewonnen werden konnte. Seit Gründung der UAC war er ihr Chefchemiker. Er überschätzte die technischen Schwierigkeiten der Elektrolyse und war zudem emotional stark mit dem Leblanc-Prozeß verbunden.

Währenddessen waren weitere Elektrolyseverfahren entwickelt worden. Die Vorführung dieser Apparaturen bei der UAC im Jahre 1894 und anschließende Verhandlungen blieben folgenlos. 1895 kaufte Solvay die Patente für ein Elektrolyseverfahren. Wenig später gründete Solvay die Castner-Kellner-Alkali-Company zur Herstellung von Chlor und Natronlauge.

Die Konkurrenz auf nunmehr allen Märkten bereitete der UAC erhebliche Schwierigkeiten:

- Auf dem Chlormarkt waren die Elektrolysebetreiber aufgetreten. Zudem wurden die Papierbleichverfahren verbessert, so daß auch weniger Chlor nachgefragt wurde.

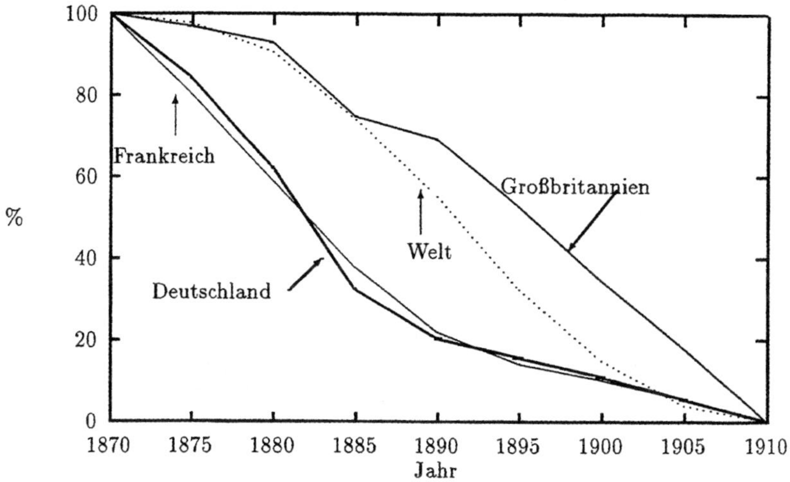

Abbildung 7.9: Anteil des Leblanc-Verfahrens an der Sodaproduktion
Quelle: Eigene Zusammenstellung aus KOCKERSCHEIDT (1905), READER (1970), LEVASSEUR (1907), UNGEWITTER (1938)

- Auf dem Schwefel- und Schwefelsäuremarkt traten zunehmend Metallhütten als Anbieter auf. Diese verwerteten über Schwefel und Schwefelsäure ihr unerwünschtes Kuppelprodukt Schwefeldioxid.

Die für uns interessanten Entwicklungen in der Chlor-Alkali-Industrie sind mit der Innovation des Elektrolyse-Verfahrens und dem damit einhergehenden Untergang des Leblanc-Verfahrens abgeschlossen. Der zeitliche Verlauf der Technikablösung ist in Abbildung 7.9 wiedergegeben.

7.3.6 Gegenwärtige Produktion von Soda, Natronlauge und Chlor

In den beiden folgenden Abschnitten befassen wir uns mit der gegenwärtigen Situation der Chlor-Alkali-Industrie. Die zentralen Veränderungen der Produktionsprozesse vollzogen sich bis zum Beginn des 20. Jh. Die Produktionsverfahren Elektrolyse und Solvay-Soda sind auch heute noch in Betrieb. Welche Dauerhaftigkeit manche Produktionsanlagen aufweisen, zeigt die erst kürzlich erfolgte Schließung einer 130 Jahre alten Solvay-Fabrik.

	Soda	Natronlauge	Chlor
Menge in Mio T			
1987	1.447	3.635	3.452
1991	1.373	3.222	3.033
Wert in Mio DM			
1987	503	1.021	1.094
1991	525	1.630	885
Preis in DM/T			
1987	347,7	280,9	317,0
1991	382,0	506,0	291,8

Tabelle 7.9: Kennziffern der Chlor-Alkali-Industrie.Quelle: STBA (lfd.Jgg.a)

7.3.6.1 Volkswirtschaftliche Kenngrößen

Soda, Chlor und Natronlauge bilden zusammen mit Schwefelsäure und in geringerem Maße auch mit Ammoniak mengenmäßig den größten Teil der anorganisch-chemischen Industrie. In Tabelle 7.9 sind die wichtigsten Kennziffern aufgeführt.

Ebenso wie die Schwefelsäureherstellung ging auch die Chlor-Alkali-Produktion im Zeitraum 1987-1991 zurück. Alleine die Chlorproduktion verringerte sich um 12%. Bedingt durch die Kuppelproduktion sank auch die Menge der produzierten Natronlauge. Daß der Produktionsrückgang vom Chlor ausging, zeigt der signifikante Anstieg des Preises für Natronlauge um 80%, während der Preis für Chlor um 8% sank. Die Sodaproduktion schrumpfte ebenfalls geringfügig, verzeichnete jedoch einen Preisanstieg. Da Soda in vielen Anwendungen ein Substitut für Natronlauge ist, sind die Preise für beide Produkte korreliert. Der Mengenrückgang ist auf Kapazitätsverringerungen zurückzuführen. Auf die Gründe gehen wir im nächsten Abschnitt ein.

7.3.6.2 Umweltaspekte der Chlor-Alkali-Industrie

Die Herstellung von Soda mit dem Solvay-Verfahren ist mit dem Kuppelprodukt Calciumchlorid verbunden. Ursprünglich konnte dieses Kuppelprodukt frei entsorgt werden. Verwertungsmöglichkeiten bestehen nur wenige; es dient als Streusalz zum Enteisen von Fahrbahnen und als Staubbindemittel. Das Mißverhältnis zwischen Absatzmöglichkeiten und Produktionsmenge führt dazu, daß ein Großteil des Calciumchlorides im Abwasser ausgetragen wird. Die strengeren Vorschriften für den maximal zulässigen Salzgehalt in Binnengewässern erschweren zunehmend den Betrieb des Solvay-Verfahrens. Zudem ist Calciumchlorid als besonders überwachungsbedürftig eingestuft. Da das Verfahren zudem aus heutiger Sicht viel Energie verbraucht, sehen sich die Solvay-Produzenten vor einer desolaten Situation: Die in den USA entdeckten großen Vorkommen natürlichen Sodas substituieren zunehmend künstliches Soda. In den USA wird kein künstliches Soda hergestellt (vgl. THIEME 1993:299ff). Somit besteht die Tendenz, daß in absehbarer Zeit ein Großteil des Sodas natürlichen Vorkommen entnommen wird. Unter restriktiven Umweltgesetzen und tendenziell steigenden Energiepreisen ist das Solvay-Verfahren gegenüber der Gewinnung natürlichen Sodas nicht mehrergiebig.

Auf die Probleme der Chlorverwendung sind wir andernorts (vgl. Kapitel 4.4.1) eingegangen. Probleme der Chlorchemie entstehen vielfach erst in nachgelagerten Produktionsstufen. Bei der Elektrolyse selbst werden gegenwärtig nur noch geringe Mengen unerwünschter Kuppelprodukte emittiert. Einer der drei Verfahrenstypen, das Amalgamverfahren, benötigt Quecksilber als Prozeßchemikalie. Die Emissionen dieses Quecksilbers, die ursprünglich für den hohen Quecksilbergehalt in Flüssen verantwortlich waren, konnten stark verringert werden. Zudem besteht die Möglichkeit, durch den Übergang auf das Membranverfahren die Emissionen gänzlich zu vermeiden.

7.3.7 Zusammenfassung

Die Chlor-Alkali-Industrie ging aus dem Leblanc-Verfahren zur Herstellung von Soda hervor. Sie durchlief drei Phasen:

Phase 1: Aufstieg der Leblanc-Industrie (1822 - 1872)

Bereits in der Aufstiegsphase der Chlor-Alkali-Industrie nahmen Umweltrestriktionen Einfluß auf die Entwicklung. Die unerwünschten Kuppelprodukte von Soda, nämlich Chlorwasserstoff und Calciumsulfid wurden Gegenstand umweltpolitischer Maßnahmen. Anfänglich konnten diese unerwünschten Kuppelprodukte in andere Umweltmedien umgeleitet werden. Als diese Möglichkeiten erschöpft waren, strengten die Unterehmen eine Verwertung ihrer unerwünschter Kuppelprodukte an.

Phase 2: Die Konkurrenz durch das Solvay-Verfahren (ab 1872)

Mit der Innovation des Solvay-Verfahrens konnten die ursprünglich unerwünschten Kuppelprodukte des Sodas vermieden werden. Bedingt durch die Konkurrenz zwischen Leblanc- und Solvay-Produzenten konzentrierten sich erstere weitgehend auf ihre verwertbaren Kuppelprodukte. Die Alkali-Akte erwies sich damit als eine überlebenswichtige Prozeßnorm für die Leblanc-Hersteller.

Phase 3: Der Niedergang der Leblanc-Industrie und der Aufstieg der modernen Chlor-Alkali-Herstellung (ab 1892)

Erst mit der Einführung eines alternativen Verfahrens zur Herstellung von Chlor ging das Leblanc-Verfahren endgültig unter.

7.4 Die agrochemische Industrie

Die agrochemische Industrie bildet den dritten Entwicklungsstrang, den wir untersuchen. Sie steht an der Schnittstelle zwischen anorganisch- und organisch-chemischer Industrie. Im wesentlichen sind es zwei Produktgruppen, die innerhalb dieses Industriezweiges hergestellt werden: Dünger und Pflanzenschutzmittel. Die Dünger gehören zur anorganisch-chemischen Industrie, die Pflanzenschutzmittel zur organisch-chemischen Industrie. Bevor wir die Entwicklung beider Produktgruppen analysieren, setzen wir sie in Bezug zu den beiden vorhergehenden Entwicklungslinien:

Schwefelsäure und Soda sind Grundchemikalien mit einem diffusen Anwendungsprofil. Bei Agrochemikalien ist dies anders, ihr Verwendungszweck ist direkt ersichtlich. Da sie am Ende der Wertschöpfungskette der chemischen Industrie stehen, ist der Produktionswert mit 4,6 Mrd DM (1990) höher, als bei den Grundchemikalien Schwefelsäure, Soda, Natronlauge und Chlor. Mit 3,5 Mrd DM haben die Pflanzenschutzmittel den größeren Anteil an diesem Produktionswert (StBA lfd.Jgg.a). Vergleichbar dem Soda und der Schwefelsäure gilt ihre Verwendung der Herstellung von Gütern zur Befriedigung von Grundbedürfnissen.

Für die Aufnahme dieser Entwicklungslinie haben wir uns entschlossen, weil ihre Geschichte aufschlußreich hinsichtlich der Interaktion von Rohstoffrestriktionen und Nachfragebedingungen ist. Die Umweltrestriktion greift erst seit wenigen Jahrzehnten. So ist die Nitratbelastung des Grundwassers auf die Überdüngung mit stickstoffhaltigen Verbindungen zurückzuführen. Der Einsatz von Pflanzenschutzmitteln ist aus toxikologischen Gründen sehr umstritten und einem restriktiven rechtlichen Regelwerk unterworfen.

Im folgenden Unterabschnitt behandeln wir die Entwicklung der weiter in die Geschichte zurückreichenden Düngerherstellung. Im darauffolgenden Unterabschnitt gehen wir kurz auf die Pflanzenschutzmittel ein.

7.4.1 Chemische Produkte zur Steigerung der Lebensmittelversorgung: Düngemittel

Die Entstehung der agrochemischen Industrie im 19. Jh. ist auf zwei Faktoren zurückzuführen:

Zum einen entzog die intensivierte landwirtschaftliche Produktion dem Boden über seine Regenerationsfähigkeit hinausgehend Nährstoffe. Um eine schnell wachsende Bevölkerung zu ernähren, mußten deshalb zusätzlich zur wissenschaftlichen Fruchtfolgenwirtschaft Wege zur Erhaltung bzw. Steigerung der Bodenproduktivität gefunden werden. Zum anderen legten die Arbeiten Justus von Liebigs die wissenschaftliche Grundlage der Düngung. Liebigs zentrales, 1840 veröffentlichtes Ergebnis besagt, daß Stickstoff, Phosphor und Kalium essentiell für pflanzliches Wachstum sind. Diese drei Komponenten stehen zueinander in einem linear- limitationalen Verhältnis. Liebigs Arbeiten mußten nun nur noch angewendet werden, um zu steigenden Bodenproduktivitäten zu kommen. Kali war in Deutschland relativ einfach zu beschaffen. Es lagerte über Steinsalz und wurde als Abraum beiseite geschafft. Somit stand es als Kuppelprodukt der Steinsalzförderung kostengünstig zur Verfügung. Phosphor wurde anfangs aus Knochen, später aus phosphorhaltigem Gestein gewonnen. Eine wichtige Phosphorquelle war zudem das Thomasmehl, ein Kuppelprodukt der

Dünger	Menge in Tonnen
Phosphor:	
Superphosphate	500.000
Thomasmehl	350.000
Knochenmehl	70.000
Stickstoff:	
Ammoniumsulfat	50.000
Chilesalpeter	250.000
Kalium:	
Kalisalze	220.000

Tabelle 7.10: Deutscher Düngemittelverbrauch 1894
Quelle: LASSAR-COHN (1899:538)

Stahlherstellung. Am schwierigsten gestaltete sich die Gewinnung des Stickstoffes. Er mußte in Form von Salpeter aus Chile importiert werden. Über die Zusammensetzung des deutschen Düngerverbrauches im Jahre 1894 gibt Tabelle 7.10 Auskunft.

Den höchsten Verbrauch verzeichnen die Superphosphate mit 500.000 Tonnen. Um Superphosphat herzustellen, mußte das Bergbauerzeugnis Rohphosphat mit Schwefelsäure behandelt werden. Damit war die Schwefelsäuretechnik auch Bestandteil landwirtschaftlicher Produktion. Die benötigte Menge an Schwefelsäure entsprach dabei genau dem Einsatz von Rohphosphaten. Da, wie wir im vorhergehenden Kapitel ausführten, die Leblanc-Produzenten als wichtige Schwefelsäureabnehmer aufhörten zu existieren, eröffnete die Düngemittelherstellung das nötige neue Anwendungsgebiet. Die großen Kapitalgüterbestände zur Säureproduktion vereinfachten die Einführung der Düngemittel in die Landwirtschaft. Kapitaltheoretisch betrachtet, war die aufkommende Düngemittelherstellung und ihr Säurebedarf eine geeignete Verwertungsmöglichkeit bestehender Überkapazitäten.

Das Thomasmehl ist ein Kuppelprodukt, mit dem wir uns im folgenden Abschnitt näher befassen. Knochenmehl wurde als Kuppelprodukt der Tierzucht gewonnen und in großen Mengen aus Südamerika importiert. Den stickstoffhaltigen Düngern wenden wir uns ebenfalls weiter unten zu. Sie sind aus zweierlei Gründen interessant. Zum ersten aus produktionstheoretischer Sicht, da ein Kuppelprodukt der Gasanstalten auf diese Weise verwertet wurde. Zum zweiten aus kapitaltheoretischer Sicht, weil die Verknappung der natürlichen Salpetervorkommen zur Innovation des kapitalintensiven Haber-Bosch-Verfahrens führte. Mit Kalium als Dünger werden wir uns nicht weiter befassen, die Entwicklung ist sowohl aus Sicht der Kuppelproduktion, als auch aus kapitaltheoretischer Sicht uninteressant.

7.4.1.1 Das Kuppelprodukt der Stahlerzeugung: Thomasmehl

Ende des 19. Jh. war Thomasmehl ein wichtiger Phosphatdünger. Es wurde als Kuppelprodukt von Stahl hergestellt. Vergleichbar mit der Schwefelsäureproduktion in den Metallhütten begründete diese Kuppelproduktion einen sektorübergreifenden Produktionsverbund. So gehört Stahl zum Sektor Eisenver- und -bearbeitung, das phosphorhaltige Kuppelprodukt Thomasmehl jedoch zur chemischen Industrie.

Voraussetzung für die Kuppelproduktion von Stahl und Thomasmehl war die Verwendung phosphorhaltiger Erze in der Eisenverhüttung. Bis 1879 wurde Stahl in dem 1856 erfundenen Bessermerkonverter hergestellt. In diesem Konverter verbrannte der Kohlenstoffgehalt des Roheisens und verließ den Hochofen in Form von Kohlendioxid. Im Bessermerkonverter blieb dann Stahl zurück. Der im Roheisen enthaltene Phosphor ließ sich nicht aus dem Konverter entfernen und führte zu völlig unbrauchbaren Stahlqualitäten (LASSAR-COHN 1899:526). Viele Erzvorkommen, vor allem in Deutschland, wiesen einen hohen Phosphorgehalt auf und eigneten sich deshalb nicht für die Stahlherstellung.

1879 gelang es dem Engländer Sidney Gilchrist Thomas, das Verfahren der Stahlherstellung entscheidend zu verändern. Thomas verbesserte den Bessermerkonverter, indem er ihn mit Kalk auskleidete. Der im Roheisen enthaltene Phosphor bildete mit dem Kalk phosphorsauren Kalk und war damit aus dem Stahl entfernt. Dieser phosphorsaure Kalk wurde als Thomasschlacke bezeichnet und als wertloses Kuppelprodukt deponiert. Durch die Erfindung von Thomas war es nun möglich, auch minderwertige Erzvorkommen zur Stahlherstellung zu nutzen. Versuche, durch Einsatz von Schwefelsäure aus Thomasschlacke das wertvolle Superphosphat herzustellen, scheiterten. Erst 1885 erkannte man, daß die Überführung der Thomasschlacke in Superphosphat unnötig ist. Denn Thomasschlacke konnte in gemahlener Form, als sogenanntes Thomasmehl, direkt als Dünger auf die Felder ausgebracht werden (LASSAR-COHN 1899:527).

Die metallverarbeitende Industrie war damit sowohl durch Schwefelsäure als auch durch Thomasmehl mit der chemischen Industrie verbunden. Im Gegensatz zur Kuppelproduktion von Schwefelsäure ermöglichte die Verwertung des Phosphors auch eine Steigerung der Qualität des Hauptproduktes Stahl. In diesem Fall ist die Komplementarität von Kuppelproduktverwertung und Wirtschaftlichkeit des Gesamtprozesses deshalb besonders evident.

7.4.1.2 Die Stickstoffixierung (Haber-Bosch-Verfahren)

Die Düngemittelkomponenten Kalium und Phosphor waren in ausreichender Menge vorhanden. Die Gewinnung von Stickstoffdüngern bereitete jedoch immer wieder Schwierigkeiten. Als Rohstoffbasen standen zwei Quellen zur Verfügung: Ammoniak, ein Kuppelprodukt der Steinkohleverkokung, und Salpeter, der größtenteils aus Chile importiert wurde.

Ammoniak gehörte zu den zahlreichen Kuppelprodukten von Steinkohlengas oder Koks (vgl. Abschnitt 8.1.2). Durch Zugabe von Schwefelsäure wurde es in Ammoniumsulfat überführt, welches sich als stickstoffhaltiger Dünger eignete. Die wachsende Bevölkerungszahl erforderte steigende Produktionsmengen in der Agrarwirtschaft, so daß die Stickstoffmengen aus der Steinkohleverkokung nicht mehr ausreichten. Die Abhängigkeit vom importierten chilenischen Salpeter nahm zu. Wie wir bereits im Abschnitt über die Schwefelsäure ausgeführt hatten, war diese Rohstoffquelle jedoch unsicher. Diese Abhängigkeit war hochgradig unbefriedigend, zumal bekannt war, daß Luft Stickstoff als freies Gut enthält. Die Nutzbarmachung des Stickstoffes in der Luft für die Ammoniakherstellung, als Stickstoffixierung bezeichnet, wurde deshalb mit hoher Priorität angestrengt. Eine sich abzeichnende Divergenz zwischen Weltnahrungsmittelbedarf und Agrarproduktion beunruhigte zudem Politiker und

Wissenschaftler, wie aus der berühmt gewordenen Rede Sir William Crooks über das Weizenproblem (1898)[27] hervorgeht:

> "England and all civilised nations stand in deadly peril of not having enough to eat. ... it is the chemist who must come to the rescue of the threatend communities. It is through the laboratory that starvation may ultimately be turned to plenty."

Im frühen 20. Jh. zeigen die Entwicklungsanstrengungen zur Stickstoffixierung erste Erfolge. Birkland und Eyde entwickeln 1902/1903 das nach ihnen benannte Verfahren (NAGEL 1969:11). Um das freie Gut Luftstickstoff zu fixieren, verbrannten sie ihn unter hohem Energieaufwand zu Stickoxiden. Diese Stickoxide konnten zur Salpetersäure weiterverarbeitet werden. Das Problem der Stickstoffixierung schien gelöst, bis auf den unbefriedigend hohen Energieverbrauch. Außerhalb Norwegens, das Energie aus Wasserkraft gewann, war das Birkland/Eyde-Verfahren nicht durchführbar. Die BASF betrieb trotzdem ab 1907 eine erste Versuchsanlage nach dem Birkland/Eyde-Verfahren. Mit welchem Pathos die Stickstoffixierung gesehen wurde, verdeutlicht folgendes Zitat (WITT 1907:4644):

> "Wenn es uns gelingt, dieses Phänomen - den Kreislauf des Stickstoffs - zu beeinflussen, so greifen wir auch hinein in jenes andere, welches mit unserem Wohl und Wehe so innig verknüpft ist: den Kreislauf des Lebens. Wir zwingen die Erde zu größerer Fruchtbarkeit, zu wachsender Bewohnbarkeit."

Entsprechend groß war die Enttäuschung darüber, daß die Innovation des Birkland/Eyde-Verfahrens in Deutschland nicht durchführbar war. Die in die Erforschung der Stickstoffverbrennung investierten Kapitalien gingen verloren.

Der Durchbruch in der Stickstoffixierung erfolgte schließlich mit der Synthese von Ammoniak. Haber gelang es 1909, ein Gemisch aus Stickstoff und Wasserstoffgas unter hohem Druck katalytisch zu Ammoniak umzusetzen. Das Wasserstoffgas für seine Versuchszwecke bezog er von der Chlor-Alkali-Industrie, die Wasserstoff als Kuppelprodukt herstellte. Die BASF entschloß

[27]Die Rede wurde vor der British Association gehalten und ist im 'Report of the 68th meeting of the British Association, 1899' abgedruckt.

sich, das Verfahren technisch umzusetzen. Die erforderlichen Ingenieurleistungen wurden von Bosch erbracht. Die Verfahrensbedingungen, ausgezeichnet durch extremen Druck und hohe Temperatur, erforderten die Entwicklung neuer Reaktortypen und einer besseren Meß- und Regeltechnik. Bereits 1913 fand die Innovation des Haber-Bosch-Verfahrens im Werk Oppau statt. Damit war es gelungen, das freie Gut Luftstickstoff für die Produktion von Düngemitteln nutzbar zu machen.

Mit dem Kriegsausbruch 1914 verschob sich das Anwendungsgebiet des Ammoniaks von der Landwirtschaft zur Rüstungsindustrie. Die Sprengstoffherstellung benötigte große Mengen an Salpetersäure. Durch die Blockade der Chilesalpeterimporte war die kriegswichtige Sprengstoffproduktion gefährdet. Im sogenannten Salpeterversprechen garantierte die chemische Industrie den Aufbau von Haber-Bosch-Anlagen und die Entwicklung von Ammoniakverbrennungsanlagen.[28] Die erforderlichen Kapazitäten wurden innerhalb kurzer Zeit in Leuna aufgebaut und als technisches Wunder bestaunt. Die Organisation dieses Kapazitätsaufbaus war ebenfalls eine Innovation. Hinsichtlich der finanziellen Mittel, dem Personaleinsatz, Materialaufwand und den Planungsinstrumenten war Leuna ein Vorläufer des US-amerikanischen Manhatten-Projektes zum Bau der Atombombe (STECKL 1990:332). Das Haber-Bosch-Verfahren ist bis heute von zentraler Bedeutung für die Ammoniaksynthese.

7.4.2 Pflanzenschutzmittel

Der zweite Bereich der agrochemischen Industrie ist die Herstellung von Pflanzenschutzmitteln. Wir werden auf diese Produktklasse nur kurz eingehen. Ihre Geschichte ist noch zu jung, um wichtige Technikablöseprozesse erkennen zu lassen.

Innerhalb der chemischen Industrie stellen Pflanzenschutzmittel ein wichtiges Verkaufsprodukt dar. Mit einem durchschnittlichen Tonnenpreis von

[28]Um von Ammoniak zu Salpeter zu gelangen, mußte das Ammoniak katalytisch verbrannt werden. Um diesen Prozeß durchzuführen, konnte auf die Erfahrungen der katalytischen Schwefelsäureherstellung im Kontaktverfahren zurückgegriffen werden.

16.454 DM (StBA lfd.Jgg.a) gehören sie zu den teuren Produkten der chemischen Industrie. Das in die Pflanzenschutzmittelproduktion investierte Kapital beträgt schätzungsweise 9 Mrd DM.

Ursprünglich war es üblich, Saatgut mit Kupfervitriol oder Quecksilberchlorid zu beizen, um es gegenüber Schädlingen resistent zu machen. Beide Substanzen sind toxisch, was jedoch nicht erkannt wurde. Der Übergang zu organischen Pflanzenschutzmitteln gelang in den 30er Jahren der Firma Ciba-Geigy mit dem heute aus Gründen des Umwelt- und Gesundheitsschutzes in vielen Ländern verbotenen DDT. Die Entwicklung weiterer Pflanzenschutzmittel erfolgte im zweiten Weltkrieg auch in Hinblick auf die Eignung als chemische Kampfstoffe. Bei Bayer wurden 1944 die Insektizide E 605 und E 600 entwickelt. Vom DDT unterscheidet sich das Substitut E 605 in zwei Eigenschaften: Während DDT sehr langsam abgebaut wird, ist dies bei E 605 schnell der Fall. Allerdings ist E 605 akut toxisch und deshalb gefährlich in der Handhabung, während dies bei DDT nicht der Fall ist. Vor allem zwei spektakuläre Anwendungen von E 605 sind in die Geschichte eingegangen. 1952 drohte der Kapselkäfer die Baumwollplantagen im Süden der Vereinigten Staaten zu vernichten. Eine leichte Abwandlung von E 605 wirkte wie eine "Atombombe" auf diesen Käfer (Verg 1988:405). Die zweite Anwendung richtete sich gegen einen Schädling der Reispflanzen. 1953 drohte ein sehr großer Ernteausfall in Japan, der mit E 605 abgewendet wurde. In beiden Fällen wurden Denkmale für E 605 errichtet. Während die Entwicklung und Anwendung von Pflanzenschutzmitteln ursprünglich wesentlich zum guten Ruf der chemischen Industrie beitrugen, so sind sie heute eher geeignet, diesen Ruf zu schädigen.

Kapitel 8

Organisch-chemische Industrie

In den vorhergehenden Entwicklungslinien befaßten wir uns mit Produkten der anorganisch-chemischen Industrie bzw. mit der Agrochemie. Jedes in diesen Entwicklungslinien behandelte Produkt zeichnet sich durch spezifische Rohstoffe aus:

- Schwefelsäure basiert auf der Verarbeitung von Schwefel.
- Die Chlor-Alkali-Industrie verarbeitet Steinsalz.
- Die Düngemittelindustrie basiert schwerpunktmäßig auf Luftstickstoff, Phosphor und Kali.

Die organisch-chemische Industrie, deren Produktvielfalt die der anorganischen weit übertrifft, basiert auf Kohlenstoff. Ihre Entstehung ist deshalb eng mit der Nutzung von Kohle als Rohstoff verbunden. Ihren Ursprung hat die organisch-chemische Industrie in den Gasanstalten des 19. Jh., in denen Steinkohlengas aus Kohle gewonnen wurde. Als unerwünschtes Kuppelprodukt fiel dabei Teer an. Dieser enthält aromatische Kohlenwasserstoffe, die sich als Ausgangsstoffe zur Farbmittelproduktion eignen. Die frühe organisch-chemische Industrie ist das bedeutendste Beispiel für die erfolgreiche Verwertung eines ursprünglich unerwünschten Kuppelproduktes.

8.1 Teer als Ursprung der organisch-chemischen Industrie

Wir werden uns in dieser Entwicklungslinie mit zwei Produktgruppen der organisch-chemischen Industrie befassen, die aus der Verwertung von Teer hervorgingen: den organischen Farbmitteln und den Pharmazeutika. Mit organischen Farbmitteln setzte die chemische Industrie im Jahre 1990 in der Bundesrepublik Deutschland 4,1 Mrd DM um (StBA lfd.Jgg.a). Damit haben diese Produkte umsatzmäßig annähernd die gleiche Bedeutung wie die gesamte Agrochemie. Pharmazeutika erreichten 1990 mit einem Produktionswert von 25,6 Mrd. DM eine Größe, welche eine eigene Sektordefinition innerhalb der Systematik des Statistischen Bundesamtes rechtfertigen würde. Sowohl der Sektor Mineralölerzeugnisse als auch der Sektor Bergbau weisen im Vergleich mit den Pharmazeutika geringere Produktionswerte auf.

8.1.1 Die Gasanstalten im frühen 19. Jh.

Ursprünglich wurde Kohle nur gefördert, um einen Energieträger zur Wärmeerzeugung zu gewinnen. Die Technik der Energiegewinnung war dabei einfach; ohne weitere Bearbeitung wurde Kohle verfeuert. Ende des 18. Jh. zeichnete sich eine zusätzliche Verwendungsmöglichkeit für die Kohle ab: Durch trockene Destillation von Kohle, d.h. durch Erwärmung unter Luftabschluß, konnte ein Gas gewonnen werden. Dieses Gas verbrennt mit heller Flamme und trägt deshalb die Bezeichnung Leuchtgas. Das Prinzip der trockenen Destillation ist seit dem 17. Jh. bekannt. Aber erst während der Industrialisierung Großbritanniens wurde eine Gasbeleuchtungstechnik entwickelt. Von zentraler Bedeutung für die Innovation der Gasbeleuchtung waren die Arbeiten William Murdochs.[1] Ab 1798 unternahm er den Versuch, die Fabrik von Boulton & Watt mit Steinkohlengas zu beleuchten. Nach einer Entwicklungszeit von fünf Jahren gelang es ihm 1803 erstmals, die Fabrik vollständig auszuleuchten. Für Boulton & Watt ergaben sich daraus mehrere Vorteile: So mußte bei der Planung neuer Fabrikhallen weniger Rücksicht auf die Lichtverhältnisse genommen werden. Zudem konnte auch nachts gearbeitet werden. Der Nutzung des Leuchtgases in Industriebetrieben folgte die Beleuchtung von Städten und öffentlichen Gebäuden. Ab 1814 wurden Stadtteile Londons mit Steinkohlengas beleuch-

[1] Murdochs Verdienste bei der Innovation der Gasbeleuchtung führten dazu, daß er von einer persischen Sekte, den Sufis, als Gott verehrt wurde. Anhänger der Sekte glaubten, er sei eine Reinkarnation des Lichtgottes Merdoch.

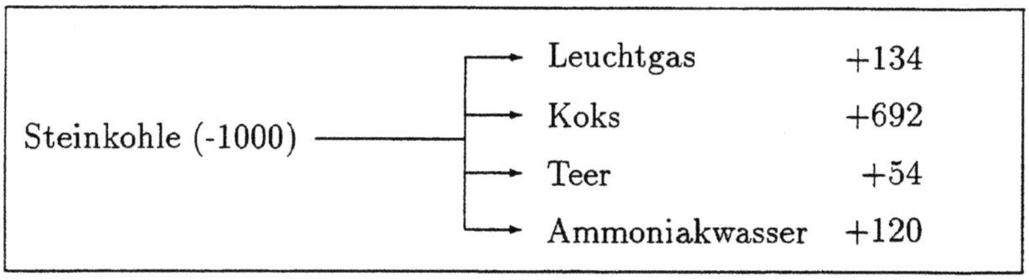

Abbildung 8.1: Produkte der Steinkohleverkokung einer Berliner Gasanstalt
Quelle: SCHNABEL-KÜHN (1910)

tet. In Deutschland fehlten die nötigen Kapitalien und auch das technische Wissen, um ein Gasbeleuchtungssystem aufzubauen. Die Technik der Gasbeleuchtung erforderte neben Kapitalgütern zur Destillation der Steinkohle ein Rohrleitungsnetz zur Verteilung des Gases. 1825 schloß das Polizeipräsidium Berlin deshalb mit einer englischen Firma einen Vertrag über die Beleuchtung Berlins ab. In diesem Vertrag wurde der englischen Firma für 21 Jahre das Recht eingeräumt, Rohre in Berlin zu verlegen und zu nutzen. Die bis Ablauf der Frist verlegten Rohre durften auch nach dieser Zeit benutzt werden, gingen aber in deutsches Eigentum über. Die 21jährige Nutzungsdauer genügte den englischen Unternehmern, um Gasanstalten und Rohrleitungen in Deutschland aufzubauen (LASSAR-COHN 1899:588). Impulsgebend für die Innovation der Gasbeleuchtung in Deutschland waren folglich britische Gasanstalten. Sie legten damit den Grundstock zu der später aufsteigenden organisch-chemischen Industrie.

8.1.2 Die Steinkohleverkokung und ihre Kuppelprodukte

Betrachten wir nun die Technik der Gasbeleuchtung genauer. Die trockene Destillation von Kohle, die als Steinkohleverkokung bezeichnet wird, ist ein typischer Fall von Kuppelproduktion (vgl. Abbildung 8.1).

Wie aus der Abbildung hervorgeht, werden bei der Verkokung von 1000 kg Steinkohle nur 134 kg Leuchtgas gewonnen. Das mengenmäßig bedeutendste Kuppelprodukt Koks verwerteten die Gasanstalten prozeßintegriert; es wurde unter den Koksöfen verfeuert und lieferte damit die Energie für die Destillation. Für das Kuppelprodukt Teer gab es zunächst keine Verwertungsmöglichkeiten. Er wurde als lästiges Abfallprodukt direkt bei den Destillationsapparaturen gelagert. Als die angesammelten Mengen nicht mehr auf dem Werksgelände unterzubringen waren, wurden sie auf Halden deponiert. Englische Gasfabrikanten versenkten den Teer in Gewässern und verursachten damit Fischsterben. Die Berliner *Chemische Produkten-Fabrik zu Oranienburg* beauftragte wegen der Entsorgungsschwierigkeiten 1832 ihren leitenden Chemiker Runge, die Teerrückstände auf verwertbare Bestandteile zu untersuchen (VERG 1988:19). Runge entdeckte im Teer die beiden aromatischen Kohlenwasserstoffe Phenol und Benzol. Vor allem aber stieß er auf Anilin und erkannte dessen Eignung als Farbstoff. Runge veröffentlichte 1834 seine Ergebnisse, konnte aber seine Autraggeber vom Potential der Farbherstellung nicht überzeugen.

Die Aussicht, Teer zu Niedrigstpreisen von den Frankfurter Gasanstalten zu erhalten, veranlaßte den Unternehmer Sell, nach Möglichkeiten einer Verwertung zu suchen. Es gelang ihm, für vier Teerbestandteile Absatzkanäle aufzutun: Phenol wurde von Apotheken nachgefragt, ein nicht näher definierter Teerbestandteil diente als Imprägniermittel für Schienenschwellen, Ruß fand in Druckereien Verwendung und Salmiakgeist wurde an den heutigen Pharmakonzern Merck verkauft.

Anhand der folgenden Ausführungen läßt sich erkennen, welche Zufälligkeit für industrielle Entwicklungen wichtig werden: So schickte Sell eine Probe seines Teeröls an den berühmten Chemiker Justus von Liebig in der Hoffnung, Anregungen für weitere Verwertungsmöglichkeiten zu erhalten. Liebig beauftragte seinen Schüler A.W. von Hofmann mit der Analyse der Teerölprobe. Hofmann gelangte zu den gleichen Ergebnissen wie Runge. Allerdings fand er zusätzlich eine Möglichkeit, mit Schwefel- und Salpetersäure aus dem Teerbestandteil Benzol größere Mengen Anilin herzustellen.

Hofmann unterbrach seine Forschungen, als er den Auftrag erhielt, das *Royal College of Chemistry* in London aufzubauen. In dieser Institution wurde dann erstmals bei Untersuchungen der Sell'schen Teerölprobe das wirtschaftliche Potential der im Teer enthaltenen aromatischen Kohlenwasserstoffe erkannt. Dieses Ereignis ist der Anfang der organisch-chemischen Industrie, die somit aus einem unerwünschten Kuppelprodukt der Gasbeleuchtungstechnik, nämlich dem Teer, hervorgegangen ist.

8.1.3 Farben als Produkte der chemischen Industrie

Die Verwertung der im Teer enthaltenen aromatischen Kohlenwasserstoffe durch die Verarbeitung zu Farbstoffen bedeutete einen fundamentalen Wandel in der Farbherstellung. Um die Rolle der chemischen Industrie bei der Farbherstellung und insbesondere den Einfluß der Kuppelprodukte zu sehen, gehen wir in der Geschichte zunächst zurück.

Die Produktion von Farbstoffen vor Entdeckung der Teerfarben teilte sich auf die chemische Industrie und die Agrarwirtschaft auf. Pflanzen wie Krapp und Indigo wurden gezüchtet, um aus ihren Extrakten organische Farbstoffe für die Färbung von Textilien herzustellen. Die chemische Industrie hingegen konzentrierte sich sehr früh auf die Produktion von Mineralfarbstoffen. Auf diese Mineralfarben gehen wir im folgenden Unterabschnitt kurz ein.

8.1.3.1 Mineralfarben

Auf eine dieser Mineralfarben haben wir schon bei den Ausführungen zur Schwefelsäureproduktion hingewiesen; es handelt sich um das Eisenrot, das unter der Produktbezeichnung *Caput Mortuum* vertrieben wurde. Sächsische und böhmische Säurehütten stellten diese Mineralfarbe als Kuppelprodukt des Oleums her.

Eine weitere wichtige Mineralfarbe war das 1704 entdeckte Berlinerblau. Für seine Herstellung wurde Eisenvitriol und sogenanntes Blutlaugensalz benötigt. Der Produktionsprozeß für Blutlaugensalz war ein K-Prozeß, bei dem das Blutlaugensalz nur einen geringen Massenanteil an allen Outputs hatte. So mußte die siebenfache Menge an Kohlen und die fünffache Menge an Pottasche eingesetzt werden (LASSAR-COHN 1899:332). Durch die Verwertung tierischer Abfälle konnte der Materialverbrauch an Pottasche und Kohlen deutlich abgesenkt werden. Lassar-Cohn bewertete dies folgendermaßen (LASSAR-COHN 1899:333):

"Wie wir soeben erfuhren, kann man in der Blutlaugensalzindustrie alle möglichen Arten von tierischen Abfällen verwenden, und so war sie volkswirtschaftlich von besonderer Bedeutung für die Verwertung dieser Abfälle, welche ehemals fast als wertlos angesehen wurden."

Die Berlinerblau-Herstellung erforderte Blutlaugensalz als Input, dessen Herstellung technisch kompliziert und kapitalintensiv war. Die Innovation eines neuen Verfahrens zur Ultramarinherstellung ließ diese Technik in die Bedeutungslosigkeit absinken.

Ultramarin war ursprünglich eine reine Kunstmalerfarbe. Zu ihrer Herstellung war der wertvolle Lapislazuli nötig, wodurch diese Farbe zu einem Luxusgut wurde. Die Aufklärung der Zusammensetzung von Ultramarin zeigte, daß die Farbe aus billigen Grundbestandteilen besteht. Es wurde deshalb gezielt nach einem Weg zur chemischen Ultramarinherstellung auf der Basis dieser billigen Grundbestandteile gesucht. Die Innovation wurde durch Ausschreibung eines Preises angereizt. 1823 setzte der Verein zur Beförderung des Gewerbefleißes in Preußen und 1824 die französische Société d'Encouragement einen Preis auf die erfolgreiche chemische Ultramarinherstellung aus. Dieser Innovationsanreiz zeigte bereits 1826 Wirkung, indem nunmehr sogar drei Verfahren zur Verfügung standen. In Tabelle 8.1 sind die Folgen der Innovation auf den Ultramarinpreis ersichtlich. Die Innovation der Ultramarinherstellung ist für die chemische Industrie insofern typisch, als wertvolle Rohstoffe durch wesentlich billigere Massenrohstoffe substituiert wurden.

8.1.3.2 Organische Farbstoffe

Organische Farbstoffe wurden ursprünglich aus Pflanzen gewonnen und gehörten damit zu den Produkten der Agrarwirtschaft. Die wichtigsten Pflanzensorten waren französischer Krapp und indischer Indigo, welche in den Herkunftsländern zu Farbmitteln verarbeitet wurden. Das Farbmittel Indigo stellte ein wichtiges Fernhandelsgut Indiens dar.

Die Substitution pflanzlicher Farbstoffe durch chemisch hergestellte Produkte wurde durch die Forschung in wissenschaftlichen Laboratorien ermöglicht. Stärker als dies bei der anorganisch-chemischen Industrie der Fall

Jahr	Preis in Mark/kg
< 1828	7500,00
1828	154,00
1831	24,00
1834	18,00
1855	1,75
1862	1,35
1872	1,12
1881	0,81
1885	0,65

Tabelle 8.1: Preisentwicklung des Ultramarins in Deutschland
Quelle: POHL ET AL. (1983:100) und LASSAR-COHN (1899:602)

war, spielte bei der organisch-chemischen Industrie die Interaktion von wissenschaftlicher Forschung und industrieller Umsetzung eine wichtige Rolle. So wurde der Wechsel von Pflanzen als Rohstoffbasis auf die im Teer enthaltenen aromatischen Kohlenwasserstoffe in dem von Hofmann in London aufgebauten wissenschaftlichen Laboratorium eingeleitet. Die Teerfarbenindustrie nahm damit ihren Ausgang in England. Theoretisch wäre der Übergang auf die Teerbasis bereits zu einem früheren Zeitpunkt in Deutschland möglich gewesen. Wie wir oben bereits erwähnten, entdeckte Runge 1832 in den Teerrückständen der Gasanstalten Anilin und erkannte dessen Eignung als Farbstoff. Eine Innovation durch die auftraggebende Chemieunternehmung unterblieb jedoch. Die weiteren Untersuchungen des Steinkohlenteers wurden von Hofmann veranlaßt. Er überließ in dem von ihm aufgebauten Forschungslaboratorium in London 1856 seinem Schüler Perkin die Untersuchung der Sell'schen Teerölproben. Perkin erhielt den Auftrag, aus Teerbestandteilen Chinin herzustellen. Chinin war damals der einzige bekannte Wirkstoff gegen Tropenkrankheiten. Für Großbritannien war dieser Stoff wichtig, um in den Kolonien über einen Impfstoff gegen Tropenfieber u.a. Krankheiten zu verfügen. Perkin scheiterte zwar an der Chininherstellung, dafür gelang ihm die Isolation eines violetten Farbstoffes, den er Mauvein nannte. Er erkannte das Marktpotential des Teerfarbstoffes und gründete eine Firma, um seine Entdeckung zu verwerten. Der durchschlagende Erfolg der Perkinschen Unternehmung regte zu weiteren Forschungen auf dem Gebiet der Teerfarben an.

8.1.3.3 Fuchsin und der Aufstieg der Teerfarben

Zwei Jahre nach der Entdeckung des Mauveins (1858) gelang gleichzeitig dem Franzosen Verguin und Hofmann in London die Herstellung des Fuchsins, des zweiten bedeutenden Teerfarbstoffes. Das rote Fuchsin ist das erste chemische Produkt auf Anilinbasis.[2] Die Farbstoffqualität des Fuchsins veranlaßte zahlreiche Firmen, dessen Produktion nachzuahmen. Auch in Deutschland wurden mehrere Firmen zur Herstellung von Fuchsin gegründet. Der Kapitalbildungsprozeß der Teerfarbenindustrie begann somit mit der Fuchsinproduktion: 1862 begann Bayer, ein Farbhändler, mit der Fuchsinproduktion. Ein Jahr später gründete Bayer zusammen mit Weskott die Firma Friedr. Bayer & Co., die heute als Bayer AG bekannt ist.

Die Verwertung einzelner Bestandteile des unerwünschten Kuppelproduktes Teer in der Farbstoffherstellung brachte allerdings auch neue Umweltprobleme mit sich. So wurde Arsensäure als Prozeßchemikalie für die Fuchsinherstellung benötigt, die als hochgiftiges Arsenik aus dem Produktionsprozeß hervorging. Die Verarbeitung einer Tonne Anilin war mit dem Verbrauch von 1,5 Tonnen Arsensäure verbunden (Hoechster Archive 1965:8). Diese giftige Abfallsäure führte immer wieder zu Entsorgungsschwierigkeiten. Bei Bayer entschloß man sich zunächst, die Arsenrückstände auf dem Werksgelände zu deponieren. Damit sollte die Option einer späteren Verwertung erhalten bleiben. Da die Aufbewahrungsgefäße dem Arsenik auf Dauer nicht standhielten, gelangte es in den Boden und schließlich ins Grundwasser. Die Bevölkerung von Barmen, dem Standort der Friedr. Bayer & Co., wehrte sich, als zunehmend Arsenvergiftungen auftreten. Ein Prozeß wurde 1864 angestrengt, den Bayer verlor. Er wurde verurteilt, Schadenersatzzahlungen an die Geschädigten zu entrichten. Die Reputation des Firmengründers Bayer sank durch die Arsenver-

[2] Perkins Mauvein ging, ohne daß Perkin dies wußte, nicht aus Anilin, sondern aus dem Aromaten Toluol hervor.

giftungen soweit, daß er in Barmen tätliche Übergriffe durch die Bevölkerung befürchten mußte (PINNOW 1938:23). Als Folge immer weiterer Schadenersatzforderungen entschloß er sich zum Standortwechsel. So heißt es bei PINNOW (1938:24)

> "Manchem Nachbar wurde es zur Gewohnheit, sich an einem bestimmten Tag auf dem Kontor einzufinden und seine Abfindung in Empfang zu nehmen wie ein Arbeiter den wohlverdienten Lohn. So ging es nicht weiter."

Die Verlagerung der Produktion nach Elberfeld an die Wupper eröffnete die Möglichkeit, Arsenik im Abwasser auszutragen.

Auch in Basel, wo die erste Fuchsinproduktion im Jahre 1859 begonnen wurde, gab es Probleme mit den Produktionsrückständen der Fuchsinherstellung. Der Baseler Fuchsinfabrik, die im Stadtinneren niedergelassen war, untersagte 1863 der Rat der Stadt deshalb sogar ihre Produktionsaktivitäten. Die Firma wechselte den Standort, wobei nun ein Gebiet außerhalb der Stadt gesucht wurde. An diesem neuen Standort befinden sich heute die Baseler Werke der Ciba-Geigy (PINNOW 1938:23).

Erst 1866 gelang es, die in der Anilinherstellung eingesetzte Arsensäure durch Nitrobenzol zu substituieren. Damit war es möglich, arsenhaltige Kuppelprodukte bei der Farbherstellung zu vermeiden. Obwohl Arsensäure teuer war und die arsenhaltigen Kuppelprodukte hochgradig unerwünscht waren, konnte sich das arsenfreie Verfahren nur langsam durchsetzen. Den toxischen Arsenrückständen stand das Explosionsrisiko von Nitrobenzol bei der Bewertung beider Verfahren gegenüber.

Die Aussicht, durch die Herstellung von Teerfarben an einem expandierenden Markt teilzuhaben, führte auch zur Gründung der Firma Meister, Lucius & Brüning, im folgenden mit ML&B abgekürzt. Diese Firma ist der Kern der aus einem späteren Unternehmenszusammenschluß hervorgegangen Farbwerke Hoechst AG. Als Standort für ML&B wurde Hoechst ausgewählt. Auch hier zeigt sich, daß chemische Produktionsanlagen den Faktor Umwelt in merklicher Weise als Schadstoffempfänger nutzten. In der Konzessionsgewährung wurde ausdrücklich ein hoher Schornstein zur Entsorgung gasförmiger Emissionen vorgeschrieben. Vergleichbar der Situation in England, formierte sich auch Widerstand gegen die Werksansiedlung: Der Hausherr des Schlosses von Hoechst versuchte vergeblich, den Bau des Werkes zu verhindern. Durch Petitionen mit dem Hinweis auf die nachteiligen Folgen chemischer Produktion versuchte er erfolglos, die Konzession zu verhindern. 1863 begann ML&B den Teerfarbstoff Fuchsin in Hoechst herzustellen.

In der Nachbarschaft von Hoechst kam es zu einer weiteren Werksgründung mit dem Ziel der Fuchsinherstellung. Paul Wilhelm Kalle errichtete dieses Werk (BÄUMLER 1989:25). Eine weitere Firmengründung in der Nähe von Hoechst strengte Heinrich Albert an. Ursprünglich plante er ebenfalls eine auf Anilin basierende Farbstoffherstellung. Albert disponierte jedoch um und entschied sich für die Herstellung von Düngemitteln. Die Produktion im Werk von Albert basierte ausschließlich auf der Verwertung von Abfällen. Die Stickstoffkomponente des Düngers stammte aus tierischen Abfällen, das sind Alt-Wolle, Horn, Klauen und Tierhaare. Als Phosphatquelle benutzte er verbrauchte Knochenkohle aus Zuckerfabriken. Die Prozeßchemikalie Schwefelsäure bezog er in verdünnter Form von den Farbherstellern. Im Volksmund wurde seine Firma die 'Stinkhütt' genannt, was auf merkliche Emissionen hindeutet. Die Firmen ML&B, Albert und Kalle fusionierten später zur Farbwerke Hoechst AG.

Der Marktzutritt weiterer Hersteller und die Kapazitätsausweitungen der bestehenden Produzenten mündeten schnell in Überkapazitäten für Fuchsin. In Hoechst sah man eine mögliche Ausweichstrategie in der Diversifikation des Produktprogrammes. Zu diesem Zwecke wurden weitere Teerfarbstoffe entwickelt. Einer dieser Farbstoffe war das Aldehydgrün, das jedoch nur in einer transportaufwendigen Lösung verschickt werden konnte.

Am Beispiel von Aldehydgrün läßt sich sehen, daß in diesem Stadium der chemischen Industrie Zufallsentdeckungen eine große Rolle spielten. Lucius von ML&B untersuchte bei einem Lederhändler das Färbeverhalten von Aldehydgrün. Die Beobachtung des Färbevorganges zeigte, daß der Gerbstoff das Aldehydgrün in eine Paste umwandelte. Diese Paste war wesentlich besser handhabbar als die Lösung. Die Präsentation der Paste in Lyon, dem damaligen Zentrum der Seidenfärberei, weckte eine unerwartet hohe Nachfrage. Der kurzfristigen Nachfragespitze folgte ein völliger Verlust des Absatzmarktes, da ein anderer grüner Farbstoffe auf den Markt kam. Die schnelle Geschwindigkeit, mit der neue Farbstoffe mit verbesserten Eigenschaften entwickelt wurden, behaftete Investitionen in die Produktion eines bestimmten Farbstoffes mit hohem Risiko. Um eine dauerhafte Grundlage für den Fortbestand ihrer Unternehmen zu erhalten, entschlossen sich viele Farbhersteller deshalb zur Rückwärtsintegration. So gingen ML&B dazu über, das bis 1869 aus England bezogene Anilin selbst zu produzieren.

8.1.3.4 Eine Bemerkung über die Vermarktbarkeit der Teerfarbstoffe

Die ersten Teerfarbstoffe waren völlig neuartige Substanzen, so daß sie von den Färbereibetrieben zunächst nur zögerlich akzeptiert wurden.[3] Ein wichtiger Erfolgsfaktor war daher das Marketing dieser Produkte. In welchem Umfange Absatzmärkte von den deutschen Farbenfabriken erschlossen wurden, geht aus einem Sitzungsprotokoll der ML&B hervor (HOECHSTER ARCHIVE 1965:46ff). Darin wird darauf hingewiesen, daß der Verkauf an Afrikaner in kleineren Dosen erfolgt, da diese zur sofortigen Verwendung der gesamten Fuchsinmengen neigen. In Südamerika wurden die Dosen mit phantastischen Etiketten versehen und an Indianer verkauft. Die Eingeborenen in Britisch-Indien verwendeten es auch gerne als Genußmittelfarbe. Der Vertrieb von Fuchsin reichte bis nach China und Japan, wo sogar Streichhölzer mit Fuchsin gefärbt wurden.

8.1.3.5 Alizarin - Die gezielte Substitution eines Naturfarbstoffes

Ein Wendepunkt in der Vorgehensweise chemischer Verfahrensentwicklung markiert die Synthese des roten Farbstoffes Alizarin. Die bisherigen Teerfarben waren auf rein experimentellem Weg gefunden worden. Die Alizarinsynthese

[3] Die Substitution pflanzlicher bzw. der Natur direkt entnehmbarer Substanzen durch chemisch hergestellte wurde immer wieder durch Akzeptanzprobleme erschwert. Auch beim Soda war zunächst eine Bevorzugung des status quo, nämlich der Verwendung von Barilla und Seetang zu beobachten. Eine Analyse des Entscheidungsverhaltens unter expliziter Berücksichtigung des status quo geben SAMUELSON UND ZECKHAUSER (1988).

hingegen war das Ergebnis der systematischen Anwendung wissenschaftlicher Erkenntnisse durch Adolf von Baeyer, einem Professor der Chemie, und seinen Schülern Graebe und Liebermann.

Alizarin ist ein pflanzlicher Farbstoff, der aus Krapp gewonnen wurde. Bereits die Römer gewannen diesen Farbstoff. Die beiden Mitarbeiter Baeyers, Graebe und Liebermann, stellten 1868 aus Alizarin Anthracen her. Anthracen wiederum ist ein Bestandteil des Steinkohlenteers. Es lag deshalb nahe, den umgekehrten Weg vom Anthracen zum Alizarin zu versuchen. Ein Jahr später gelang Graebe und Liebermann die Synthese des Alizarins auf Basis eines Teerbestandteiles. Dadurch war es erstmals gelungen, einen pflanzlichen Farbstoff künstlich nachzubilden (HOECHSTER ARCHIVE 1970:16); das chemische Produktionsverfahren konnte somit in direkte Konkurrenz zum agrarwirtschaftlichen Verfahren treten. Zwar gelang Graebe und Liebermann die Erfindung der chemischen Alizarinherstellung, die Innovation überließen sie jedoch der BASF. Die Gründung eines eigenen Betriebes war zu aufwendig, da der Rohstoff Anthracen schwer zu beschaffen war und das Produktionsverfahren hohe Investitionen erforderte. Caro, ein Chemiker der BASF, gelang es, eine der teuren Prozeßchemikalien durch die wesentlich billigere Schwefelsäure zu ersetzen. Damit war Mehrergiebigkeit gegenüber dem agrarwirtschaftlichen Verfahren gesichert. Damit die Innovation durchgeführt werden konnte, mußte nur noch der Preis von Alizarin stabil bleiben. Hierzu war eine Patentierung des von Caro entwickelten Sulfosäure-Verfahrens erforderlich, um andere Farbhersteller an der Imitation zu hindern. Das Patent wurde in Preußen eingereicht und abgelehnt.[4] Die Begründung lautete, daß das Sulfosäure-Verfahren gegenüber dem patentierten Verfahren von Graebe und Liebermann keine wesentliche Neuerung enthielt. Daraus ergab sich für die BASF ein Dilemna: Da sie nach dem Sulfosäure-Verfahren Alizarin herstellte, blieb das Patent von Graebe und Liebermann juristisch gesehen unausgeübt. Bleibt ein Patent un-

[4]In Deutschland gab es zu diesem Zeitpunkt noch kein einheitliches Patentgesetz. Statt dessen existierten 29 sehr unterschiedliche Patentgesetzgebungen unabhängig nebeneinander. Der Fehler, der dem preußischen Patentrichter durch die Ablehnung des Patentantrages der BASF unterlaufen war, beeinflußte wesentlich die Schaffung des Reichspatentgesetzes im Jahre 1877 (HOECHSTER ARCHIVE 1970:28).

ausgeübt, so erlischt es. Dies führte dazu, daß neben der 1865 gegründeten BASF auch andere Firmen die Produktion von Alizarin aufnehmen konnten.

Am 25. Juni 1869 meldete die BASF ihr Patent in England an. Einen Tag später reichte Perkin, der ebenfalls an der Alizarinsynthese arbeitete, sein Patent ein.[5] Der Konkurrenzdruck und die zentrale Bedeutung Alizarins veranlaßte auch ML&B, nach eigenen Syntheseverfahren zu forschen. 1869 hatten die Forschungen Erfolg, so daß neben der BASF auch ML&B den Marktzutritt anstrebte. ML&B brachte ihr Alizarin 1869 und damit sogar zwei Jahre früher als die BASF auf den Markt. 1873 übertraf die chemische Alizarinproduktion bereits die agrarwirtschaftliche (HOECHSTER ARCHIVE 1970:28). Die frei gewordenen landwirtschaftlichen Flächen wurden für den Getreideanbau genutzt. Alleine in Südfrankreich, dem wichtigsten Anbaugebiet, waren ca 20.000 Hektar urpsrünglich mit Krapp bebaut (VERG 1988:34).

Das Umsatzvolumen des Alizarinmarktes wurde 1869 weltweit auf jährlich 60-70 Mio Mark geschätzt. Nur der Markt für Indigo hatte mit ca. 100 Mio Mark ein höheres Umsatzvolumen im Bereich der Farbstoffe (HOECHSTER ARCHIVE 1970:36). Das steigende Produktionsvolumen des Alizarins führte dazu, daß das ursprüngliche Abfallprodukt Teer in Deutschland nicht ausreichend verfügbar war. ML&B beschloß deshalb, in England das erforderliche Anthracen anzukaufen. Zu diesem Zeitpunkt hatte sich der Abstand zwischen der chemischen Industrie Deutschlands und der Großbritanniens bereits zugunsten Deutschlands vergrößert. In den Teerverwertungsanstalten Großbritanniens war Anthracen ein völlig unbekannter Stoff. Der Wunsch von ML&B, in britischen Gasanstalten und Kokereien nach Anthracen Ausschau zu halten, wurde als der Versuch mißgedeutet, die vermeintlich bessere Technik auszukundschaften. Großbritannien war bis zu diesem Zeitpunkt führend in der Teerproduktion und -destillation.

Welche Folgen die chemische Produktionsmöglichkeit für den Alizarinpreis hatte, ist in Tabelle 8.2 veranschaulicht.

Der Bedeutungsverlust der britischen Farbstoffchemie, den die Alizarinherstellung durch deutsche Chemieunternehmen einleitete, wird vielfach durch

[5] Perkin wurde das Patent erteilt.

Jahr	Mark/kg
1869	270,0
1870	270,0
1873	120,0
1878	23,0
1881	17,5

Tabelle 8.2: Durchschnittlicher Preis des Alizarins
Quelle: LASSAR-COHN (1899:582)

die unterschiedliche Kooperation von Wissenschaft und Industrie erklärt. In England wird der Niedergang noch heute als die *national chemical neurosis* empfunden (TELTSCHIK 1992:13).

Nachdem Alizarin in immer größeren Mengen angeboten wurde, setzte ein entsprechender Preisverfall ein. Die Farbenhersteller sahen sich zum ersten Mal veranlaßt, Absprachen zu treffen. Die erste Alizarin-Konvention von 1881 sah eine Quotierung der Produktionsmengen vor. Durch die neu aufkommenden Azofarben geriet das Alizarin dann immer weiter in den Hintergrund. 1885 brach die Alizarin-Konvention zusammen, der Preisverfall setzte sich fort. Die weitere Entwicklung der Teerfarbenproduktion wurde zunehmend pessimistischer eingeschätzt. Erhebliche Preisschwankungen in den Rohstoffpreisen, Benzol schwankte 1882 im Preisintervall 1,75 Mark/kg - 4 Mark/kg, verunsicherten die Hersteller. Hinzu kamen ständig neue Erfindungen, so daß nur noch kürzeste Zeithorizonte bei Investitionsprojekten zugrunde gelegt werden mußten. Die bestehenden Farbstoffproduktionsanlagen verloren schnell ihren Wert (PINNOW 1938:63). Ermöglicht wurde die hohe Erfindungsrate durch die Patentgesetzgebung, die allen Interessierten einen detaillierten Einblick in bestehende Produktionsverfahren ermöglichte. Das Wissen über Produktionsprozesse diffundierte somit schnell durch die gesamte chemische Industrie.

Nachdem die Azofarben das Alizarin zunächst in den Hintergrund treten ließen, revitalisierte Bayer 1888 die Alizarinherstellung. Durch Neuentwicklungen und Verbesserungen gelang es, die Qualität der Azofarben zu übertreffen. In der Folge kam es zu Patentstreitigkeiten mit der BASF, deren Alizarinproduktion die von Bayer übertraf. Diese Streitigkeiten führten schließlich 1900 zur zweiten Alizarin-Konvention (VERG 1988:45).

8.1.3.6 Azofarben

Die im vorhergehenden Abschnitt geschilderten Unsicherheiten auf den Farbstoffmärkten wurden durch die Innovation der Azofarben zusätzlich verstärkt.

Die Herstellung der Azofarben basierte ebenfalls auf der Rohstoffquelle Teer. Bereits 1858, d.h. elf Jahre vor der Erfindung der chemischen Alizarinherstellung, veröffentlichte der Chemiker Gries seine Entdeckung der Diazoverbindung. Gries war es gelungen, aus einem aromatischem Amin und salpetriger Säure eine Reihe von Farbstoffen herzustellen, die auf einer Diazoverbindung basierten (VERG 1988:56). Da er seine Forschungen lediglich als Freizeitbeschäftigung betrachtete, verzichtete er auf eine kommerzielle Verwertung dieser Azofarben. Erst 1878 begann die BASF Azofarben herzustellen. Im gleichen Jahr nahm auch Bayer die Produktion auf.

Zu den ersten Azoverbindungen gehörte das sehr erfolgreiche Kongorot, das aus dem hochgradig toxischen Benzidin hergestellt wurde. Die Verwendung von Kongorot in den Färbereien ermöglichte den Verzicht auf das Beizen der Rohfasern und revolutionierte damit das Färbeverfahren (LASSAR-COHN 1899:619). Ein Patent hinderte Bayer daran, ebenfalls mit Benzidin als Ausgangsstoff zu arbeiten, was zur Suche nach Substitutionsmöglichkeiten führte. Carl Duisberg, der inzwischen in die Bayer AG eingetreten war, entwickelte für einen blauen Azofarbstoff einen Syntheseweg, der beim ortho-Nitrophenol seinen Ausgang hatte. Dieses ortho-Nitrophenol konnte nur in Kuppelproduktion mit para-Nitrophenol hergestellt werden, und zwar im Mengenverhältnis 1:1. Das Kuppelprodukt sollte später für den Aufbau der Pharmaherstellung große Bedeutung erlangen. Da der blaue Farbstoff sehr gute Färbeeigenschaften aufwies und leicht zu verarbeiten war, wurde 1886 der Bau einer Produktionsanlage mit 3600 Jahrestonnen Kapazität begonnen. Für das Kuppelprodukt para-Nitrophenol fand sich zunächst keine Verwertungsmöglichkeit, es wurde deshalb auf dem Firmenhof deponiert (VERG 1988:83).

Als sich die positiven Produkteigenschaften des blauen Azo-Farbstoffes überraschenderweise bei den Färbern nicht einstellten, wurde die Kapazität der Produktionsanlage auf 10 % des ursprünglich vorgesehenen Wertes verkleinert. Die Probleme, die sich bei der Anwendung des Farbstoffes in der Praxis ergeben hatten, veranlaßten Duisberg 1887, eine Färberei in das Werk als anwendungstechnische Abteilung einzugliedern (VERG 1988:84). Diese Abteilungen betrieben auch erste Marktforschungen und stellte eine wichtige organisatorische Innovation dar.

8.1.3.7 Die Indigosynthese

Die Innovation der chemischen Indigoherstellung im Jahre 1898 war das größte Einzelprojekt, das die chemische Industrie bis dahin durchgeführt hatte. Der blaue Farbstoff Indigo wurde ursprünglich auf pflanzlicher Basis in Indien produziert. Den Handel organisierten britische Kolonialherren, die damit erhebliche Gewinne erzielten. Indigo war eines der wichtigsten Exportgüter Indiens. In den 60er Jahren des 19. Jh. erfreuten sich die Indigohändler hoher Prosperität (ASIATICUS 1903:245):

> "The European Indigo planters (britische Kolonialherren, d. Verf.) made enormous profits about this period (1860, d. Verf.). They lived like Indian princes on their estates, and spent their money freely, ..."

Die hohen Gewinne des Indigohandels stellten einen erheblichen Anreiz für die chemische Industrie dar, ein Syntheseverfahren zur Herstellung von Indigo zu finden. 1880 gelang dem Chemieprofessor Baeyer erstmals die Indigosynthese. Das Verfahren basierte jedoch auf zu teuren Rohstoffen und erzielte zu niedrige Ausbeuten. Gegenüber der agrarwirtschaftlichen Indigoproduktion war es nicht konkurrenzfähig.

1895 erreichte der Handel mit indischem Indigo sein Rekordvolumen mit einem Umsatz von 3.566.700 Pfund. Der Versuch, ein Indigosyntheseverfahren einzuführen, wurde von den Indigohändlern mit großer Aufmerksamkeit und Beunruhigung verfolgt. Die mißglückte Innovation synthetischen Indigos nach dem von Baeyer entwickelten Verfahren hatte die angespannte Situation in Indien gelöst (ASIATICUS 1903:246):

"They laughed to scorn the idea that some German crank could produce indigotin to compete with the natural dye."

Zehn Jahre nach der ersten Indigosynthese durch Baeyer gelang es, Indigo über das Zwischenprodukt Phthalsäureanhydrid herzustellen. Als Rohstoff diente Naphthalin, das aus Steinkohlenteer gewonnen wurde. Um die Synthese durchzuführen, war Chromsäure erforderlich. Der BASF gelang es, statt Chromsäure Oleum zu verwenden. Um dieses Oleum herzustellen, wurde das Kontaktverfahren entwickelt (vgl. 7.2.6). Daß dieses Kontaktverfahren das Bleikammersystem obsolet machen würde, war von der BASF zunächst nicht beabsichtigt. Den Durchbruch in der Indigosynthese ermöglichte schließlich ein Zufall: Bei den Experimenten zerbrach ein Quecksilberthermometer. Das Quecksilber gelangte in die Versuchsgefäße und katalysierte den Prozeß. Ein konkurrenzfähiges Indigoproduktionsverfahren war gefunden. Damit konnte eine rund 20jährige Forschungsarbeit, die 20 Mio Mark kostete 1898 mit der Innovation der Indigoproduktion abgeschlossen werden. In den Folgejahren schrumpfte die indische Indigosynthese. 1910 wurden nur noch 10% des Exportvolumens von 1895 realisiert. Der Erfolg der Indigosynthese ist als 'Das blaue Wunder' sprichwörtlich geworden.

Zur gleichen Zeit wie die BASF bemühte sich auch Hoechst um die Entwicklung der Indigosynsthese. Anders als die BASF setzte Hoechst auf die Verwendung von Chromsäure statt Oleum und versuchte damit, den Umweg über die Oleumherstellung zu vermeiden. Dafür mußte in Regenerationsanlagen zur Chromsäureaufbereitung investiert werden. Da hierfür große Mengen elektrischer Energie nötig waren, wurde ein Werk in der Nähe von Augsburg errichtet, denn dort konnte Energie von den benachbarten Lechkraftwerken bezogen werden. Nachdem der BASF der Durchbruch gelungen war, verloren die Anlagen der Hoechst ihren Wert. Die Fortschritte bei den elektrolytischen Verfahren zur Chromsäureregeneration konnten jedoch bei der Chlor-Alkali-Elektrolyse verwertet werden. Somit gingen mit der Indigosynthese zwei Komplementaritäten einher: das Kontaktverfahren zur Schwefelsäureherstellung und die Chlor-Alkali-Elektrolyse.

Indigo pflanzlicher Herkunft verlor schnell an Bedeutung. Indien führte 1895/1896 187.000 Tonnen aus, 1913/1914 nur noch 11.000 Tonnen. Durch die Entwicklung anderer blauer Farbstoffe, beispielsweise den 1901 hergestellten Indanthren-Farbstoffen, verlor Indigo fast völlig seine Bedeutung. Erst durch die Produktion der Bluejeans wurde dieser Farbstoff nach dem zweiten Weltkrieg wieder hergestellt.

Über die Umweltfolgen der Indigoproduktion lassen sich nur schwer Aussagen treffen. Die Verwendung der Prozeßchemikalien Chlor, Natronlauge und Oleum lassen jedoch die Emission von Chlorwasserstoff und die Belastung der Gewässer mit Sulfaten vermuten. Dokumentiert sind diese Belastungen aber nicht.

8.1.4 Die Herstellung von Pharmazeutika

Die Verwertung der Teerbestandteile erfolgte anfangs vornehmlich zur Herstellung von Farben und damit letztlich zu dekorativen Zwecken. Im Gegensatz zu den zuvor behandelten Entwicklungslinien dienten diese Chemikalien nicht der mittelbaren Befriedigung elementarer Bedürfnisse. Allerdings schaffte die Farbenherstellung die Voraussetzungen zum Aufbau der pharmazeutischen Industrie. Sowohl in der medizinischen Forschung als auch in der Behandlung von Krankheiten fanden Teerfarben Anwendung. Das erste Produkt der pharmazeutischen Industrie war der Teerfarbstoff Methylenblau. Diese Farbe, auf deren Herstellung das erste deutsche Reichspatent erteilt wurde, eignete sich zum Färben menschlichen Gewebes. Dadurch konnten medizinische Untersuchungen durchgeführt werden, die 1882 die Identifikation der Tuberkulose-Erreger durch Koch ermöglichten. Seinem Schüler Ehrlich gelang es 1908, mit einem Azo-Farbstoff Syphilis erfolgreich zu bekämpfen. Ehrlich benutzte die Farbstoffe ebenfalls, um organische Gewebe zu färben. Er erkannte jedoch zusätzlich die Möglichkeit, Krankheitserreger selektiv zu färben und damit abzutöten.

Bei Bayer wurde das erste Pharmazeutikum auf der Basis eines Abfalls hergestellt. Wie wir bereits erwähnten, entwickelte Duisberg[6] ein Ver-

[6]Carl Duisberg (1861-1942) gehört zu den schillernden Persönlichkeiten der deutschen Großchemie. Neben Chemie studierte er Philosophie, wobei er besonderes Interesse an der

fahren zur Herstellung des Azofarbstoffes Benzoazurin. Die Herstellung eines der erforderlichen Zwischenprodukte erfolgte in Kuppelproduktion mit para-Nitrophenol. Da es keine Verwendung für diese Verbindung gab, wurde sie auf dem Firmengelände deponiert. Als durch Zufall die fiebersenkende Wirkung von Acetanilid erkannt wurde, eröffnete sich eine Verwertungsmöglichkeit für das Abfallprodukt: Acetanilid ist ein Folgeprodukt des Anilins. Duisburg vermutete, daß Anilin durch das Abfallprodukt para- Nitrophenol ersetzt werden konnte. Bei Bayer hatten sich 30.000 Tonnen dieses Abfallproduktes auf dem Firmenhof angesammelt. Einem Freiburger Wissenschaftler gelang es, aus dem para-Nitrophenol ein Produkt mit ähnlichen Eigenschaften herzustellen, das Phenacetin genannt wurde. Dank einer Influenza-Welle konnte das Produkt sofort in großen Mengen abgesetzt werden. 1888 wurde die Produktion eines zweiten Pharmaproduktes begonnen, eines Schlafmittels. Bei der Herstellung dieser Substanz wurde eine Schwefelverbindung benötigt, die in die Luft gelangte und die Nachbarschaft durch üble Gerüche belästigte. Auf Initiative der Bewohner Barmen-Heckinghausens, dem Produktionsstandort, beendete die Polizei die Herstellung. Eine Standortverlagerung nach Haan war keine Lösung, da auch hier die Bewohner gegen das Werk protestierten. Schließlich wurde die Produktion in ein menschenleeres Gebiet in die Lüneburger Heide verlegt (VERG 1988:93).

Um die Jahrhundertwende wurden auf der Basis der Teerbestandteile zahlreiche Pharmazeutika entwickelt, die teilweise bis heute verwendet werden. Zu diesen Produkten gehört auch das Aspirin. Germanin, ein Mittel gegen die Schlafkrankheit, wurde 1923 entwickelt und ist nach wie vor das beste Mittel gegen Trypanosomen (VERG 1988:221).

Weltanschauung des Zoologen Ernst Haeckel zeigte. Als Nebenfach bei der Doktorprüfung wählte er nicht, wie für Chemiker damals und auch heute noch üblich, Physik, sondern Nationalökonomie. Der Beginn seiner Karriere verlief sehr zögerlich. Erst nachdem er eine Visitenkarte Ernst Haeckels zu einem Empfehlungsschreiben umfunktioniert hatte, fand er eine Anstellung bei Adolf von Baeyer. Der Einstieg bei der Bayer AG nach einem Jahr Tätigkeit bei v. Baeyer gelang ihm letztlich nur durch Fürsprache seiner Mutter, die zusammen mit dem Firmengründer Bayer zur Schule gegangen war (TELTSCHIK 1992:22).

8.1.5 Konzentration des Marktes für Farbstoffe

Zu Beginn des 20. Jh. konzentrierte sich die Weltfarbstoffproduktion nahezu vollständig auf die deutschen Farbenfabriken. Ihr Weltmarktanteil belief sich auf über 80 % (UNGEWITTER 1938:19), und sie hielten Patente für über 15.000 Farbstoffe. Die Kuppelprodukte der Farbstoffsynthesen verhalfen der chemischen Industrie zu einem umfangreichen Produktsortiment. Die Kuppelprodukte wurden in der Sprengstoffindustrie, der Zelluloiderzeugung, der Kunstseidenindustrie und in der Nitrozelluloselackindustrie verwertet (ENQUETE-AUSSCHUSS 1930:16f). Die dominierende und monopolartige Stellung auf dem Farbstoffmarkt wurde von anderen Industrienationen negativ beurteilt. Sie versuchten, durch Zollschranken den Aufbau einer eigenen Farbenindustrie zu ermöglichen. Die Reaktion der deutschen Farbenwerke bestand darin, Produktionsanlagen in den jeweiligen Absatzgebieten zu errichten und damit die Zollschranken zu umgehen. Die chemische Industrie gehörte somit zu den ersten Sektoren, die sogenannte Transplants errichteten. Die Standortwahl läßt Rückschlüsse auf die erwünschten Rahmenbedingungen einer Produktionsansiedlung zu. Brüning von ML&B erteilte dem Repräsentanten in England den Auftrag, Standorte nach folgenden Kriterien zu untersuchen (HOECHSTER ARCHIVE 1965:138):

- Verfügbarkeit von Arbeitskräften,
- Verfügbarkeit von Wasser,
- Möglichkeit, Fabrikabwässer in einen Fluß einzuleiten,
- Nähe einer Eisenbahnstation,
- Nähe zu einem Dorf, um Quartier für die Arbeiter zu haben.

Wie wir an den Standortwahlkriterien erkennen, war die Möglichkeit zur Abwasserentsorgung schon damals wichtig.

Dem Aufbau von Produktionsstandorten in England verlieh eine Änderung der Patentgesetzgebung besondere Dringlichkeit. In England nicht ausgeübte Patente wurden für nichtig erklärt. Ausländische Inhaber englischer Patente mußten diese innerhalb von Jahresfrist ausüben.

Der zunehmende internationale Wettbewerb hatte auch Folgen für die Organisationsstruktur der chemischen Industrie. Das Vorbild amerikanischer Trusts veranlaßte Duisberg, eine Denkschrift zu verfassen, in welcher er die Vorteile einer Konzentration der deutschen Farbstoffproduktion darlegte. Ausschlaggebend für seine Überlegungen waren Unteilbarkeiten bei Forschung, Unternehmungsleitung und Vertrieb, sowie die Konkurrenz der deutschen Betriebe untereinander. Der Aufstieg der Farbproduktion hatte schnell zu Überkapazitäten geführt, die wiederum auf die Preise drückten. Zudem führte die Verbundproduktion dazu, daß sich das Produktsortiment der Chemieunternehmen nur geringfügig unterschied. Einen ersten Versuch, die Marktstruktur zu verändern, war die bereits erwähnte Alizarin-Konvention.

Während des ersten Weltkrieges verlor die deutsche chemische Industrie einen Großteil ihrer ausländischen Kunden und Werke. In vielen Ländern waren eigene Kapazitäten errichtet worden. Der Verlust der Auslandsmärkte verstärkte nach dem ersten Weltkrieg die Konzentrationstendenzen in Deutschland.

Wir können drei Phasen der Konzentration der deutschen Chemie unterscheiden. In der ersten Phase, die 1904 beginnt, bilden sich zwei Unternehmensgruppen. Die zweite Phase beginnt 1916 mit dem Zusammenschluß dieser Gruppen zur sogenannten *kleinen I.G.*[7] (Interessengemeinschaft der deutschen Teerfabriken). Im Vergleich zu einem Konzern war die Verbindung zwischen den in der *kleinen I.G.* zusammengeschlossenen Unternehmen wesentlich lockerer. Jedes der Einzelunternehmen konnte aus der Gemeinschaft austreten und behielt gegenüber dritten einen eigenen Rechtsstatus. Die gemeinschaftliche Führung der I.G. räumte jedem der Einzelbetriebe ein Vetorecht ein.

1924 kam es unter dem Eindruck wirtschaftlicher Schwierigkeiten, vor allem auf dem Farbstoffmarkt, zur Gründung der großen I.G. und damit zur dritten Phase der Konzentration. Die große I.G. unterschied sich von der kleinen I.G. durch wesentlich tiefergreifende Veränderungen im Status der ein-

[7] Als Grund für diesen Zusammenschluß wird die Befürchtung angegeben, durch den Krieg die Weltmarktposition verloren zu haben. Die kleine I.G. diente als Mittel gegen den Verlust der Märkte (VERG 1988:203).

zelnen Firmen. Im Prinzip fusionierten die Firmen. In den folgenden Jahren durchlief die I.G. einen Aufschwung, der mit der Weltwirtschaftskrise 1929 zu Ende ging. Es gelang ihr jedoch, den Aufbau einer britischen Farbstoffindustrie zu verhindern. Die erfolglosen britischen Bemühungen zum Aufbau einer eigenen Farbstoffindustrie hatten 95,5 Mio Mark gekostet (I.G. Farben 1926:33). Innerhalb der I.G. wurden erhebliche Rationalisierungen durchgeführt. Von den 32.000 Farbstofftypen verblieben nur 60% im Produktsortiment. Die weitere Entwicklung der I.G. ist weniger durch die Farbstoffherstellung geprägt. Die zentralen Entwicklungen der Farbstoffindustrie sind Mitte der 30er Jahre dieses Jahrhunderts abgeschlossen.

Zusammenfassend halten wir fest: Ausgehend von der Verwertung eines Kuppelproduktes der Gasanstalten entfaltet sich in der zweiten Hälfte des 19. Jh. die organisch-chemische Industrie. Wichtigste Produkte sind Teerfarben, daneben werden auch Pharmazeutika hergestellt. Gegen Ende des 19. Jh. verlieren die Gasanstalten als Teerlieferanten zunehmend an Bedeutung, da die Steinkohleverkokung mittlerweile mit einem anderen Produktionszweck durchgeführt wurde: der Herstellung von Koks. Durch technische Verbesserungen war es gelungen, den Koksverbrauch bei der Destillation deutlich abzusenken. Im Laufe der weiteren Entwicklung hatte sich das Produktionsziel nun geändert. Wir werden im folgenden Abschnitt den neu entstandenen Verbund von chemischer Industrie, Metallhütten und Kohlezechen näher untersuchen.

8.2 Kohle und chemische Industrie

In der ersten Hälfte des 20. Jh. dominieren drei Sektoren die wirtschaftliche Entwicklung Deutschlands: Kohlebergbau, Eisen- und Stahl- sowie chemische Industrie. Die Verflechtung dieser Sektoren ist komplex und teilweise durch Kuppelproduktion begründet. In diesem Kapitel werden wir die Sektoren in ihrer Koevolution untersuchen. Im Abschnitt 8.1 zeigen wir auf, wie die chemische Industrie in den Gesamtkomplex der Schwerindustrie eingebunden wurde. Im Abschnitt 8.2 untersuchen wir die Entstehung des zweiten wichtigen Teilbereiches der organischen Chemie, der sogenannten Kohlechemie.

8.2.1 Die chemische Industrie im Verbund mit Kohlezechen und Metallhütten

In der zweiten Hälfte des 19. Jh. entwickelte sich auf der Basis der Teerverwertung eine vielfältige Farbstoffindustrie. Mit einem Marktvolumen von 300 Mio Mark entfielen auf die teerbasierte Farbstoffherstellung 31 % des Gesamtumsatzes der chemischen Industrie (KOCKERSCHEIDT 1911:8). Als Kuppelprodukt der Gasanstalten stand der Farbrohstoff Teer zu niedrigen Preisen zur Verfügung. Trotz der großen Bedeutung für die Farbstoffchemie blieb Teer aber nur ein Nebenprodukt der Gasanstalten. Auf Nachfrageveränderungen durch die chemische Industrie reagierten die Gasanstalten kaum durch Mengenanpassung ihres Teerangebotes. Die Folge waren extreme Preisschwankungen der für die Farbstoffherstellung wichtigen Teerbestandteile. So fluktuierte der Benzolpreis 1882 zwischen 1750 und 4000 Mark/Tonne (SCHNABEL-KÜHN 1910:12). Die Nachfrage der chemischen Industrie traf somit auf ein unelastisches Angebot der Gasanstalten. Daraus folgt, daß die Mengenentwicklung der Farbstoffproduktion von der Aktivität der Gasanstalten abhing. Die Gasanstalten hatten ihr Wachstumspotential jedoch weitgehend ausgeschöpft, so daß weitere Bezugsquellen für Teerbestandteile aufgetan werden mußten.

Außer den Gasanstalten führten auch Kokereien die trockene Destillation der Steinkohlen durch. Im Gegensatz zu den Gasanstalten war das Zielprodukt der Kokereien jedoch Koks, das an die Metallhütten geliefert wurde. Das freiwerdende Steinkohlengas verfeuerten die Kokereien, um Energie für die Destillation zu erzeugen. Gegen Ende des 19. Jh. gelang es, die Koksöfen auch zur Gewinnung von Teer zu nutzen und damit die Voraussetzung für dessen Verwertung zu schaffen. Bis dahin verblieb Teer im Koks und verbrannte in den Hochöfen der Metallhütten. Die Innovation eines neuen Typus von Kokereiöfen und das damit einhergehende steigende Angebot von Teerbestandteilen verringerte 1885 beispielsweise den Benzolpreis auf 500-900 Mark/Tonne (SCHNABEL-KÜHN 1910:12). Die Einführung neuer Kokereiöfen integrierte die chemische Industrie in den Verbund von Metallhütten und Kohlezechen. In

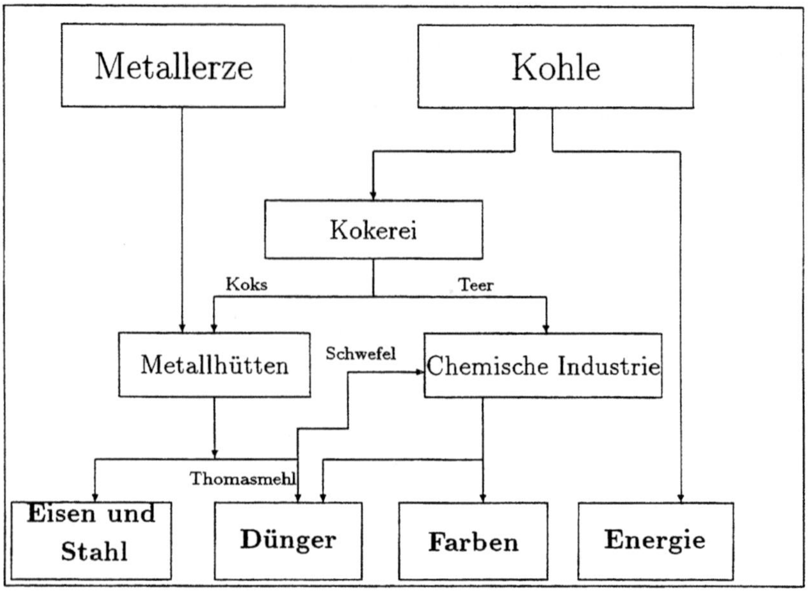

Abbildung 8.2: Produktionsverbund auf Kohlebasis
Quelle: eigene Zusammenstellung

Abbildung 8.2 ist dieser Verbund abgebildet, wie er sich um die Jahrhundertwende darstellte.

Kohle wurde auf zwei Weisen verwendet. Die erste Verwendungsmöglichkeit war ihre direkte Verfeuerung zur Energiegewinnung, beispielsweise durch private Haushalte zu Heizzwecken. Die zweite Möglichkeit war ihre Verkokung, wobei Koks das Hauptprodukt dieses Prozesses war. Die Kuppelprodukte der Verkokung, bestehend aus Teer und Ammoniak, wurden analog den Gasanstalten an die chemische Industrie geliefert. Zwischen Metallhütten und chemischer Industrie bestand zudem eine Verbindung über den Schwefelgehalt der Metallerze, der in der Schwefelsäureproduktion genutzt wurde. Über die Verwertung phosphorhaltiger Metallerze waren die Metallhütten zudem selbst Hersteller chemischer Produkte, nämlich von Thomasmehl.

Welche Folgen sich aus der Verbundproduktion ergaben, veranschaulichen wir anhand eines Szenarios: Stieg die Nachfrage nach Eisen- und Stahlerzeugnissen, so erhöhte sich auch der Koksbedarf der Metallhütten. Dies wiederum führte über die Kuppelproduktion zu größeren Teermengen. Gleichzeitig stiegen bei Verwendung bestimmter Metallerze die Röstgasmengen und damit mittelbar die Schwefelsäureproduktion. Die in größeren Mengen verfügbaren Teerbestandteile und Schwefelsäure konnten dann zu Teerfarben verarbeitet werden. Dieses Beispiel zeigt, wie über Kuppelproduktion komplementäre Entwicklungen über die Sektorgrenzen hinaus vermittelt werden.

Im folgenden werden wir einen Exkurs über die Kuppelproduktion der Kokereien einfügen. Wir halten die Entwicklung der Kokereien für wichtig, da sie Einsichten sowohl in die Nutzung der Umwelt als auch in die Kuppelproduktion ermöglicht. Damit verlassen wir zwar den engeren Bereich der chemischen Industrie, bleiben aber innerhalb der sogenannten chemischen Prozeßindustrien (vgl. zu dieser Abgrenzung FITZER UND FRITZ 1989:7).

8.2.2 Exkurs: Entwicklung der Kokereien und Kohlezechen

Anfang des 20. Jh. wurde ein Großteil der geförderten Kohle direkt verfeuert. Lediglich 18 % der Jahresproduktion (1905) wurden in Kokereien weiterverarbeitet (MESSINGER 1911:6). Durch die Verkokung steigt der Energiegehalt pro Gewichtseinheit Kohle, so daß Koks einen höherwertigen Ersatz von Kohle darstellt. Kapitalrestriktionen außer acht lassend, wäre es möglich gewesen, die gesamten Kohleförderungen zu verkoken und Koks dann auch zu gewöhnlichen Heizzwecken zu benutzen. Um den Anteil der Verkokung zu erhöhen, wären jedoch zusätzliche Kokereien erforderlich gewesen. Der Aufbau dieser Kapitalgüter wurde zu Beginn des 20. Jh. aus ressourcen- und umweltökonomischen Gründen gefordert. Die damalige Diskussion über die optimale Nutzung der Kohlevorräte zeigt, daß als modern angesehenes Gedankengut der Umwelt- und Ressourcenpolitik auf eine lange Tradition verweisen kann. Die Forderung, von der direkten Kohleverfeuerung auf die Verkokung überzugehen, wurde durch zwei Argumente gestützt: Vermeidung negativ externer Effekte und Ressourcenschonung. Betrachten wir zunächst die negativ externen Effekte. Die direkte Verfeuerung von Kohle führte zu unerwünschten Kuppelprodukten in Form von Schadstoffen, deren Emission keineswegs widerspruchslos hingenommen wurde. Zwei Schadstoffe standen im Vordergrund: Ruß und Schwefeldioxid. In Berlin schirmten Rußpartikel ca. 30% des Sonnenlichtes ab. Auch wurde ein Zusammenhang zwischen Emissionen und Lungentuberkulosehäufigkeit vermutet. Ebenso bekannt waren die nachteiligen Wirkungen der Schwefeldioxidemissionen, insbesondere die Folgen für die Vegetation. Um die Suche nach Vermeidungstechnologien anzureizen, schrieben der 'Verein Deutscher Ingenieure' und das 'Königlich Sächsische Finanzministerium' (1908) Preise auf entsprechende Erfindungen aus. In Großbritannien konstituierte sich die *Smoke Abatement Leage of Great Britain.* Eine weitgehende Verarbeitung der Steinkohle zu Koks wurde zudem aus ressourcenökonomischen Gründen gefordert; die direkte Steinkohleverfeuerung wurde als Verschwendung begrenzter Rohstoffvorräte verurteilt. Der schwedische Ministerpräsident Lindemann stellte auf dem internationalen Geologenkongreß in Stockholm 1900 die Frage (zitiert in MESSINGER (1911:8)):

> "Nützen wir unsere Kohlen rationell aus, daß Kinder und Enkel nicht dereinst an der spärlich gedeckten Tafel des Lebens ihren Vorfahren fluchen werden?"

Im heutigen Sprachgebrauch entspricht dies der Forderung einer nachhaltigeren Wirtschaftsweise. Wird Kohle nicht direkt verfeuert, sondern zuerst verkokt, so lassen sich die Emissionen verringern und Schwefel zudem als Wertprodukt gewinnen. Das Hauptprodukt Koks kann dann anstelle der Kohle als Energieträger verfeuert werden.

Die Vermutung, daß die Ziele Umwelt- und Ressourcenschonung sowie Wirtschaftlichkeit im Falle der Kohlennutzung komplementär sind, legen die Verkaufspreise für Kokereiprodukte nahe. In Tabelle 8.3 sind diese angegeben.

Trotz der obengenannten Gründe nahm der Anteil der Verkokung an der gesamten Kohlenutzung erst nach dem ersten Weltkrieg signifikant zu. Auslösendes Moment für den Aufbau zusätzlicher Kokereien war allerdings keine Umweltrestriktion, sondern die wirtschaftlich schwierige Lage der Kohlezechen. Nach dem ersten Weltkrieg zeichnete sich nämlich ein Bedeutungsverlust von Kohle als Energieträger ab (WOLFF 1951:9). In vielen Bereichen substituierte Erdöl die Kohle. Beispielsweise stellten Reedereien den Antrieb ihrer

Komponente	Preise in Mark
Steinkohlengas	599
Koks	651
Teer	65
Ammoniak	152
Gesamt	1467

Tabelle 8.3: Wert der Produkte aus der Steinkohlevergasung bei einer Ausgabe von 1000 Mark für Kohle
Quelle: MESSINGER (1911:29)

Großschiffe von Kohle auf Öl um. Da die Kohlezechen ihre Kapazitäten nicht verringerten, bauten sich im deutschen Kohlenrevier große Lagerbestände an Steinkohle auf. Nur durch ein zufällig eintretendes Ereignis konnten die daraus folgenden finanziellen Engpässe überwunden werden: Ein Streik der englischen Bergarbeiter öffnete eine Angebotslücke auf dem Weltmarkt für Kohle. Diese günstige Situation nutzten die Unternehmer des Kohlenreviers, um die Lagerbestände abzubauen. Die finanziell angespannte Situation war zumindest kurzfristig überwunden.

Um zukünftig vergleichbare Situationen der Überproduktion zu vermeiden, entschlossen sich die Eigner der Kohlezechen zur Errichtung von Kokereien und der Förderung der Kohlenchemie. In den Kokereien wurden Produkte erzeugt, die nicht in unmittelbarer Konkurrenz zum Erdöl standen. Wie aus Tabelle 8.3 hervorgeht, hängt die Wirtschaftlichkeit einer Kokerei wesentlich vom Absatz des Kuppelproduktes Steinkohlengas ab. Absatzmärkte für Steinkohlengas und für andere Kohlefolgeprodukte zu erschließen, war deshalb erklärter Wille des bedeutenden 'Rheinisch-Westfälischen Kohlensyndikates'. Die Gründung der 'Aktiengesellschaft für Kohlenverwertung' im Jahre 1926, 1928 in 'Ruhrgas' umbenannt, war Ausdruck dieses Willens.[8]

Die Steigerung der Koksproduktion führte zwangsläufig zu einer Erhöhung der anderen Kuppelproduktmengen. Einen Teil des zusätzlichen Teers setzten die Teerverwertungsgesellschaften an die chemische Industrie ab.

[8] Diese Zielsetzung geht eindeutig aus §3 des Gesellschaftsvertrages hervor.

Zusätzlich wurden neue Anwendungsgebiete für Teer erschlossen, so z.B. als Oberflächenbelag von Straßen. Als problematisch erwies sich allerdings die Verwertung des Steinkohlengases. Ein Teil konnte an die Metallhütten abgesetzt werden, die je nach technischem Stand ihrer Hochöfen Koks und Steinkohlengas in unterschiedlichen Mengenverhältnissen nachfragten. Da Kokereien beide Produkte nur in einem festen Verhältnis anbieten konnten, war abwechselnd Steinkohlengas oder Koks im Angebotsüberschuß. In den späten 20er Jahren kristallisierte sich ein dauerhafter Überschuß von Steinkohlengas heraus.

Für die überschüssigen Mengen von Steinkohlengas mußten die Kokereien weitere Absatzmärkte erschließen. Die Nutzung von Steinkohlengas als Treibstoff für Verbrennungsmotoren scheiterte an den technischen Schwierigkeiten.[9] Um das überschüssige Steinkohlengas dennoch abzusetzen, mußte Eingang in kommunale Gasversorgungsnetze gefunden werden. Gegen die Substitution der Gasanstalten durch Kokereien formierten sich jedoch Widerstände. So wurde befürchtet, daß der Machtgewinn der Zechen- und Kokereibesitzer zu monopolartigen Verhältnissen auf dem Gasmarkt führen würde. Im Gegensatz zu den Kohlezechen und Kokereien befanden sich die Gasanstalten überwiegend im Besitz der Kommunen. So hatte die Stadt Köln bereits 1860 die zuvor private Gasanstalt in Kommunalbesitz überführt (WOLFF 1951:30). Der Bezug von Ferngas, das die Kokereien des Kohlenreviers liefern, hätte den vermeintlichen Rückschritt in die Abhängigkeit von Privatunternehmen bedeutet. Insbesondere politische Parteien wandten sich gegen Ferngas. Aber auch die Bahn blockierte die Ferngaspläne, da mit dem Transport von Kohle in die regionalen Gasanstalten Gewinne erzielt wurden. 1928 wurde schließlich ein Versorgungsvertrag zwischen Ruhrgas und der Stadt Hannover geschlossen, die erste Ferngasleitung wurde aufgebaut (WOLFF 1951:28). Das Ferngasleitungsnetz diente neben der Versorgung von Kommunen auch der Belieferung entfernter Betriebe der Eisen- und Metallverarbeitung. Durch entsprechende Rohrleitungskapazitäten konnten zunehmende Skalenerträge reali-

[9] Im 19. Jh. war ein Gasmotor entwickelt worden, der sich in der Praxis jedoch nicht durchsetzen konnte. Allerdings war mit der Entwicklung des Gasmotors Wissen akkumuliert worden, das bei der Entwicklung der Benzinmotoren angewendet werden konnte.

siert werden, wodurch die Preise abgesenkt werden konnten. Die kostengünstige Versorgung mit Steinkohlengas ermöglichte industrielle Aktivitäten auch außerhalb des Ruhrgebietes.

Fassen wir die Probleme der Verwertung des Steinkohlengases durch Kokereien zusammen: Durch die Lieferung von Ferngas beabsichtigten die Kokereibesitzer, ein überschüssiges Kuppelprodukt zu verwerten. Allerdings standen dieser Verwertung Widerstände gegenüber. Die Kommunen befürchteten, von den stark konzentrierten Kohlezechen und Kokereien des Ruhrreviers abhängig zu sein. Daß über die Innovation eines Gasfernversorgungssystems nicht nur die Wirtschaftlichkeit entschied, sondern auch psychologische und politische Faktoren wichtig waren, stellte auch eine reichsamtliche Enquete-Kommission im Jahre 1929 fest (WOLFF 1951:34). Zu diesem Zeitpunkt war es zudem nicht bewiesen, ob die Ferngasversorgung gegenüber den kommunalen Gaswirtschaften tatsächlich mehrergiebig war. Trotz der Widerstände stellte die Ruhrgas 1931 den wichtigsten Teil des 981 km langen Rohrnetzes fertig, welches einem Anlagevermögen von 68,9 Mio Reichsmark entsprach (WOLFF 1951:63). Dieses Rohrnetz entwickelte sich schnell zu einem wichtigen Kapitalgut. So konnten Strukturanpassungen im Bereich der Eisenverarbeitung vermieden werden, da die kostengünstige Energieversorgung durch Ferngas rezessive Weltmarkttendenzen kompensierte. Im Siegerland beispielsweise wäre die eisenverarbeitende Industrie unter zunehmendem internationalem Wettbewerbsdruck nicht mehr haltbar gewesen (WOLFF 1951:36).

Um weitere Absatzmöglichkeiten für Steinkohlengas zu erschließen, baute die Ruhrgas eine Abteilung für Anwendungstechnik auf. Zu den Produkten der anwendungstechnischen Abteilung gehörten beispielsweise Industrieöfen. In den Zeiten der Wirtschaftskrise stellte sich heraus, daß die Brennstoffersparnis durch die Gasfernversorgung und die entsprechenden Industrieöfen höher als erwartet ausfiel (WOLFF 1951:38). Dadurch konnte die Wettbewerbsposition gegenüber ausländischen Unternehmen des Sektors Eisenverarbeitung verbessert werden. Nach der Wirtschaftskrise wurde das Rohrsystem ausgebaut und immer mehr Städte wurden angeschlossen. Die Gasfernversorgung ermöglichte industrielle Neuansiedlungen im gesamten westdeutschen Wirtschaftsraum. 1938 wechselten sogar die Angebots- und Nachfrageverhältnisse: Die Gasversorgungskapazitäten rationierten bei gegebenen Preisen die Nachfrage. Die Expansion der eisenschaffenden und -verarbeitenden Industrie als wichtigster Abnehmer und die damit einhergehenden Nachfragesteigerungen konnten nicht mehr befriedigt werden.

In der Zeit während des zweiten Weltkrieges wurde die Gasproduktion weiter ausgedehnt. Der Anteil des Steinkohlengases aus den Kokereien am gesamten Gasaufkommen stieg stetig an. Die chemische Industrie wurde durch diese Entwicklung immer stärker an die Entwicklung des Sektors Eisenerzeugung angebunden. Eine Rezession der Eisenverarbeitung und damit einhergehende sinkende Koksmengen führten somit zwangsläufig auch zu einer Verknappung der Chemierohstoffe, vor allem des Teers.

1930 ersetzte die Steinkohlengaserzeugung der Kokereien nahezu vollständig die der Gasanstalten. Obwohl Kohle nach dem zweiten Weltkrieg ihre Bedeutung als Schlüsselrohstoff der Industrie einbüßen sollte, konnte der aufgebaute Wissensbestand über die Gasfernversorgungstechnik dennoch genutzt werden. Beispielsweise waren Erfahrungen im Rohrleitungsbau gewonnen worden, die unmittelbar für die späteren Erdöl-Pipelines von Nutzen waren.

8.2.3 Kohle als Chemierohstoff

Wie wir im vorhergehenden Abschnitt gesehen haben, waren die Sektoren Kohlebergbau, Eisen- und Stahlherstellung sowie chemische Industrie durch Kuppelproduktion verbunden. Im beginnenden 20. Jh. zeichnete sich zudem eine weitere Verbindung von Kohlebergbau und chemischer Industrie ab: die Verwendung von Kohle als Chemierohstoff. Von den bisherigen Rohstoffen der chemischen Industrie unterschied sich Kohle in einer wesentlichen Eigenschaft: Sie war weder minderwertiges Kuppelprodukt, noch ein spezifischer Chemierohstoff. Die hohen Förderkosten der eingesetzten Kohle mußten somit vollständig von der Kohlenchemie getragen werden. Die sogenannte Kohlenchemie bestand aus zwei Strängen. Der erste Strang nimmt seinen Ausgang beim Kohlefolgeprodukt Karbid, der zweite Strang umfaßt die Aktivitäten zur Kohleverflüssigung.

8.2.3.1 Karbid

Karbid ist historisch betrachtet nach Teer die zweite Rohstoffbasis der organisch-chemischen Industrie. Viele Erzeugnisse der chemischen Industrie, darunter zahlreiche Kunststoffe, gingen aus der sogenannten Karbidchemie hervor. Obwohl sie nach dem zweiten Weltkrieg ihre Bedeutung durch die Petrochemie weitgehend verlor, wurden 1990 noch 379.000 Tonnen Karbid hergestellt (StBA lfd. Jgg.a). Der wichtigste bundesdeutsche Produzent ist die Hoechsttochter Knappsack, deren Bedarf an elektrischem Strom einem Viertel des Energiebedarfs der Bundesbahn entspricht (Bäumler 1989:123).

Entdeckt wurde Karbid (CaC_2) bereits 1862 von Wöhler. Erst dreißig Jahre später führte der Kanadier Willson ein technisches Verfahren zur Karbidherstellung ein. Um Karbid herzustellen, müssen Kalk und Kohle in einem elektrothermischen Verfahren verbunden werden. Der Bedarf an Elektrizität ist dabei so hoch, daß die Produktion ursprünglich nur in der Nähe von Wasserkraftwerken, also beispielsweise in Norwegen und Kanada, durchführbar war.

Die wichtige Rolle, die Karbid in der ersten Hälfte des 20. Jh. spielen sollte, ist auf das Folgeprodukt Acetylen zurückzuführen. Die Acetylenherstellung ist dabei denkbar einfach: Wirkt Wasser auf Karbid ein, so entsteht Acetylen. Die Suche nach Anwendungsmöglichkeiten für dieses Acetylen bereitete den späteren Aufstieg der petrochemischen Industrie vor. Viele der heute auf Ethylenbasis hergestellten Kunststoffe (z.B. PVC) und Kunstfasern wurden ursprünglich auf der Rohstoffbasis des dem Ethylen chemisch ähnlichen Acetylens hergestellt. In der Anfangsphase gab es jedoch kaum Verwendungsmöglichkeiten für Acetylen. Es wurde lediglich als Leuchtgas verwendet und stand damit in unmittelbarer Konkurrenz zum Steinkohlengas und Petroleum. Da es nicht gelang, Acetylen vollständig zu reinigen, eignete es sich nicht für die Innenraumbeleuchtung. Die bereits aufgebauten Karbidkapazitäten und das angesammelte Produktionswissen drohten aufgrund der nicht vorhandenen Absatzmöglichkeiten ihren Wert zu verlieren. Lassar-Cohn (1899:641) bewertete die wirtschaftlichen Aussichten von Acetylen auf Karbidbasis pessimistisch:

"Überhaupt scheint die Zukunft des Acetylengases in keiner Wei-

> se den übertriebenen Hoffnungen entsprechen zu wollen, die man anfangs darauf setzte."

Nachdem sich Acetylen als ungeeignet für Beleuchtungszwecke erwiesen hatte, suchten die Karbidproduzenten gezielt nach neuen Verwendungsmöglichkeiten. Ihr erklärtes Ziel bestand darin, die Karbidproduktion in die Technik der chemischen Industrie zu integrieren (HOECHSTER ARCHIVE 1966:7). In einem von Wacker, dem wichtigsten Karbidproduzenten, eingerichteten Labor, wurde ab 1896 gezielt nach Anwendungsmöglichkeiten für Acetylen in der chemischen Industrie geforscht. Diese Vorgehensweise war neu für die chemische Industrie. Wie wir in unseren vorhergehenden Analysen gesehen haben, gab es bisher im wesentlichen zwei Anreize, ein Verfahren einzuführen: Der erste Anreiz war die Herstellung eines Gutes mit einem klar definierten Verwendungszweck. Beispiele hierfür sind Soda, Schwefelsäure und Düngemittel. Der zweite Anreiz bestand darin, Kuppelprodukte zu verwerten. Beispiel hierfür war Chlorkalk und die Teerfarben. Mit Acetylen kommt nun ein dritter Anreiz hinzu: die Verwertung freier Kapazitäten und von Produktionswissen.

Als Schlüsselsubstanzen der Karbidverwertung wurden dabei die Aldehyde, das sind Folgeprodukte des Acetylens, erkannt. Wie unsicher die Absatzmöglichkeiten für Aldehyde waren, belegt folgendes Zitat (HOECHSTER ARCHIV 1966:9):

> "Falls es nicht gelingen sollte, die Erzeugung der Aldehyd-Derivate industriell und ökonomisch zu entwickeln, sollte zur Sicherung der Erträge in Karbid-Krisenzeiten auch eine Kalkstickstoffproduktion vorgesehen werden."

Die Kalkstickstoffproduktion wurde durch das Haber-Bosch-Verfahren obsolet. Somit war die Karbidverwertung auf die Verwendung von Aldehyden in der chemischen Industrie angewiesen.

Der Ausbruch des ersten Weltkrieges beendete vorübergehend die Absatzschwierigkeiten für Karbidfolgeprodukte. Über das Zwischenprodukt Aceton konnte aus Karbid Methylkautschuk hergestellt werden, ein minderwertiger Ersatz für Naturkautschuk. Bei freiem Welthandel gab es für Methylkautschuk keine Absatzmöglichkeiten. Durch den ersten Weltkrieg war Deutschland aber am Kautschukimport gehindert, so daß auf minderwertige Substitute zurückgegriffen werden mußte. Zu den ersten Anwendern des Methylkautschuks gehörte die Marine, die einen Gummiersatz für den Naturkautschuk in den Akkumulatoren der U-Boote benötigte. Methylkautschuk war damit zu einem kriegswichtigen Produkt geworden, mit dem entsprechenden Aufbau von Produktionskapazitäten. Probleme mit Kuppelprodukten der Karbidverarbeitung zu Methylkautschuk waren zwar lästig, bedrohten das Verfahren aber nicht ernsthaft. So bereitete der zwangsweise Anfall großer Mengen von Kalk Schwierigkeiten. Mit der Verwertung dieses Kalks begann eine bis heute andauernde Tradition der chemischen Industrie, kalkhaltige Produktionsrückstände wie Mörtel und Gips in der Bauwirtschaft zu verwerten.

Eine weitere Verwendungsmöglichkeit von Karbid wurde in der Methanolherstellung gesehen. Unter großen Forschungs- und Entwicklungsanstrengungen gelang es, über chlorierte Zwischenprodukte aus Karbid Methanol herzustellen. Das Verfahren kam jedoch nicht zur Innovation, weil es inzwischen der BASF gelungen war, ein mehrergiebiges, katalytisches Hochdruckverfahren zur Methanolherstellung zu finden. Die BASF konnte dabei ihre Erfahrungen mit dem Haber-Bosch-Verfahren auf die Methanolsynthese übertragen. Über die Folgen dieser Entwicklung gibt ein Bericht im amerikanischen 'Drug Reporter' Aufschluß (zitiert und übersetzt in I.G. Farben (1926:21f)):

> "Wieder einmal setzt die chemische Synthese der Produktion eines vielgebrauchten 'natürlichen' Stoffes ein Ende und wird aller Voraussicht nach eine langbestehende Industrie durch ihre Billigkeit und unbegrenzten Leistungsfähigkeit revolutionieren. Den natürlichen Methylalkohol (Methanol, d. Verf.) wird dasselbe Schicksal treffen, wie vor ihm den natürlichen Indigo."

Methanol war bis zur Innovation chemischer Verfahren ein Produkt der Forstwirtschaft und wurde durch Verkohlung von Holz gewonnen. Es fiel dort als Kuppelprodukt von Holzessig an und war für die Prozeßökonomie der Holzverarbeitung wichtig.

Mit der Innovation der Methanolsynthese durch die BASF war die Technik der Methanolherstellung auf Karbidbasis obsolet. Die Reaktion der Karbidproduzenten bestand nun darin, das für die Methanolherstellung aufgebaute Wissen für die Herstellung chlorierter Kohlenwasserstoffe zu nutzen. Da chloriertes Methan ein Zwischenprodukt der Methanoltechnik auf Karbidbasis war, konnte somit wenigstens ein Teil dieser Technik verwertet werden. Auf diese Weise gelang es, die Invention der Methanolherstellung auf Karbidbasis für die Innovation der Chlormethyl/Methylenchloridherstellung zu nutzen. Zu den prominenten Vertretern der chlorierten Kohlenwasserstoffe gehörte das Frigen.[10] Als Beleg unserer Aussage weisen wir auf den Auszug einer Rede von Paul Duden hin, einem eng mit der Karbidchemie verbundenen Chemiker:[11]

> "... als dessen Erzeugung (Methanol, d. Verf.) durch den Kontaktprozeß der BASF bekannt wurde, gelang es, den Methanchlorierungsprodukten (Zwischenprodukte der auf Karbid basierenden Methanolherstellung, d. Verf.) selbst eine umfangreiche Verwertung zu sichern, so daß sie eine bleibende Aufnahme im Fabrikationsprogramm der IG. Farbenindustrie AG gefunden haben."

Aus heutiger Sicht ist diese Technikverwertung kritisch zu beurteilen. Chlorierte Kohlenwasserstoffe, darunter Frigen, haben wesentlich zu den heutigen Umweltproblemen beigetragen. Verbindungen, wie beispielsweise Methylenchlorid, müssen heute sukzessive aus dem Produktionsprogramm der chemischen Industrie eliminiert werden (persönliche Kommunikation, BAYER).

Nach dem ersten Weltkrieg verfügte die chemische Industrie in den kriegswichtigen Bereichen über zu große Kapazitäten. Besonders die Kapazitäten der Karbidverarbeitung konnten in Friedenszeiten nicht ausgelastet werden. Der Absatz von Methylkautschuk war durch den Wegfall der Rüstungsindustrie stark geschrumpft. Für das Zwischenprodukt Acetaldehyd konnte jedoch ein neues Absatzgebiet erschlossen werden. Zur Lackierung von Kraftfahrzeugen waren Farben nötig, die in Lösungsmitteln aufgetragen wurden. Acetaldehyd eignete sich als Lösungsmittel. Auf diese Weise konnten die Kapazitäten wieder relativ schnell ausgelastet werden.[12]

---

[10] Frigen gehört zu den FCKW, die wegen ihres Ozonabbaupotentials kaum mehr verwendet werden.

[11] Aus: Von Werk zu Werk, Monatszeitschrift der Werksgemeinschaft Maingau der IG. Farben AG., Jg. 37, P. Duden, abgedruckt in HOECHSTER ARCHIVE 1966:24ff.

[12] Allerdings stellte sich auch diese Verwertung als nicht ganz unproblematisch heraus. Da Aldehyde gemäß §19h,5 Wasserhaushaltsgesetz (WHG) als wassergefährdende Stoffe klassifiziert sind, unterliegt ihre Verwendung und Herstellung einer Prozeßnorm (§19g,3 WHG).

Während des zweiten Weltkrieges erlebte die Karbidchemie erneut einen Aufschwung. Nachdem die Versorgung mit Naturkautschuk abermals unterbrochen war, mußte die Synthese erneut angestrengt werden. Mit der Herstellung verschiedener Typen von BUNA gelang es sogar, dem natürlichen Kautschuk überlegene Produkte herzustellen. Einer der wichtigsten Standorte waren die I.G. Werke in Leuna.

8.2.3.2 Synthetisches Benzin: Kohleverflüssigung

Neben der Karbidherstellung war die Kohleverflüssigung die zweite Säule der Kohlechemie. Die geringen Erdölvorräte Deutschlands reichten nicht aus, um die steigende Nachfrage nach Fahrbenzin und Schwerölen zu befriedigen. Diese Situation war in zweierlei Hinsicht unbefriedigend: Erstens bestand die Notwendigkeit, Erdöl zu importieren. Die Abhängigkeit von diesen Importen konterkarierte das Autarkiestreben Deutschlands. Zweitens verlor die reichlich vorhandene Kohle zunehmend an Bedeutung, was einem Verlust an sogenanntem Nationalvermögen gleichkam. Diese beiden Faktoren genügten, um die Entwicklung eines Verfahrens zur Kohleverflüssigung anzureizen. Außerhalb Deutschlands betrieben nur noch US-amerikanische Mineralölkonzerne Forschungen zur Kohleverflüssigung. Sie befürchteten eine schnelle Erschöpfung der weltweiten Erdölvorräte und die daraus langfristig erwachsende Notwendigkeit der Kohlenutzung. Andere europäische Chemieunternehmen bekundeten ihr Interesse erst nachdem Erfolge mit dem Hydrierverfahren vorlagen.

Um Kohle zu verflüssigen, konnte auf zweierlei Weise verfahren werden: Fischer-Tropsch-Verfahren und Kohlehydrierung. Beim 1925 entwickelten Fischer-Tropsch-Verfahren werden Kohlenmonoxid und Wasserstoff verarbeitet. Das erforderliche Kohlenmonoxid wird durch die sogenannte Kohlenvergasung hergestellt.

Die Herstellung von Synthesebenzin durch Kohlehydrierung erfolgt ohne den Umweg über die Kohlevergasung. Das Verfahren wurde erstmals von Bergius 1913 durchgeführt. 1924 knüpfte die BASF an die Entwicklungen von Bergius an und betrieb ab 1927, im Rahmen der I.G. Farben AG, eine Versuchsanlage in Leuna. Das entwickelte Hydrierverfahren eignete sich auch zur

Verarbeitung von Schwerölen zu Benzin. Schweröle sind Kuppelprodukte des Benzins. Da Erdöl ein Gemisch aus zahlreichen Kohlenwasserstoffen ist, darunter Schweröle und Benzin, stellt seine Förderung eine starre Kuppelproduktion dar. Mit dem Hydrierverfahren der I.G. Farben AG war es möglich, diese Kuppelproduktion zu flexibilisieren. Da es wenige Anwendungsgebiete für Schweröle gab, bestand seitens der Mineralölkonzerne großes Interesse. Der Leiter der Entwicklungsabteilung der Standard Oil Co. besichtigte die Versuchsanlagen in Leuna und bewertete die Erfolge folgendermaßen (HOLDERMANN 1953):

> "Die BASF hatte Katalysatoren aufgefunden, die nicht nur bewirkten, daß sich Wasserstoff mit Kohle verband und sie in Öl umwandelte, sondern es auch fertigbrachten, Schweröl zu zersetzen und gleichzeitig mit Wasserstoff so reagieren zu lassen, daß Benzin, Kerosin und Dieselöl entstanden."

Besonders die US-amerikanische Standard Oil Co. kooperierte bis zum Kriegseintritt der Vereinigten Staaten mit der I.G. Farben AG. Während das Verfahren in der Erdölverarbeitung gewinnbringend eingesetzt wurde, erwies sich die Hydrierung von Kohle als kompliziert und materialintensiv. So waren zur Herstellung einer Tonne Benzin fünf Tonnen Steinkohle erforderlich.

Im Zeitraum 1924-1932 investierte die I.G. Farben 147 Mio Reichsmark in die Entwicklung des Hydrierverfahrens. Dies war mehr als doppelt soviel, wie die Ruhrgas zum Aufbau ihres kompletten Gasfernversorgungssystems benötigt hatte. Erst ab 1936 konnten durch staatlich garantierte Abnahmevereinbarungen Gewinne realisiert werden (TELTSCHIK 1992:112). Bei der Innovation der Hydrieranlagen war die deutsche chemische Industrie erstmals auf staatliche Hilfe angewiesen. Dadurch, daß die Benzinherstellung zu diesem Zeitpunkt gegenüber der Kohlehydrierung mehrergiebig war, bestand seitens der I.G. nur ein geringes Interesse, das Verfahren in großem Maßstab einzuführen.

Mit Ausbruch des zweiten Weltkrieges erhielt die Kohlehydrierung jedoch besonderen Nachdruck. Neben Fahrbenzin mußte nun auch verstärkt Flugzeugbenzin hergestellt werden. Um den höheren Qualitätsanforderungen beim Flugzeugbenzin gerecht zu werden, wurde Bleitetraethyl als Anti-

Klopfmittel zugesetzt. Das Verbleien von Kraftstoffen ist somit auf die Erfordernisse von Flugzeugmotoren zurückzuführen. Die qualitative Verbesserung von Benzin wurde auch in den USA vorangetrieben. Durch die Verwertung von Isobuten, das vorher ein Abfallprodukt der Erdölraffinerien war, konnten die US-amerikanischen Mineralölkonzerne die Oktanzahl, ein Maß für die Benzinqualität, auf 100 anheben. Ein Herstellungsverfahren für Isoocatan auf Karbidbasis war in Deutschland zwar bereits 1931 entwickelt worden, die Wirtschaftlichkeit dieses Verfahrens war jedoch im Vergleich zur Nebenproduktverwertung in den USA schlecht. Erst nachdem etwaige Rücksichtnahmen auf die Rentabilität eines Prozesses in den Hintergrund traten, wurde ein Werk errichtet. Als Rohstoffe setzten die Hydrierwerke entweder Stein- oder Braunkohle ein. Ein Werk war auf die Verwertung ausländischer Raffinerieabfälle ausgelegt.

Gegenüber der Benzinherstellung auf Erdölbasis war die Kohlehydrierung nicht mehrergiebig. Nach dem zweiten Weltkrieg und der damit einhergehenden Möglichkeit, Erdöl zu importieren, verloren die aufgebauten Kapazitäten ihren Wert. Zentral für die Mehrergiebigkeit der Kohlehydrierung gegenüber der Erdölraffination sind die Förderkosten der Rohstoffe. In Südafrika, wo die Förderkosten für Steinkohle sehr niedrig sind, werden auch heute noch Kohlehydrierung und Kohlevergasung durchgeführt.

Vergleichbar der Karbidindustrie konnte der durch die Kohleverflüssigung aufgebaute Wissensbestand verwertet werden. Insbesondere bei der Verfahrensentwicklung in der Erdölraffination und Petrochemie konnte auf dieses Wissen zurückgegriffen werden. Die Kohlehydrierung gilt zudem als Backstop-Technologie der erdölverwendenden Industrien (Energiewirtschaft und chemische Industrie). Während der Erdölkrisen stand die Kohlehydrierung an der Grenze zur Wirtschaftlichkeit gegenüber dem Erdölimport (vgl. TELTSCHIK 1993:257ff).

8.3 Die petrochemische Industrie

In der letzten Entwicklungslinie untersuchen wir die petrochemische Industrie. Da wir bereits andernorts ihre neuere Entwicklungsgeschichte beschrieben ha-

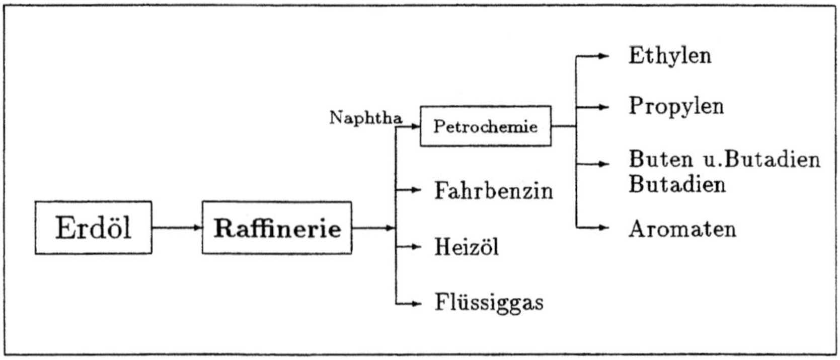

Abbildung 8.3: Stofffluß: Erdöl - Raffinerie - Petrochemie
Quelle: eigene Zusammenstellung

ben (MÜLLER 1993:25ff), halten wir unsere Ausführungen hier knapp.

8.3.1 Produktionscharakteristika und Grundprodukte der Petrochemie

Die Eigenheiten der Erdölraffination und der Petrochemie gleichen denen der Kokereien: Ebenso wie Steinkohle ist Erdöl ein Stoffgemisch, dessen Trennung einer starren Kuppelproduktion entspricht. Die vereinfachte Grundstruktur des Stofflußes von Erdölbestandteilen und Folgeprodukten ist in Abbildung 8.3 dargestellt.

Am Anfang der Verarbeitungskette stehen Raffinerien, die dem Sektor Mineralölverarbeitung zugerechnet werden. Die chemische Industrie bezieht von den Raffinerien einen Teil der Leichtbenzinfraktion, sogenanntes Naphtha, das sie durch Spaltverfahren zu Olefinen weiterverarbeitet. Olefine sind eine Stoffgruppe, die unter anderem Ethylen, Propylen, Buten und Butadien umfassen. Als Kuppelprodukte der Olefinherstellung fallen zudem aromatische Kohlenwasserstoffe an. Olefine und aromatische Kohlenwasserstoffe sind die Grundprodukte der petrochemischen Industrie. Zu den konsumnahen Folgeprodukten der petrochemischen Industrie gehören Kunststoffe, Kunstfasern und Farben.

Bezeichnung	Produktions-menge in Tonnen	Preis in DM/Tonne	Umsatz in DM
Ethylen	3.059.474	804	2.459.817.000
Propylen	2.002.351	555	1.112.159.447
Butadien	642.911	353	226.802.066
Buten	734.715	480	352.663.200
Aromaten	2.354.595	-	1.542.338.000
Gesamt	8.794.046		5.693.779.713

Tabelle 8.4: Grundprodukte der petrochemischen Industrie. (Angaben beziehen sich auf das Jahr 1991.)
Quelle: StBA (lfd.Jgg.a)

In Tabelle 8.4 sind die wichtigsten Daten der petrochemischen Grundprodukte zusammengestellt. Mit einer Produktionsmenge von über 6 Mio Tonnen Olefine wird eine Größenordnung erreicht, die nahezu an die der Chlor-Alkali-Industrie heranreicht. Ethylen gehört mit einer Produktionsmenge von über 3 Mio Tonnen zu den meistproduzierten Gütern der chemischen Industrie.

Zusätzlich zur petrochemischen Industrie produzieren auch die Raffinerien petrochemische Grundprodukte. Diese fallen als Kuppelprodukte an, wenn beispielsweise Heizöl zu Fahrbenzin gespalten wird. Durch Variation der Erdölsorten und durch Anwendung unterschiedlicher Spaltverfahren sind die Kuppelproduktproportionen jedoch in Grenzen variabel.

Die Struktur der Petrochemie ist zu komplex, um sie hier weiter auszuführen. Wichtig ist jedoch, daß petrochemische Grundprodukte durch Kuppelproduktion verbunden sind. Die Gesamtheit der petrochemischen Grundprodukte ist wiederum mit den anderen Erdölbestandteilen, beispielsweise dem Fahrbenzin, durch Kuppelproduktion verbunden. Auf diese Weise ergeben sich Interdependenzen, die schnelle Anpassungen an veränderte ökonomische Rahmenbedingungen erschweren. Ein nachhaltiger Rückgang der Nachfrage nach fossilen Energieträgern beispielsweise hätte durch diese Kuppelproduktion auch Rückwirkung auf die Produktion von Kunststoffen und Kunstfasern auf petrochemischer Basis.

8.3.2 Vorläufer und Entstehung der Petrochemie

Voraussetzung für die petrochemische Industrie ist ein erdölförderndes und -verarbeitendes Gewerbe, wie es Mitte des 19. Jh. entstand. Die ersten größeren Erdölbohrungen erfolgten 1859 in den USA, um Petroleum zu gewinnen. Ebenso wie das Steinkohlengas diente Petroleum Beleuchtungszwecken. Die Versorgung mit Steinkohlengas beschränkte sich jedoch wegen des erforderlichen Rohrleitungsnetzes auf größere Städte. Der verbleibende Leuchtmittelbedarf wurde durch Pflanzenöle und Stearin gedeckt, welche durch Petroleum substituiert werden konnten. Außerhalb der USA erlangten im 19. Jh. nur die Erdölvorkommen Südrußlands in der Gegend um Baku Bedeutung. Die Kuppelprodukte des Petroleums bildeten einen Destillationsrückstand, der ursprünglich nicht verwertet wurde. Das bei den Bohrungen freiwerdende Erdgas wurde abgefackelt.

Die US-amerikanischen und russischen Erdölanbieter konkurrierten auf dem Weltmarkt für Petroleum. Aus dieser Konkurrenzsituation heraus gingen die russischen Erdölproduzenten dazu über, die Kuppelprodukte des Petroleums teilweise zu verwerten. So führt LASSAR-COHN (1899:305) den Aufschwung der russischen Erdölindustrie auf die Verwertung der Schwerölfraktion des Erdöls zurück. Es stellte sich heraus, daß sich dieses Abfallprodukt der Petroleumgewinnung als Schmieröl und Treibstoff eignet. Gegenüber Steinkohle wiesen Schweröle den doppelten Heizwert auf.

Mit dem Ausbau der Gasversorgung und dem Aufkommen elektrischer Beleuchtung im frühen 20. Jh. wurde Petroleum zunehmend in den Hintergrund gedrängt. Gegenüber diesen Beleuchtungstechniken erwies sich die Petroleumverwendung als nicht mehrergiebig. Die Erdölverarbeiter reagierten, indem sie den Schwerpunkt ihres Produktionsprogrammes vom Petroleum auf Fahrbenzin, Heiz-, Treib- und Schmieröle verlagerten (SCHMUCK 1925:8). Aus ursprünglichen Abfallprodukten wurden Zielprodukte. Diese Entwicklung koinzidiert mit der Zunahme der Motorisierung und der entsprechend steigenden Nachfrage nach Fahrbenzin.

8.3.3 Erste Anwendungen von Ethylen

Die ersten Anwendungen von Ethylen, dem wichtigsten Grundprodukt der petrochemischen Industrie, gingen allerdings nicht von der Erdölverarbeitung aus. Noch bis zur Jahrhundertwende war Ethylen eine weitgehend unbekannte Verbindung, die außerhalb der universitären Forschung keine Bedeutung hatte. Es konnte entweder aus Karbid oder aus Alkohol hergestellt werden, geringe Mengen fielen auch als Kuppelprodukt der Kokereien an. Die erste industrielle Anwendung von Ethylen wurde 1908 von der BASF entwickelt. In einem neuen Syntheseverfahren für Indigo konnte Ethylen als Rohstoff eingesetzt werden (NAGEL 1971:7ff). Die Indigoherstellung erfolgte dabei über die sogenannte Chlorhydrinroute und legte damit die Grundlage für einen wichtigen Teil der modernen Chlorchemie. Beispielsweise erfolgt heute die als sehr umweltbelastend geltende Propylenoxidherstellung in der Bundesrepublik Deutschland über die Chlorhydrinroute. Auch Titandioxid wird nach dem Chlorhydrinverfahren hergestellt. Das Herstellungsverfahren des sogenannten Ethylenindigos erwies sich jedoch gegenüber dem herkömmlichen Verfahren nicht als mehrergiebig, die Produktion wurde 1924 wieder eingestellt. Die gewonnenen Erfahrungen mit der Chlorhydrinroute konnten jedoch in die Herstellung von Ethylenoxid[13] eingebracht werden. Aus Ethylenoxid ließ sich ein Frostschutzmittel herstellen, das im strengen Winters 1928/1929 auf große Nachfrage stieß. In den Folgejahren wurden zahlreiche weitere Anwendungen für Ethylenoxid entwickelt, darunter die Verwendung als Lacklösemittel und Textilhilfsstoff.

8.3.4 Der Übergang von der Kohlen- und Karbidchemie zur Petrochemie

Nach dem zweiten Weltkrieg setzte sich auch in der Bundesrepublik Deutschland die Herstellung der Olefine auf petrochemischer Basis durch. Die Kapitalgüter der Kohlehydrierung und der Karbidchemie verloren durch diese Sub-

[13] Die Ethylenherstellung über die Chlorhydrinroute mußte bereits in den 60er Jahren dieses Jahrhunderts wieder eingestellt werden. Das Verfahren führte zu einer erheblichen Belastung der Gewässer mit Salzen.

stitution weitgehend ihren Wert. Eingeleitet wurde die Technikablösung durch die steigende Nachfrage nach Kunststoffen und Kunstfasern im Nachkriegsdeutschland. Die Karbidkapazitäten reichten nicht mehr aus, um die nötigen Grundchemikalien herzustellen. Auf Drängen der chemischen Industrie wurde deshalb 1953 der Importzoll auf Erdöl für gewerbliche Zwecke zunächst gesenkt und 1960 ganz abgeschafft. Damit war die Voraussetzung für die Innovation petrochemischer Anlagen in der Bundesrepublik Deutschland gegeben. Zu den ersten deutschen Firmen, die Olefine auf der Basis von Erdöl herstellten, gehört die Hoechst AG. 1956 stellte sie den sogenannten 'Koker' fertig, mit dem Rohölbestandteile in Olefine gespalten wurden. Das wichtigste Kokerprodukt war Ethylen, welches das karbidstämmige Acetylen teilweise ersetzen konnte.

Die Hauptprodukte der Raffinerien waren fossile Energieträger für Verbrennungsmotoren, Heizöle wurden in weitaus geringeren Mengen nachgefragt. Der Koker war so ausgelegt, daß das preisgünstigste Kuppelprodukt der Erdölraffinerien, nämlich Heizöl, eingesetzt werden konnte. Die petrochemische Industrie mit ihren wichtigen Produkten, den Kunststoffen und Kunstfasern, verdankt ihren Aufstieg somit zu einem großen Teil der Kuppelproduktion in den Erdölraffinerien. Fahrbenzin und petrochemische Produkte bilden, bedingt durch die Kuppelproduktion, einen Produktionsverbund.

Der stetig steigende Bedarf an Ethylen führte zur Entwicklung weiterer Verfahren, mit denen auch die geringwertigen Kuppelprodukte der Erdölspaltung, das sind Ethan und Propan, in Ethylen und Propylen umgewandelt werden konnten. Damit wurden die Voraussetzungen geschaffen, um auch Erdgas, das ebenfalls Ethan und Propan enthält, als petrochemischen Rohstoff zu verwerten. Das Restgas des Kokers, bestehend aus Wasserstoff und Methan, wurde dem Haber-Bosch-Verfahren zugeleitet, wo es das Synthesegas ergänzte.

Die Umstellung der Raumheizungen von Kohle auf Heizöl in den späten 50er Jahren des 20. Jh. verteuerte den Rohstoff des Kokers: Die steigende Nachfrage nach Heizöl und die damit einhergehende Preissteigerung veranlaßte die chemische Industrie zur Inputsubstitution. Die Innovation der 'Mitteltemperaturpyrolyse' ermöglichte den Einsatz von Leichtbenzin in der Petrochemie. Durch die Kombination von Mitteltemperaturpyrolyse und Koker konnten sich die Unternehmen der Petrochemie den jeweiligen Verhältnissen auf dem Kraftstoff- und Heizölmarkt anpassen.

Ein wichtiger Grundstoff der organischen Chemie, das Acetylen, konnte bis zu diesem Zeitpunkt jedoch nach wie vor nur aus Karbid hergestellt werden. Viele Lösungsmittel und Kunststoffe basierten auf Acetylen, das sich in bestimmten Anwendungen nicht durch Ethylen ersetzen ließ. Um dem steigenden Bedarf an Acetylen gerecht zu werden, mußten die Kapazitäten ausgebaut werden. Der sehr große Stromverbrauch der Karbidproduktion signalisierte jedoch die Grenzen dieses Verfahrens. Es wurde deshalb versucht, auch die Acetylenherstellung auf petrochemischer Basis durchzuführen. 1957 wurde die erste Versuchsanlage zur Hochtemperatur-Pyrolyse errichtet, durch die auch Acetylen hergestellt werden konnte. 1960 nahm sie den Betrieb auf und löste das Karbidverfahren ab. Die Kohlenchemie war durch die Einführung der Spaltverfahren (Cracker), der Mittel- und Hochtemperatur-Pyrolyse, obsolet geworden.

Der erste Ölpreisschock 1973 revitalisierte die Forschungen auf dem Gebiet der Kohlenchemie. Zentral für die Resubstitution von Erdöl durch Kohle waren die von den I.G. Farben entwickelten Verfahren zur Kohlevergasung. Das Produkt der Kohlevergasung ist ein Gemisch aus Kohlenmonoxid und Wasserstoff, das sogenannte Synthesegas. Aus Synthesegas kann über das 1926 entwickelte Fischer-Tropsch-Verfahren u.a. Methanol hergestellt werden. Methanol wiederum eignet sich als Substitut für Benzin und Heizöl. Die in den 70er Jahren entwickelten Konzepte sahen den Aufbau beachtlicher Methanolsynthesekapazitäten vor. In Mega-Methanol-Anlagen waren Produktionsleistungen von 10 Mio Jahrestonnen geplant. Mit dem Absinken des Erdölpreises wurde die Realisierung dieser Projekte jedoch unrentabel (vgl. TELTSCHIK 1993).

8.4 Zusammenfassende Bemerkungen zu den Entwicklungslinien

Kuppelprodukte sind aus ressourcenökonomischer Sicht potentielle Rohstoffe, aus umweltökonomischer Sicht hingegen potentielle Schadstoffe. Gelingt es, ein ursprünglich unerwünschtes Kuppelprodukt zu verwerten, so lockert dies gleichzeitig Rohstoff- und Umweltrestriktion. Für viele Produktionsprozesse der chemischen Industrie wurde in den letzten Jahrzehnten die Verfügbarkeit der Umwelt als Schadstoffempfänger zu einer bindenden Restriktion. Es liegt nahe zu vermuten, daß früher die Rohstoffseite, heute hingegen die Umweltseite die Produktionsmöglichkeiten stärker einschränkt. Tatsächlich finden sich viele Elemente der aktuellen Umweltpolitik, darunter der Verwertungsgedanke, bereits in früheren Ansätzen einer rationellen Stoffwirtschaft. Insbesondere während des Autarkiestrebens Deutschlands in den 30er Jahren dieses Jahrhunderts wurden Kriterien einer kreislauforientierten Wirtschaftsweise formuliert (UNGEWITTER 1938a:290). Diese Kriterium kamen primär aus ressourcenökonomischen Gründen zum Tragen. Insofern läßt sich die oben formulierte Vermutung, daß früher die Rohstoffseite im Vordergrund stand, stützen. Dennoch läßt sich die Hypothese, daß früher Rohstoff-, heute Umweltprobleme die Entwicklungsrichtung maßgeblich beeinflussen, in voller Schärfe nicht aufrechterhalten. Die chemische Industrie sah sich von Anfang an auch mit Umweltrestriktionen konfrontiert, wie wir im Laufe unserer Untersuchung belegen konnten. In vielen Bereichen erreichten Umweltrestriktionen die gleiche, wenn nicht höhere Bedeutung als die ressourcenökonomischen Restriktionen.

Auch hat sich gezeigt, daß die chemische Industrie nicht nur ihre eigenen Kuppelprodukte verwertete, sondern darüber hinaus auch die unerwünschten Kuppelprodukte anderer Sektoren verarbeitete, beispielsweise aus dem Eisen- und Stahlsektor. Die chemische Industrie wurde damit selbst zu einem Kapitalgut dieser Sektoren, mit dem unerwünschte Kuppelprodukte verwertet werden konnten.

Betrachten wir nun nochmals die Geschichte der chemischen Industrie unter dem Gesichtspunkt ihres Produktionsprogrammes. Ihre spezifische Produktionsform, nämlich die Stoffumwandlung, wurde bereits im Mittelalter von Alchimisten praktiziert. Als Transmutation bezeichnet, erfolgte die Stoffumwandlung vor einem religiös-mystischen Hintergrund. Mit der industriellen Revolution in Großbritannien und dem damit einhergehenden Aufstieg des Textilsektors veränderte sich die Zielsetzung alchimistischer Aktivitäten. Das klar definierte Ziel, Bleich- und Waschmittel für die Textilverarbeitung herzustellen, bestimmte fortan das Produktionsprogramm stoffumwandelnder Betriebe. Zwei Chemikalien wurden zu diesem Zweck hergestellt: Schwefelsäure und Soda. Durch den Einsatz von Schwefelsäure konnte die Bleichzeit von Rohtextilien stark verkürzt werden. Sie substituierte damit wertvolle Rasenfläche. Soda ist ein auch in der Natur vorkommendes Salz, seine künstliche Herstellung auf der Basis von Steinsalz lockerte jedoch die Rohstoffrestriktion.

Die Herstellung beider Chemikalien war mit unerwünschten Kuppelprodukten verbunden. Die Schwefelsäureherstellung führte zu beträchtlichen Schadstoffemissionen in Sizilien, wo der erforderliche Schwefel gewonnen wurde. Zwar wurde Empörung über die Vernichtung der Vegetation laut, Rückwirkungen auf die Schwefelgewinnung sind jedoch nicht festzustellen.[14]

Ganz anders lag der Fall bei der Sodaherstellung nach dem Leblanc-Verfahren. Die Emissionen chlor- und schwefelhaltiger Kuppelprodukte drohte von Anfang an, das Verfahren an Umweltproblemen scheitern zu lassen. Anfangs konnte den Umweltproblemen durch Standortverlagerung, später durch Verwertung begegnet werden. Eine Folge dieser Verwertung war die Herstellung von Chlor im Produtionsverbund mit Soda.

Mitte des 19. Jh., deutlich später als in Großbritannien, entstanden auch in Deutschland chemische Betriebe, die Schwefelsäure und Soda herstellten. Der Aufbau der Sodaproduktion wurde durch Zollprotektion begünstigt, weil damit auch Zugang zum Kuppelprodukt Chlorwasserstoff möglich wurde. Die Schwefelsäureproduktion wurde in Deutschland in vielen Fällen deshalb aufgenommen, weil ein unerwünschtes Kuppelprodukt der Metallhütten verwertet werden mußte. Beim Abrösten schwefelhaltiger Erze in Metallhütten wurde nämlich Schwefeldioxid emittiert, das die umliegende Vegetation schädigte.

[14]Daneben wurde vor allem der Einsatz von Kindern in Schwefelbergwerken kritisiert.

Die daraus folgenden Schadensersatzansprüche stellten einen erheblichen Anreiz dar, die Emissionen in der Schwefelsäureherstellung zu verwerten.

Ebenfalls Mitte des 19. Jh. wurden zwei weitere Produktklassen der chemischen Industrie in das Produktionsprogramm aufgenommen: Teerfarbstoffe und Düngemittel. Als Rohstoff der Teerfarbstoffe diente Teer, ein Abfallprodukt der Gasanstalten, in denen sogenanntes Leuchtgas hergestellt wurde. Die chemische Industrie verwertete diesen Teer, indem sie daraus Farbstoffe herstellte. In der Folge wurden nahezu alle pflanzlichen Farbstoffe durch Teerfarben substituiert. Aber auch die Herstellung der Teerfarbstoffe war mit unerwünschten Kuppelprodukten verbunden. Die Farbenfabriken mußten durch Standortverlagerung reagieren und siedelten sich an größeren Flüssen an.

Durch Experimente mit Teerfarbstoffen in der Medizin konnte ein über den Dekorationszweck hinausgehendes Anwendungsfeld erschlossen werden. Teerfarben eigneten sich als chemotherapeutische Arzneien und legten damit den Grundstein der pharmazeutischen Industrie.

Die Düngemittelherstellung ist der erste Bereich der chemischen Industrie, der über Zufallsexperimente hinausgehende wissenschaftliche Erkenntnisse voraussetzte. Der Bedarf an Düngern wurde von Liebig durch systematische wissenschaftliche Untersuchungen erkannt. Auch bei der Düngemittelherstellung konnte die chemische Industrie auf Abfallprodukte anderer Sektoren zurückgreifen, beispielsweise auf tierische Abfälle.

Gegen Ende des 19. Jh. wurde versucht, Kohle als Chemierohstoff zu verwenden. Zentral ist dabei das Karbid, eine Verbindung von Kohle und Kalk. Im Gegensatz zu den vorherigen Entwicklungen der chemischen Industrie war jedoch kein klarer Produktionszweck zu erkennen. Das wichtigste Produkt der frühen Karbidchemie, Acetylen, scheiterte bei seiner Markteinführung als Leuchtmittel. Gegenüber Petroleum, dem Zielprodukt der Erdölgewinnung, konnte es sich nicht durchsetzen. Um den Untergang aufgebauter Kapital- und Wissensbestände zu verhindern, wurde gezielt nach neuen Anwendungsfeldern gesucht. Welche Eigendynamik die im Zusammenhang mit der Karbidchemie aufgebauten Kapital- und Wissensbestände entfalteten, wird am Beispiel der Methanolsynthese deutlich: Die Karbidproduzenten hatten ein Verfahren entwickelt, mit dem aus Karbid das Methanol hergestellt werden konnte. Kurz darauf wurde ein anderes, nicht auf Karbid basierendes Methanolsyntheseverfahren entwickelt. Dieses war dem ersteren überlegen. Nachdem damit ein gegenüber dem Karbidprozeß mehrergiebiges Verfahren zur Verfügung stand, etablierten die Unternehmer der Karbidchemie chlorierte Kohlenwasserstoffe am Markt. Diese waren ursprünglich nur als Zwischenprodukte der Methanolsynthese vorgesehen. Damit konnte zwar der unmittelbare und vollständige Untergang der Kapitalgüter zur Methanolherstellung auf Karbidbasis verhindert werden, dafür wurden jedoch aus heutiger Sicht hochgradig umweltbelastende Produkte am Markt etabliert.

Nach dem zweiten Weltkrieg wurde die Karbidchemie vollständig durch die Petrochemie substituiert. Die wichtigsten Folgeprodukte der Petrochemie sind Kunststoffe und Kunstfasern.

Die Entwicklungsgeschichte der chemischen Industrie zeigt die Flexibilität dieses Zweiges, aber auch die Gefahren industrieller Eigendynamik.

Teil IV

Modellierung von Kuppel- und Verbundproduktion

Kapitel 9

Integration chemischer Produktionsprozesse in ökonomische Modelle

9.1 Einleitung

Die industrielle Herstellung chemischer Erzeugnisse basiert auf einem komplizierten Gefüge aus K-Prozessen und darauf errichteten Produktionsverbunden. Wie wir am Beispiel der Chlorchemie ausführten, kann selbst eine gezielte umweltpolitische Einflußnahme auf einzelne Produktionsverfahren dieses Gefüge in seiner Gesamtheit merklich beeinträchtigen und erhebliche Anpassungsprobleme hervorrufen. Um empirisch relevante Untersuchungen über die Anpassungsmöglichkeiten der chemischen Industrie an veränderte Rahmenbedingungen durchführen zu können, benötigen wir Modelle, in welchen ihre realen Produktionsmöglichkeiten berücksichtigt werden.

Die traditionelle Vorgehensweise der empirischen Wirtschaftsforschung besteht darin, die Produktionsmöglichkeiten auf der Grundlage von Statistiken ökonometrisch zu schätzen. Bei entsprechender Modellspezifikation genügt sogar eine Kalibration.[1] Für die Untersuchung der chemischen Industrie reicht diese Vorgehensweise aus drei Gründen jedoch nicht aus:

1. Die Herstellungsmengen und Faktoreinsatzmengen in der chemischen Industrie sind zu lückenhaft dokumentiert oder zu stark aggregiert, um

[1] Bei einer Kalibration werden die Parameter so gewählt, daß das Modell für das Bezugsjahr die realen ökonomischen Daten reproduziert.

eine tragfähige statistische Basis für empirische Studien abzugeben (vgl. Kapitel 4).

2. Selbst wenn detaillierte Statistiken vorlägen, so ginge aus ihnen doch nicht zwingend hervor, welche Produkte Erzeugnisse eines K-Prozesses und welche die eines E-Prozesses wären. In ökonometrischen Studien würden K-Prozesse zwar zu Multikollinearitäten führen; der eindeutige Rückschluß von einer Multikollinearität auf K-Prozesse ist jedoch nicht möglich (vgl. VINOD 1976).

3. Über bereits existierende, aber nicht angewandte Produktionsverfahren können Statistiken keine Auskunft geben.

Aus den genannten Gründen ist ein anderer Zugang zur Erfassung der realen Produktionsmöglichkeiten der chemischen Industrie erforderlich. Die wirklichkeitsnahe Abbildung und die Quantifizierung ihrer Produktionsmöglicheiten sind Gegenstand dieses Kapitels. Hierzu müssen wir allerdings auf chemisch-technologische Zusammenhänge zurückgreifen. In der Ökonomik ist eine solche Vorgehensweise zwar kein Novum, aber doch ungewohnt. Im nächsten Unterabschnitt stellen wir deshalb zunächst vorhandene ökonomische Ansätze vor, die auf außerökonomischen Fundamenten beruhen. Diese Ansätze lassen sich in zwei Gruppen einteilen: zum einen in die sogenannten *Engineering-Production-Functions*, die von CHENERY (1948) angeregt wurden. Zum anderen in die thermodynamisch fundierten Modelle der Umwelt- und Ressourcenökonomik. Den maßgeblichen Anstoß zur Entwicklung dieser Modelle gab GEORGESCU-ROEGEN (1971). Aber auch AYRES UND KNEESE (1969) berücksichtigten bereits thermodynamische Gesetzmäßigkeiten; sie verzichteten aber auf eine explizite Diskussion der physikalischen Grundlagen.

Unser Ansatz steht in der Tradition beider Gruppen von außerökonomisch fundierten Modellen. Wir werden sowohl thermodynamische Gesetzmäßigkeiten berücksichtigen, als auch eine Engineering-Production-Function ableiten.

9.2 Außerökonomische Fundamente der Produktionstheorie

Ebenso wie die Engineering-Production-Functions sind auch die thermodynamisch fundierten Produktionsmodelle Ergebnisse interdisziplinärer Forschung. Darin unterscheiden sie sich von dem, was in der Ökonomik normalerweise unter einem Modellfundament verstanden wird. Dem traditionellen Verständnis von einem Fundament entspricht ein unabhängiges System von möglichst allgemein formulierten Axiomen, wie es beispielsweise der Werttheorie von DEBREU (1959) zugrundeliegt. Speziell für die Produktionstheorie unternahm SHEPHARD (1970) diese Fundierung. Er setzte die Axiome:

- Mit nichts kann nichts produziert werden; für mindestens einen positiven Outputvektor gibt es einen Inputvektor, mit dem dieser hergestellt werden kann.
- Mit beschränkten Inputmengen können keine unendlichen Outputmengen produziert werden.
- Was mit einem bestimmten Inputvektor produziert werden kann, kann auch mit jedem Vielfachen dieses Inputvektors hergestellt werden.
- Eine proportionale Veränderung des Outputvektors ist durch eine geeignete proportionale Veränderung des Inputvektors möglich.
- Die Menge aller Outputvektoren, die mit einem bestimmten Inputvektor hergestellt werden kann, ist abgeschlossen.
- Ist ein bestimmter Outputvektor mit einem Inputvektor herstellbar, so ist mit diesem Inputvektor auch ein proportional verkleinerter Outputvektor herstellbar.

Aus diesen Axiomen werden Aussagen über die Eigenschaften von Produktions-, Kosten-, Ertrags- und Umsatzfunktionen abgeleitet (SHEPHARD 1970, FÄRE 1988). Die Gemeinsamkeit zwischen einer solcherart fundierten

Produktionstheorie und den interdisziplinär fundierten Modellen ist ihr Anspruch: Ziel ist in beiden Fällen, ad-hoc-Annahmen durch fundierte Annahmen zu ersetzen. Bei der axiomatischen Fundierung wird diesem Anspruch durch weitestgehende Allgemeinheit Genüge getan, was jedoch zu sehr schwach strukturierten Technologiemengen führt. Die Formulierung *konkreter* Produktions- oder Kostenfunktionen unterliegt deshalb trotz axiomatischem Fundament der Beliebigkeit. Der interdisziplinäre Fundierungsansatz erlaubt hingegen wesentlich konkretere Aussagen über die Eigenschaften der Technologiemenge, ohne beliebige, d.h. nicht abgesicherte Annahmen zu erfordern.

Zwischen beiden Fundierungsansätzen besteht noch ein weiterer Zusammenhang: Einzelne Axiome der Produktionstheorie lassen sich über physikalische Gesetzmäßigkeiten rechtfertigen oder hinterfragen. Diese *Metafundierung* ist bei den thermodynamischen Fundierungsversuchen zu erkennen, die wir im folgenden Unterabschnitt näher betrachten.

9.2.1 Thermodynamische Fundamente

Die Thermodynamik ist das Teilgebiet der Physik, in dem makroskopische Eigenschaften der Materie mit physikalischen Größen beschrieben und die Zusammenhänge zwischen diesen Größen analysiert werden (GREINER ET AL. 1987:2). Zu den physikalischen Größen gehören beispielsweise Energie, Entropie, Druck, Temperatur und Volumen. Die Entropie ist dabei ein Maß für den Ordnungszustand eines physikalischen Systems.

Im Mittelpunkt der Thermodynamik stehen die beiden sogenannten 'Hauptsätze der Thermodynamik', deren Gültigkeit experimentell belegt ist. Der erste Hauptsatz besagt, daß die Energie in einem abgeschlossenen System[2] konstant ist. Ein Grenzfall dieses Satzes ist das Gesetz der Massenerhaltung in einem abgeschlossen System (LATSCHA UND KLEIN 1984:247). Faßt man den Produktions- und Konsumbereich einer Ökonomie sowie die Umwelt als offene Teilsysteme auf, die zusammen ein abgeschlossenes System bilden, so muß aufgrund der Massenerhaltung gelten: Wenn keine Materialien in der Ökonomie

[2]Ein abgeschlossenes System steht in keinerlei Wechselwirkung mit der Umwelt.

verbleiben, so müssen ein- und ausgebrachte Materialmengen übereinstimmen. Die Differenz zwischen der Masse eingebrachter Rohstoffe und hergestellter Güter ergibt dann zwangsläufig die Masse der Produktionsrückstände. Die Tatsache, daß im Produktions- und Konsumbereich keine Materie verschwinden kann, wird in umweltökonomischen Modellen häufig berücksichtigt[3] (vgl. Abschnitt 5.3 und 5.4).

Der zweite Hauptsatz der Thermodynamik trifft eine Aussage über den Ordnungszustand eines physikalischen Systemes. Er besagt vereinfacht: Die Entropie in einem abgeschlossenen System strebt ihrem Maximum zu; eine Entropievergrößerung ist deshalb irreversibel. Da sich die Entropie nur vergrößern kann, erhalten physikalische Systeme eine zeitliche Richtung im historischen Sinne: Ein abgeschlossenes System mit niedriger Entropie ist jünger als dieses System mit höherer Entropie. Die Bedeutung des zweiten Hauptsatzes für eine Ökonomie erkannte GEORGESCU-ROEGEN (1971). Seine Grundhypothese lautet, daß jeder ökonomische Prozeß in seinen materiellen Bestandteilen entropisch ist. Wir verzichten darauf, das Entropiegesetz genauer darzulegen und verweisen statt dessen auf FABER ET AL. (1983:65ff). Wir interessieren uns vielmehr dafür, wie der zweite Hauptsatz der Thermodynamik, das Entropiegesetz, als Grundlage für ökonomische Modelle fruchtbar gemacht wird. Dabei lassen sich zwei Ansatzpunkte erkennen, die wir in den beiden folgenden Unterabschnitten behandeln.

9.2.1.1 Irreversibilität von Produktionsprozessen

Natürliche Prozesse verlaufen in einem abgeschlossenen System irreversibel. Diese Aussage des Entropiegesetzes eignet sich, um das Axiom der Irreversibilität von Produktionsprozessen "Wenn (a, b) zulässig und $a \neq 0$, dann ist (b, a) unzulässig" (STEPHAN 1989:22) physikalisch zu untermauern. In den Modellen der Allgemeinen Gleichgewichtstheorie wird dieser Zusammenhang häufig in Form eines Axioms vorausgesetzt (z.B. DEBREU 1959:40), um die Beweisführungen zu vereinfachen. So läßt sich beispielsweise

[3] Die ökonomische Relevanz dieses Gesetzes wurde von AYRES UND KNEESE (1969) erkannt und modelltheoretisch umgesetzt.

für irreversible Produktionsprozesse zeigen: Sind die Technologiemengen aller Unternehmen konvex und abgeschlossen, so ist die gesamtwirtschaftliche Technologiemenge ebenfalls abgeschlossen (DEBREU 1959:41). Darüber hinaus wird Irreversibilität in Beweisen der Existenz von Marktgleichgewichten vorausgesetzt; sie gehört dabei aber nicht zu den notwendigen Bedingungen (DEBREU 1962).

Den Bezug zwischen dem produktionstheoretischen Axiom der Irreversibilität und dem Entropiegesetz stellt beispielsweise STEPHAN (1989:22f) her. Demzufolge ist die Irreversibilität von Produktionsprozessen eine Folge des Entropiegesetzes. Denn bei einer Energieumwandlung, wie sie bei jedem Produktionsvorgang stattfindet, wird ein Teil der Energie in eine nicht mehr nutzbare Energieform umgewandelt. Die Fähigkeit physikalischer Systeme, Arbeit zu verrichten, nimmt deshalb zwangsläufig ab. Als Maß für die nicht mehr nutzbare Energie dient die Entropie; sie ist ein Kuppelprodukt jeder Energieumwandlung.

9.2.1.2 Produktionsfunktionen

Neben seiner qualitativen Aussage über die Irreversibilität physikalischer Prozesse beinhaltet das Entropiegesetz konkrete Funktionalzusammenhänge zwischen physikalischen Makrovariablen. Diese Zusammenhänge entsprechen physikalischen Restriktionen bei der Nutzung der Umwelt und sollten deshalb in umweltökonomischen Modellen berücksichtigt werden. Mit diesem Anspruch entwickelten FABER ET AL. (1983) ein physikalisch fundiertes Rohstoff-Umweltmodell. Die physikalische Fundierung wird dabei zur Bestimmung des Energiebedarfs der Rohstoffförderung vorgenommen. Um einen Zusammenhang zwischen der Rohstoffkonzentration in Lagerstätten und dem erforderlichen Rohstoff-Extraktionsaufwand herzustellen, interpretieren Faber et al. die Rohstoffextraktion als eine Umkehrung der Diffusion[4] von Gasen. Die Beschreibung von Diffusionsvorgängen fällt in den Bereich der Thermodynamik, womit die Beziehung zu den physikalischen Grundlagen hergestellt ist. Um den Diffusi-

[4] Die Diffusion eines Gases ist seine Bewegung aus einem Bereich höherer Konzentration in einen Bereich niedrigerer Konzentration (LATSCHA UND KLEIN 1984:165).

onsvorgang eines Gases umzukehren, muß dem Gas Entropie entzogen werden. Über die Gibbssche Fundamentalgleichung ist es möglich, die zur Entropieverringerung erforderliche Energiezufuhr auszurechnen (FABER ET AL. 1983:93ff). An dieser Stelle erfolgt die Verbindung mit einem ökonomischen Modell. Indem ein Zusammenhang zwischen Arbeitsaufwand und Energiebereitstellung formuliert wird, ist es möglich, die Rohstoffextraktion als eine Funktion des Arbeitsaufwandes darzustellen; der Zusammenhang zwischen Lagerstättenkonzentration und Arbeitsaufwand ist physikalisch fundiert.

9.2.2 Engineering-Production-Functions

FABER ET AL. (1983) errichten ihr interdisziplinäres Rohstoff-Umweltmodell auf einem thermodynamischen Fundament. Dieses Fundament gestattet ihnen die Ableitung eines funktionalen Zusammenhanges zwischen den Eigenschaften einer Rohstofflagerstätte, der bereits entnommenen Rohstoffmenge und dem erforderlichen Arbeitsaufwand, um weitere Rohstoffe zu gewinnen. An der Schnittstelle zwischen Physik und Ökonomik steht somit eine Produktionsfunktion.

Die Vorgehensweise bei der Bestimmung einer Engineering-Production-Function ist dem sehr ähnlich. Auch hier steht eine Produktionsfunktion an der Schnittstelle zwischen Ökonomik und einer anderen Disziplin. Das außerökonomische Fundament befindet sich bei einer Engineering-Production-Function allerdings in den Ingenieurwissenschaften, wodurch sie sich vom thermodynamischen Ansatz unterscheidet. Da technische Gesetzmäßigkeiten zwangsläufig physikalische widerspiegeln, differieren beide Ansätze konzeptionell gesehen aber nur geringfügig.

Den Anstoß, Produktionsfunktionen ingenieurtechnisch zu fundieren, gab Chenery in einem 1948 veröffentlichten Aufsatz. Sein erklärtes Ziel bestand darin, eine Methode zu entwickeln, mit der sich aus den technischen Daten von Produktionsanlagen die in der Ökonomik üblichen Produktionsfunktionen approximieren lassen (CHENERY 1948:508). Diese Funktionen ermöglichen dann allgemeine Einsichten in die Funktionalform von Produktionsfunktionen und deren reale Parameterräume. Dazu gehören vor allem die Skalen- und Substitutionseigenschaften des Faktoreinsatzes. Darüber hinaus sollen diese Funktionen Datenmaterial für empirische Input-Output-Studien bereitstellen (CHENERY 1953:297).

Obwohl Chenerys Bestimmung von Produktionsfunktionen auf der Grundlage ingenieurtechnischer Zusammenhänge in der Ökonomik anerkannt ist, gibt es nur wenige Arbeiten von allgemeinem Interesse auf diesem Gebiet.[5] So resümiert SOLOW (1967:26):

> "Still, it remains an intriguing idea to deduce economically usefull production functions from raw technological information. I had hoped to say something on that subject; but it appears that very little of general interest has been done since the early papers of Chenery."

Zu einer ähnlichen Einschätzung gelangt WIBE (1984), der das Ergebnis bisheriger Studien auf dem Gebiet der Engineering-Production-Function als unbefriedigend bezeichnet (WIBE 1984:408). Die meisten Studien kommen zu den Schlußfolgerungen:

1. Arbeit und Kapital sind Substitute.

2. Kapital und Energie sind Substitute.

3. Die Skalenelastizität einer Produktionsfunktion ist größer eins.

4. Produktionsfunktionen sind nicht-homothetisch.

Die erste Schlußfolgerung bedarf keiner weiteren Erläuterung. Die substitutionale Beziehung zwischen Kapital und Energie werden wir auch in unserem Beispiel der Chlor-Alkali-Elektrolyse feststellen (vgl. Seite 293ff). Die Aussage über die Skalenelastizität[6] deutet darauf hin, daß in der Realität mit zuneh-

---

[5]Dies liegt allerdings daran, daß der Begriff 'Engineering-Production-Function' sehr eng gefaßt wird. DORFMAN ET AL. (1958:131f) beispielsweise erheben für ihren "Linearen-Programmierungs- Ansatz" berechtigterweise den Anspruch der ingenieurtechnischen Fundierung.

[6]Die Skalenelastizität ist definiert als der Quotient aus logarithmierter Outputveränderung und logarithmierter Inputdifferenz. Als Maß für die Input- bzw. Outputmenge werden die euklidische Distanz oder die Gesamtkosten bzw. der Gesamtertrag verwendet. Die Skalenelastizität hängt folgendermaßen mit den Skalenerträgen zusammen: Bei zunehmenden Skalenerträgen ist die Skalenelastizität größer eins, bei abnehmenden ist sie kleiner eins (vgl. CHAMBERS 1988:Kapitel 1).

menden Skalenerträgen zu rechnen ist. Bei nicht-homothetischen Produktionsfunktionen ändert sich die Grenzrate der Substitution bei einer proportionalen Veränderung der Inputs. Damit hängt das Mengenverhältnis der nachgefragten Inputs nicht nur von den Faktorpreisen, sondern auch von der Produktionsmenge ab. Insgesamt gesehen belegen die Engineering-Studien sogenannte *unschöne* Eigenschaften von Produktionsfunktionen. Ob die vier Aussagen vor dem Hintergrund einer relativ geringen Zahl von Studien und der Art untersuchter Produktionsverfahren[7] verallgemeinerungsfähig sind, sei dahingestellt. Zumindest aber begründen sie Vorbehalte gegenüber den üblicherweise getroffenen Annahmen bezüglich neoklassischer Produktionsfunktionen.

Die unseres Erachtens aus theoretischer Sicht wichtigste Engineering-Studie seit CHENERY (1953) führten MARSDEN ET AL. (1974) durch. Ihr Ausgangspunkt ist die Kritik an der Vorgehensweise von ARROW ET AL. (1961) bei der Herleitung der CES-Produktionsfunktion, einer speziellen Form der neoklassischen Produktionsfunktion (vgl. FÄRE 1988). Indem Arrow et al. rein ökonomisch motivierte Annahmen treffen, vernachlässigen sie völlig die physischen Eigenschaften von Produktionsaktivitäten. So modellieren sie die Produktionsfunktion alleine im Hinblick auf ein ökonometrisch gutes Schätzergebnis und setzen zu diesem Zweck Nullhomogenität aller Faktornachfragefunktionen und vollkommene Konkurrenz auf allen Märkten voraus.

Marsden et al. versuchen, die CES-Produktionsfunktion nachträglich auf einer ingenieurtechnischen Basis zu rechtfertigen. Sie kehren damit die übliche Vorgehensweise des Engineering-Ansatzes um, die darin besteht, ausgehend von den technischen Daten die Produktionsfunktion abzuleiten. Die Suche nach geeigneten technischen Zusammenhängen führt sie zur Kinetik chemischer Reaktionen und damit in einen Bereich, der selbst in der Verfahrenstechnik als sehr kompliziert gilt (FITZER UND FRITZ 1989:147). Die abgeleiteten Engineering-Production-Functions sind in diesem Fall die Lösung eines umfangreichen Systems nichtlinearer Differentialgleichungen, deren Form stark von der Auslegung einer Produktionsanlage abhängt. Marsden et al. kommen

[7] Untersucht wurde beispielsweise die Herstellung von Öltankern (EIDE 1979) und die Bewegung von Erde (BOON 1964).

deshalb zu dem Schluß, daß eine verallgemeinerte Engineering-Production-Function nicht existiert.

Trotz dieser Schlußfolgerung von Marsden et al. entwickeln wir im folgenden einen allgemeinen Ansatz zur Erfassung qualitativer und quantitativer Eigenschaften von Produktionsprozessen. So werden wir für die chemische Industrie einen Engineering-Production-Function-Ansatz entwickeln, der nicht auf reaktionskinetischen Zusammenhängen, sondern auf der wesentlich einfacheren Stöchiometrie und Elektrochemie beruht. Zudem erwarten wir Aufschluß über Ursachen und Charakteristika der Kuppelproduktion und daraus ableitbare ökonomisch relevante Aussagen. Während bisher mit Engineering-Production-Functions vornehmlich Substitutionsmöglichkeiten von Inputs untersucht wurden, steht bei uns das Verhältnis der Outputs und die Quantifizierungsmöglichkeit von In- und Outputvektoren im Vordergrund. Dabei untersuchen wir nicht nur die Eigenheiten von Kuppelproduktion, sondern chemischer Produktionsprozesse überhaupt. Wir beginnen im folgenden damit, die Charakteristika von bestimmten Produktionsprozessen aus naturgesetzlich-technischen Gegebenheiten festzustellen.

9.3 Stoffumwandlung: Ihre Charakteristik

Unser produktionstheoretischer Ansatz läßt sich auf eine Teilmenge von Produktionsprozessen der gesamtwirtschaftlichen Technologiemenge anwenden. Die Abgrenzung des Anwendungsgebietes erfolgt nach dem ingenieurtechnischen Kriterium der *vorherrschenden Technologieform.*

Betrachten wir Produktionsprozesse aus technischer Sicht, so lassen sich zwei Technologieformen unterscheiden. Die erste Technologieform ist die *Formgebung.* Bei ihr erfolgt die Herstellung eines Produktes primär durch Anwendung mechanischer Verfahren, wozu folgende Arbeitsgänge gehören (SCHÄFER 1978:49):

- Urformen durch Pressen und Gießen.
- Reine Formänderung durch Biegen, Ziehen, Drücken, Schmieden, Walzen und Mahlen.

- Trennen durch Zerschneiden, Spanabhebung (z.B. Drehen) und mechanische Separierung (z.B. Sieben und Zentrifugieren).

- Fügen, d.h. Zusammensetzen von Teilen zu höheren Gebilden.

Zu den Sektoren, in denen mechanische Verfahren vorherrschen, zählen beispielsweise der Maschinenbau, die Elektrotechnik und der Straßenfahrzeugbau.

Die zweite Technologieform ist die *Stoffumwandlung.* Durch sie erfahren die eingesetzten Materialien eine substantielle Veränderung. Alle Sektoren, in denen die Stoffumwandlung vorherrschende Technologie ist, werden in der *chemischen Prozeßindustrie* zusammengefaßt (RIEBEL 1963:62). Zu ihr gehören u.a. die chemische Industrie, die Stahl- und Aluminiumherstellung sowie die Zellstoffherstellung (vgl. FITZER UND FRITZ 1989:12). Unser Ansatz läßt sich ausschließlich auf stoffumwandelnde Produktionsprozesse anwenden.

Der Unterscheidung zwischen Formgebung und Stoffumwandlung liegt eine grundsätzliche Verschiedenartigkeit beider Technologieformen zugrunde. Treffend charakterisiert hat den Unterschied zwischen Stoffumwandlung und Formgebung schon Jung (1785):

> "Die würkenden Kräfte in der Technologie stammen von zwei Hauptkräften, nemlich von der Natur und der Kunst, die erste wirkt physisch, und die zweite mechanisch; ob nun beyde in allen Zubereitungen vereinigt würken, so findet sich doch ein Unterschied: den bei einem großen Teil derselben beruht der Hauptzweck des Befriedigungsmittels auf der Würkung der Natur, und die Kunst ist ihr untergeordnet; bei den übrigen aber würkt die Kunst zum Hauptzweck, und die Natur dient ihr. Z.B. in der Zubereitung der Salze würkt die Natur zum Zweck, nemlich der Crystallisation, und die Kunst leitet sie nur, bei der Weberey aber dient die Natur der Kunst."

Die beiden Technologieformen unterscheiden sich durch die Rollen von 'Natur' und 'Kunst' im Produktionsprozeß. Bei der Stoffumwandlung schafft die 'Kunst' nur die Rahmenbedingungen, innerhalb derer die 'Natur' den Produktionsvorgang vorantreibt. Bei der Formgebung hingegen setzt die 'Natur', beispielsweise in Form von Materialeigenschaften, den Rahmen, innerhalb dessen die 'Kunst' wirken kann. Warum ist dieser Unterschied für uns wichtig?

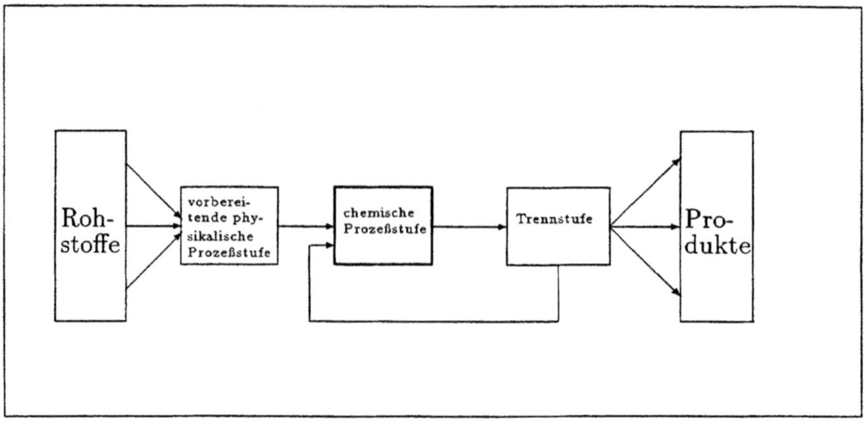

Abbildung 9.1: Modell eines chemischen Produktionsbetriebes
Quelle: Angelehnt an FITZER UND FRITZ (1989)

Ist ein Produktionsprozeß weitgehend von Naturgesetzlichkeiten geprägt, so kann er auch durch diese beschrieben werden. Daraus ergeben sich zwei Vorteile. Erstens verliert bei der Modellierung von stoffumwandelnden Produktionsprozessen die Zwischenstufe der Ingenieurtechnik an Bedeutung. Naturgesetzlichkeiten sind in der Regel wesentlich einfacher zu fassen, als ingenieurtechnische Handlungsanweisungen, die häufig zu sehr komplizierten technischen Zusammenhängen führen. Zweitens sind Naturgesetzlichkeiten keinem technischen Wandel unterworfen, so daß sich aus ihnen eine zeitlich invariante Basis ableiten läßt.

In Abbildung 9.1 ist ein chemischer Produktionsbetrieb zur Stoffumwandlung stark vereinfacht dargestellt. Zwischen Rohstoffeinsatz und Produktausbringung sind drei Prozeßstufen zu durchlaufen. In der ersten Stufe werden die erforderlichen Materialien physikalisch verändert, um sie auf die Stoffumwandlung vorzubereiten. Dazu gehört beispielsweise das Lösen von Rohstoffen in Lösungsmitteln. In der zweiten Stufe vollzieht sich der zentrale Produktionsvorgang, nämlich die Stoffumwandlung. Dieser Vorgang findet in einem chemischen Reaktor statt. Anschließend müssen die Produkte in einer dritten Stufe getrennt werden. Unverbrauchte Rohstoffe und Hilfsstoffe wie Katalysatoren werden in den Reaktor zurückgeführt und damit wiederverwendet. Wir erfassen mit unserer Fundierung die chemische Prozeßstufe.[8] Um diesen Verfahrensschritt vollständig zu beschreiben, müssen wir im Prinzip drei Kategorien von Produktionskoeffizienten erfassen:

- die in den Produktionsprozeß eingehenden sowie die aus ihm hervorgehenden Materialien. Zu den eingehenden Materialien gehören die Roh,- Hilfs- und Betriebsstoffe, zu den hervorgehenden gehören die Ziel- und Kuppelprodukte.
- den erforderlichen Energieeinsatz.
- die zur Produktionsdurchführung benötigten Dienstleistungen von Arbeit und Kapital

In den folgenden Ausführungen werden wir nun zeigen, wie sich Produktionsprozesse abhängig von der jeweiligen Kategorie fundieren lassen. Dabei stellt sich heraus, daß die Fundierung der ersten Kategorie vergleichsweise einfach, die der zweiten Kategorie relativ schwierig ist. Eine Fundierung der dritten Kategorie werden wir nicht vornehmen, da sie zu sehr in ingenieurtechnischen Details mündet.

9.4 Stöchiometrie und Materialflüsse

Auf der ersten Stufe bestimmen wir die Materialflüsse eines Produktionsprozesses der chemischen Industrie durch stöchiometrische[9] Rechnungen. Grundlage hierfür ist eine chemische *Reaktionsgleichung*, die eine *zulässige* Transformation von Edukte in Produkte beschreibt. Im ökonomischen Sprachgebrauch entsprechen die Edukte den Materialinputs und die Produkte den Materialoutputs. Edukte und Produkte können einzelne Elemente sein, wie Eisen und

[8] Mit dem Entropieansatz von FABER ET AL. (1983) läßt sich die Trennstufe beschreiben. Die Stärke des Entropieansatzes besteht darin, sowohl sehr konkrete als auch sehr allgemeine Aussagen zu ermöglichen.

[9] Die Stöchiometrie ist die Lehre von der mengenmäßigen Zusammensetzung chemischer Verbindungen und der mathematischen Berechnung chemischer Umsetzungen.

Chlor, oder Moleküle[10], wie Wasser und Kohlendioxid. Eine chemische Reaktionsgleichung genügt immer chemisch-physikalischen Grundgesetzen, von denen eines besagt: Bei einer Stoffumwandlung stimmt die Masse der Edukte mit der Masse der Produkte überein. Mit anderen Worten: Es gilt die Massenerhaltung. Damit liegt jeder chemischen Reaktionsgleichung der erste Hauptsatz der Thermodynamik zugrunde.

Im folgenden Unterabschnitt verwerten wir chemische Reaktionsgleichungen als beschreibenden Bestandteil eines Produktionsprozesses.

9.4.1 Eigenschaften stoffumwandelnder Produktionsprozesse

Sei I die Indexmenge der in eine Stoffumwandlung eingehenden Materialien und J die aus ihr hervorgehenden Materialien. Die chemische Umsetzung ist dann durch die Reaktionsgleichung

$$\sum_{i \in I}(v_i G_i) \longrightarrow \sum_{j \in J}(v_j G_j) \tag{9.1}$$

oder alternativ (Fitzer und Fritz 1989:95)

$$\sum_{i \in I}(v_i G_i) = \sum_{j \in J}(v_j G_j) \tag{9.2}$$

beschrieben. In Tabelle 9.1 sind die chemischen Bezeichnungen der einzelnen Komponenten einer Reaktionsgleichung ihrer ökonomischen Interpretation gegenübergestellt.

Eine Reaktionsgleichung von der Form (9.2) stellt den Kern jedes Produktionsprozesses der chemischen Industrie dar. Aus ihr geht hervor: Werden jeweils v_i Einheiten der Substanzen G_i ($i \in I$) in einem chemischen Reaktor unter bestimmten Reaktionsbedingungen zusammengebracht, so können aus ihnen jeweils v_j Einheiten der Substanzen G_j ($j \in J$) hergestellt werden. Die Einheiten werden in Mol gemessen, also in der Anzahl von Atomen bzw.

---

[10] Moleküle sind aus Elementen zusammengesetzte Verbindungen.

Symbol	chemische Bezeichung	ökonomische Interpretation
$G_i, i \in I$	Edukt	In die Produktion eingehende Substanz
$G_j, j \in J$	Produkt	Aus der Produktion hervorgehende Substanz
$\longrightarrow$	vollständige Reaktion	eindeutige Produktionsrichtung
$v_i, i \in I$	stöchiometrischer Koeffizient	Für die Produktion erforderliche Einheiten von Substanz i
$v_j, j \in J$	stöchiometrischer Koeffizient	Aus der Produktion hervorgehende Einheiten von Substanz j

Tabelle 9.1: Interpretation der Reaktionsgleichung

Molekülen.[11] Dabei wirkt es befremdlich, daß die ein- bzw. hervorgehenden Materialien jeweils summiert werden, was wie eine Addition von Äpfeln und Birnen anmutet. Aus chemischer Sicht ist die Summation so zu verstehen, daß die Zahl eines Elementes in den Edukten gleich der Zahl dieses Elementes in den Produkten ist. Damit stimmt auch die gesamte Anzahl der eingehenden Elemente mit der gesamten Anzahl der hervorgehenden Elemente überein. Ohne zusätzliche chemische Semantik müßte Gleichung (9.2) deshalb konsequenterweise eigentlich

$$\sum_{i \in I}(v_i n_{ki}) = \sum_{j \in J}(v_j n_{kj}) \qquad (k = 1, \ldots, 103) \qquad (9.3)$$

lauten. Mit n_{ki} ist dabei die Anzahl von Element k in der Substanz G_i bezeichnet, der Index k läuft bis zur Zahl bekannter chemischer Elemente. Wie viele Gleichungen der From (9.3) vorhanden sind, hängt von der Anzahl der chemischen Elemente ab, also maximal 103. Daß die Anzahl der in eine chemische Reaktion eingehenden Elemente mit den aus ihr hervorgehenden Elementen übereinstimmt, gehört zu den *Besonderheiten* chemischer Prozesse.

Eine Eigenschaft chemischer Reaktionen, die sich direkt in eine produktionstheoretische Eigenschaft übertragen läßt, ist ihre Teilbarkeit und Additi-

[11]Genau genommen wiegt 1 Mol eines Stoffes soviel, wie sein relatives Atom- bzw. Molekülgewicht angibt. 1 Mol enthält dabei immer die gleiche Zahl von Atomen bzw. Molekülen. Diese Zahl wird als Loschmidt-Zahl oder Avogadro-Konstante bezeichnet.

vität. Wenn eine Reaktion

$$\sum_{i \in I}(v_i G_i) \longrightarrow \sum_{j \in J}(v_j G_j) \tag{9.4}$$

zulässig ist, dann ist auch

$$\sum_{i \in I}(\lambda v_i G_i) \longrightarrow \sum_{j \in J}(\lambda v_j G_j), \ \lambda \in \mathcal{R}_+ \tag{9.5}$$

zulässig, wobei $\mathcal{R}_+$ die Menge der positiven reelen Zahlen ist. Die Annahme der Teilbarkeit und Additivität der Materialflüsse ist auch für den Bereich einer Produktionsstätte und damit aus wirtschaftlicher Sicht gerechtfertigt.

Schließlich fragen wir, welche Einsichten durch den Rückgriff auf die Stöchiometrie für die Kuppelproduktion gewonnen werden. Wir wollen dies an einem konkreten Beispiel erläutern. Dazu greifen wir den Reaktionsmechanismus der Chlor-Alkali-Elektrolyse auf, welchen die stöchiometrische Gleichung

$$2NaCl + 2H_2O \longrightarrow 2NaOH + H_2 + Cl_2 \tag{9.6}$$

beschreibt. Der Gleichung (9.6) können wir folgende Informationen entnehmen: Je zwei Moleküle Steinsalz ($NaCl$) und Wasser (H_2O) können zu zwei Molekülen Natronlauge ($NaOH$), einem Wasserstoffmolekül (H_2) und einem Chlormolekül (Cl_2) umgesetzt werden. Bereits auf der Grundlage dieser Reaktionsgleichung, die sich in jedem Standardwerk der chemischen Technik findet (z.B. ULLMANN 1982), läßt sich eine ökonomisch relevante Aussage über einen wichtigen Teil der chemischen Industrie treffen: Bei der Elektrolyse werden *zwangsläufig* die Produkte Natronlauge, Wasserstoff und Chlor in konstanten Proportionen hergestellt.

Allgemein gilt für chemische Produktionsprozesse:

1. Durch die Wahl eines Reaktionsmechanismus zur Herstellung eines Produktes sind die damit einhergehenden Kuppelprodukte auf der Ebene eines K-Prozesses bestimmt. Dies folgt aus den stöchiometrischen Gegebenheiten chemischer Prozesse.

2. Durch den Aufbau der dazugehörigen Produktionsanlagen ist die chemische Industrie auf diesen Reaktionsmechanismus festgelegt. Nur in wenigen Fällen sind die Produktionsanlagen flexibel genug, um auch andere Reaktionsmechanismen zuzulassen (persönliche Kommunikation BASF).

3. Gibt es mehrere Reaktionsmechanismen, die ein gewünschtes Gut als Zielprodukt enthalten, so besteht ex-ante die Möglichkeit, bestimmte Kuppelprodukte auf der Ebene eines K- Prozesses zu vermeiden, wie z.B. Chlor bei der Herstellung von Natronlauge aus Soda. Allerdings sind E-Prozesse die Ausnahme, so daß sich eine vollständige Vermeidung stöchiometrisch bedingter Kuppelprodukte in der Realität kaum erreichen läßt.

9.4.2 Berechnung der Produktionskoeffizienten

Wir gehen nun einen Schritt weiter und bestimmen die beteiligten Materialumsätze in Masseneinheiten. Dieser Schritt ist der zentrale Übergang von der stöchiometrischen Gleichung zum quantifizierten Produktionsprozeß. Im Prinzip könnten wir bereits die stöchiometrischen Koeffizienten als Produktionskoeffizienten interpretieren, die angeben, wieviele Einheiten einer Substanz in die Produktion eingehen bzw. aus ihr hervorgehen. Es ist jedoch unüblich, chemische Erzeugnisse in Stückzahlen anzugeben. Statt dessen erfolgt, zumindest bei flüssigen und festen Substanzen, die Angabe in Gewichtseinheiten. Bei Gasen kommen auch Volumeneinheiten in Betracht, die jedoch relativ einfach auf Gewichsteinheiten umgerechnet werden können.

Die erforderliche Information für die Umrechnung der stöchiometrischen Koeffizienten in Gewichtseinheiten ist die sogenannte *Molmasse* $m(G_i)$. Sie gibt an, wieviel Gramm $6{,}022 \cdot 10^{23}$ Stück, d.h. Atome oder Moleküle einer Substanz G_i wiegen. Auch die Molmasse ist jeder chemischen Datensammlung zu entnehmen. Mit Hilfe dieser Größe können wir die Produktionskoeffizienten berechnen. Für die Inputs gilt

$$a_i = m(G_i)v_i, \qquad i \in I,$$

INPUT (a)			
Stoff	Stöchiometrischer Koeffizient (Mol)	Molmasse (Gramm/Mol)	Gesamt (Gramm)
Steinsalz ($NaCl$)	2	58,44	116,89
Wasser (H_2O)	2	18,02	36,04
OUTPUT (b)			
Natronlauge ($NaOH$)	2	40,00	80,00
Chlor (Cl_2)	1	70,91	70,91
Wasserstoff (H_2)	1	2,02	2,02

Tabelle 9.2: Produktionskoeffizienten der Chlor-Alkali-Elektrolyse

und für die Outputs

$$b_j = m(G_j)v_j, \qquad j \in J.$$

Wir erhalten die Produktionskoeffizienten somit durch Multiplikation der stöchiometrischen Koeffizienten mit den Molmassen. Wegen der Erhaltung der Masse muß

$$\sum_{i \in I} a_i = \sum_{j \in J} b_j$$

erfüllt sein. In Tabelle 9.2 führen wir für unser Beispiel der Chlor-Alkali-Elektrolyse die Berechnung der Produktionskoeffizienten exemplarisch durch. Die Molmassen und die stöchiometrischen Koeffizienten können chemischen Datensammlungen, z.B. Gmelin (1991) entnommen werden.

In der zweiten Spalte von Tabelle 9.2 sind die stöchiometrischen Koeffizienten der Reaktionsgleichung (9.6) aufgelistet. In der dritten Spalte geben wir die Molmassen an. Die letzte Spalte von Tabelle 9.2 schließlich enthält die Produktionskoeffizienten. Aus ihr geht hervor, daß die Herstellung von 80 Gramm Natronlauge zwangsläufig mit der von 70,91 Gramm Chlor einhergeht. Das Mengenverhältnis Chlor zu Natronlauge beträgt demzufolge 1:0,89. Dieser theoretische Wert muß sich auch in etwa in Produktionsstatistiken (StBA lfd.Jgg.a) wiederfinden. In Abbildung 9.2 sind für die Bundesrepublik Deutschland und für Frankreich Produktions-Mengenkombinationen der letzten Jahre

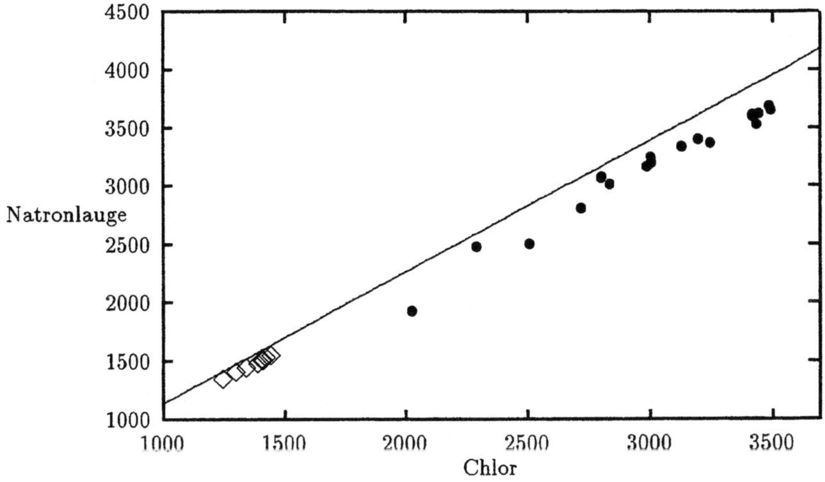

Abbildung 9.2: Produktion von Chlor und Natronlauge in 1000 Tonnen. (◇ : Frankreich, • : Deutschland)
Quelle: StBA (lfd.Jgg.a) und Insee (lfd.Jgg.)

zusammengestellt. Wie aus der Abbildung ersichtlich ist, lassen sich die realen Produktproportionen durch die stöchiometrischen Rechnungen gut approximieren. Die tendenziell zu niedrige Produktion von Natronlauge ist auf die Produktion von Chlor aus Abfallsalzsäure und Kalilaugenherstellung zurückzuführen.

9.4.3 Anwendungsgrenzen

Die Berechnung von Produktionskoeffizienten auf der Basis chemischer Reaktionsgleichungen ist eine Approximation realer Verhältnisse. Aus zwei Gründen weichen die tatsächlichen Materialströme von den theoretisch errechneten ab. Der erste Grund sind unvollständige Reaktionsumsätze. Je weiter eine Reaktion fortgeschritten ist, um so langsamer erfolgt die weitere Umsetzung. Um einen vollständigen Reaktionsumsatz zu erzielen, wären aus wirtschaftlicher Sicht zu lange Verweilzeiten im chemischen Reaktor erforderlich (Fitzer und Fritz 1988:50). Ein Teil der Edukte verläßt den Reaktor deshalb unverarbeitet im Produktstrom. Werden diese Stoffe nicht zurückgewonnen, so werden sie potentiell zu unerwünschten Kuppelprodukten. Besonders in Großbritannien ist es auch heute noch üblich, sogenannte 'once-through'-Anlagen zu betreiben, bei denen ein hoher Anteil der Rohstoffe als unerwünschte Kuppelprodukte ausgeschleust wird (persönliche Kommunikation, BASF).

Der zweite Grund für Abweichungen von der stöchiometrischen Gleichung sind unerwünschte Parallel- und Folgereaktionen. Diese führen dazu, daß die eingesetzten Rohstoffe auch zu anderen, unerwünschten Produkten reagiert werden. Je geringer die sogenannte Selektivität einer Reaktion, um so höher ist der Anteil dieser unerwünschten Kuppelprodukte.

Nachdem wir die Materialumsätze chemischer Produktionsprozesse auf einer empirischen Basis fundiert haben, kommen wir nun zur Bestimmung der Energieumsätze.

9.5 Energiebedarf

Im vorhergehenden Abschnitt haben wir gezeigt, wie sich die Materialflüsse eines Produktionsprozesses auf einer chemischen Grundlage bestimmen lassen. Neben den Materialien bildet der Energieeinsatz einen wichtigen Teil des Produktionsprozesses. Dieser läßt sich ebenso wie die Materialflüsse auf naturwissenschaftlicher Grundlage approximieren. Der Berechnungsaufwand gegenüber der Materialflußrechnung nimmt allerdings stark zu.

9.5.1 Energieumsätze bei Stoffumwandlungen

Jede chemische Reaktion ist von einem Energieumsatz, der sogenannten Reaktionswärme begleitet. Dabei kann Energie sowohl frei als auch verbraucht werden. Die Höhe des Energieumsatzes ist Handbüchern der Chemie, wie z.B. GMELIN (1991) zu entnehmen. Der Energieumsatz wird dabei der stöchiometrischen Gleichung angefügt. Bei positiven Vorzeichen wird Energie frei, bei negativen wird sie verbraucht. Üblich ist die Angabe des Energieumsatzes bei konstantem Druck, wobei sie dann als *Reaktionsenthalpie* bezeichnet wird. Ob eine Reaktion trotz positiver Reaktionsenthalpie freiwillig, d.h. ohne vorherige Energiezufuhr abläuft, hängt von der *freien Reaktionsenthalpie* ab. Diese, auch als Triebkraft chemischer Reaktionen bezeichnete Größe, wird bei konstanter Temperatur und konstantem Druck gemessen (LATSCHA UND KLEIN 1984:248). In ihre Berechnung geht der zweite Hauptsatz der Thermodynamik ein.

Eine genaue Erfassung des Energieumsatzes eines chemischen Produktionsprozesses erfordert bereits erhebliches naturwissenschaftlich-technisches Hintergrundwissen. Die ausgewiesenen Reaktionsenthalpien eignen sich zudem nur als Schranken, wobei sie eine obere Schranke für die maximal erzeugbare, bzw. eine untere Schranke für die mindestens erforderliche Energie darstellen. Für die Chlor-Alkali-Elektrolyse beispielsweise erhalten wir einen theoretischen Energiebedarf von 2.118 kWh pro Tonne Chlor (Berechnung nach MORTIMER (1987:Kapitel 5)). Wie weit die industrielle Praxis von dieser unteren Schranke entfernt ist, kann mit Hilfe einer Engineering-Production-Function festgestellt werden.

9.5.2 Energiebedarf der Chlor-Alkali-Elektrolyse

Am Beispiel der Chlor-Alkali-Elektrolyse leiten wir in diesem Unterabschnitt eine Engineering-Production-Function für den Zusammenhang zwischen Energiebedarf und Produktionsleistung ab. Die Kapitalausstattung in Form von Elektrolysezellen sei vorgegeben. Wir verwenden folgende Notation:

x_1:	Energieeinsatz in Kilowattstunden (kWh),
y_3:	Chlorproduktion in Tonnen pro Jahr,
k_i:	technische Parameter $(i = 0, \ldots, 4), k_i > 0$,
I:	Stromstärke in Ampere.

Ausgangspunkt ist das Faradaysche Gesetz (1832), aus dem sich ein linearer Zusammenhang zwischen Stromstärke und Chlorherstellung ableiten läßt. Somit gilt

$$y_3 = k_1 I.$$

Den Zusammenhang zwischen Stromstärke I und Energiebedarf x_1 stellt die aus der Elektrochemie stammende Gleichung

$$x_1 = (k_2 + k_3 I) I k_0 = (k_2 I + k_3 I^2) k_0 \qquad (9.7)$$

her (FITZER UND FRITZ 1989:40, SCHMIDT 1967:694). Damit erhalten wir als implizite Produktionsfunktion

$$\left[\left(\frac{k_2 k_0}{k_1}\right) y_3 + \left(\frac{k_3 k_0}{k_1}\right) y_3^2\right] - x_1 = 0. \tag{9.8}$$

Aus (9.8) geht hervor, daß der Energieverbrauch x_1 einer Elektrolysezelle überproportional mit der Chlorherstellung y_3 steigt. Verfügt das Chemieunternehmen über insgesamt V Elektrolysezellen, so kann die zu produzierende Chlormenge y_3 gleichmäßig auf alle Elektrolysezellen verteilt werden. Damit sind in jeder Elektrolysezelle $\frac{y_3}{V}$ Einheiten Chlor herzustellen. Wir erhalten dann als Energieverbrauch

$$\begin{aligned} x_1 &= \left[\frac{k_2 k_0}{k_1}\frac{y_3}{V} + \frac{k_3 k_0}{k_1}\left(\frac{y_3}{V}\right)^2\right] V \\ &= \underbrace{\left[\frac{k_2 k_0}{k_1} + \frac{k_3 k_0}{k_1}\left(\frac{y_3}{V}\right)\right]}_{\text{Stromintensität}} y_3. \end{aligned} \tag{9.9}$$

Die Anzahl der Elektrolysezellen ist ein Teil der Kapitalausstattung des Unternehmens. In der chemischen Industrie ist es üblich, Kapitalgüter in Jahresproduktionskapazitäten zu messen. Um von der Anzahl der Elektrolysezellen V auf die Jahresproduktionskapazität $\hat{y}_3$, gemessen in Tonnen Chlor, überzugehen, benötigen wir einen zusätzlichen Zusammenhang: Für jede Elektrolysezelle gibt es eine optimale Jahresproduktionsleistung (vgl. FITZER UND FRITZ 1989:40f). Diese optimale Produktionsleistung ergibt sich aus der Abwägung von abnehmenden Stromkosten und zunehmendem Kapitalbedarf pro Einheit Chlor. Wenn diese optimale Produktionsleistung k_4 Einheiten Chlor beträgt, dann erhalten wir als *Normkapazität* $\hat{y}_3 = k_4 V$. Wir bezeichnen $\hat{y}_3$ deshalb als Normkapazität, weil sie keine strikt bindende Kapazitätsgrenze darstellt. Anstelle von Gleichung (9.9) erhalten wir dann

$$x_1 = \left[\frac{k_2 k_0}{k_1} + \frac{k_3 k_4 k_0}{k_1}\left(\frac{y_3}{\hat{y}_3}\right)\right] y_3. \tag{9.10}$$

Damit haben wir die gewünschte Beziehung zwischen Chlorproduktion und Energieverbrauch hergestellt.

Um festzustellen, ob der nichtlineare Term in Gleichung (9.10) einen signifikanten Einfluß auf den Energiebedarf hat, müssen wir die Parameter überschlagsmäßig berechnen. Eine Approximation ergibt für den Energieverbrauch einer Elektrolysezelle (vgl. Kasten)

$$x_1 = 2404\left(\frac{y_3}{\hat{y}_3}\right) + 0,73\left(\frac{y_3}{\hat{y}_3}\right)^2, \tag{9.11}$$

wobei der Energieeinsatz in Kilowattstunden und die Chlorproduktion in Jahrestonnen gemessen ist. In Abbildung 9.3 ist dieser Zusammenhang dargestellt. Auf der Abszisse ist die Kapazitätsauslastung $\left(\frac{y_3}{\hat{y}_3}\right)$, auf der Ordinate der Index der Stromintensität $\left[\left(\frac{x_1(y_3)}{y_3}\right)\left(\frac{\hat{y}_3}{x_1(\hat{y}_3)}\right)\right]$ abgetragen. Die mit 'Energie' bezeichnete Linie gibt den funktionalen Zusammenhang von Gleichung (9.11) wieder. Bei der Berechnung wurde eine Standard-Amalgam-Zelle mit einer Jahreskapazität von 1180 Tonnen zugrunde gelegt. Die Nichtlinearität ist nur schwach ausgeprägt und wird nur im Vergleich mit der linearen Referenzlinie deutlich. Die Referenzlinie gibt dabei an, wie sich der Stromverbrauch bei einem linearen Zusammenhang verändern würde. Zusätzlich ist die Veränderung der Stromintensität eingezeichnet. Diese gibt an, wie viele Energieeinheiten erforderlich sind, um bei gegebener Kapazitätsauslastung eine Tonne Chlor herzustellen.

Damit haben wir die Materialströme und die Energieumwandlung chemischer Produktionsprozesse bestimmt. Die chemisch fundierten Produktionsprozesse lassen sich nun zu einer Technologiemenge zusammensetzen. Im nächsten Abschnitt werden wir dies exemplarisch vorführen und darauf aufbauend ein einfaches Optimierungsmodell formulieren. Wir beschränken uns dabei auf die Auswertung stöchiometrischer Gleichungen, weil der Aufwand der Engineering-Ansätze zur Bestimmung der Energieumsätze zu hoch ist, und es uns hier nur um die prinzipielle Vorgehensweise geht.

9.6 Exemplarische Modellierung eines Produktionskomplexes

Auf der Grundlage stöchiometrischer Gleichungen können wir Teile der chemischen Industrie mit einer Technologiematrix $(B_{Tech} - A_{Tech})$ beschreiben.[12]

[12] Die Matrix A_{Tech} enthält die Inputvektoren, B_{Tech} die Outputvektoren; vgl. Kapitel 2.

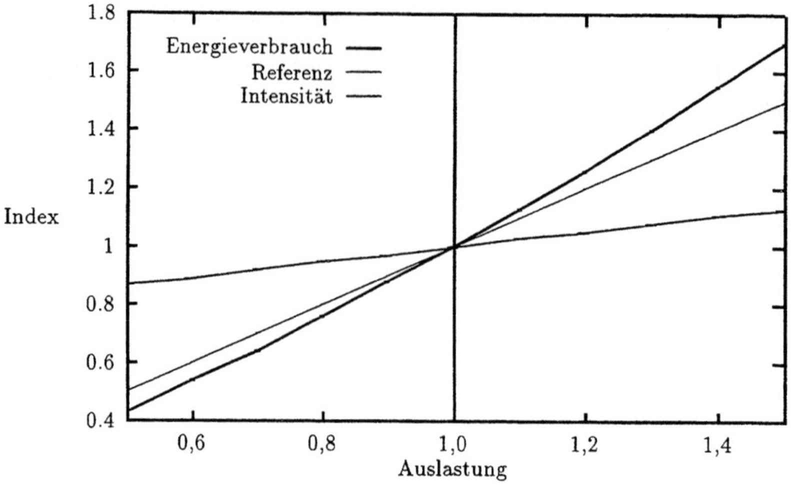

Abbildung 9.3: Energieeinsatz und Produktionsleistung einer Chlor-Alkali-Elektrolysezelle

• Parameterbestimmung der Engineering-Production-Function für die Chlor-Alkali-Elektrolyse

Um die Parameterwerte zu bestimmen, benötigen wir als erstes den Zusammenhang zwischen Chlorproduktion und Stromstärke. Nach dem Faradayschen Gesetz gilt $y_3 = m(Cl)I/F$, *wobei F die Faradaysche Konstante bezeichnet (*MORTIMER *1987:325). Setzen wir die Zahlenwerte ein, so erhalten wir* $y_3 = 35,453I/96485$, *und umgerechnet in Tonnen Chlor:* $y_3 = 3,67 \cdot 10^{-10} \cdot I$. *Damit folgt* $I = 2.7214 \cdot 10^6 y_3$ *nach Umformung. Im nächsten Schritt setzen wir die technischen Parameter in Gleichung 9.7 ein (*SCHMIDT *1967:694):* $x_1 = (3,14 + 11 \cdot 10^{-6} I) I \cdot 2,78 \cdot 10^{-7}$. *Setzen wir dann den Ausdruck für I ein und multiplizieren aus, so erhalten wir* $E = 2404y_3 + 0,73y_3^2$, *wobei die Zeiteinheit von einer Sekunde auf ein Jahr umgerechnet wurde. Ein Betriebsjahr wird mit 8750 Stunden angesetzt. Um die Rechnung zu kontrollieren, betrachten wir eine durchschnittliche Elektrolysezelle mit einer Jahresproduktion von 1180 Tonnen Chlor. Nach unserer Berechnung ergibt sich daraus ein Energieverbrauch von* $3,8 \cdot 10^6$ *Kilowattstunden (kWh). Pro Tonne Chlor müssen dann 3265,4 kWh eingesetzt werden. Dieser Wert fällt in das Intervall von 3080 - 3400 kWh, welches das* UMWELTBUNDESAMT *(1992) für den Energieverbrauch pro Tonne Chlor mit dem Amalgamverfahren angibt.*

Damit ist die Voraussetzung für empirische ökonomische Analysen gegeben. Als konkretes Anwendungsbeispiel evaluieren wir einen Teilbereich der Chlorchemie und der Faserherstellung. Wir betrachten die Herstellung von Polyvinylchlorid (PVC), Natronlauge und Viskose-Fasern.

Im ersten Schritt sind alle Reaktionsgleichungen aufzustellen, welche die Herstellung der drei Produkte beschreiben. Die im folgenden mit einem Balken versehenen Substanzen werden wir später unberücksichtigt lassen, weil sie weder aus ökonomischer noch aus umweltpolitischer Sicht bedeutend sind. Für Natronlauge berücksichtigen wir drei alternative Reaktionen: die Chlor-Alkali-Elektrolyse (vgl. Gleichung (9.6)), die Kaustifizierung[13] von Soda nach dem Reaktionsmechanismus

$$Na_2CO_3 + \overline{CaO} + H_2O \longrightarrow 2NaOH + \overline{CaCO_3}, \tag{9.12}$$

und die elektrochemische Zersetzung von Glaubersalz

$$Na_2SO_4 + \overline{2H_2O} \longrightarrow 2NaOH + H_2SO_4. \tag{9.13}$$

Das für die Kaustifizierung nötige Soda (Na_2CO_3) wird nach dem Solvay-Verfahren hergestellt, entsprechend der Reaktionsgleichung

$$2NaCl + \overline{CaCO_3} \longrightarrow Na_2CO_3 + CaCl_2. \tag{9.14}$$

Die Herstellung von PVC verkürzen wir auf die Vinylchloridsynthese als eine Kombination von Oxychlorierung, Gasphasen-Dehydrochlorierung und Chloraddition:

$$C_2H_4 + \overline{H} + Cl + \overline{O} \longrightarrow C_2H_3Cl + \overline{H_2O}. \tag{9.15}$$

Die Viskose-Faserherstellung erfolgt in einem Schwefelsäurebad gemäß

$$2Cell - OCS_2Na + H_2SO_4 \longrightarrow 2Cell - OH + \overline{2CS_2} + Na_2SO_4. \tag{9.16}$$

Im zweiten Schritt prüfen wir, ob die erforderlichen Inputs ausschließlich innerhalb des Produktionskomplexes herstellbar sein sollen. In unserem Beispiel treffe dies für das Soda zur Kaustifizierung zu. Alle anderen Inputs haben für das Unternehmen entweder den Status *reiner* Primärfaktoren oder

[13] Bei einer Kaustifizierung werden milde Alkalien in ätzende überführt.

		Produktionsprozeß					
Nr	Edukt/Produkt	P_1	P_2	P_3	P_4	P_5	P_6
1	Polyvinylchlorid	•					
2	Natronlauge (NaOH)		•			•	•
3	Viskose-Faser			•			
4	Soda (Na_2CO_3)				•	∘	
5	Glaubersalz (Na_2SO_4)			•			∘
6	Schwefelsäure (H_2SO_4)			∘			•
7	Calciumchlorid ($CaCl_2$)				•		
8	Chlor (Cl_2)	∘	•				
9	Steinsalz (NaCl)		∘		∘		
10	Cellulose			∘			
11	Ethylen (C_2H_4)	∘					

Tabelle 9.3: Symbolische Darstellung der Produktionsprozesse
Ein • bedeutet: Die Verbindung in dieser Zeile ist ein Produkt des Prozesses dieser Spalte; ein ∘ steht für ein Edukt
Die Verfahren sind folgendermaßen zugeordnet: P_1 = Polyvinylchloridherstellung, P_2 = Chlor-Alkali-Elektrolyse, P_3 = Viskoseherstellung, P_4 = Solvay-Verfahren, P_5 = Kaustifizierung, P_6 = Elektrolyse/Dialyse
Quelle: Zusammenstellung aus WEISSERMEHL UND ARPE (1990) und BÜCHNER (1986)

gemischter Primärfaktoren. Unter einem reinen Primärfaktor verstehen wir einen Input, der innerhalb des Unternehmens nicht hergestellt werden kann. Ein gemischter Primärfaktor kann sowohl von außen bezogen werden, als auch innerhalb des Unternehmens hergestellt werden. In unserem Fall seien Cellulose ($Cell$) für die Viskose-Fasern, Ethylen (C_2H_4) für Polyvinylchlorid und Steinsalz $NaCl$ für die Natronlauge reine Primärfaktoren. Schwefelsäure (H_2SO_4) und Glaubersalz (Na_2SO_4) seien hingegen gemischte Primärfaktoren.

Um potentielle Produktionsverbunde zu identifizieren, betrachten wir den in Tabelle 9.3 symbolisch dargestellten Teil der Matrix ($B_{Tech} - A_{Tech}$), der auf den stöchiometrischen Gleichungen (9.6), (9.12) bis (9.16) beruht. Die Spalten drei (P_1) bis acht (P_6) stellen die einzelnen Produktionsprozesse dar. In der zweiten Spalte sind die eingesetzten bzw. hergestellten chemischen Verbindungen aufgelistet.

Mit Hilfe von Tabelle 9.3 lassen sich die Techniken zur Herstellung der drei Zielprodukte identifizieren. Für die PVC-Herstellung ist nur eine Technik vorhanden, nämlich $T_{PVC} = \{P_1, P_2\}$. Für die Natronlaugenproduktion stehen drei Techniken zur Verfügung: $T^1_{NaOH} = \{P_2\}$, $T^2_{NaOH} = \{P_4, P_5\}$, $T^3_{NaOH} = \{P_3, P_6\}$. Die Herstellung der Viskose-Fasern ist über zwei Techniken möglich: $T^1_{Viskose} = \{P_3\}$ und $T^2_{Viskose} = \{P_3, P_6\}$. Damit läßt sich für diesen Produktionskomplex feststellen:

1. Die Herstellung von PVC erfolgt in jedem Fall mit Natronlauge als Kuppelprodukt. Der verantwortliche K-Prozeß ist die Chlor-Alkali-Elektrolyse. PVC ist damit ein Verbundprodukt von Natronlauge.

2. Natronlauge läßt sich auch außerhalb eines Produktionsverbundes und ohne Chlor als Kuppelprodukt herstellen (T^2_{NaOH}). Als Kuppelprodukt fällt dann aber zwangsläufig Calciumchlorid an.

3. Viskose-Fasern lassen sich ebenfalls außerhalb eines Verbundes herstellen, wobei dann Cellulose und Schwefelsäure von außen bezogen werden müssen. Als Kuppelprodukt entsteht Glaubersalz.

4. Werden Viskose-Fasern mit $T^2_{Viskose}$ hergestellt, so wird Natronlauge zum Verbundprodukt von Viskose-Fasern. Zudem wird das Kuppelprodukt Glaubersalz aufgearbeitet, wobei Schwefelsäure entsteht. Diese wiederum wird in die Viskose-Herstellung zurückgeführt. Schwefelsäure ist damit ein gemischter Primärfaktor für das Unternehmen.

Im nächsten Schritt beschreiben wir ein Verfahren, mit dem sich die optimale Prozeßzusammenstellung bestimmen und damit die Technologiewahl vornehmen läßt. Hierzu betrachten wir den Teil der Matrix $(B_{Tech} - A_{Tech})$, der verbleibt, wenn die reinen Primärfaktoren Steinsalz, Zellulose und Ethylen ausgeblendet werden. Diese reinen Primärfaktoren werden wir zur Vereinfachung erst später berücksichtigen. Wir erhalten dann die 8×8 Matrix

$$B_{Tech} - A_{Tech} = \begin{pmatrix} 62 & 0 & 0 & 0 & 0 & 0 & 0 & 0 \\ 0 & 80 & 0 & 0 & 80 & 156 & 0 & 0 \\ 0 & 0 & 142 & 0 & 0 & 0 & 0 & 0 \\ 0 & 0 & 0 & 106 & -106 & 0 & 0 & 0 \\ 0 & 0 & 142 & 0 & 0 & -284 & 1 & 0 \\ 0 & 0 & -98 & 0 & 0 & 196 & 0 & 1 \\ 0 & 0 & 0 & 111 & 0 & 0 & 0 & 0 \\ -35 & 71 & 0 & 0 & 0 & 0 & 0 & 0 \end{pmatrix} . \quad (9.17)$$

Ein Element $\{B_{Tech} - A_{Tech}\}_{ij}$ dieser Matrix gibt an, wie viele Einheiten von G_i im Prozeß P_j eingesetzt werden ($\{B_{Tech} - A_{Tech}\}_{ij} < 0$) bzw.

ausgebracht werden ($\{B_{Tech} - A_{Tech}\}_{ij} > 0$). Wegen der chemisch zulässigen Teilbarkeit und Additivität kann jeder der Prozesse technisch auf beliebigem Niveau gefahren werden. Den in 9.17 aufgeführten Materialumsätzen weisen wir das Aktivitätsniveau $z_j = 1$ ($j = 1, \ldots, 8$) zu. Die beiden letzten Prozesse stellen den Zukauf der entsprechenden Verbindung dar. Damit hat das Unternehmen die Möglichkeit, Schwefelsäure und Glaubersalz zuzukaufen. Es kann die Intensität der Prozesse P_3 und P_6 dann unabhängig von den anderen Prozeßintensitäten z_i ($i = 1, \ldots, 6$) variieren.

Jedem der Prozesse weisen wir nun ein Kostenniveau c_j^P ($j = 1, \ldots, 8$) zu. Für die ersten sechs Prozesse enthält c_j^P alle Kosten zur Durchführung des Prozesses einschließlich der Kosten für die reinen Primärfaktoren. Für die beiden letzten Prozesse entsprechen die Kosten dem Einkaufspreis der Chemikalie. Zusätzlich fallen für die Entsorgung überschüssiger Produkte Kosten an. Dabei bezeichne c_i^E ($i = 1, \ldots, 8$) die Kosten pro entsorgter Einheit. Die Zusammenstellung der Produktionsanlage läßt sich nun als einfaches Optimierungsproblem formulieren. Nehmen wir zunächst an, das Unternehmen beabsichtige y_i^* ($i = 1, \ldots, 8$) anzubieten. Wir fassen dieses Angebotsprogramm im 8-dimensionalen Vektor y^* zusammen. Bezeichne z den 8-dimensionalen Vektor der Prozeßintensitäten, so muß

$$(B_{Tech} - A_{Tech})z \geq y^*, \qquad z \geq 0$$

erfüllt sein. Die mit dem Aktivitätsniveau z einhergehenden Kosten bestehen aus den Produktionskosten

$$C^P = c^P z^T$$

einerseits und den Entsorgungskosten

$$C^E = ((B - A)z - Y^*)^T c^E$$

andererseits. Den Vektor z^* der optimalen Aktivitätsniveaus erhalten wir, indem wir die Kosten minimieren:

$$\begin{aligned} \text{Min} \quad & \left[c^P z^T + ((B_{Tech} - A_{Tech})z - y^*)^T c^E\right] \\ & \text{unter der Nebenbedingung } (B_{Tech} - A_{Tech})z \geq y^*, z \geq 0. \end{aligned}$$

Die minimalen Kosten zur Herstellung von y^* seien $C(y^*)$. Das optimale Angebotsprogramm erhalten wir dann aus dem Gewinnmaximierungsansatz

$$\mathrm{Max}(py - C(y)).$$

Sobald das optimale Angebotsprogramm bestimmt ist, können auch die dazugehörigen Prozeßintensitäten z bestimmt werden. Damit ist das Technologiewahlproblem gelöst.

Im nächsten Kapitel werden wir die Eigenschaften einer Ökonomie untersuchen, die Produktionskomplexe der beschriebenen Art enthält.

Kapitel 10

Mikroökonomische Implikationen der Kuppelproduktion

Im letzten Unterabschnitt des vorhergehenden Kapitels formulierten wir ein Modell, mit dem sich das Verhalten eines Unternehmens der chemischen Industrie untersuchen läßt. Im Vordergrund stand dabei die Möglichkeit, wichtige Parameter der Technologiemenge auf chemisch-technischer Grundlage zu bestimmen. Diese Vorgehensweise gestattet es, bei ausreichender Rechenkapazität und entsprechender Datenlage zu bestimmen, welche Produkte auf welche Weise und in welchem Umfang hergestellt werden. Durch die Simulation unterschiedlicher Rahmenbedingungen können dann Änderungen im Produktionsprogramm untersucht werden. Beispiele für veränderte Rahmenbedingungen sind zusätzliche technische Restriktionen als eine Folge staatlicher Auflagenpolitik oder Preisveränderungen durch Outputabgaben.

Simulationen und umfangreiche Modellberechnungen haben aber den Nachteil, nur wenige *grundsätzliche* Einsichten in die Eigenschaften einer Ökonomie zu ermöglichen, deren Technologiemenge K-Prozesse enthält. Um die Besonderheiten der Kuppelproduktion herauszustellen, werden wir deshalb in diesem Kapitel das Marktverhalten eines Chemieunternehmens mit dem klassischen Instrumentarium der Mikroökonomik genauer untersuchen. Dazu stellen wir im nächsten Abschnitt zunächst die Beziehung zwischen K-Prozessen und dem Konzept der Produktionsfunktion her. Darauf aufbauend befassen wir uns dann mit Kostenallokationen sowie Kostenfunktionen und mit dem Marktverhalten, d.h. den Angebots- und Nachfragefunktionen eines Chemieunternehmens. Schließlich untersuchen wir Marktüberschußnachfragefunktionen für Kuppelprodukte.

10.1 K-Prozesse und Produktionsfunktionen

Die Produktionsfunktion gehört nach wie vor zu den wichtigsten Konzepten der Produktionstheorie.[1] Zwar erlangen die mengentheoretischen Konzepte, wie das der Inputerfordernismenge und der Technologiemenge, wegen ihrer größeren Allgemeinheit zunehmend Berücksichtigung; aufgrund ihrer komplizierteren Handhabung wird jedoch immer wieder auf Produktionsfunktionen übergegangen. Die analytische Stärke einer Produktionsfunktion beruht auf der verdichtenden Beschreibung des gesamten Produktionsvorganges in *einer* Funktion. Insofern erreicht die 'Engineering Production Function' des vorhergehenden Kapitels nicht das Ideal einer Produktionsfunktion, denn sie erfaßt nur einen Ausschnitt des Produktionsvorganges. Betrachten wir das Konzept der Produktionsfunktion genauer:

In der Regel ist die Produktionsfunktion als eine Abbildung definiert, die einem mehrdimensionalen Inputvektor die maximal produzierbare Outputmenge zuweist (vgl. FÄRE 1988:23). Wenn das $N-te$ Gut der einzige Output eines Produktionsvorganges ist, dessen Durchführung $N-1$ unterschiedliche Inputs erfordert, so ist die dazugehörige Grundform einer Produktionsfunktion darstellbar als

$$y_N = f(x_1, \ldots, x_{N-1}). \tag{10.1}$$

Kennzeichnend für diese Funktion ist, daß sie einen Vektor auf einen Skalar abbildet und damit in ihrer Grundform keine Kuppelprodukte vorsieht. Daraus folgt jedoch noch nicht die Notwendigkeit, bei Kuppelproduktion auf mengentheoretische Konzepte zurückzugehen. Auch muß nicht zwangsläufig auf komplizierte Konstrukte, wie das der Outputkorrespondenzen oder Input- bzw. Outputdistanzfunktionen zurückgegriffen werden, wie sie beispielsweise FÄRE (1988:38ff) im Zusammenhang mit Kuppelproduktion diskutiert.

Um zu zeigen, wie sich Kuppelproduktion auch durch einfache funktionale Zusammenhänge abbilden läßt, sei angenommen, $N-1$ Kuppelprodukte werden unter Einsatz des $N-ten$ Gutes hergestellt. Dies ist diametral entgegengesetzt zu dem in Gleichung (10.1) dargestellten Sachverhalt. Analog zur

[1] Eine Einführung in die Theorie der Produktionsfunktion findet sich in CHAMBERS (1988:6ff).

Produktionsfunktion können wir für diesen Extremfall eine *Durchsatzfunktion*

$$d : \mathcal{R}_+^{N-1} \mapsto \mathcal{R}_+ \text{ mit } x_N = d(y_1, \ldots, y_{N-1}) \tag{10.2}$$

definieren. Sie gibt den minimalen Faktoreinsatz x_N an, der nötig ist, um die im Vektor $(y_1, \ldots, y_{N-1})$ zusammengefaßten Outputmengen herzustellen.

Am Beispiel einer Leontief-Technologie lassen sich Produktions- und Durchsatzfunktion am einfachsten vergleichen. Grundelement einer Leontief-Technologie ist ein additiver und teilbarer Produktionsprozeß (a, b). Wiederum unter der Annahme, daß die ersten $N-1$ Güter Inputs und das $N-te$ Gut der Output ist, können wir den Produktionsprozeß als linear-limitationale Produktionsfunktion

$$y_N = f(x_1, \ldots, x_{N-1}) = min\left\{\frac{x_1}{a_1}, \ldots, \frac{x_{N-1}}{a_{N-1}}\right\} \tag{10.3}$$

darstellen. Analog dazu können wir für den Fall, daß die ersten $N-1$ Güter Outputs und das $N-te$ Gut der Input ist, die Durchsatzfunktion

$$x_N = d(y_1, \ldots, y_{N-1}) = max\left\{\frac{y_1}{b_1}, \ldots, \frac{y_{N-1}}{b_{N-1}}\right\} \tag{10.4}$$

formulieren.

Die Symmetrie zwischen Produktions- und Durchsatzfunktion eignet sich, um den technischen Effizienzbegriff genauer zu betrachten. Weichen in (10.3) die Quotienten $\frac{y_i}{a_i}$ $(i = 1, \ldots, N-1)$ voneinander ab, so erfolgt die Herstellung von y_N ineffizient; denn es ist möglich, von allen Inputfaktoren i mit

$$\frac{x_i}{a_i} > min\left\{\frac{x_1}{a_1}, \ldots, \frac{x_{N-1}}{a_{N-1}}\right\} \qquad (i = 1, \ldots, N-1) \tag{10.5}$$

weniger einzusetzen und trotzdem y_N herzustellen. Übertragen auf die Durchsatzfunktion liegt Ineffizienz vor, wenn es möglich ist, bei gegebener Inputmenge y_N von mindestens einem der Outputs mehr und von keinem weniger herzustellen. Offensichtlich ist dies der Fall, wenn es ein i gibt, mit

$$\frac{y_i}{b_i} < max\left\{\frac{y_1}{b_1}, \ldots, \frac{y_{N-1}}{b_{N-1}}\right\} \qquad (i = 1, \ldots, N-1). \tag{10.6}$$

Damit diese Abweichung auf der Ebene eines einzelnen K-Prozesses Sinn erhält, müssen wir zwischen produzierten und erwünschten Gütermengen unterscheiden. Mit y_i ist dann nicht die produzierte, sondern die erwünschte Menge von G_i bezeichnet. Aus drei Gründen können produzierte und erwünschte Produktionsmenge voneinander abweichen:

1. Wenn die Präferenzen der Wirtschaftssubjekte eine Sättigungsmenge für mindestens eines der Kuppelprodukte aufweisen. Bei Schadstoffen liegt diese Sättigungsmenge bei null.

2. Wenn mindestens eines der Kuppelprodukte ein reines Vorprodukt ist und die Technologiemenge keine den Kuppelproduktproportionen entsprechende Nachfrage bezüglich dieses Vorproduktes zuläßt (vgl. Abschnitt 11.1).

3. Produzierte und erwünschte Outputmengen können divergieren, wenn die Marktstruktur nicht der vollkommenen Konkurrenz entspricht.[2]

Effizienz ist dann aber ein nur mehr bedingt aussagefähiges Konzept. Selbst aus unternehmerischer Sicht ist ineffiziente Produktion im obigen Sinne mit Gewinnmaximierung vereinbar. Wenn überschüssige Kuppelproduktmengen Entsorgungskosten verursachen, dann kann eine technisch effiziente Produktion sogar den Gewinn schmälern. Dies wird deutlich, wenn mit dem Effizienzkriterium Produktionsprozesse mit mehreren Inputs und mehreren Outputs zu vergleichen sind. Ein Prozeß P_i ist definitionsgemäß technisch effizient, wenn kein anderer zulässiger Prozeß P_j existiert, für den gilt:

$$a^j \leq a^i \wedge b^j > b^i \text{ oder } a^j < a^i \wedge b^j \geq b^i. \qquad (10.7)$$

Soll nach diesem Kriterium eine Vorauswahl potentiell gewinnmaximierender Produktionsprozesse getroffen werden, so setzt dies strikt positive Preise für alle betrachteten In- und Outputs voraus. Dann aber handelt es sich bei allen Outputs um indirekt oder direkt erwünschte Güter. Da bei Kuppelproduktion auch die Herstellung unerwünschter Produkte möglich ist, kann dies aber nicht vorausgesetzt werden. Zwar ist es möglich, unerwünschte Outputs

[2]Ist das Unternehmen auf dem Markt für ein Kuppelprodukt Monopolist, so kann es durchaus gewinnsteigernd sein, einen Teil der Kuppelproduktmenge nicht anzubieten.

als Inputs zu behandeln, dann müssen aber zumindest die Vorzeichen der Preise bekannt sein. Der technische Effizienzbegriff verliert damit streng genommen seinen technischen Charakter.

Nach den Überlegungen zur technischen Effizienz kehren wir nun zur Funktionaldarstellung von Produktionsprozessen zurück. Sowohl der Fall nur eines Outputs und mehrerer Inputs, als auch der Fall nur eines Inputs und mehrerer Outputs sind in der Realität kaum anzutreffen. Am Beispiel der Chlor-Alkali-Elektrolyse stellen wir deshalb die Vorgehensweise zur Bestimmung einer Produktionsfunktion bei mehreren In- und Outputs dar. Wir betrachten hierzu alle In- und Outputs dieses Prozesses, wie sie in Abbildung 9.7 auf Seite 293 aufgeführt sind. Die Gütermengenindizes i weisen wir wie folgt zu:

Index	Input bzw. Output
$i = 1$:	Elektrische Energie
$i = 2$:	In Wasser gelöstes Steinsalz
$i = 3$:	Chlor
$i = 4$:	Natronlauge
$i = 5$:	Wasserstoff

Zunächst ist es erforderlich, sich für eines der Produkte als Zielprodukt zu entscheiden. Wir entscheiden uns für Chlor, wobei diese Wahl immer dann beliebig ist, wenn alle Kuppelprodukte in vollem Umfang erwünscht sind. Zur Vereinfachung normieren wir In- und Outputkoeffizienten auf eine Einheit Chlor. Für die Chlor-Alkali-Elektrolyse, dargestellt als Produktionsprozeß, gilt dann (vgl. auch die Darstellung in Abschnitt 9.4.2 und 9.5.2):

$$P: \left(\begin{pmatrix} g(y_3/\hat{y_3}) \\ 2,2 \\ 0 \\ 0 \\ 0 \end{pmatrix}, \begin{pmatrix} 0 \\ 0 \\ 1 \\ 1,1 \\ 0,02 \end{pmatrix} \right). \tag{10.8}$$

Anstelle der Komponente a_1 ist eine Funktion gesetzt. Da der Energieeinsatz nichtlinear von der Kapazitätsauslastung abhängt, können wir ihn auch nicht als fixen Produktionskoeffizienten modellieren. Für a_1 erhalten wir deshalb eine Funktion $g(y_3/\hat{y_3})$. Die Funktion g gibt die Energieintensität, d.h.

den Energieeinsatz für die Herstellung einer Tonne Chlor in Abhängigkeit von der Kapazitätsauslastung $y_3/\hat{y_3}$ an. Die auf Chlor bezogene Normkapazität beträgt $\hat{y_3}$ Einheiten.

Die Input- und Outputmengen können wir nun als funktionale Zusammenhänge formulieren:

$$\begin{aligned} x_1 &= g\left(\frac{y_3}{\hat{y_3}}\right) y_3, \\ x_2 &= a_2 y_3 = 2,2 y_3, \\ y_4 &= b_4 y_3 = 1,1 y_3, \\ y_5 &= b_5 y_3 = 0,02 y_3. \end{aligned} \tag{10.9}$$

Diese Gleichungen stellen alle Materialströme und den Energieeinsatz als Funktion der Chlorproduktion dar. Ohne Schwierigkeiten lassen sich diese Funktionen auch jeweils auf die anderen In- oder Outputs beziehen, indem einer von ihnen auf eine Einheit normiert wird. Der Unterschied zur Produktions- oder Durchsatzfunktion besteht also alleine darin, daß nunmehr statt einer Funktion mehrere Funktionen die Produktion beschreiben. Damit ist jedoch der analytische Vorteil von Produktionsfunktionen verloren, nämlich die Verdichtung aller Zusammenhänge in *einer* Funktion. Diese Verdichtung läßt sich jedoch auch bei Kuppelproduktion erreichen, wenn aus Ziel- und Kuppelprodukten ein Kompositum gebildet wird. Da alle Gütermengen bis auf den Energieeinsatz zueinander in einer starren Mengenproportion stehen, können wir die Güter G_2 bis G_5 in einem Kompositum G_C zusammenfassen. Das Kompositum setzt sich dann aus einer Einheit Chlor, b_4 Einheiten Natronlauge, b_5 Einheiten Wasserstoff und $-a_2$ Einheiten Sole zusammen. Da die Sole als einziges Gut im Kompositum ein Input ist, wird ihre Menge mit negativem Vorzeichen versehen. Der Preis p_C einer Einheit des Kompositums beträgt $p_C = p_3 + b_4 p_4 + b_5 c_5 - a_2 p_2$. Da eine Einheit G_C eine Einheit Chlor enthält, können wir die Produktionsfunktion für das Kompositum direkt aus (10.9) ableiten:

$$x_1 = g\left(\frac{y_C}{\hat{y_3}}\right) y_C \Longleftrightarrow y_C = x_1 \left(g\left(\frac{y_C}{\hat{y_3}}\right)\right)^{-1}. \tag{10.10}$$

Im nächsten Abschnitt gehen wir einen Schritt weiter und fragen, welche Gestalt die Kostenfunktion bei Kuppelproduktion hat. Dabei greifen wir auch das Problem auf, wie sich die Kosten eines K-Prozesses auf die einzelnen Produkte verteilen. Da diese Frage zentral für viele Abhandlungen über Kuppelproduktion ist, werden wir darauf ausführlich eingehen.

10.2 Kostenallokation

Eine *Kostenallokation* ist definiert als die vollständige Zurechnung aller Kosten auf Kostenobjekte (BIDDLE UND STEINBERG 1985:32). Kostenobjekte sind dabei in der Regel die Verkaufsprodukte eines Unternehmens. Für ein Mehrproduktunternehmen stellt sich generell die Frage, wie die Gesamtkosten der Unternehmung auf die einzelnen Erzeugnisse zu verteilen sind. Idealiter ist die Kostenallokation eindeutig möglich, nämlich nach dem Verursacherprinzip (BILLERA UND HEATH 1982:32). Die Kosten eines Produktes sind dann die Summe der mit Preisen bewerteten Inputmengen, die *ausschließlich* zur Herstellung des Produktes erforderlich waren. Bei Ziel-, Kuppel- und Verbundprodukten erweist sich diese *verursachergerechte* Zuteilung jedoch als unmöglich. Die Verteilung der Kosten eines K-Prozesses auf seine Produkte ist das wohl bekannteste Problem der Kuppelproduktion.

In den Wirtschaftswissenschaften ist das Problem der Kostenallokation bei Kuppelproduktion seit nahezu 150 Jahren bekannt. Schon MILL (1848) griff es im Kontext preistheoretischer Überlegungen auf. Aus betriebswirtschaftlicher Sicht setzte sich bereits Schmalenbach mit der anteiligen Kostenbelastung von Kuppelprodukten auseinander (SCHMALENBACH 1919:266f). In jüngerer Zeit wird die Kostenallokation sogar mit Methoden der kooperativen Spieltheorie angegangen.[3] So motivieren BILLERA UND HEATH (1982:32) die Entwicklung einer axiomatisch fundierten Kostentheorie mit der Frage, wie die Kosten eines chemischen Produktionsprozesses auf seine unterschiedlichen Produkte zu verteilen sind. Inspiriert wurden BILLERA UND HEATH durch die Arbeiten von AUMANN UND SHAPLEY (1974) über nicht-atomistische Spiele. Auf der Ebene eines einzelnen K-Prozesses muten diese Ansätze der Kostenallokation an, wie das sprichwörtliche 'mit Kanonen auf Spatzen schießen'. Erst kompliziertere Produktionsstrukturen rechtfertigen solch elaborierte Kostenallokationsverfahren.

[3] Einen Überblick über die Methoden der kooperativen Spieltheorie und ihre Anwendung auf die Kostenallokation geben MIRMAN ET AL. (1985:55)

Bevor wir uns mit einem der Kostenallokationsverfahren befassen, ist nach dem Sinn einer Kostenallokation bei Kuppelproduktion zu fragen. Aus volkswirtschaftlicher Sicht ist dieser nämlich fraglich. Für die Entscheidung über die Zusammensetzung des Produktprogrammes eines Unternehmens ist die Kostenallokation auf Ziel-, Verbund- und Kuppelprodukte nicht erforderlich. Ob Produktion und Absatz einzelner Produkte verringert oder erhöht werden sollen, läßt sich anhand der Veränderung des Gesamtergebnisses entscheiden. Steht beispielsweise ein Chlor-Alkali-Produzent vor der Wahl, entweder die Mengen (y_3^1, y_4^1, y_5^1) zu den Preisen (p_3^1, p_4^1, p_5^1) oder die Mengen (y_3^2, y_4^2, y_5^2) zu den Preisen (p_3^2, p_4^2, p_5^2) bei gegebenen Inputpreisen anzubieten, so muß er lediglich den Gewinn beider Situationen miteinander vergleichen. Die Kosten beider Situationen ergeben sich aus

$$C(y_3^j, y_4^j, y_5^j) = \lambda^j \left(p_2 a_2 + p_1 g \left(\frac{\lambda^j}{\hat{y}_3} \right) \right), \tag{10.11}$$

$$\text{mit } \lambda^j = max \left\{ y_3^j, \frac{y_4^j}{b_4}, \frac{y_5^j}{b_5} \right\} \qquad (j = 1, 2). \tag{10.12}$$

Dieser auf den ersten Blick spröde wirkende Ausdruck läßt die Möglichkeit offen, daß Produktions- und Absatzmengen voneinander abweichen. Die Intensität λ^j gibt an, wie viele Einheiten Chlor zwangsläufig zu produzieren sind, um die Mengen y_4^j an Natronlauge und y_5^j an Wasserstoff anbieten zu können. Entsorgungskosten überschüssiger Produkte seien vernachlässigbar. Diesen Kosten können nun die Erträge gegenübergestellt werden. Welches der beiden Produktprogramme für das Unternehmen günstiger ist, bedarf folglich keiner weiteren Kostenallokation.

Welche Gründe sprechen trotzdem dafür, die Kosten der K-Prozesse zu allokieren? Ein rechnungstechnischer Grund ist die Ermittlung des Periodengewinnes. Das Rechnungswesen einer Unternehmung ist periodenbezogen, umfaßt also beispielsweise den Zeitraum eines Jahres. Ein Teil der Kuppelprodukte wird wahrscheinlich noch innerhalb der Periode verkauft, in welcher die Kosten für den K-Prozeß wirksam werden. Ein anderer Teil wird in einer späteren Periode verkauft. Für ein Mehrproduktunternehmen mit Kuppelproduktion stellt sich dann die Frage, wie hoch der auszuweisende Periodengewinn ist. Tragen die bereits verkauften Kuppelprodukte die Kosten des K-Prozesses, so wird der entsprechende kalkulatorische Gewinn niedriger sein, als wenn die noch nicht verkauften Kuppelprodukte die Kosten zugewiesen bekommen. Die Möglichkeit, Gewinne in die Zukunft verlagern zu können, ist allerdings mehr aus finanztechnischen, denn aus volkswirtschaftlichen Gründen wichtig. Ein ähnliches Problem taucht auf, wenn die Kuppelprodukte innerhalb der Unternehmung von unterschiedlichen und unabhängigen Geschäftszweigen weiterverarbeitet werden. Der Gewinn, den diese Geschäftszweige ausweisen können, hängt dann wiederum von der Kostenallokation des K-Prozesses ab, welche die internen Verrechnungspreise bestimmt. Bei einem Großunternehmen der chemischen Industrie ist es kaum möglich, die Veränderung des Gesamtgewinnes zu berechnen, um die Vorteilhaftigkeit einer einzelnen Produktionsentscheidung zu prüfen. Dann aber ist eine Kostenallokation erforderlich, um Verrechnungspreise zu bestimmen. Die wichtigste rechnungstechnische Funktion einer Kostenallokation ist allerdings die Hilfe bei der Preisfindung. Wenn die Kosten auch nicht ausschlaggebend für die Preisfindung sind, so dienen sie doch zumindest als ihr Ausgangspunkt (BILLERA UND HEATH 1982:32).

Da es nicht möglich ist, die Kosten eines K-Prozesses nach dem Verursacherprinzip zu verteilen, ist eine andere Vorgehensweise erforderlich. Diese besteht häufig darin, die nicht verursachergerecht zurechenbaren Kosten entsprechend den Anteilen der Produkte am Gesamterlös aufzuteilen. Die Grundform dieser auch in der industriellen Praxis vorherrschenden Methode läßt sich auf eine Form des *SCRB (seperabel cost remaining benefits)*-Verfahrens zurückführen (vgl. YOUNG 1985:12). Dieses funktioniert nach folgendem Schema:

Angenommen, ein Mehrproduktunternehmen stellt das Produktprogramm $(y_1, \ldots, y_N)$ in einem Produktionsverbund zu den Gesamtkosten $C(y_1, \ldots, y_N)$ her. Der erste Schritt beim SCRB-Verfahren besteht darin, die *trennbaren* Kosten festzustellen. Dazu werden der Herstellung von y_i Einheiten G_i $(i = 1, \ldots, N)$ die Kosten c_i zugewiesen, die ohne seine Produktion nicht entstehen würden:

$$c_i = C(y_1, \ldots, y_i, \ldots, y_N) - C(y_1, \ldots, 0, \ldots, y_N) \; (i = 1, \ldots, N). \quad (10.13)$$

Bei unverbundener Produktion gilt

$$C(y_1, \ldots, y_N) = \sum_{i=1}^{N} c_i, \quad (10.14)$$

während im Produktionsverbund wegen der K-Prozesse

$$C(y_1, \ldots, y_N) > \sum_{i=1}^{N} c_i \tag{10.15}$$

erfüllt sein wird. Die Kostenzuweisung C_{y_i} für die einzelnen Produkte erfolgt anschließend gemäß

$$C_{y_i} = c_i + \frac{p_i y_i}{\sum_{j=1}^{N} p_j y_j} \left[C(y_1, \ldots, y_N) - \sum_{j=1}^{N} c_j \right] . \tag{10.16}$$

Der Klammerausdruck enthält die nicht-zuweisbaren Kosten. Diese werden entsprechend dem Anteil verteilt, den die Güter am Gewinn haben.

Der wesentliche Unterschied zwischen der Kostenallokation bei Kuppelproduktion und den verursacherorientierten Verfahren besteht darin, daß die Kostenallokation bei Kuppelprodukten immer nur in Hinblick auf die Verkaufspreise möglich ist. Sie kann deshalb auch keine Orientierung für die Preisfindung darstellen, da sie die Preise als Verteilungskriterium benötigt.

Als Ergebnis halten wir fest: Die Bestimmung der optimalen Angebotsmengen eines Unternehmens mit Verbundproduktion erfordert aus volkswirtschaftlicher Sicht keine Kostenallokation. Für das betriebliche Rechnungswesen genügt eine ex-post-Zurechnung der Kosten nach einem Verfahren, für das sich keine einheitlichen Regeln angeben lassen, außer daß die Summe der allokierten Kosten den Gesamtkosten entspricht. Eines dieser Verfahren ist die SCRB-Methode.

Im nächsten Abschnitt greifen wir unser Referenzbeispiel der Chlor-Alkali-Elektrolyse wieder auf, um das Angebots- und Nachfrageverhalten zu untersuchen.

10.3 Angebots- und Nachfragefunktionen eines Chemieunternehmens

Im folgenden unterstellen wir die Erwünschtheit aller Produkte und vollkommene Konkurrenz auf allen betrachteten Märkten.[4] Damit ist ausgeschlossen, daß produzierte und abgesetzte Mengen voneinander abweichen.

[4]Diese Annahmen sind dem ersten Anschein nach sehr unrealistisch. Betrachtet man jedoch die Erzeugnisse der Chlor-Alkali-Industrie, so zeigt sich, daß für nahezu alle betref-

Das gewinnmaximierende Angebotsverhalten eines Chlor-Alkali-Produzenten läßt sich über seine Kostenfunktion beschreiben. Für die Kosten gilt in Abhängigkeit von der Chlormenge y_3

$$C(y_3) = p_1 d(y_3) + p_2 a_2 y_3 \tag{10.17}$$

mit (vgl. (10.9))

$$d(y_3) \equiv g\left(\frac{y_3}{\hat{y}_3}\right) y_3. \tag{10.18}$$

Die Kostenfunktion (10.17) hat die üblichen Eigenschaften, d.h.

$$\begin{aligned} \frac{dC(y_3)}{dy_3} &= p_1 \frac{\partial d(y_3)}{\partial y_3} + p_2 a_2 > 0 \text{ und} \\ \frac{d^2 C(y_3)}{dy_3^2} &= p_1 \frac{\partial^2 d(y_3)}{\partial y_3} > 0, \end{aligned} \tag{10.19}$$

wie sich leicht anhand von (9.10) auf Seite 294 verifizieren läßt. Ausgehend von der Kostenfunktion kann nun das Angebotsverhalten bestimmt werden. Hierzu formulieren wir unter Berücksichtigung von (10.9) die Gewinnfunktion

$$\begin{aligned} G &= \sum_{i=3}^{5} (p_i y_i) - C(y_3) \\ &= p_3 y_3 + p_4 b_4 y_3 + p_5 b_5 y_3 - C(y_3). \end{aligned} \tag{10.20}$$

Für die gewinnmaximale Menge gilt dann notwendigerweise

$$\begin{aligned} \frac{dG}{dy_3} &= p_3 + p_4 b_4 + p_5 b_5 - \frac{\partial C(y_3)}{\partial y_3} = 0 \\ \Longleftrightarrow \quad & \frac{\partial C(y_3)}{\partial y_3} = p_3 + p_4 b_4 + p_5 b_5, \end{aligned} \tag{10.21}$$

was wir mit dem in (10.19) bestimmten Ausdruck für die Grenzkosten zu

$$\frac{\partial d(y_3)}{\partial y_3} = \frac{p_3 + p_4 b_4 + p_5 b_5 - p_2 a_2}{p_1} \tag{10.22}$$

umformen können.

---

fenden Produkte positive Preise zu erzielen sind. Zudem werden diese homogenen Produkte weltweit produziert und gehandelt, was auch die Annahme vollkommener Konkurrenz rechtfertigt.

Aus (10.21) geht hervor, daß im Gewinnmaximum die Grenzkosten einer marginalen Erhöhung der Chlorproduktion mit dem gesamten Grenzerlös auf allen drei Absatzmärkten übereinstimmen muß.

Aus dem Gewinnmaximierungskalkül kann die optimale Chlorproduktion y_3 in Abhängigkeit der Preise p_i $(i = 1, \ldots, 5)$ bestimmt werden. Hierzu müssen wir lediglich Gleichung (10.22) nach y_3 auflösen. Da die erste Ableitung der Durchsatzfunktion d streng monoton zunimmt, ist die Funktion $\frac{\partial d(y_3)}{\partial y_3}$ injektiv[5]. Eine injektive reelle Funktion ist umkehrbar, so daß wir aus (10.21) und (10.19) die optimale Angebotsmenge von Chlor

$$y_3 = \left(\frac{\partial d}{\partial y_3}\right)^{-1} \left(\frac{p_3 + b_4 p_4 + b_5 p_5 - p_2 a_2}{p_1}\right) \tag{10.23}$$

isolieren können. Dabei bezeichne $\left(\frac{\partial d}{\partial y_3}\right)^{-1}$ die Umkehrfunktion von $\frac{\partial d(y_3)}{\partial y_3}$. Die Umkehrfunktion einer streng monoton wachsenden Funktion ist selbst wieder streng mononton wachsend, so daß auch $\left(\frac{\partial d}{\partial y_3}\right)^{-1}$ eine streng monoton wachsende Funktion ist.[6] Eine Erhöhung von p_i $(i = 3, \ldots, 5)$ führt zu einer Ausweitung des Angebotes, eine Erhöhung von p_i $(i = 1, \ldots, 2)$ zu einer Verringerung. Die anderen Angebots- und Nachfragefunktionen erhalten wir durch Einsetzen in die Produktionsfunktionen (10.9):

$$x_2 = a_2 \left(\frac{\partial d}{\partial y_3}\right)^{-1} \left(\frac{p_3 + b_4 p_4 + b_5 p_5 - p_2 a_2}{p_1}\right), \tag{10.24}$$

$$y_4 = b_4 \left(\frac{\partial d}{\partial y_3}\right)^{-1} \left(\frac{p_3 + b_4 p_4 + b_5 p_5 - p_2 a_2}{p_1}\right), \tag{10.25}$$

$$y_5 = b_5 \left(\frac{\partial d}{\partial y_3}\right)^{-1} \left(\frac{p_3 + b_4 p_4 + b_5 p_5 - p_2 a_2}{p_1}\right). \tag{10.26}$$

Eine Vorzeichenbetrachtung zeigt, daß

$$\frac{\partial y_i}{\partial p_j} > 0 \text{ für } (i, j = 3, 4, 5) \text{ und} \tag{10.27}$$

[5]Eine Funktion $f(x)$ ist injektiv, wenn aus $f(x_1) = f(x_2)$ folgt, daß $x_1 = x_2$.

[6]Dies ist leicht einsehbar. Sei $f(x) = y$ eine streng monoton wachsende reelle Funktion. Für $x_1 < x_2$ gilt dann $y_1 = g(x_1) < y_2 = g(x_2)$. Daraus folgt für $y_1 < y_2$, das $g^{-1}(y_1) < g^{-1}(y_2)$; denn aus $g^{-1}(y_1) > g^{-1}(y_2)$ würde folgen, daß $x_1 > x_2$, da $g^{-1}(y_1) = x_1$ und $g^{-1}(y_2) = x_2$, was im Widerspruch zur Voraussetzung steht.

$$\frac{\partial y_i}{\partial p_j} < 0 \text{ für } (i = 3, 4, 5) \text{ und } (j = 1, 2). \tag{10.28}$$

Die Kreuzpreiseffekte sind strikt positiv. Für $i = 3$ und $j = 4$ sei dies exemplarisch gezeigt: Leiten wir (10.23) nach p_4, so erhalten wir:

$$\frac{\partial y_3}{\partial p_4} = \underbrace{\frac{\partial \left[\left(\frac{\partial d}{\partial y_3} \right)^{-1} \left(\frac{p_3 + b_4 p_4 + b_5 p_5 - p_2 a_2}{p_1} \right) \right]}{\partial \left(\frac{p_3 + b_4 p_4 + b_5 p_5 - p_2 a_2}{p_1} \right)}}_{\text{äußere Ableitung}} \frac{b_4}{p_1} \tag{10.29}$$

Die äußere Ableitung von (10.23) ist aufgrund der oben dargelegten Eigenschaften der Umkehrfunktion strikt positiv. Die innere Ableitung, d.h. $\frac{b_4}{p_1}$ ist ebenfalls positiv, so daß insgesamt ein positiver Term resultiert.

Aufgrund der technologischen Eigenschaften sind die Vorzeichen der Kreuzableitungen ein zu erwartendes Ergebnis. Fraglich ist, ob zu einem Mehrproduktunternehmen, das unterschiedliche Erzeugnisse mit E-Prozessen herstellt, ein signifikanter Unterschied besteht. Dieser Frage gehen wir im übernächsten Unterabschnitt nach. Im nächsten Unterabschnitt werten wir zunächst die Angebotsfunktion für Chlor empirisch aus, indem wir die Energiepreiselastizität des Chlorangebotes berechnen. Damit läßt sich dann beispielsweise die kurzfristige Folge eines umweltpolitisch bedingten Energiepreisanstieges auf die Chlorproduktion abschätzen.

10.3.1 Kurzfristige Folgen eines Energiepreisanstieges für die Chlorproduktion

Wir gehen bei unserer Abschätzung von Gleichung (9.10) auf Seite (294) aus, die wir nach y_3 ableiten:

$$\frac{\partial d(y_3)}{\partial y_3} = \left(\frac{k_0 k_2}{k_1} \right) + 2 \left(\frac{k_0 k_3 k_4}{k_1} \right) \frac{y_3}{\hat{y}_3}. \tag{10.30}$$

Aufgrund von (10.22) erhalten wir

$$\left(\frac{k_0 k_2}{k_1} \right) + 2 \left(\frac{k_0 k_3 k_4}{k_1} \right) \frac{y_3}{\hat{y}_3} = \frac{p_3 + p_4 b_4 + p_5 b_5 - p_2 a_2}{p_1}. \tag{10.31}$$

Indem wir (10.31) nach y_3 auflösen kommen wir zu der berechenbaren Form:

$$y_3 = \left(\frac{p_3 + p_4 b_4 + p_5 b_5 - p_2 a_2}{p_1} - \frac{k_0 k_2}{k_1} \right) \left(\frac{\hat{y}_3 k_1}{2 k_0 k_3 k_4} \right). \tag{10.32}$$

Parameter	Jahr		Quelle
	1989	1991	
p_1 (DM/kWh)	0,07	0,07	(1)
p_2 (DM/Tonne)	~51	~51	(1)
p_3 (DM/Tonne)	319	292	(2)
p_4 (DM/Tonne)	436	506	(2)
p_5 (DM/Tonne)	1.445	1.235	(2)
k_0k_2/k_1	2.404		vgl. S. 296
k_0k_3/k_1	0,73		vgl. S. 296
k_4	1180		vgl. S. 296
$\hat{y}_3$ (Tonnen)	3.673.000		(4)
y_3 (Tonnen)	3.442.943	3.032.821	(3)
ϵ	6,8	8,2	

Tabelle 10.1: Datengrundlage der Elastizitätsberechnung
Quellen: (1) = ISI (1992:230), (2) = StBA (lfd.Jgg.a), (3) = Umweltbundesamt (1992:47)

Um die Veränderung der Chlorproduktion bei einer Änderung des Energiepreises zu berechnen, müssen wir (10.32) nach p_1 ableiten:

$$\frac{\partial y_3}{\partial p_1} = -\left(\frac{p_3 + p_4 b_4 + p_5 b_5 - p_2 a_2}{p_1^2}\right)\left(\frac{\hat{y}_3 k_1}{2k_0 k_3 k_4}\right). \tag{10.33}$$

Die entsprechende Elastizität

$$\epsilon = \frac{\partial y_3}{\partial p_1}\frac{p_1}{y_3} = -\left(\frac{p_3 + p_4 b_4 + p_5 b_5 - p_2 a_2}{p_1 y_3}\right)\left(\frac{\hat{y}_3 k_1}{2k_3 k_4}\right) \tag{10.34}$$

evaluieren wir auf der in Tabelle 10.1 dargestellten Datengrundlage. Für 1989 erhalten wir eine Elastizität von 6,8 %, d.h. eine Erhöhung des Energiepreises um 1 % verringert ceteris paribus das Chlorangebot um 6,8 %. Für 1991 erhalten wir sogar 8,2 %. Folglich reagiert das Chlorangebot sehr elastisch auf Energiepreisänderungen.

10.3.2 Kreuzpreisreaktionen

Bei K-Prozessen ist mit positiven Kreuzpreisreaktionen auf der Angebotsseite zu rechnen. In diesem Unterabschnitt untersuchen wir, ob dies eine Besonderheit der Kuppelproduktion ist, oder ob auch bei unverbundener Produktion solche Reaktionen möglich sind. Wir betrachten hierzu ein Unternehmen, das mit nur einem Input mehrere unterschiedliche Outputs mittels E-Prozessen herstellen kann. Um die Analyse zu vereinfachen, nehmen wir an, folgende Funktionen seien wohldefiniert:

$v_i(p, x_0)$: Optimales y_i $(i = 1, \dots, N)$ bei gegebenen Outputpreisen $p = (p_1, \dots, p_N)$ und gegebener Inputmenge x_0.

$y_i(p, p_0)$: Optimales y_i $(i = 1, \dots, N)$ bei gegebenen Outputpreisen p und Inputpreis p_0.

$x(p, p_0)$: Nachgefragte Inputmenge x_0 bei gegebenen Outputpreisen p und Inputpreis p_0.

Zwischen den drei Funktionen gilt der aus der Mikroökonomik bekannte Zusammenhang (vgl. CHAMBERS 1988:273)

$$y_i(p, p_0) = v_i(p, x(p, p_0)) \qquad (i = 1, \dots, N), \tag{10.35}$$

den wir auswerten, um Aufschluß über die Kreuzpreisreaktionen zu erhalten.[7] Wir leiten hierzu (10.35) nach dem j-ten Preis ab:

$$\frac{\partial y_i}{\partial p_j} = \frac{\partial v_i}{\partial p_j} + \frac{\partial v_i}{\partial x}\frac{\partial x}{\partial p_j} \quad (i \neq j). \tag{10.36}$$

Der erste Term auf der rechten Seite der Zerlegung (10.36) entspricht einem Substitutionseffekt, der angibt, wie sich die Outputzusammensetzung ändert, wenn die Inputmenge unverändert bleibt. Werden G_i und G_j jeweils mit einem E-Prozeß hergestellt, so ist dieser Ausdruck nicht-positiv. Der zweite Term entspricht dem Expansionseffekt. Er gibt an, wie sich die Faktornachfrage durch den gestiegenen Outputpreis ändert und welche Folgen dies für die Angebotsmenge y_i hat. Dieser Effekt wirkt dem Substitutionseffekt entgegen, so daß keine eindeutigen Aussagen über den Gesamteffekt möglich sind. Im Gegensatz zur Kuppelproduktion ist bei unverbundener Produktion die Kreuzpreisreaktion unbestimmt.

[7]Eine vergleichbare Zerlegung der Preisreaktion von Multiproduktunternehmen führte SAKAI (1974) durch.

10.4 Marktüberschußnachfragen und Bruttosubstitution

In Abschnitt 10.3 formulierten wir die Angebots- und Nachfragefunktionen für ein Mehrproduktunternehmen, das einen K-Prozeß betreibt. Dabei stellte sich heraus, daß die Kreuzpreisreaktionen strikt positiv sind. In diesem Abschnitt verlassen wir die einzelwirtschaftliche Ebene und fragen allgemein danach, welche Eigenschaften Marktüberschußnachfragefunktionen in einer Ökonomie mit K-Prozessen haben und wie sich diese Eigenschaften von denen einer Ökonomie ohne K-Prozesse unterscheiden.

10.4.1 Herleitung und Eigenschaften der Marktüberschußnachfragefunktion

Die Herleitung von Marktüberschußnachfragefunktionen, die wir im folgenden vereinfachend als Überschußnachfragen bezeichnen, erfordert die Einbeziehung der Haushaltsseite. Betrachten wir zunächst diese Haushaltsseite.

Die von einem beliebigen Haushalt gewünschte Menge von Konsumgut G_i hänge von allen Preisen p und vom Haushaltseinkommen E ab, d.h.

$$x_i = x_i(p, E) \qquad (i = 1, \ldots, N), \tag{10.37}$$

mit $E = pe + \theta\pi$. Der Vektor e enthalte die Güteranfangsausstattung des Haushaltes, der Vektor θ die Gewinnanteile an den Unternehmen und der Vektor π die Unternehmensgewinne in der betrachteten Ökonomie. Um die für unsere Untersuchung weniger wichtigen Aggregationsprobleme zu vermeiden, nehmen wir an, es gebe nur einen Haushalt. Dadurch vereinfacht sich die Notation. Zudem gilt dann $\theta = 1$.

Wir erhalten dann als Überschußnachfrage

$$\xi_i \equiv x_i(p, E) - e_i - y_i(p). \tag{10.38}$$

Desweiteren gehen wir von einer differenzierbaren Angebotsfunktion $y_i(p)$ für G_i aus. Die Reaktion auf eine Preisänderung ist durch

$$\frac{\partial \xi_i}{\partial p_j} = \frac{\partial x_i}{\partial p_j} - \frac{\partial y_i}{\partial p_j} \tag{10.39}$$

gegeben. Die Veränderung von x_i bei einer marginalen Änderung von p_j erhalten wir durch Differenzieren von (10.37):

$$\frac{dx_i}{dp_j} = \frac{\partial x_i}{\partial p_j} + \frac{\partial x_i}{\partial E}\left(e_j + \frac{\partial \pi}{\partial p_j}\right), \tag{10.40}$$

wobei $\frac{\partial \pi}{\partial p_j}$ der Vektor der nach dem j-ten Preis abgeleiteten Gewinnfunktionen ist. Gleichung (10.40) können wir umschreiben zu:

$$\frac{dx_i}{dp_j} = \frac{\partial x_i}{\partial p_j} + x_j\frac{\partial x_i}{\partial E} + \left(e_j + \frac{\partial \pi}{\partial p_j}\right)\frac{\partial x_i}{\partial E} - x_j\frac{\partial x_i}{\partial E}. \tag{10.41}$$

Verwenden wir die Konzepte der bedingten Nachfragefunktion $h(p, U)$ und der Ausgabenfunktion $E(p, U)$ mit U als Nutzenindex, so erhalten wir aus (10.37) (vgl. VARIAN 1990:135)[8]

$$x_i(p, E(p, U)) \equiv h_i(p, U), \tag{10.42}$$

da $E(p, U) = E$. Von (10.42) bilden wir die Ableitung nach p_j

$$\frac{\partial x_i}{\partial p_j} + \frac{\partial x_i}{\partial E}\frac{\partial E}{\partial p_j} = \frac{\partial h_i}{\partial p_j}. \tag{10.43}$$

Wegen Shehard's Lemma und nach Umstellen können wir (10.43) umformen zu

$$\frac{\partial h_i}{\partial p_j} = \frac{\partial x_i}{\partial p_j} + \frac{\partial x_i}{\partial E}x_j. \tag{10.44}$$

Setzen wir (10.44) in (10.41) ein, so erhalten wir die Slutsky-Zerlegung für die Haushaltsseite unserer Ökonomie:

$$\frac{\partial x_i}{\partial p_j} = \frac{\partial h_i}{\partial p_j} + \left(e_j - x_j + \frac{\partial \pi}{\partial p_j}\right)\frac{\partial x_i}{\partial E}. \tag{10.45}$$

Unter Verwendung von (10.45) erhalten wir für (10.39)

$$\frac{\partial \xi_i}{\partial p_j} = \underbrace{\frac{\partial h_i}{\partial p_j}}_{S-Effekt} + \underbrace{\left(e_j - x_j + \frac{\partial \pi}{\partial p_j}\right)\frac{\partial x_i}{\partial E}}_{E-Effekt} - \underbrace{\frac{\partial y_i}{\partial p_j}}_{P-Effekt}. \tag{10.46}$$

[8] Wir verzichten hier auf eine Einführung dieser in der Mikroökonomik üblichen Konzepte und verweisen statt dessen auf VARIAN (1990). Die bedingte Nachfragefunktion gibt an, welche Menge eines Gutes ein Haushalt bei gegebenen Preisen und gegebenem Nutzenniveau nachfragt. Die Ausgabenfunktion gibt die minimalen Ausgaben an, um bei gegebenen Preisen ein gegebenes Nutzenniveau zu erreichen.

Gleichung (10.46) ist die vollständige Slutsky-Zerlegung in einer Ökonomie mit Produktion. Eine der zentralen Eigenschaften von Überschußnachfragen ist ihre Reaktion auf Preisänderungen, die sich mit Hilfe von (10.46) untersuchen läßt. Dabei steht die Bruttosubstitutionsbedingung im Vordergrund, die in Anlehnung an ARROW UND HAHN (1986:221) folgendermaßen definiert ist:

Definition 10.1: Die Bruttosubstitutions-Bedingung ist erfüllt, wenn die Erhöhung eines Güterpreises ceteris paribus bei allen anderen Gütern zu einer Erhöhung der Überschußnachfragen führt; formal ausgedrückt:

$$\frac{\partial \xi_i}{\partial p_j} > 0 \text{ für alle } i \neq j.$$

Diese Bedingung ist bereits verletzt, wenn nur eine der Überschußnachfragen eine Komplementarität aufweist, d.h. die Kreuzpreisableitung nicht streng positiv ist. Wie wir unten zeigen werden, ist die Bruttosubstitutions-Bedingung strukturgebend in Modellen der Allgemeinen Gleichgewichtstheorie. Wenn sie erfüllt ist, sind zahlreiche Aussagen über die Eigenschaften einer Ökonomie möglich. Wir überprüfen nun, wie sich K-Prozesse auf die Erfüllung dieser Bedingung auswirken. Hierzu betrachten wir die einzelnen Terme von Gleichung (10.46) unter der Annahme, daß $i \neq j$:

S-Effekt: Dieser Term ist der Substitutionseffekt. Er gibt an, wie sich die Nachfrage nach Gut i verändert, wenn der Preis von Gut j marginal erhöht wird. Ist dieser Effekt positiv, so handelt es sich bei den beiden Gütern um sogenannte *Hicks'sche Substitute.* Das Vorzeichen dieses Terms kann aus den allgemeinen Eigenschaften von Nachfragefunktionen nicht bestimmt werden. In der Regel, beispielsweise bei einem Linearen Ausgabensystem (vgl. VARIAN 1990:188f), ist dieser Term jedoch positiv.

E-Effekt: Dieser Term entspricht dem Einkommenseffekt. Bei normalen Gütern ist der Ausdruck $\frac{\partial x_i}{\partial E}$ positiv. Verfügen die Konsumenten nur über eine geringe Anfangsausstattung von G_j und sind die Gewinnveränderungen niedrig, so ist das Vorzeichen dieses Ausdruckes positiv. Damit wirkt der Einkommenseffekt einem positiven Substitutionseffekt entgegen. Auch ohne die Berücksichtigung von Produktion sind deshalb Aussagen über die Vorzeichen von Überschußnachfragen mit Unsicherheit behaftet.

P-Effekt: Diesen Term bezeichnen wir als den Produktionseffekt. Ist Gut i ein Kuppelprodukt von Gut j, so ist sein Vorzeichen positiv. Der Produktionseffekt wirkt dann in die gleiche Richtung wie der Einkommenseffekt eines normalen Gutes. Mit anderen Worten: Einkommens- und Produktionseffekt schwächen den Substitutionseffekt zugunsten des relativ verbilligten Gutes. Gegenüber einer Ökonomie mit unverbundener Produktion nimmt die Wahrscheinlichkeit einer verletzten Bruttosubstitutions-Bedingung bei Kuppelproduktion folglich zu. Welches Vorzeichen ergibt sich für den P-Effekt, wenn keine Kuppelproduktion vorliegt? Werden beide Produkte von unterschiedlichen Unternehmen hergestellt, so ist dieser Effekt gleich null. Ansonsten sind a priori keine Aussagen möglich.

10.4.2 Bedeutung der Bruttosubstitution

Wir werden nun der Frage nachgehen, welche Aussagen über eine Ökonomie mit Hilfe der Bruttosubstitution möglich sind. Eine Reihe wichtiger Sätze über Eindeutigkeit, Stabilität und komparativ-statischer Eigenschaften setzt die Bruttosubstitution, bzw. eine abgeschwächte Form voraus. Die abgeschwächte Form der Bruttosubstitution besagt, daß jede Überschußnachfrage nichtnegative Kreuzpreisreaktionen aufweist. Betrachten wir zunächst die Eindeutigkeit von Gleichgewichtspreissystemen.

10.4.2.1 Eindeutigkeit des Gleichgewichtspreisvektors

Die Frage, unter welchen Bedingungen der Gleichgewichtspreisvektor einer Ökonomie eindeutig ist, gehört zu den zentralen Fragen der Wirtschaftstheorie. Eindeutig heißt dabei, daß alle Preise in einem Marktgleichgewicht bis auf eine multiplikative Konstante bestimmt sind. ARROW, BLOCK UND HURWIZ bewiesen 1959, daß bei Bruttosubstitution und nullhomogenen Überschußnachfragen die Eindeutigkeit der Gleichgewichtspreise gesichert ist. Allerdings ist die Bruttosubstitution nur hinreichend, nicht aber notwendig für die Eindeutigkeit. Ist sie verletzt, so muß auf die aufwendige Indexanalyse[9] zurückgegriffen werden.

Da K-Prozesse zusätzlich die Bruttosubstitution gefährden, ist nach weniger restriktiven Kriterien für die Eindeutigkeit von Gleichgewichtspreisen zu fragen. Eines dieser Kriterien ist die sogenannte *schwache Nicht-Zerlegbarkeit* (IRITANI 1981):

Definition 10.2: Sei p^* ein Gleichgewichtspreisvektor. Wenn für eine nichtleere echte Teilmenge S der Güterindexmenge die Preise unverändert bleiben und die Preise der anderen Güter gegenüber p^* ansteigen, d.h.

$$\begin{aligned} p_i^* &= p_i, && \text{wenn } i \in S \text{ und} \\ p_i^* &< p_i, && \text{wenn } i \notin S, \end{aligned}$$

so bedeutet schwache Nicht-Zerlegbarkeit, daß mindestens ein G_j existiert, dessen Markt in ein Ungleichgewicht gerät, d.h.

$$\xi_j(p^*) \neq \xi_j(p). \tag{10.47}$$

Vorausgesetzt, ein Gleichgewichtspreisvektor p^* existiert, dann folgt aus der schwachen Nicht-Zerlegbarkeit und Nullhomogenität der Überschußnachfragen die Eindeutigkeit dieses Gleichgewichtes.

---

[9]Auch der Indexanalyse sind enge Grenzen gesetzt. Um sie durchzuführen, muß die Jakobi-Matrix der Überschußnachfragen an der Stelle eines Gleichgewichtspreisvektors gebildet werden. Diese Matrix wird dann mit -1 multipliziert und die letzte Spalte und letzte Zeile werden entfernt. Anschließend wird die Determinante der verbleibenden Untermatrix berechnet. Ist ihr Vorzeichen negativ, so erhält das Gleichgewicht den Index +1, ansonsten -1. Unter der Annahme, daß die Überschußnachfrage ξ_i für $p_i = 0$, $\forall i$, positiv ist, folgt aus dem Satz von Sard, daß, wenn alle Gleichgewichte einen positiven Index haben, diese Gleichgewichte bis auf eine multiplikative Konstante übereinstimmen müssen. Besitzt ein gefundenes Gleichgewicht einen negativen Index, so kann es folglich nicht eindeutig sein (vgl. VARIAN (1990:250f).

Beweis: (IRITANI 1981)
Zunächst zeigen wir durch Widerspruch, daß im Gleichgewicht kein Preis gleich null ist. Bei p^* sei $\xi_i(p^*) = 0$, für alle i, wobei für einige aber nicht alle Güter $p_i^* = 0$ sei. Multiplizieren wir p^* mit $\lambda \geq 1$, so muß wegen der schwachen Nicht-Zerlegbarkeit für mindestens ein Gut $\xi_j(p^*) \neq \xi_j(\lambda p^*)$ erfüllt sein. Dies steht im Widerspruch zur Nullhomogenität.

Im nächsten Schritt ist zu zeigen, daß die schwache Nicht-Zerlegbarkeit hinreichend für die Eindeutigkeit ist. Hierzu nehmen wir an, p sei ein beliebiger, aber nicht durch Multiplikation von p^* mit einem Skalar erzeugbarer Preisvektor. Wir definieren dann folgendermaßen ein λ:

$$\lambda \equiv min\left\{\frac{p_1}{p_1^*}, \ldots, \frac{p_N}{p_N^*}\right\}. \tag{10.48}$$

Sei S die Indexmenge aller Güter, für die $\lambda p_i^* = p_i$. Die Menge S ist nicht leer. Wegen der schwachen Nicht-Zerlegbarkeit muß dann für mindestens ein Gut j

$$0 = \xi_j(p^*) \neq \xi_j(p) \tag{10.49}$$

gelten, woraus folgt, daß p kein Gleichgewichtspreisvektor sein kann.

Die Notwendigkeit der schwachen Nicht-Zerlegbarkeit ist leicht einsichtig. Sei $p \neq \lambda p^*$. Dann existiert eine echte Teilmenge S, so daß $p_i^* = p_i$, für $i \in S$ und $p_i^* \neq p_i$ für $i \notin S$. Folglich ergibt sich aus der Definition der schwachen Nicht-Zerlegbarkeit, daß es mindestens ein Gut j gibt, mit $\xi_j(p^*) \neq \xi_j(p)$.
□

Um den Zusammenhang zwischen der schwachen Nicht-Zerlegbarkeit und der Bruttosubstitution herzustellen, benötigen wir eine weitere Eigenschaft, nämlich die der *Verbundenheit* (vgl. ARROW UND HAHN 1986:227).

Definition 10.3: Eine Ökonomie ist bei den Preisen p verbunden, wenn es keine nichtleere Indexmenge I von Gütern gibt, so daß

$$\frac{\partial \xi_i(p)}{\partial p_j} = 0 \text{ für alle } i \in I \text{ und } j \notin I. \tag{10.50}$$

Aus der Verbundenheit folgt sowohl die schwache Nicht-Zerlegbarkeit, als auch die schwache Bruttosubstitution.[10] Ist die schwache Bruttosubstitution gegeben, so muß das Gleichgewicht zwar nicht eindeutig sein, zumindest aber ist die Menge der Gleichgewichte dann jedoch konvex. Insgesamt bleibt jedoch festzuhalten, daß weder die schwache Nicht-Zerlegbarkeit, noch die Verbundenheit geeignete Kriterien sind, um anhand konkreter Überschußnachfragen auf die Eindeutigkeit des Gleichgewichtspreisvektors zu schließen. Auch das letzte Kriterium, das wir untersuchen werden, genügt nicht dem Anspruch der Anschaulichkeit und Operationalität. Es handelt sich dabei um das Diagonalen-Dominanz-Kriterium, das auf ARROW UND HAHN (1986:233) zurückgeht. Es besagt: Weist die Jakobi-Matrix der Überschußnachfragen eine dominante Diagonale auf und sind die Überschußnachfragen nullhomogen in den Preisen, so ist der Gleichgewichtspreisvektor eindeutig. Diagonalen-Dominanz liegt dabei vor, wenn die Gütereinheiten so skalierbar sind, daß für jedes Gut gilt: Die Mengenreaktion auf eine marginale Änderung des eigenen Preises ist größer als die Summe der betragsmäßigen Kreuzpreisreaktionen. Formal ist sie gegeben, wenn

$$\frac{\partial \xi_i(p)}{\partial p_i} < 0 \text{ für alle } i \tag{10.51}$$

und ein Vektor $w(p) > 0$ existiert, so daß

$$\sum_{j<N, j \neq i} \left(w_j(p) \left| \frac{\partial \xi_i(p)}{\partial p_j} \right| \right) < w_i(p) \left| \frac{\partial \xi_i(p)}{\partial p_i} \right|, \forall i < N. \tag{10.52}$$

N ist dabei der Index des Numeraire-Gutes.

Aus der Diagonalen-Dominanz folgt zwar nicht zwingend die Bruttosubstitution, jedoch folgt aus der Bruttosubstitution und der Nullhomogenität die Diagonalen-Dominanz. Dies kann mit Hilfe des Euler-Theorems gezeigt werden:

Beweis:

Da die Überschußnachfragen nullhomogen in den Preisen sind, folgt aus dem Euler-Theorem

$$\sum_j \left(p_j \frac{\partial \xi_i(p)}{\partial p_j} \right) = 0, \text{ für alle } i. \tag{10.53}$$

[10] Einen Beweis gibt beispielsweise IRITANI (1981:169).

Diese Summe läßt sich zerlegen in

$$\sum_{j \neq i} \left(p_j \frac{\partial \xi_i(p)}{\partial p_j} \right) = -p_i \frac{\partial \xi_i(p)}{\partial p_i}, \tag{10.54}$$

was wegen der Bruttosubstitution äquivalent zu

$$\sum_{j \neq i} \left(p_j \left| \frac{\partial \xi_i(p)}{\partial p_j} \right| \right) = p_i \left| \frac{\partial \xi_i(p)}{\partial p_i} \right| \tag{10.55}$$

ist. Nehmen wir das Gut mit dem höchsten Index, nämlich G_N aus der Summe heraus, so gilt

$$\sum_{N > j \neq i} \left(p_j \left| \frac{\partial \xi_i(p)}{\partial p_j} \right| \right) < p_i \left| \frac{\partial \xi_i(p)}{\partial p_i} \right|. \tag{10.56}$$

Setzen wir nun $h_i(p) = p_i$ und $h_j(p) = p_j$, so ist gezeigt, daß die Diagonalen-Dominanz erfüllt ist. □

In Abbildung 10.1 fassen wir die Zusammenhänge zwischen den Bedingungen zusammen. Festzuhalten bleibt, daß die Bruttosubstitution die einzige Eigenschaft ist, die eine schnelle Überprüfung auf Eindeutigkeit des Gleichgewichtspreisvektors gestattet. Alle anderen Bedingungen sind wenig operational. Ein beachtliches Ergebnis erhalten wir aus Gleichung (10.52), die zusammen mit (10.51) hinreichend für die Eindeutigkeit ist. Diese Bedingung ist zwar sehr unanschaulich, sie enthält jedoch nur die betragsmäßigen Ableitungen der Überschußnachfragen. Demzufolge ist es unerheblich, ob diese positiv oder negativ sind; entscheidend ist lediglich die betragsmäßige Höhe. Generell bleibt aber einschränkend festzuhalten, daß allen Beweisen positive Preise zugrunde liegen.

10.4.2.2 Stabilität

Für ökonomische Modelle ist neben der Eindeutigkeit von Gleichgewichtspreisen ebenso die Stabilität von Gleichgewichtszuständen wichtig. Auch für diese Eigenschaft ist die Bruttosubstitution wichtig. In diesem Unterabschnitt zeigen wir in groben Zügen, inwiefern dies der Fall ist.

Die Stabilität von Gleichgewichten hängt von der zugrunde gelegten Dynamik ab. Im folgenden nehmen wir an, daß ein Tâtonnement erfolgt. D.h., bei

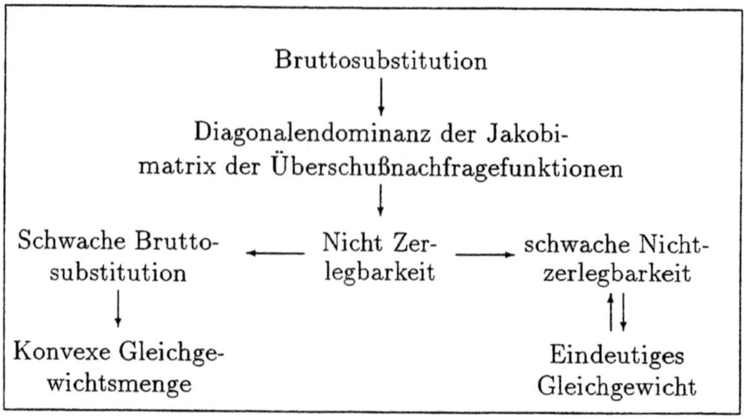

Abbildung 10.1: Zusammenhang zwischen den Bedingungen für die Eindeutigkeit von Gleichgewichtspreisen

positiven Überschußnachfragen wird der Preis des betreffenden Gutes erhöht und umgekehrt. Dieses Tâtonnement wird solange durchgeführt, bis alle Märkte im Gleichgewicht sind. Erst dann werden Transaktionen getätigt.

Wir verzichten darauf, die formalen Ableitungen im einzelnen darzustellen. Den Beweis für ein lokal stabiles Gleichgewicht bei Bruttosubstitution erbrachte HAHN (1958). Lokale Stabilität bedeutet dabei, daß bei einer geringfügigen Störung des Gleichgewichtes dieses durch Anpassungsprozesse wiederhergestellt wird. ARROW, BLOCK UND HURWICZ (1959) bewiesen, daß bei nullhomogenen Überschußnachfragen und Bruttosubstitution ein Gleichgewicht global stabil ist, d.h. ein Tâtonement führt unabhängig von den Ausgangspreisen zu einem Gleichgewicht. Jedoch konnten sie nicht beweisen, daß analog zur Eindeutigkeit die Diagonalendominanz der Jakobi-Matrix der Überschußnachfragen ausreicht. Bis heute ist die Frage nach der Stabilität bei verletzter Bruttosubstitution Forschungsgegenstand der mathematischen Wirtschaftstheorie. Erst kürzlich bewies DOHTANI (1993) die lokale Stabilität eines Tâtonements bei einer dominanten Diagonalen. Für die globale Stabilität benötigt er eine Annahme über die Eigenschaften der Überschußnachfragen, die sich einer Intuition entzieht.

10.4.2.3 Komparative Statik

Abschließend weisen wir auf Aussagen der komparativen Statik hin, die in Zusammenhang mit der Bruttosubstitution stehen. Sind alle Überschußnachfragefunktionen nullhomogen in den Preisen und ist die schwache Bruttosubstitution erfüllt, dann führt eine im Vergleich zum Numeraire-Gut exogen erhöhte Nachfrage nach G_j dazu, daß sich der Preis für dieses Gut erhöht und die Preise aller anderen Güter nicht abnehmen.[11] Ferner läßt sich zeigen, daß bei schwacher Bruttosubstitution und bei Existenz mindestens eines Gutes j für das $\frac{\partial \xi_N}{\partial p_j}$, wobei Gut N Numeraire sei, eine exogene Nachfrageverschiebung von Gut j zugunsten eines anderen Gutes k den Preis p_j sinken und p_k steigen läßt. Gilt zudem Nullhomogenität, so führt eine Nachfrageverschiebung vom Numeraire-Gut zugunsten von G_k, dazu, daß sich p_k stärker als alle anderen Preise erhöht.

10.5 Zusammenfassende Bemerkungen

Die mikroökonomische Analyse der Kuppelproduktion zeigt, daß Aussagen über Eindeutigkeit und Stabilität von Gleichgewichtspreisen abgeschwächt werden müssen. Ursächlich hierfür ist der Beitrag der Kuppelproduktion zu Komplementaritäten in den Überschußnachfragen. Dadurch gefährden Kuppelprodukte die Bruttosubstitution. Diese wiederum ist wichtig, um Aussagen über Eindeutigkeit und Stabilität von Gleichgewichtspreisen zu treffen. Innerhalb von Partialmodellen ist dieser Aspekt der Kuppelproduktion nicht zu erkennen.

Abschließend sei noch auf eine analytische Besonderheit der Kuppelproduktion hingewiesen. Unerwünschte Kuppelprodukte zeichnen sich idealiter durch einen negativen Preis aus. Für aktivitätsanalytische Betrachtungen können sie dann als ein Input des Produktionsprozesses aufgefaßt werden, aus dem sie hervorgehen (KOOPMANS 1951:38). Damit aber fallen der physische und der ökonomische Inputbegriff auseinander. Inputs im physischen Sinne

[11] Dies folgt direkt aus einem Theorem von NEGISHI (1958) und dem Mosak-Theorem. Eine Diskussion dieser Theoreme findet sich in MURATA (1977:127,129).

zeichnen sich nämlich dadurch aus, daß sie vor dem Erreichen des Produktionszieles eingesetzt werden müssen. Faßt man unerwünschte Kuppelprodukte als Inputs auf, so gilt dies nicht mehr; diese Art von Inputs tritt erst gleichzeitig oder nach Erreichen des Produktionszieles auf.

Kapitel 11

Gesamtwirtschaftliche Modelle mit Kuppelproduktion

K-Prozesse verringern die Flexibilität der Produktionsmöglichkeiten und schränken dadurch die zulässigen Gütermengenkombinationen ein. Daraus ergeben sich Vorgaben für die Zusammensetzung und Veränderung des Güterbündels einer Volkswirtschaft, die nicht auf das Nachfrageverhalten von Haushalten, sondern auf rein technologische Beziehungen zurückzuführen sind. Aussagen über solche Vorgaben lauten allgemein: Wird ein Gut mit einer Technik hergestellt, die K-Prozesse enthält, so führt eine Produktionsausweitung dieses Gutes zwangsläufig zu einer Erhöhung der Kuppelproduktmengen. Steigt beispielsweise die Erdgasproduktion, so läßt sich ohne weiteres ökonomisches Kalkül eine Erhöhung der Schwefelproduktion vorhersagen. Darüber hinaus bedingt ein Preisanstieg für dieses Gut ceteris paribus eine Angebotsausweitung aller Kuppel- und Verbundprodukte. Diesen klaren Aussagen über Mengenzusammenhänge stehen auf gesamtwirtschaftlicher Ebene unklare Aussagen über die Eigenschaften von Preissystemen einer Ökonomie mit K-Prozessen gegenüber; denn wie wir im vorhergehenden Kapitel zeigten, tragen K-Prozesse zu Komplementaritäten in den Marktüberschußnachfragen bei. Dadurch konterkarieren sie die strukturgebende Eigenschaft der Bruttosubstitution. K-Prozesse ermöglichen zwar zusätzliche Aussagen über die Mengenseite einer Ökonomie, sie schwächen jedoch Aussagen über die Preisseite. Um den Zusammenhang zwischen Preisen und Mengen bei Kuppelproduktion zu analysieren, untersuchen wir in diesem Kapitel Ökonomien mit einer vergleichsweise einfach und klar bestimmten Preisseite: Ökonomien mit linearer Produktionsstruktur. In diesen Ökonomien bestimmt nämlich unter gewissen Annahmen alleine die Technologie die Preise. Unser Ausgangspunkt ist die Leontief-Ökonomie, wie wir sie im Abschnitt 5.5.1 einführten.

11.1 Kuppelproduktion in der Leontief-Ökonomie

Die Leontief-Ökonomie ist das modelltheoretische Fundament der Input-Output-Analyse und gilt als der Prototyp der modernen *Berechenbaren Gleichgewichtsmodelle* (DIXON ET AL. 1992:19). Sie ist deshalb für die angewandte Wirtschaftstheorie von herausragender Bedeutung. Eine ihrer Schwachstellen ist der Ausschluß von K-Prozessen. Zwar lassen sich K-Prozesse mit unerwünschten Kuppelprodukten auf einfache Weise integrieren (vgl. Abschnitt 5.5.2, Seite 133ff), die Integration erwünschter und neutraler[1] Kuppelprodukte ist damit aber noch nicht geleistet. Wir greifen deshalb im folgenden die Grundstruktur der Leontief-Ökonomie auf und zeigen, wie diese Integration vorgenommen werden kann und welche Folgen dies für die Eigenschaften der Ökonomie hat. Um die Veränderungen gegenüber einer Ökonomie ohne K-Prozesse herauszustellen, erweitern wir im nächsten Unterabschnitt das in Abschnitt 5.5.1 eingeführte Modell der offenen statischen Input-Output-Analyse zu einem Marktmodell. Dieses Modell wird dann im übernächsten Unterabschnitt um erwünschte Kuppelprodukte erweitert.

11.1.1 Das vollständige Grundmodell der Leontief-Ökonomie

Bei der Formulierung des Grundmodelles orientieren wir uns an ARROW UND HAHN (1986:40ff). Die Annahmen 5.1 bis 5.4 (vgl. Seite 130) erhalten wir zunächst aufrecht; d.h. wir betrachten eine Ökonomie mit N Gütern und einem Primärfaktor. Jedes Gut kann durch genau einen E-Prozeß hergestellt werden.

Die Produktionsseite des Modelles stellten wir bereits in Abschnitt 5.5.1

[1]Sofern wir nicht explizit zwischen neutralen und erwünschten Kuppelprodukten unterscheiden, subsumieren wir fortan neutrale Kuppelprodukte unter die erwünschten.

dar. Aus Übersichtlichkeitsgründen geben wir die Gleichungen nochmals an: Ist die Konsumgüternachfrage x_i^K $(i = 1, \ldots, N)$ zu befriedigen, so müssen insgesamt y_i $(i = 1, \ldots, N)$ Gütereinheiten hergestellt werden, wobei

$$y_i = \sum_{j=1}^{N} a_{ij} y_j + x_i^K \qquad (i = 1, \ldots, N). \tag{11.1}$$

Dabei ist die Faktorrestriktion

$$\sum_{i=1}^{N} (a_{0i} y_i) \leq x_0 \tag{11.2}$$

bezüglich des einzig vorkommenden Primärfaktors, G_0, einzuhalten. Existiert für mindestens ein Gut Nichtsättigung, so gilt in (11.2) das Gleichheitszeichen.

Soweit formulierten wir die Leontief-Ökonomie bereits in Abschnitt 5.5.1. Um das Modell zu vervollständigen, benötigen wir Annahmen über die Nachfrageseite. Die aggregierte Konsumgüternachfrage der Haushalte sei gegeben durch ein Nachfragesystem

$$x_i^K = x_i^K(p, E) \qquad (i = 1, \ldots, N) \tag{11.3}$$

und einer aggregierten Faktorangebotsfunktion

$$x_0 = y_0(p, E). \tag{11.4}$$

Mit E ist das Volkseinkommen bezeichnet. Da nur ein Produktionsfaktor vorhanden ist, entspricht es der Faktorentlohnung $p_0 x_0$. Jede Nachfragefunktion und die Faktorangebotsfunktion sei nullhomogen in den Preisen. Zudem gelte die Adding-up-Bedingung:[2]

$$\sum_{i=1}^{N} (p_i x_i^K) = p_0 x_0. \tag{11.5}$$

Wegen der Adding-up-Bedingung ist die Faktorangebotsfunktion eine Linearkombination der Nachfragefunktionen.

[2] Die Adding-up-Bedingung folgt aus den Budgetbeschränkungen der einzelnen Haushalte, vorausgesetzt, es gilt Nichtsättigung.

Das Modell einer Leontief-Ökonomie ist damit vervollständigt. Da die Güter zum Preis ihrer Herstellungskosten angeboten werden (Annahme 5.4), muß im Gleichgewicht

$$p_i = \sum_{j=1}^{N}(a_{ji}p_j) + a_{0i}p_0 \qquad (i = 1, \dots, N) \tag{11.6}$$

erfüllt sein. Das Gleichungssystem (11.6) gestattet die Bestimmung aller Preise bis auf eine multiplikative Konstante. Die relativen Preisverhältnisse sind damit *eindeutig* determiniert. Nehmen wir den Primärfaktor als Numeraire, d.h. $p_0 = 1$, dann sind alle Preise eindeutig festgelegt. Eine Stärke dieses Ansatzes ist somit die Möglichkeit, Gleichgewichtspreise alleine auf der Grundlage technischer Parameter zu bestimmen und damit auf die Formulierung von Marktüberschußnachfragen verzichten zu können. Zur Berechnung der im allgemeinen Gleichgewicht hergestellten Gütermengen y_i $(i = 1, \dots, N)$, der Konsumgütermengen x_i^K $(i = 1, \dots, N)$ und der Arbeitseinsatzmenge x_0 stehen dann mit (11.1), (11.2) und (11.3) noch $2N+1$ Gleichungen zur Verfügung. Dies entspricht genau der Anzahl der Variablen, nämlich $y_i, x_i^K (i = 1, \dots, N)$ und x_0, womit die Voraussetzung für deren Bestimmung gegeben ist. Unter relativ schwachen Bedingungen existiert eine strikt positive Lösung dieses Gleichungssystems (vgl. ARROW UND HAHN 1986:40ff).

Ein weiterer und bisher weitgehend übersehener Vorteil dieses Ansatzes wird deutlich, wenn wir die Preisdynamik in einer marktwirtschaftlich organisierten Leontief-Ökonomie genauer betrachten. Um diesen Vorteil zu demonstrieren, treffen wir der Einfachheit halber zwei Annahmen:

Annahme 11.1:	Für alle G_j gilt $a_{jj} = 0$.
Annahme 11.2:	Die Herstellung jedes Gutes dauert eine Zeiteinheit. Alle Inputs werden zum Zeitpunkt t eingekauft, alle Outputs zum Zeitpunkt t+1 verkauft.

Errechnet jedes Unternehmen den Verkaufspreis seiner Produkte auf der Grundlage einer verursachergerechten Kostenallokation, so erhalten wir eine dynamisierte Form des Gleichungssystems (5.4) (vgl. Seite 132), die wir in Matrizenform formulieren:

$$p(t+1) = A^T p(t) + a_0 p_0. \tag{11.7}$$

Wenn $(I - A^T)$ eine dominante Diagonale aufweist, dann resultiert aufgrund einer allgemeinen Gesetzmäßigkeit dynamischer linearer Systeme[3] als Grenzwert

$$\lim_{t \to \infty} p(t) = (I - A^T)^{-1} a_0 p_0. \tag{11.8}$$

Dieses Ergebnis zeigt eine wichtige Eigenschaft einer marktwirtschaftlich organisierten Leontief-Ökonomie: Kalkulieren die Unternehmen die Verkaufspreise ihrer Güter auf der Basis der Einkaufspreise, so folgt daraus eine zu den Gleichgewichtspreisen führende Preisdynamik; und dies ausgehend von beliebigen Anfangspreisen. Die einzelwirtschaftliche Kostenallokation eignet sich somit aus gesamtwirtschaftlicher Sicht als ein zum Gleichgewicht führendes Preissetzungsinstrument. Die Informationsanforderungen an die Unternehmen sind dabei gering; sie müssen lediglich die Preise der vorhergehenden Periode kennen.

Nach diesen Überlegungen zur Preisdynamik kommen wir nun zur Einführung eines K-Prozesses in die Leontief-Ökonomie und den Folgen für das Preissystem.

11.1.2 Einführung eines K-Prozesses

Wir nehmen nun an, die beiden Güter G_1 und G_2 seien Kuppelprodukte. Ansonsten behalten wir alle Annahmen bei, die im obigen Grundmodell getroffen wurden. Zwischen den beiden Kuppelprodukten besteht eine fixe Mengenproportion, d.h.

$$y_1 = \alpha y_2, \quad \text{mit} \quad \alpha > 0. \tag{11.9}$$

Diese Funktion erlaubt eine elegante Einführung von K-Prozessen in die Leontief-Ökonomie. Bei ihrer Interpretation ist jedoch Sorgfalt angebracht:

[3] Für jede quadratische und reelle $(n \times n)$ Matrix A mit dominanter Diagonalen, einem n-dimensionalen Konstanten-Vektor y und einem n-dimensionalen Variablen-Vektor $x(t)$ ist das dynamische System $x(t) = Ax(t-1) + y$ stabil und konvergiert gegen $x(t) = (I - A)^{-1} y$ (vgl. MURATA 1977:26).

Im Grundmodell konnten wir y_i als die erforderliche Menge von G_i interpretieren, um eine *gegebene* Konsumnachfrage x^K zu befriedigen. Die einzige Anforderung an x^K bestand in der Einhaltung der Faktorrestriktion. Durch die Kuppelproduktion kommt eine weitere Anforderung hinzu, denn die insgesamt herzustellenden Gütermengen y_i müssen die Kuppelproduktrelationen widerspiegeln. Angenommen, die zur Herstellung von x^K erforderlichen y_i $(i = 1, 2)$ entsprächen nicht (11.9), so würde entweder G_1 oder G_2 überschüssig produziert. Bei Nichtsättigung würde diese Menge von der Konsumnachfrage absorbiert, so daß x^K an die Produktionsverhältnisse angepaßt wird. Mit anderen Worten: Bei Nichtsättigung *gibt* es keine überschüssigen Kuppelprodukte.[4]

Die Wahl zwischen G_1 und G_2 als Zielprodukt des K-Prozesses ist beliebig; denn das Niveau, auf dem der K-Prozeß zu betreiben ist, wird aufgrund (11.9) gleichermaßen von G_1 und G_2 bestimmt. Wir entscheiden uns für G_2 als Zielprodukt und normieren den K-Prozeß auf eine Einheit G_2. Für die Bruttooutputs erhalten wir dann

$$y_i = \sum_{j=2}^{N}(a_{ij}y_j) + x_i^K \qquad (i = 1, \ldots, N). \tag{11.10}$$

Im Unterschied zu (11.1) erfordert die Herstellung von G_1 keine zusätzlichen Vorprodukte, da diese über das Zielprodukt G_2 mit erfaßt sind. Die Summe in (11.10) läuft deshalb erst ab $j = 2$.
Für die Faktorrestriktion gilt statt (11.2)

$$\sum_{i=2}^{N}(a_{0i})y_i \leq x_0. \tag{11.11}$$

Für die Preisseite der Ökonomie erhalten wir anstelle von (11.6)

$$p_1 + \alpha p_2 = \sum_{i=1}^{N}(a_{i2}p_i) + a_{02}p_0 \qquad \text{und} \tag{11.12}$$

$$p_j = \sum_{i=3}^{N}(a_{ij}p_i) + a_{0j}p_0 \qquad (j = 3, \ldots, N). \tag{11.13}$$

[4]Zu welchen Komplikationen überschüssige Kuppelprodukte führen, analysieren wir in Abschnitt 11.2.

Die Nachfrageseite und damit das Nachfragesystem (11.3) bleibt von der Einführung des K-Prozesses unberührt.

Betrachten wir zunächst die Möglichkeit, die Gleichgewichtspreise alleine aufgrund der technologischen Eigenschaften zu bestimmen. Mit (11.12) und (11.13) stehen nur $N-1$ Gleichungen zur Bestimmung von N Preisen zur Verfügung; das Gleichungssystem ist unterbestimmt. Eine Möglichkeit, trotz K-Prozesse wieder zu einem System mit der erforderlichen Gleichungszahl zu kommen, besteht darin, die Technologiemenge zu erweitern. Ist es beispielsweise möglich, G_2 zusätzlich mit einem E-Prozeß herzustellen, so hat das Gleichungssystem (11.12) und (11.13) wieder vollen Rang.

Ein anderer Weg, die Gleichgewichtspreise dieser Ökonomie zu bestimmen, ist die Berücksichtigung der Nachfrageseite. Da die Anzahl der unabhängigen Variablen p_i, y_i, x_i^k $(i = 1, \ldots, N)$ mit der Anzahl der Gleichungen (11.3), (11.10), (11.11), (11.12) und (11.13) übereinstimmt, ist die notwendige Voraussetzung zu ihrer Bestimmung gegeben.

Der Unterschied zum Referenz-Modell (Abschnitt 11.1.1) besteht in zwei Punkten:

- Die beiden Preisbestimmungsgleichungen (11.6) für $i = 1, 2$ fallen bei Kuppelproduktion in einer Gleichung (11.12) zusammen.
- Durch den K-Prozeß ist eine zusätzliche Mengenbeziehung, nämlich (11.9) zu berücksichtigen.

Damit können wir festhalten: Die wichtige Eigenschaft linearer Modelle, Preise alleine aus der Produktion heraus bestimmen zu können, geht bei Kuppelproduktion verloren. Es ist dann erforderlich, die Nachfrageseite in das Modell einzubeziehen, um Gleichgewichtspreise zu berechnen.

Die Aufnahme zusätzlicher Produktionsprozesse, um eine ausreichende Zahl von Preisbestimmungsgleichungen zu erhalten, schafft hingegen nur vordergründig Abhilfe. Sobald mehrere Prozesse zur Herstellung eines Gutes existieren, ist wegen der Kuppelproduktion das Nicht-Substitutionstheorem verletzt. Um die einzusetzenden Produktionsprozesse zu bestimmen, ist dann ebenfalls die Nachfrageseite einzubeziehen.

11.2 Asynchronitäten

Bei unseren bisherigen Ausführungen gingen wir davon aus, daß die Ziel- und Kuppelprodukte nicht nur als Vorprodukte benötigt werden, sondern auch als Konsumgüter direkt an Endverbraucher zu liefern sind. Für viele Industrieerzeugnisse ist diese Annahme jedoch kaum zu rechtfertigen. Produkte wie Chlor (G_1) und Natronlauge (G_2) beispielsweise sind als Konsumgüter ungeeignet und werden deshalb von Haushalten nur in vernachlässigbar geringen Mengen nachgefragt. Sie sind ausschließlich Vorprodukte für andere Produktionsprozesse in- und außerhalb der chemischen Industrie. Für unser Modell in Abschnitt 11.1.2 bedeutet dies, daß für diese Produkte keine Konsumnachfrage besteht, d.h. $x_i^K = 0$ $(i = 1, 2)$. Was folgt daraus für unsere Modellökonomie?

Die wichtigste Implikation ist die Möglichkeit der Herstellung freier oder unerwünschter Produkte. Es ist nicht zu erwarten, daß Kuppelprodukte in genau den Mengenverhältnissen in die Produktion anderer Güter eingehen, in denen sie aus den K-Prozessen hervorgehen; dann jedoch wird mindestens eines der Kuppelprodukte überschüssig produziert. Diesen Zustand bezeichnen wir als eine *Asynchronität* im Produktionsbereich.

Die modelltheoretische Behandlung von Kuppelprodukten, die nur als Vorprodukte Verwendung finden, liegt zwischen dem Grundmodell einer Leontief-Ökonomie ohne K-Prozesse und dem Modell mit K-Prozessen und Konsumnachfragen für alle Produkte. Die Vorgehensweise zur Bestimmung von Gleichgewichtspreisen und -mengen demonstrieren wir für eine einfache Ökonomie:

Die Produktionsseite entspreche der des Modelles aus Abschnitt 11.1.2. Allerdings seien nun G_1 und G_2 Erzeugnisse eines K-Prozesses, für die keine Konsumnachfrage besteht. Die anderen Güter G_i $(i = 3, \ldots, N)$ werden mit E-Prozessen hergestellt. Die optimalen Produktionsmengen und das gleichgewichtige Preissystem bestimmen wir folgendermaßen:

Wir nehmen zunächst an, G_1 werde im Gleichgewicht überschüssig hergestellt. Dann bestimmt zwangsläufig G_2 das Betriebsniveau des K-Prozesses und ist deshalb auch das Zielprodukt, auf das der K-Prozeß normiert wird. Der Preis des überschüssigen Gutes ist im Gleichgewicht bei freier Entsorgbarkeit gleich null. Wir können dann die Preise der anderen Produkte durch Lösen des Gleichungssystems

$$p_i = \sum_{j=2}^{N}(a_{ji}p_j) + a_{0i}p_0 \qquad (i = 2, \ldots, N). \tag{11.14}$$

berechnen, wobei $p_0 = 1$ gesetzt wird. Im nächsten Schritt werden für diese Preise die nachgefragten Konsumgutmengen x^K bestimmt. Die erforderlichen Bruttooutputs y_i erhalten wir dann aus

$$y_i = \sum_{j=2}^{N}(a_{ij}y_j) + x_i^K \qquad (i = 2, \ldots, N). \tag{11.15}$$

An dieser Stelle erreichen wir den kritischen Punkt dieser Vorgehensweise: Es ist zu überprüfen, ob G_1 tatsächlich im Überschuß hergestellt wird. Dazu muß

$$\alpha y_2 \leq \sum_{i=2}^{N}(a_{1i}y_i) \tag{11.16}$$

erfüllt sein. Nur dann genügt die in Kuppelproduktion hergestellte Menge von G_1 dem Bedarf der Produktionsprozesse. Ist (11.16) nicht erfüllt, so ist das gesamte Prozedere mit G_1 als Zielprodukt zu wiederholen.

Die Transformationskurve dieser Ökonomie weist Knickstellen auf. Ein Beispiel verdeutlicht dies.

- **Beispiel: Asynchronitäten in einem spezifizierten Modell**

Ausgangspunkt seien drei teilbare und additive Produktionsprozesse zur Herstellung von vier Produkten. Alle Prozesse benötigen als Input den Primärfaktor Arbeit (G_0), der preisunelastisch zu $x_0 = 30$ Einheiten angeboten werde. G_1 sei ein Vorprodukt zur Herstellung von G_3, und G_2 sei ein Vorprodukt zur Herstellung von G_4. Die beiden Vorprodukte G_1 und G_2 seien Erzeugnisse des K-Prozesses P_1. Eine Konsumnachfrage bestehe nur für G_3 und G_4. Die Technologie fassen wir in der Matrix der Inputvektoren A_{Tech} und der Outputvektoren B_{Tech} zusammen, wobei wir folgende Zahlenwerte annehmen:

$$A_{Tech} : \begin{pmatrix} 1 & 1 & 1 \\ 0 & 1 & 0 \\ 0 & 0 & 2 \\ 0 & 0 & 0 \\ 0 & 0 & 0 \end{pmatrix}, \quad B_{Tech} : \begin{pmatrix} 0 & 0 & 0 \\ 1 & 0 & 0 \\ 1 & 0 & 0 \\ 0 & 1 & 0 \\ 0 & 0 & 1 \end{pmatrix}. \tag{11.17}$$

Die $j-te$ Spalte von A_{Tech} bzw. B_{Tech} ist der In- bzw. Outputvektor des $j-ten$ Produktionsprozesses.

Die Produktionsmöglichkeitenmenge ist in Abbildung 11.1 dargestellt. Wir verzichten auf eine formale Ableitung ihres Randes, d.h. der Transformationskurve und erläutern ihre Gestalt statt dessen durch einfach Allokationsüberlegungen. Im Punkt A wird die gesamte verfügbare Arbeit zur Herstellung von G_4 eingesetzt. Je produzierter Einheit G_4 sind dabei drei Arbeitseinheiten erforderlich: zwei Einheiten für P_1 und eine Einheit für P_3. Die in Kuppelproduktion hergestellten 20 Einheiten G_1 haben keine Verwendung; sie sind überschüssig. Wird ausgehend von Punkt A auf eine Einheit G_4 verzichtet, so setzt dies drei Einheiten Arbeit frei. Diese können in vollem Umfang in P_2 eingesetzt werden, da das erforderliche Vorprodukt G_1 als Kuppelprodukt von G_4 ausreichend vorhanden ist. Ausgehend von Punkt A ermöglicht der Verzicht auf eine Einheit G_4 folglich die zusätzliche Produktion von drei Einheiten G_3. Bis in Punkt B bleibt dieses Austauschverhältnis erhalten. In Punkt B stimmen produzierte und eingesetzte Vorproduktmengen überein. Bei einer weiteren Produktionsausweitung von G_3 muß nun zusätzlich das Vorprodukt G_1 hergestellt werden, da die in Kuppelproduktion mit G_4 anfallende Menge nicht mehr genügt. Dann aber ermöglicht der Verzicht auf eine Einheit G_4 nur noch die zusätzliche Herstellung von 0,5 Einheiten G_3.[5] In Punkt C schließlich ist die gesamte verfügbare Arbeitsmenge in die Produktion von G_3 eingesetzt. Zwischen Punkt B und Punkt C ist G_1 das überschüssige Kuppelprodukt.

Ein Gedankenexperiment verdeutliche die Folgen einer erschwerten Beseitigung überschüssiger Kuppelprodukte: Punkt B bleibt unverändert, da er die einzige Stelle ohne überschüssige Kuppelprodukte ist. Die Punkte A und C hingegen sind nicht mehr realisierbar, da ein Teil der Ressourcen für die Beseitung des jeweils überschüssigen Kuppelproduktes aufzuwenden ist. Mit zunehmendem Entsorgungsaufwand schrumpft die Menge der Produktionsmöglichkeiten. Im Extremfall sind nur noch Mengenkombinationen auf der Geraden 0B realisierbar.

---

[5]Zwei Einheiten Arbeit sind erforderlich, um das ursprüngliche Niveau von P_1 aufrechtzuerhalten. Die verbleibende Einheit Arbeit kann dann auf P_1 und P_3 aufgeteilt werden.

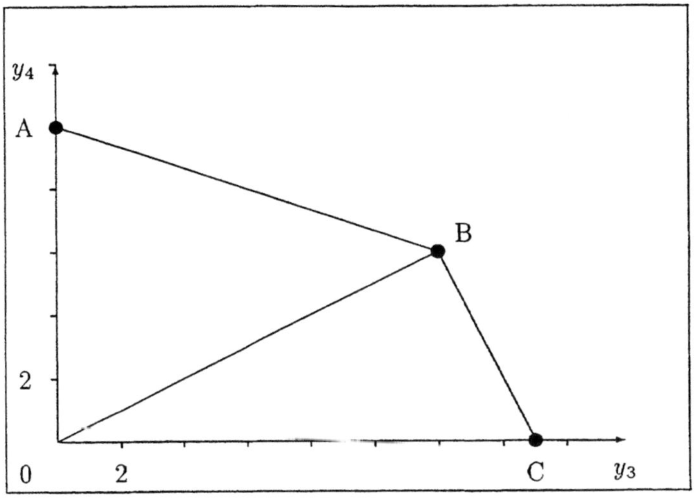

Abbildung 11.1: Asynchrone Produktion

11.3 Graphische Darstellung der Produktionsmöglichkeiten und der Preisbestimmung in Extremfällen

K-Prozesse führen dazu, Produktions- und Konsumbereich bei der Bestimmung von Gleichgewichtspreisen auch bei linearer Technologie und einem Produktionsfaktor nicht mehr trennen zu können. In diesem Unterabschnitt werden wir vermittels Graphiken einen einfachen Zugang zur Bestimmung von Gleichgewichtspreisen bei linearer Technologie mit K-Prozessen geben. Wir stellen hierzu zwei Extremfälle einander gegenüber: Der erste Extremfall ist eine Ökonomie, in der alle Güter mit jeweils einem E-Prozeß hergestellt werden. Der zweite Extremfall entspricht einer Ökonomie, in der alle Güter Erzeugnisse eines einzigen K-Prozesses sind. Vereinfachend nehmen wir an, es gebe nur zwei Güter, deren Produktion lediglich den Primärfaktor Arbeit erfordere; Vorprodukte werden nicht benötigt. Die insgesamt verfügbare Arbeitsmenge sei zudem fest vorgegeben. Die Nachfrageseite sei durch eine monotone und strikt quasi-konkave Wohlfahrtsfunktion $W(x_1, x_2)$ beschrieben.

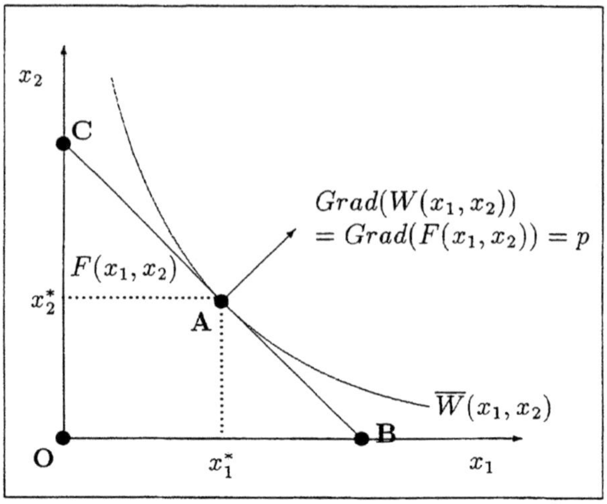

Abbildung 11.2: Produktionsmöglichkeiten und optimale Gütermengen nur mit E-Prozessen und ohne K-Prozesse

Die Produktionsmöglichkeiten des ersten Extremfalles stimmen mit der Fläche OCB in Abbildung 11.2 überein, wobei freie Entsorgbarkeit des Inputs oder der Outputs angenommen ist. Den oberen Rand dieser Menge beschreibt die Transformationsfunktion $F(x_1, x_2)$. Die Nachfrageseite ist durch eine Indifferenzkurve $\overline{W}$ repräsentiert. Das Wohlfahrtsmaximum ist in Punkt A erreicht. Im Wohlfahrtsmaximum müssen der Gradient der Wohlfahrtsfunktion und der Gradient der Transformationsfunktion kollinear sein. Dieser Gradient läßt sich als ein Gleichgewichtspreisvektor interpretieren (vgl. MALINVAUD 1985:86). Wenn Randlösungen ausgeschlossen sind, bestimmt alleine die Steigung der Transformationskurve die Gleichgewichtspreise. Da diese Steigung konstant ist, hängen die Gleichgewichtspreise nicht von der Mengenkombination der Konsumgüter ab. Damit können wir festhalten: Mit der Ausnahme von Randlösungen bestimmt bei E-Prozessen alleine die Technologie über die gleichgewichtigen Preise. Die herzustellenden Gütermengen hingegen werden im Rahmen der Produktionsmöglichkeiten alleine durch die Nachfrage bestimmt.

In Abbildung 11.3 ist der zweite Fall dargestellt. Im Gegensatz zum ersten Fall entspricht die Technologiemenge einem Rechteck. Das Wohlfahrts-

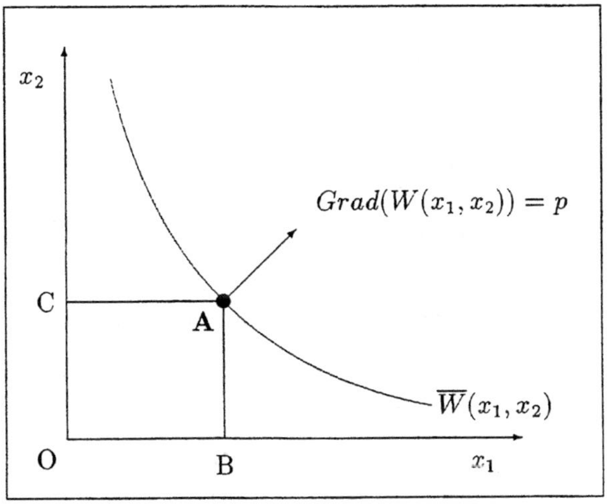

Abbildung 11.3: Produktionsmöglichkeiten und optimale Gütermengen mit K-Prozeß

maximum liegt zwangsläufig im Punkt A. Die produzierten Mengen werden deshalb ausschließlich durch die Produktionsseite determiniert. Anders ist dies beim gleichgewichtigen Preisvektor, der dem Gradienten der Wohlfahrtsfunktion an der Stelle maximaler Produktion entspricht. Der Gradient $G(F(x_1, x_2))$ auf dem Rand der Produktionsmöglichkeitenmenge $F(x_1, x_2)$ ist in Punkt A nicht eindeutig definiert. Beachtlich ist diese Umkehrung der Verhältnisse gegenüber einer Ökonomie ohne K-Prozesse: Während bei Kuppelproduktion die Mengen aus der Technologie und die Preise aus der Präferenzstrukur bestimmt werden, ist dies bei unverbundener Produktion genau umgekehrt.

Einen weiteren Einblick in die Kuppelproduktion erhalten wir, wenn zwischen ex-ante- und ex-post-Produktionsmöglichkeiten unterschieden wird. Nehmen wir an, daß ex-ante die Möglichkeit besteht, ein beliebiges Produktbündel innerhalb der Produktionsmöglichkeiten auszuwählen, wie sie in Abbildung 11.2 dargestellt sind. Nachdem diese Wahl erfolgte, werden die erforderlichen spezifischen Produktionskapazitäten geschaffen. Kurzfristig sind die Kapazitätsschranken bindend. Ist dies aber der Fall, so bestehen ex-post nur noch Produktionsmöglichkeiten, wie sie in 11.3 dargestellt sind. Die Gestalt einer Produktionsmöglichkeitenmenge stimmt bei K-Prozessen und bei E-Prozessen somit kurzfristig überein.

11.4 Knappheitskategorien, Schattenpreise und Nichtrivalitäten

In diesem Abschnitt betrachten wir Kuppelproduktion aus einer anderen Perspektive. Wir bedienen uns dazu zweier ökonomischer Knappheitskategorien: der *relativen* und der *absoluten* Knappheit.[6] Vereinfacht ausgedrückt besagt relative Knappheit zwischen zwei Gütern, daß von einem Gut mehr zu erhalten ist, wenn auf das andere Gut verzichtet wird. Bei absoluter Knappheit hingegen ist die verfügbare Menge eines Gutes an einer oberen Schranke angelangt; ein Mehr dieses Gutes ist auch durch Verzicht auf andere Güter nicht zu erhalten. Besonders bei Kuppelproduktion ist es sinnvoll, diese beiden Formen der Knappheit scharf zu trennen; denn zwischen Kuppelprodukten besteht im Produktionsbereich keine relative Knappheit. Was dies impliziert, führen wir im folgenden aus. Zunächst ist es jedoch erforderlich, den Begriff der relativen und absoluten Knappheit zu operationalisieren. Wir betrachten hierzu ein Standardmodell der Ökonomik, wie es beispielsweise BERNHOLZ UND BREYER (1984:Kapitel 2) formulierten. Im Unterschied zu unserer bisherigen Vorgehensweise handelt es sich dabei um ein Modell zur Berechnung pareto-optimaler Allokationen und Schattenpreise.

11.4.1 Relative und absolute Knappheit

Wir betrachten zunächst eine Ökonomie mit linearer Produktionsstruktur und ohne K-Prozesse. Um weitestgehend zu vereinfachen, begrenzen wir die Anzahl der Konsumgüter auf drei und nehmen zudem an, daß außer dem Produktionsfaktor G_0 keine weiteren Inputs zur Herstellung von G_1, G_2 und G_3 erforderlich seien. Zudem werde G_0 preisunelastisch in vollem Umfang angeboten. Die

[6] Eine ausführliche Darstellung dieser Knappheitskategorien geben wir in FABER ET AL. (1994a).

Präferenzen der Haushalte seien durch strikt quasi-konkave und differenzierbare Nutzenfunktionen repräsentiert. Unsere Notation ist dann folgendermaßen zu ergänzen:

x_0	Verfügbare Menge des Produktionsfaktors.
h	Index der Haushalte $h = 1, \ldots, H$.
x_{hi}	Von Haushalt h konsumierte Menge des Gutes i.
$U_h(x_{h1}, x_{h2}, x_{h3})$	Streng quasi-konkave Nutzenfunktion des Haushaltes h.

Die optimale Allokation des Produktionsfaktors G_0 erhalten wir als Lösung des Optimierungsproblems:

$$\max U_1(x_{11}, \ldots, x_{13}) \quad \text{unter den Nebenbedingungen:} \tag{11.18}$$

$$U_h(x_{h1}, x_{h2}, x_{h3}) = \overline{U_h} \ (h = 2, \ldots, H), \tag{11.19}$$

$$y_i - \sum_{h=1}^{H} x_{hi} \geq 0 \ (i = 1, 2, 3), \tag{11.20}$$

$$x_0 - \sum_{i=1}^{3} (a_{0i} y_i) \geq 0, \tag{11.21}$$

$$y_h \geq 0, x_{hi} \geq 0 (i = 1, 2, 3; h = 1, \ldots, H).$$

Durch Restriktion (11.19) wird das Nutzenniveau der Haushalte $h = 2, \ldots, H$ fixiert. Restriktion (11.20) besagt, daß die konsumierte Menge eines Gutes die hergestellte Menge nicht überschreiten kann. Restriktion (11.21) entspricht einer Faktorrestriktion: die in der Kosumgüterproduktion eingesetzten Faktormengen dürfen die insgesamt verfügbare Faktormenge nicht überschreiten.

Schließen wir Randlösungen aus, so läßt sich dieses Problem mit dem Lagrange-Ansatz

$$\begin{aligned} L = & \sum_{h=1}^{H} \tau_h U_h(x_{h1}, x_{h2}, x_{h3}) - \sum_{h=2}^{N} (\tau_h \overline{U_h}) \\ & + \sum_{i=1}^{3} p_i (y_i - \sum_{h=1}^{H} x_{hi}) + p_0 (x_0 - \sum_{i=1}^{3} a_{0i} y_i) \end{aligned}$$

lösen.[7] Die Lagrange-Multiplikatoren p_0, p_1, p_2 und p_3 sind in ihrer Notation so gewählt, daß ihre Interpretation als Schattenpreise des Produktionsfaktors

[7] Sind Randlösungen ausgeschlossen, so gilt für alle Restriktionen das Gleichheitszeichen. Davon ausgenommen sind die Variablen y_h, x_{hi} $(i = 1, 2, 3), (h = 1, \ldots, H)$, die strikt positive Werte annehmen.

G_0 und der Konsumgüter G_1, G_2, G_3 vorweggenommen ist. Für $h = 1$ ist der Lagrange-Mulitplikator $\tau_h = 1$.
Als Optimalbedingung erhalten wir:

$$\begin{aligned}
\frac{\partial L}{\partial x_{hi}} &= \tau_h \left(\frac{\partial U_h}{\partial x_{hi}}\right) - p_i = 0 \quad (i = 1,2,3; h = 1,\ldots,H), && (11.22)\\
\frac{\partial L}{\partial y_i} &= p_i - p_0 a_{0i} = 0 \ (i = 1,2,3), && (11.23)\\
\frac{\partial L}{\partial \tau_h} &= U_h(x_{h1}, x_{h2}, x_{h3}) - \overline{U_h} = 0 \ (h = 1,2,3),\\
\frac{\partial L}{\partial p_i} &= y_i - \sum_{h=1}^{H} x_{hi} = 0 \ (i = 1,2,3),\\
\frac{\partial L}{\partial p_0} &= x_0 - \sum_{i=1}^{3} a_{0i} y_i = 0.
\end{aligned}$$

Anhand dieses Standardmodelles läßt sich der Unterschied zwischen relativer und absoluter Knappheit veranschaulichen. Die beiden Kosumgüter G_i und G_j ($i, j = 1,2,3$ und $i \neq j$) sind relativ knapp in dem Sinne, daß aus (11.23) folgt

$$\frac{p_i}{p_j} = \frac{a_{0i}}{a_{0j}}. \tag{11.24}$$

In der relativen Knappheit kommt das Opportunitätskostenprinzip zum Ausdruck, denn die Herstellung einer zusätzlichen Einheit eines der Konsumgüter geht zwangsläufig mit dem Rückgang der Produktion des anderen Gutes einher. Diese Opportunitätskosten drückt das relative Preisverhältnis zwischen zwei Gütern aus. Relative Preise signalisieren hier die reale Möglichkeit, Gütermengenproportionen zu verändern. Der Produktionsfaktor G_0 hingegen ist absolut knapp. Für die relativen Preisverhältnisse ist seine Höhe belanglos.

Für die relativen Preisverhältnisse gilt aufgrund (11.22) auch

$$\frac{\partial U_h / \partial x_{hi}}{\partial U_h / \partial x_{hj}} = \frac{p_i}{p_j} \qquad (h = 1,\ldots,H.) \tag{11.25}$$

Da bei linearer Technologie und nicht vorhandener Kuppelproduktion das relative Preisverhältnis technisch determiniert ist (vgl. 11.24), wird sich die Nachfrage zwangsläufig so anpassen, daß (11.25) erfüllt ist.

Die relative Knappheit und damit die relativen Preise zwischen den Konsumgütern sind eine Folge ihrer *Rivalität* um den gemeinsamen und absolut knappen Produktionsfaktor.[8] Nur wenn diese Rivalität besteht, bestimmt die Produktionsseite die relativen Preise. Bei Kuppelprodukten besteht diese Rivalität dagegen nicht.

Nichtrivalität um Produktionsfaktoren ist geradezu charakteristisch für Kuppelproduktion. Dabei ist die Nichtrivalität allgemeiner als Kuppelproduktion: Das Vorliegen einer Nichtrivalität im Produktionsbereich ist zwar notwendig, nicht aber hinreichend für Kuppelproduktion. Ein Beispiel für eine Nichtrivalität im Produktionsbereich, die nicht in Kuppelproduktion mündet, ist der Fall mehrerer originärer Produktionsfaktoren. Dann nämlich kann es Güter geben, deren Herstellung ohne gemeinsame Produktionsfaktoren erfolgt, woraus eine Nichtrivalität folgt.

Welche Implikationen haben K-Prozesse und die daraus resultierende Nichtrivalität für die Schattenpreise einer Ökonomie? Diese Frage klären wir im nächsten Abschnitt.

11.4.2 Pareto-optimale Allokationen bei Kuppelproduktion

Relative Knappheit setzt Rivalität voraus, sei es zwischen Konsumenten um Güter oder zwischen Gütern um Produktionsfaktoren. Im Produktionsbereich bedeutet Rivalität die ausschließende Nutzung eines Produktionsfaktors bei der Produktion eines Gutes. Mit anderen Worten: Die zur Herstellung eines Gutes verwendete Faktormenge steht für die Produktion anderer Güter nicht mehr zur Verfügung. Zwischen Kuppelprodukten besteht diese Rivalität nicht. Um die Folgen für die optimale Allokation und die Schattenpreise herauszustellen, führen wir in das Modell des vorhergehenden Abschnittes einen K-Prozeß ein. Das Modell dient auch dazu, den Vergleich von Kuppelproduktion, öffent-

---

[8]Das Wort 'rivalisieren' hat eine interessante etymologische Bedeutung. Als Rivalen wurden ursprünglich Personen bezeichnet, die denselben Fluß nutzten. Eigentlich ist mit Rivalität die gemeinsame Nutzung des Kollektivgutes Fluß gemeint, und nicht die Konkurrenz in der Nutzung desselben. Heute meint man damit jedoch die Konkurrenz.

lichen Gütern und externen Effekten vorzubereiten.

Im Unterschied zum Ausgangsmodell im Abschnitt (11.4.1) sei G_3 ein Kuppelprodukt von G_2. Die Mengeneinheit von G_3 sei zur Vereinfachung so normiert, daß

$$y_3 = y_2. \tag{11.26}$$

Um die pareto-optimale Allokation zu ermitteln, verändern wir das ursprüngliche Optimierungsproblem (11.18) zu:

$$Max(U_1(x_{11}, x_{12}, x_{13})), \quad \text{unter den Nebenbedingungen:}$$

$$U_h(x_{h1}, x_{h2}, x_{h3}) = \overline{U_h} \; (h = 1, \dots, H),$$

$$y_i - \sum_{h=1}^{H} x_{hi} \geq 0 \; (i = 1, 2, 3), \tag{11.27}$$

$$x_0 - a_{01}y_1 - a_{02}y_2 \geq 0, \tag{11.28}$$

$$y_2 - y_3 \geq 0, \tag{11.29}$$

$$y_i \geq 0, x_{hi} \geq 0 \; (i = 1, 2, 3, 4), (h = 1, \dots, H).$$

Der Optimierungsansatz mit Kuppelprodukten unterscheidet sich vom ursprünglichen Optimierungsansatz in zweierlei Hinsicht. Zum einen ist die Faktorrestriktion zu ändern, weil G_3 nur indirekt über G_2 mit G_1 rivalisiert. Zum anderen kann die Menge des Kuppelproduktes G_3 die des Zielproduktes G_2 nicht überschreiten, was durch (11.29) zum Ausdruck kommt. Da die Kuppelprodukte nur indirekt über das Zielprodukt mit G_1 rivalisieren, bleibt die Faktorrestriktion unverändert.

Wir schließen wiederum Randlösungen aus und lösen das Optimierungsproblem über einen Lagrange-Ansatz:

$$\begin{aligned} L &= \sum_{h=1}^{H}(\tau_h U_h(x_{h1}, x_{h2}, x_{h3})) - \sum_{h=2}^{H} \tau_h \overline{U_h} \\ &+ \sum_{i=1}^{3}(p_i(y_i - \sum_{h=1}^{H} x_{hi}) + p_0(x_0 - a_{01}y_1 - a_{02}y_2) + \lambda(y_2 - y_3). \end{aligned}$$

Für Lösungen im Inneren des Restriktionsraumes erhalten wir die Optimalbedingungen:

$$\frac{\partial L}{\partial x_{hi}} = \tau_h \frac{\partial U_h}{\partial x_{hi}} - p_i = 0 \; (i = 1, 2, 3; h = 1, \dots, H), \tag{11.30}$$

$$\begin{aligned}
\frac{\partial L}{\partial y_1} &= p_1 - a_{01}p_0 = 0, && (11.31)\\
\frac{\partial L}{\partial y_2} &= p_2 - a_{02}p_0 + \lambda = 0, && (11.32)\\
\frac{\partial L}{\partial y_3} &= p_3 - \lambda = 0, && (11.33)\\
\frac{\partial L}{\partial p_i} &= (y_i - \sum_{h=1}^{H} x_{hi}) = 0 \ (i = 1,2,3), && (11.34)\\
\frac{\partial L}{\partial \tau_h} &= U_h - \overline{U_h} = 0 \ (h = 2,\ldots,H) \text{ und} && (11.35)\\
\frac{\partial L}{\partial \lambda} &= y_2 - y_3 = 0.
\end{aligned}$$

Die Optimalbedingung (11.33) setzen wir in (11.32) ein. Daraus erhalten wir eine Optimalbedingung für die optimale Faktorallokation bei Kuppelproduktion, die sich, wie der Vergleich mit (11.23) zeigt, deutlich von der des Standardmodelles unterscheidet. Im Optimum muß

$$p_2 + p_3 = a_{02}p_0 \qquad (11.36)$$

erfüllt sein. Allgemein gilt: Die Summe der Schattenpreise von Ziel- und Kuppelprodukten muß den Grenzkosten des Zielproduktes entsprechen. Setzen wir (11.30) in (11.36) ein, so folgt:

$$\sum_{i=1}^{2} \tau_h \left(\frac{\partial U_h}{\partial x_{hi}}\right) = a_{02}p_0 \qquad (h = 1,\ldots,H). \qquad (11.37)$$

Die Summe der in Geldwerten ausgedrückten Grenznutzen von Ziel- und Kuppelprodukten muß im Optimum den Grenzkosten des Zielproduktes entsprechen. Diese Bedingung legt den Vergleich zu den öffentlichen Gütern nahe, bei welchen ebenfalls die Summe der Grenznutzen der Haushalte den Grenzkosten des öffentlichen Gutes entsprechen muß. Dieser Korrespondenz zwischen öffentlichen Gütern und Kuppelprodukten gehen wir im nächsten Abschnitt nach. Die Verbindung zwischen beiden erfolgt über den Begriff der Nichtrivalität. Sowohl öffentliche Güter, als auch Kuppelproduktion sind Spezialfälle von Nichtrivalitäten.

11.4.3 Kuppelprodukte und öffentliche Güter

Im Zusammenhang mit öffentlichen Gütern ist der Begriff der Nichtrivalität gebräuchlicher als im Zusammenhang mit Kuppelproduktion. Er dient sogar zur Definition öffentlicher Güter: Ein öffentliches Gut ist dadurch definiert (vgl. BERNHOLZ UND BREYER 1984:95), daß mehrere Konsumenten das Gut nutzen können, ohne sich dabei gegenseitig zu behindern. Dies wird als *Nichtrivalität im Konsum* bezeichnet. Ein weiteres Charakteristikum öffentlicher Güter ist die *Nichtanwendbarkeit des Ausschlußprinzips.* Das heißt, kein Konsument kann von der Nutzung des öffentlichen Gutes ausgeschlossen werden.

An der Definition öffentlicher Güter wird die Korrespondenz zwischen Kuppelprodukten und öffentlichen Gütern deutlich. Während bei öffentlichen Gütern die Nichtrivalität zwischen Konsumenten besteht, besteht sie bei Kuppelproduktion zwischen den Kuppelprodukten. Denn bei Kuppelprodukten gibt es einen gemeinsamen Produktionsfaktor, um den sie nicht rivalisieren. Somit können wir folgende Analogie bilden: Ein Produktionsfaktor zur Herstellung von Kuppelprodukten entspricht unter dem Rivialitätsaspekt dem öffentlichen Gut, die Kuppelprodukte den Haushalten.

Das Nicht-Ausschlußprinzip bei öffentlichen Gütern ist bei Kuppelproduktion so zu deuten: Es ist nicht möglich, die Produktion einzelner Kuppelprodukte zu unterbinden; soll eines der Erzeugnisse eines K-Prozesses hergestellt werden, so sind die anderen Erzeugnisse nicht von der Produktion auszuschließen. Das Nichtausschlußprinzip bei Kuppelprodukten erweist sich aber nur dann als problematisch, wenn einzelne Kuppelprodukte unerwünscht sind, wie dies z.B. bei Schadstoffen der Fall ist. Während bei öffentlichen Gütern das Nicht-Ausschlußprinzip zu einer suboptimalen Versorgung mit öffentlichen Gütern in einer dezentralisierten Marktwirtschaft führt, bewirkt das Nichtausschlußprinzip bei Kuppelprodukten potentiell einen negativen externen Effekt. Darauf werden wir später noch eingehen.

Nach diesen intuitiv eingängigen Entsprechungen vergleichen wir Kuppelproduktion und öffentliche Güter modelltheoretisch. Wir nehmen für diesen Vergleich im Modell aus Abschnitt 11.4.2 an, G_1 sei ein öffentliches Gut. Damit behandeln wir sowohl Kuppelproduktion als auch öffentliche Güter im Rahmen eines Modelles. Für diese Vorgehensweise haben wir uns entschieden, weil dadurch erstens Kuppelproduktion und öffentliche Güter direkt gegenübergestellt werden und zweitens der Ansatz so einfach bleibt, daß die Vermengung beider Probleme die Analyse nicht behindert.

Wenn G_1 ein öffentliches Gut ist, so ist im Optimierungsansatz (11.27) durch

$$y_1 - x_{h1} \geq 0 \qquad (h = 1, \ldots, H,) \tag{11.38}$$

zu ersetzen. Restriktion (11.38) ist für öffentliche Güter charakteristisch: Sie drückt die *Nichtrivalität im Konsum* von G_1 aus. Im Pareto-Optimum muß statt (11.30) für $i = 1$ und (11.31) (vgl. Seite 346) gelten:

$$\frac{\partial L}{\partial x_{h1}} = \left(r_h \frac{\partial U_h}{\partial x_{h1}}\right) - p_{h1} = 0 \; (h = 1, \ldots, H), \tag{11.39}$$

$$\frac{\partial L}{\partial y_1} = \sum_{h=1}^{H} p_{h1} - a_{01} p_0 = 0. \tag{11.40}$$

Setzen wir (11.39) in (11.40) ein, so ergibt sich die Optimalbedingung bei öffentlichen Gütern:

$$\left(r_h \frac{\partial U_h}{\partial x_{h1}}\right) - p_{h1} = 0 \qquad (h = 1, \ldots, H). \tag{11.41}$$

Die formale Ähnlichkeit zwischen öffentlichen Gütern und Kuppelprodukten ist anhand der Gleichungen (11.41) und (11.37) zu erkennen. Bei öffentlichen Gütern ergibt die Summe der individuellen, in Geldeinheiten ausgedrückten Zahlungsbereitschaften einen den Grenzkosten entsprechenden Betrag. Bei den Kuppelprodukten bildet die Summe der in Geldeinheiten bewerteten Grenznutzen der Kuppelprodukte jedes einzelnen Haushaltes einen den Grenzkosten entsprechenden Betrag; im einen Fall summieren wir über die Grenznutzen aller Konsumenten, im anderen über die Grenznutzen der Kuppelprodukte für jeden einzelnen Konsumenten.

Diese Ähnlichkeit ist bereits im partialanalytischen Kontext erkennbar und blieb deshalb nicht unbemerkt. BUCHANAN (1968:52ff) greift bei seinen Ausführungen über die Bewertung öffentlicher Güter sogar immer wieder auf die Kuppelproduktion zurück. Dabei bezieht er sich auf Vorgehensweise Marshalls, der mit einem Partialmodell die optimale Angebotsregel für Kuppelprodukte abgeleitet hat. Buchanan verwendet die Ergebnisse Marshalls, um die unterschiedliche Evaluation einer vorgegebenen Menge eines öffentlichen Gutes zu veranschaulichen. Er benutzt das Beispiel einer Feuerwehr: Selbst wenn alle Konsumenten im Einsatzbereich der Feuerwehr homogen sind, d.h. über die gleichen vor dem Feuer zu schützenden Güter verfügen, ergibt sich durch die Festsetzung des Standortes der Feuerwehr ein unterschiedlicher Schutz. Je näher die Niederlassung der Feuerwehr bei den Gütern eines der Konsumenten ist, um so höher ist die Wertschätzung, die dieser der Feuerwehr entgegenbringt. Nachdem die technischen und räumlichen Eigenschaften des öffentlichen Gutes spezifiziert sind, gilt für BUCHANAN (1968:55):

> "... the analogue to the Marshallian fixed-proportion modell is complete."

In beiden Fällen, nämlich bei öffentlichen Gütern und bei Kuppelprodukten, treten Besonderheiten bei der Funktion von Preisen in einer dezentralisierten Marktwirtschaft auf. Diese Besonderheiten werden wir nun etwas genauer betrachten.

Selbst in einer Ökonomie mit nur einem Haushalt und zwei Kuppelprodukten können mit einem Preissystem Konsum- und Produktionsentscheidungen dezentralisiert werden. Bei dieser Dezentralisierung signalisiert das Preisverhältnis zwischen den Kuppelprodukten eine scheinbare Substitutionsmöglichkeit. Da die Produktproportionen fix sind, wird die Nachfrage über die Preise auf das Angebot eingestellt. Eine über den Schein hinausgehende Funktion erhalten Preise zwischen Kuppelprodukten erst, wenn mehrere Konsumenten auftreten. Denn dann dient das Preissystem auch dazu, die Kuppelproduktmengen zwischen den Konsumenten zu verteilen. In diesem Fall erst ist eine dezentralisierte Marktlösung überhaupt sinnvoll. Also selbst dann, wenn innerhalb des Produktionsbereiches keine Rivalitäten auftreten, ist ein Preissystem sinnvoll, weil damit die Nachfrageseite denzentralisiert werden kann. Mit anderen Worten: Die Konsumenten rivalisieren um die Kuppelprodukte, das Preissystem nimmt eine Distributionsfunktion wahr.

Bei öffentlichen Gütern verhält es sich spiegelbildlich. Auch hier ist es sinnvoll, zunächst einen extremen Fall zu betrachten: die Existenz nur eines Haushaltes und nur eines Gutes, das zudem öffentlich ist. Auch hier machen Preise keinen Sinn, da keine Rivalitäten auftreten. Erst dann, wenn es neben dem öffentlichen Gut weitere Güter gibt, deren Herstellung mit dem öffentlichen Gut um Produktionsfaktoren rivalisiert, ist die Einführung von Preisen sinnvoll. Preise haben dann eine Faktorallokationsfunktion, aber keine Distributionsfunktion.

11.4.4 Externe Effekte

Negative externe Effekte haben ihre Ursache häufig in unerwünschten Kuppelprodukten. Ebenso wie öffentliche Güter sind sie eine potentielle Ursache von Marktversagen. Ein Marktversagen bei erwünschten Kuppelprodukten konnten wir bisher nicht feststellen. In diesem Abschnitt untersuchen wir, ob, und wenn ja, unter welchen Umständen es bei erwünschten Kuppelprodukten zu Marktversagen kommen kann.

Wir modifizieren den Produktionsbereich unseres Standardmodelles aus Abschnitt 11.4.1 wie folgt: G_1 und G_3 seien Konsumgüter. G_2 sei ein Kuppelprodukt von G_1 und notwendiges Vorprodukt für die Herstellung von G_3. Bei der Produktion einer Einheit G_1 entstehe eine Einheit G_2, die Herstellung einer Einheit G_3 erfordere eine Einheit G_2. Als Konsumgut eigne sich G_2 nicht. Aus Vereinfachungsgründen nehmen wir an, G_2 sei frei entsorgbar. Um das Modell an einem Beispiel zu veranschaulichen, greifen wir auf unsere chemiehistorischen Ausführungen zurück. Das Unternehmen mit den beiden Kuppelprodukten ist beispielsweise eine Metallhütte, die sulfidische Erze abröstet. Bei diesem Produktionsverfahren entsteht neben Metall (G_1) Schwefeldioxid (G_2) als starres Kuppelprodukt. Dieses Kuppelprodukt kann zu Schwefelsäure und damit unter zusätzlichen, hier nicht beachteten Inputfaktoren, zu Textilien weiterverarbeitet werden. Textilien (G_3) sind dann ein Verbundprodukt von G_1. Ein wichtiges Unternehmen der frühen chemischen Industrie in Deutschland (vgl. Seite 7.2.4.2) nutzte beispielsweise die schwefeldioxidhaltige Abluft der Metallhütten als Vorprodukt.

Zunächst bestimmen wir die optimale Allokation und die Schattenpreise in dieser Ökonomie. Anschließend prüfen wir die Dezentralisierung als Marktlösung.

Die Optimalbedingungen ergeben sich als Lösung von:

Max $U_h(x_{h1}, x_{h3})$ unter den Nebenbedingungen:

$$U_h(x_{h1}, x_{h3}) = \overline{U_h} \ (h = 2, \ldots, H), \tag{11.42}$$

$$y_i - \sum_{h=1}^{H} x_{hi} \geq 0 \ (i = 1, 3), \tag{11.43}$$

$$y_1 - y_2 \geq 0, \tag{11.44}$$

$$y_2 - y_3 \geq 0, \tag{11.45}$$

$$x_0 - a_{01}y_1 - a_{03}y_3 \geq 0, \tag{11.46}$$

$$x_{hi} \geq 0, y_h \geq 0 \ (i = 1, 2, 3; h = 1, \ldots, H).$$

Restriktion (11.43) ist bereits aus den vorhergehenden Optimierungsansätzen bekannt. Die Kuppelproduktion von G_1 und G_2 ist über Restriktion (11.44) erfaßt. Restriktion (11.45) besagt, daß die hergestellte Menge von G_3 die von G_2 nicht übertreffen kann, da G_2 erforderliches Vorprodukt ist. Die anderen Restriktionen bedürfen keiner weiteren Erklärung.

Wir lösen das Maximierungsproblem mit dem Lagrange-Ansatz

$$\begin{aligned} L &= \sum_{h=1}^{H} (\tau_h U_h(x_{h1}, x_{h3})) - \sum_{h=2}^{H} \tau_h \overline{U_h} + \sum_{i=1,3} p_i(y_i - \sum_{h=1}^{H} x_{ih}) \\ &+ \lambda(y_1 - y_2) + p_2(y_2 - y_3) + p_0(x_0 - a_{01}y_1 - a_{03}y_3). \end{aligned}$$

Im Gegensatz zu unseren bisherigen Lösungsansätzen können wir diesmal keine Lösung im Inneren des Lösungsraumes erwarten. Ursächlich ist hierfür Restriktion (11.45), bei der nicht zwingend das Gleichheitszeichen gilt; denn das würde bedeuten, daß die verwertete Menge von G_2 mit der anfallenden Menge identisch sein müßte. Es ist jedoch vielmehr denkbar, daß nur ein Teil der Kuppelproduktmenge verwertet wird. Bei der Lösung des Lagrange-Ansatzes müssen wir deshalb die Bedingungen für ein Optimierungsproblem mit gemischten Restriktionen berücksichtigen.[9] Wir erhalten dann als Opti-

[9] Eine formale Darstellung der Lösung von Optimierungsansätzen mit gemischten Restriktionen findet sich in TAKAYAMA (1985:102f).

malbedingungen:

$$\frac{\partial L}{\partial x_{hi}} = \tau_h \frac{\partial U_h}{\partial x_{hi}} - p_i = 0 \ (i = 1,3; h = 1,\ldots,H), \tag{11.47}$$

$$\frac{\partial L}{\partial y_1} = p_1 + \lambda - a_{01}p_0 = 0, \tag{11.48}$$

$$\frac{\partial L}{\partial y_2} = -\lambda + p_2 = 0, \tag{11.49}$$

$$\frac{\partial L}{\partial y_3} = p_3 - p_2 - a_{03}p_0 = 0, \tag{11.50}$$

$$\frac{\partial L}{\partial \tau_h} = U_h - \overline{U_h} \ (h = 2,\ldots,H), \tag{11.51}$$

$$\frac{\partial L}{\partial p_i} = 0, \ (i = 0,\ldots,3), \ \frac{\partial L}{\partial \tau_h} = 0 \ (h = 1,\ldots,H) \text{ und } \frac{\partial L}{\partial \lambda} = 0,$$

$$p_2(y_2 - y_3) = 0, p_2 \geq 0. \tag{11.52}$$

Zu unterscheiden sind zwei Fälle. Im ersten Fall wird nur ein Teil der Menge des Kuppelproduktes in der Produktion von G_3 verwertet. Im zweiten Fall wird das Kuppelprodukt in vollem Umfang zu G_3 weiterverarbeitet.

- **Fall 1: Überschüssige Kuppelproduktmenge**

Wird nur ein Teil der Menge des Kuppelproduktes verwertet, so gilt $p_2 = 0$, was direkt aus (11.52) folgt. Intuitiv ist dies einleuchtend, denn G_2 ist dann ein freies Gut. Die Optimalbedingungen (11.48) und (11.50) vereinfachen sich damit zu

$$p_1 = a_{01}p_0,$$

$$p_3 = a_{03}p_0.$$

Das Verbundprodukt G_3 trägt keinerlei Kosten des K-Prozesses. Zwischen G_1 und G_3 läßt sich ein relatives Preisverhältnis berechnen. Die Kuppelproduktion von G_1 und G_2 ist in diesem Fall bedeutungslos. Wird dieses Ergebnis dezentralisiert, so zeigt sich die erste Möglichkeit einer nicht pareto-optimalen Allokation. Dies ist dann der Fall, wenn Unternehmen 1, das annahmegemäß das Kuppelprodukt herstellt, einen Preis für das Kuppelprodukt ansetzt. Dieses Verhalten könnte aus der Beobachtung resultieren, daß Unternehmen 2 das Kuppelprodukt als Input zur Produktion von G_3 benutzt, ohne den seine Produktionsaktivität unmöglich wäre. Ein pareto-optimales Ergebnis erfordert in diesem Fall tatsächlich, daß das Unternehmen 1 sein Kuppelprodukt an Unternehmen 2 weitergibt und damit quasi einen positiven externen Effekt verursacht: Unternehmen 1 begünstigt damit Unternehmen 2, ohne daß dies über einen Markt entgolten werden müßte.

- **Fall 2: Vollständige Verwertung der Kuppelproduktmenge**

Bei einer vollständigen Verwertung des Kuppelproduktes durch das zweite Unternehmen können wir nicht mehr voraussetzen, daß der Schattenpreis für G_2 gleich null ist. Damit ändern sich auch die Bedingungen für das Pareto-Optimum. Über Gleichung (11.49) stellen wir die Beziehung zwischen den Preisen für G_1 und G_3 her. Es gilt dann:

$$p_1 + p_2 = a_{01}p_0, \tag{11.53}$$

$$p_3 = p_2 + a_{03}p_0. \tag{11.54}$$

Lösen wir (11.54) nach p_2 auf und setzen in (11.53) ein, so erhalten wir für den Preis des Verbund- und Zielproduktes

$$p_1 + p_3 = (a_{01} + a_{03})p_0. \tag{11.55}$$

Zwischen Ziel- und Verbundprodukten besteht damit ein ähnlicher Zusammenhang wie zwischen Ziel- und Kuppelprodukten: Die Kosten werden unspezifisch auf alle Produkte verteilt.

Auch in diesem Fall ist eine Störung des Pareto-Optimums denkbar. Diese tritt dann auf, wenn Unternehmen 2 nicht bereit ist, einen Preis für das Kuppelprodukt der Unternehmung 1 zu entrichten und zusätzlich nicht am Bezug des Kuppelproduktes gehindert werden kann. Bei einer vollständigen Verwertung dient der Preis des Kuppelproduktes nämlich zur Anpassung der Nachfrage. Aus (11.47), (11.53) und (11.54) folgt nämlich

$$\frac{\partial U_h/\partial x_{h1}}{\partial U_h/\partial x_{h3}} = \frac{a_{01}p_0 - p_2}{a_{03}p_0 + p_2}. \tag{11.56}$$

Es kann deshalb pareto-optimal sein, ein scheinbar wertloses Abfallprodukt mit einem Preis zu versehen. An dieser Stelle ist auch die Bibel ungenau, die meint, es sei ein Merkmal von "Betrügern und Ausbeutern", von sich zu behaupten (Amos 8,6)

"Sogar den Abfall des Getreides machen wir zu Geld."

Kapitel 12

Abschließende Bemerkungen und Ausblick

In der Einleitung bezeichneten wir Kuppelproduktion als ein vielfältiges Forschungsgebiet. Von dieser Vielfalt konnten wir im Rahmen der vorliegenden Arbeit nur einen Teil abhandeln. An Stelle einer lediglich zusammenfassenden Schlußbemerkung zeigen wir deshalb vor allem Möglichkeiten zukünftiger Erweiterungen auf.

Wir beschränkten unsere Untersuchung weitgehend auf die chemische Industrie und bewegten uns in vielen Abschnitten auf der Ebene einzelner Produktionsprozesse. Kuppelproduktion ist jedoch eine generische Eigenschaft stoffumwandelnder Produktionsaktivitäten; nur in Ausnahmefällen kann ein Erzeugnis ohne Kuppelprodukte hergestellt werden. Das von uns entwickelte Instrumentarium zur qualitativen und quantitativen Erfassung von Kuppelprodukten eignet sich deshalb zur Analyse weiter und wichtiger Bereiche einer Volkswirtschaft. Die große umweltökonomische Bedeutung vieler ihrer Kuppelprodukte und die Dominanz stoffumwandelnder Produktionsaktivitäten prädestinieren die chemische Industrie als Bezugsobjekt unserer Forschungen. Auf Kuppelprodukte, die weder direkt noch indirekt mit der chemischen Industrie zusammenhängen, konnte in der vorliegenden Arbeit nur am Rande eingegangen werden. Die erste Möglichkeit zukünftiger Forschungen betrifft deshalb Kuppelprodukte in anderen Bereichen der Volkswirtschaft. Neben der chemischen Industrie sind vor allem die rohstoffördernden Sektoren Schwerpunkte der Kuppelproduktion. So erfolgt beispielsweise die Förderung von Phosphaten in den Vereinigten Staaten mit Uran als Kuppelprodukt (OWEN 1992:137ff). Aber auch Produktionsprozesse in der Metallverarbeitung, der Landwirtschaft und der Nahrungsmittelindustrie gehen mit Kuppelprodukten einher. Sogar in Branchen wie dem Maschinenbau und der Elektrotechnik sind Kuppelprodukte mehr die Regel denn die Ausnahme; allerdings überwiegen hier die unerwünschten Kuppelprodukte in Form von Abfällen und Schadstoffen eindeutig vor den erwünschten Kuppelprodukten. Ihre naturgesetzliche Bedingtheit ist zudem schwieriger als in den stoffumwandelnden Branchen zu erkennen.

Die zweite Möglichkeit zukünftiger Forschungen gilt den intertemporalen Aspekten der Kuppelproduktion. Bei unseren theoretischen Überlegungen, vor allem im vierten Teil der Arbeit, beschränkten wir uns auf statische Modellwelten. Wir wählten diesen Ansatz, weil die explizite Berücksichtigung erwünschter oder neutraler Kuppelprodukte in der Literatur bisher nur rudimentär und in partialanalytischer Weise erfolgte. Es ging deshalb zunächst darum, die *Grundstrukturen* der Kuppelproduktion aufzudecken, was die weitgehende Vereinfachung rechtfertigt. Im nächsten Schritt könnten diese Ansätze zu intertemporalen Modellen weiterentwickelt werden. Die Synthese mit dem neoösterreichischen Ansatz ist dabei ohne größere konzeptionelle Schwierigkeiten möglich, zumal unerwünschte Kuppelprodukte bereits berücksichtigt wurden (FABER ET AL. 1983, 1983a). Mit einem intertemporalen Ansatz könnten dann die im dritten Teil der Arbeit dargelegten Entwicklungslinien der chemischen Industrie stärker theoretisch durchdrungen werden. Dabei sind vor allem zwei Punkte vielversprechend:

- Bestehende Kapitalgüter, die aufgrund veränderter Marktbedingungen oder technischer Innovationen innerhalb kurzer Zeit obsolet wurden, konnten häufig anderweitig verwertet werden. Die Obsolenz von Kapitalgütern, aber auch von technischem Wissen veranlaßte Unternehmer und Wissenschaftler, anderweitige, ursprünglich nicht beabsichtigte Nutzungsformen für diese Kapitalgüter zu suchen. Insbesondere die Karbidchemie beeinflußte auf diese Weise trotz ihres Untergangs die Entwicklung der chemischen Industrie in entscheidender Weise. Ähnlich den neutralen oder unerwünschten Kuppelprodukten im traditionellen Sinn, besteht eine Tendenz zur Verwertung. Die strukturellen Ähnlichkeiten zwischen traditionellen Kuppelprodukten und Kapitalgütern könnten ausgehend von dieser Beobachtung vertieft werden.

- Wie unsere historischen Studien zeigen, erleichtern wirtschaftliche Friktionen, wie der drohende Verlust von Absatzmärkten, den Übergang auf neue Techniken. Diese Friktionen aber sollen bei einer modernen Umweltpolitik vermieden werden. Ob sich eine graduelle und damit friktionsarme oder eine schockartige Veränderung von Rahmenbedingungen besser eignet, um die Innovation umweltfreundlicher Techniken anzuregen, ist vor dem Hintergrund historischer Erfahrungen keineswegs eindeutig zugunsten gradueller Veränderungen zu beantworten.

Mit den umwelpolitischen Implikationen sind wir beim dritten Ansatzpunkt zukünftiger Forschungen angelangt. Im zweiten Teil der Arbeit wurde die Kluft zwischen Empirie und Theorie unerwünschter Kuppelprodukte deutlich. Auf der einen Seite steht die chemische Industrie mit einer unüberschaubaren Anzahl unterschiedlichster Ziel-, Verbund- und Kuppelprodukte. Auf der anderen Seite steht das hochentwickelte Instrumentarium der Umweltökonomik zur Analyse der unerwünschten Kuppelprodukte. Eine ökonomisch fundierte Umweltpolitik, die an jedem einzelnen unerwünschten Kuppelprodukt ansetzt, stößt jedoch schnell an Grenzen. Auf der einen Seite treten konzeptionelle Schwierigkeiten bei der Bestimmung von Wohlfahrts-, Schadens- und Diffusionsfunktionen auf. Auf der anderen Seite übersteigt der Bedarf an Daten bei weitem das Datenangebot öffentlicher Statistiken. Theoretisch abgesichterte umweltpolitische Maßnahmen gegen bestimmte unerwünschte Kuppelprodukte sind deshalb nur in Einzelfällen angebracht. Um die Gesamtheit unerwünschter Kuppelprodukte in ihrer Masse zu verringern, sind vielmehr Rahmenbedingungen zu setzen, welche die industrielle Entwicklung zugunsten einer umweltschonenden Produktionsweise beeinflußen. Um diese Rahmenbedingung zu setzen, müssen zwei Voraussetzungen erfüllt sein. Erstens ist es erforderlich, zentrale Kuppel-Produktionsprozesse zu identifizieren. Einer dieser Produktionsprozesse ist die Chlor-Alkali-Elektrolyse, die wir ausführlich behandelten. Zweitens sind ökonomische Modelle erforderlich, mit denen sich Rigiditäten in den Produktionsmöglichkeiten aufgrund von Kuppelprodukten aller Art berücksichtigen lassen. In dieser Zielrichtung verfuhren wir im vierten Teil der Arbeit. Eine explizite umweltökonomische Auswertung steht jedoch noch aus.

Es bleibt zu wünschen, daß Kuppelproduktion in all ihren Aspekten zukünftig integraler Bestandteil ökonomischer Modellwelten wird. Nur so kann die Diskrepanz zwischen Theorie und Praxis reduziert werden.

Literaturverzeichnis

Alkali Inspektor (1885). *21st Report*, London.

Anonymus (1991). 'Chlorid-Abkommen', *Umwelt*, 11, S. 504.

Anonymus (1993). 'World Chemicals: The Challenge of Asia', *The Economist*, March 13th., S. 25.

Anonymus (1994). 'FCKW', *Umwelt*, 2, S. 72.

Arrow, K.J., H.D. Block, L. Hurwicz (1959). 'On the Stability of the Competitive Equilibrium, Part II', *Econometrica*, 26, S. 89-109.

Arrow, K.J., H.B. Chenery, B.S. Minhas, R.M. Solow (1961). ' Capital-Labor Substitution and Economic Efficiency', *Review of Economics and Statistics*, 43, S. 225-250.

Arrow, K.J., F. H. Hahn (1986). *General Competitive Analysis.* North-Holland, Amsterdam u.a.

Asiaticus (1903). 'The Rise and Fall of the Indigo Industry in India', *The Economic Journal*, Vol. 22, No. 86, S. 237-247.

Aumann, R.J., L.S. Shapley (1974). *Values of Non-Atomic Games.* Princeton University Press, Princeton (New Jersey).

Ayres, R. U., Kneese, A.V. (1969). 'Production, Consumption, and Externalities'. *American Economic Review*, Vol. LIX, S. 282-297.

Babbage, Charles (1835). *On the Economy of Machinery and Manufactures*, 4. Auflage. Charles Knight, Pall Mallk East, London.

Bäumler, E. (1989). *Farben, Formeln, Forscher - Hoechst und die Geschichte der industriellen Chemie in Deutschland.* Piper Verlag München, Zürich.

Bahadir, M. (1991). 'Ökologische Chemie', *Chemie in unserer Zeit*, 25. Jahrg., 5. VCH, Weinheim u.a.

Barbera, A.J., V.D. McConnell (1990). 'The Impact of Environmental Regulations on Industry Productivity: Direct and Indirect Effects', *Journal of Environmental Economics and Management*, 18, S. 50-65.

Barker, T.C., Harris, J.R. (1959). *A Merseyside Town in the Industrial Revolution St. Helens 1700-1900.* Frank Cass & Company Ltd, London.

BASF (Hrsg.) (lfd.Jgg.). *Umweltbericht.*

Baumol, W.J., D.F. Bradford (1972). 'Detrimental Externalities and Non-Convexity of the Production Set', *Economica*, XXXIX, May, S. 160-176.

Baumol, W.J., W.E. Oates (1988). *The Theory of Environmental Policy*, 2. Auflage. Cambridge University Press, Cambridge u.a.

Bernholz, P., (1971). 'Superiority of Roundabout Processes and Positive Rate of Interest. A Simple Model of Capital and Growth',*Kyklos*, 24, S. 687-721.

Bernholz, P., F. Breyer (1984). *Grundlagen der Politischen Ökonomie*, 2. Auflage. J.C.B. Mohr (Siebeck), Tübingen.

Biddle, G.C., Steinberg, R. (1985). 'Common Cost Allocation in the Firm'. In: H.P. Young (Hrsg.). *Cost Allocation: Methods, Principles, Applications.* North-Holland, Amsterdam u.a.

Billera, L.J., Heath, D.C. (1982). 'Allocation of Shared Costs: A Set of Axioms Yielding a Unique Procedure', *Mathematical of Operations Research*, Vol. 7, No. 1, S. 32-39.

Binder, G.(1991). 'PVC - ein universeller Kunststoff.' In: VCI (Hrsg.). *Chemie im Dialog - Herausforderungen und Perspektiven.* Frankfurt am Main.

Binswanger, H.C., M. Faber, R. Manstetten (1990). 'The Dilemma of modern man and nature: an exploration of the Faustian imperative', *Ecological Economics*, 2, S. 197-223.

Böhm-Bawerk, E.v. (1884/1889). *Kapital und Kapitalzins, erste Abteilung: Geschichte und Kritik der Kapitalzinstheorien.* Innsbruck, 1884. Zweite Abteilung: *Positive Theorie des Kapitals.* Innsbruck, 1889.

Boon, G.K. (1964). *Economic Choice of Human and Physical Factors of Production.* North-Holland, Amsterdam.

Borkin, J. (1986). *Die unheilige Allianz der IG Farben: eine Interessensgemeinschaft im Dritten Reich.* Campus Verlag, Frankfurt am Main.

Buchanan, J. (1968). *The Demand and Supply of Public Goods.* Rand McNally & Company, Chicago.

Bueb, M., M. Finzenhagen, T. Mann, K. Müller (1990). 'Verminderung der Abwasseremission in der chemischen Industrie durch Verfahrensumstellung und Teilstrombehandlung.' *Korrespondenz Abwasser*, 37. Jg., 5, S. 542-558.

Büchel, K.W. (1992). 'Chemie mit Chlor - ein Thema von vitalem Interesse.' In: Bayer AG (Hrsg.). *Chemie mit Chlor.* Experten Forum.

Büchner, W. (1986). *Industrielle Anorganische Chemie*, 2. Auflage. VCH, Weinheim u.a.

Bunde, J., H. Zimmmermann (1988). 'Abfall aus ökonomischer Sicht', *Zeitschrift für angewandte Umweltforschung*, Jg. 1, 2, S. 175-182.

Buttgereit, R.(1994). 'Die Chlorchemie auf dem Prüfstand - gibt es Alternativen?', *Spektrum der Wissenschaft*, August, S. 108-113.

Chambers, R.G.(1988). *Applied Production Analysis. A Dual Approach.* Cambridge University Press, Cambridge u.a.

Chandler, A.D.jr. (1990). *Scale and Scope: The Dynamics of Industrial Capitalism.* MIT Press, Cambridge (Mass.).

Chemische Industrie (1991,1992,1994). Herausgegeben im Auftrag des VCI, Verlagsgruppe Handelsblatt, Düsseldorf.

Chenery, H.B. (1948). 'Engineering Production Functions', *Quarterly Journal of Economics*, 63, S. 507-531.

Chenery, H.B. (1953). 'Process and Production Functions from Engineering Data'. In: W. Leontief (Hrsg.). *Studies in the Structure of the American Economy.* Oxford University Press, Oxford.

Christ, C. (1992). 'Produktionsintegrierter Umweltschutz in der chemischen Industrie - Chancen und Grenzen', *Chemie-Ingenieur-Technik*, Oktober 1992, 64. Jg, S. 889-898.

Coase, R.H. (1960). 'The Problem of Social Cost', *Journal of Law and Economics*, 3, S. 1-44.

Cohendet, P. (1984). 'Les Perspectives de la Chimie en Europe'. In: P. Cohendet (Hrsg.). *La Chimie en Europe. Innovations, Mutations et Perspectives.* Economica, Paris.

Corcoran, A. W. (1978). *Costs - Accounting, Analysis and Control.* John Wiley & Sons, Santa Barbara u.a.

Cropper, M.L., W.E. Oates (1992). 'Environmental Economics: A Survey', *Journal of Economic Literature*, June 1992, Volume XXX, 2, S. 675-740.

Debreu G. (1959). *Theory of Value.* Wiley, New York.

Debreu G. (1962). 'New Concepts and Techniques for Equilibrium Analysis', *International Economic Review*, 3, S. 257-273.

Dechema (Hrsg.) (1990). *Produktionsintegrierter Umweltschutz in der chemischen Industrie.* Frankfurt am Main.

Dixon, P.B., B.R. Parmenter, A. Powell, P.J. Wilcoxen (1992). *Notes and Problems in Applied General Equilibrium Economics*, Advanced Textbooks in Economics, 32. North-Holland, Amsterdam u.a.

Dohtani, A. (1993). 'Global Stability of the Competitive Economy involving Complementary Relations among Commodities', *Journal of Mathematical Economics*, 22(1), S. 73-83.

Dorfmann, R., P. A. Samuelson, R. M. Solow (1958). *Linear Programming and Economic Analysis.* McGraw-Hill, New York u.a.

Drösser, E. (1908). *Die technische Entwicklung der Schwefelsäurefabrikation.* Verlag Dr. W. Klinkhardt, Leipzig.

Eide, E. (1979). *Engineering, Production and Costfunctions for tankers.* University of Oslo, Mimeo.

Enquete-Ausschuß (1930). *Die deutsche Chemische Industrie - Verhandlungen und Berichte des Unterausschusses für Gewerbe: Industrie, Handel und Handwerk.* Mittler & Sohn, Berlin.

Enquete (1993). *Verantwortung für die Zukunft. Wege zum nachhaltigen Umgang mit Stoff- und Materialströmen.* Economica Verlag, Bonn.

Europa Chemie (1991,1992,1993,1994). Internationaler Informationsdienst für Chemie, Umwelt und Wirtschaft, Verlagsgruppe Handelsblatt, Düsseldorf.

Faber, M. (1979). *Introduction to Modern Austrian Capital Theory.* Lecture Notes in Economics and Mathematical Systems, 167. Springer Verlag, Berlin, Heidelberg, New York.

M. Faber (Hrsg.) (1986). *Studies in Austrian Capital Theory, Investment and Time.* Lecture Notes in Economics and Mathematical Systems, 277. Springer Verlag, Heidelberg u.a.

Faber, M., F. Jöst, G. Müller (1994). *Umweltschutz und Effizienz in der chemischen Industrie - Eine Fallstudie*, Diskussionspapier der Wirtschaftswissenschaftlichen Fakultät der Universität Heidelberg, Nr. 217.

Faber, M., R. Manstetten, G. Müller (1993). 'Ökologische Herausforderung für die chemische Industrie.' *Ruperto Carola, Forschungsmagazin der Universität Heidelberg*, 2/93, S. 30-35.

Faber, M., R. Manstetten, G. Müller (1994a). 'Interdisziplinäre Umweltforschung aus ökonomischer Sicht'. *Naturwissenschaften*, Mai 1994, S. 193-199.

Faber, M., H. Niemes, G. Stephan (1983). *Entropie, Umweltschutz und Rohstoffverbrauch - Eine naturwissenschaftlich ökonomische Untersuchung.* Lecture Notes in Economics and Mathematical Systems, 214. Springer Verlag, Heidelberg u.a.

Faber, M., H. Niemes, G. Stephan (1983a). *Umweltschutz und Input-Output-Analyse. Mit zwei Fallstudien aus der Wassergütewirtschaft.* J.C.B. Mohr (Siebeck), Tübingen.

Faber, M., J.L.R. Proops (1990). *Evolution, Time, Production and the Environment.* Springer Verlag, Heidelberg u.a.

Faber, M., J.L.R. Proops (1991). 'The Innovation of Techniques and the Time-Horizon: A Neo-Austrian Approach', *Structural Change and Economic Dynamics*, Vol. 2, 1, S. 143-158.

Faber, M., J.L.R. Proops (1993). 'Natural Resource Rents, Economic Dynamics and Structural Change: A Capital Theoretic Approach', *Ecological Economics*, 8, S. 17-44.

Faber, M., J.L.R. Proops, M. Ruth, P. Michaelis (1990). 'Economy-Environment Interactions in the Long-run: A Neo-Austrian Approach'. *Ecological Economics*, 2, S. 27-55.

Faber, M., G. Stephan, P. Michaelis (1988). *Umdenken in der Abfallwirtschaft*, 2. Auflage. Springer Verlag, Heidelberg u.a.

Färe, R. (1988). *Fundamentals of Production Theory*, Lecture Notes in Economics and Mathematical Systems, 311. Springer-Verlag, Heidelberg u.a.

Fester, G. (1923). *Die Entwicklung der chemischen Technik bis zu den Anfängen der Großindustrie.* J. Springer, Berlin.

Finley, M. I., D. M. Smith, C. Duggan (1989). *Geschichte Siziliens und der Sizilianer*, übersetzt aus dem Englischen (1986), Verlag C.H.Beck, München.

Fischer, D. (1992). *The Industrial Revolution - A Macroeconomic Interpretation.* St. Martin's Press, New York.

Fischer, H. (1982).'Schwefel'. In: E. Bartholomé, E. Biekert, H. Hellmann, H. Ley, W. Weigert, E. Weise (Hrsg.). *Ullmanns Encyklopädie der technischen Chemie*, 4. Auflage, Band 21. VCH, Weinheim u.a.

Fitzer, E., W. Fritz (1989). *Technische Chemie*, 3. Auflage. Springer Verlag, Heidelberg u.a.

Førsund, F.R., S. Strøm (1976). 'The Generation of Residual Flows in Norway: An Input-Output Approach', *Journal of Environmental Economics and Management*, 3, S. 129-141.

Förstner, U. (1990). *Umweltschutztechnik - Eine Einführung.* Springer-Verlag, Heidelberg u.a.

Frank, R. (1991). *Microeconomics and Behavior.* McGraw-Hill, New York u.a.

Freitag, D., L. Ballhorn, S. Korte, F. Korte (1990). 'Bioaccumulation and Degradation of some Nitroalkanes'. In: Karcher, W., J. Devillers (Hrsg.). *Practical Applications of Quantitative Structure-Activity Relationships (QSAR) in Environmental Chemistry and Toxicology*, S. 371-388. EEC, Brüssel.

Gale, D. (1960). *The Theory of Linear Economic Models.* McGraw-Hill, New York u.a.

Gawel, E. (1993). 'Über das 'Flexible' in der Umweltpolitik. Regulative Politikmuster in der Legitimitätskrise', *Zeitschrift für Wirtschaftspolitik*, 42, S. 75-86.

Georgescue-Roegen, N. (1971). *The Entropy Law and the Economic Process.* Harvard University Press, Cambridge (Mass).

Gerstenberger, W. (1992). *Die Bedeutung der nationalen/europäischen Halbleiterindustrie für die Wettbewerbsfähigkeit der Industrie und insbesondere als Standortfaktor für Anwenderindustrien der Mikroelektronik.* Ifo-Institut, München.

Gmelin (1991). *Handbuch der Anorganischen Chemie.* Springer-Verlag, Heidelberg u.a. (wird laufend ergänzt).

Gras, N.S. (1925). *A History of Agriculture in Europe and America.* Pitman, London.

Greiner, W.G., L. Neise, H. Stöcker (1987). *Thermodynamik und statistische Mechanik - Theoretische Physik*, Band 9. H. Deutsch Verlag, Frankfurt am Main und Thun.

Haber, L. F. (1958). *The Chemical Industry during the Nineteenth Century - A Study of the Economic Aspect of Applied Chemistry in Europe and North America.* Clarendon Press, Oxford.

Haber, L. F. (1971). *The Chemical Industry 1900 -1930: International Growth and Technical Change.* Clarendon Press, Oxford.

Hagel, v., G., U. Kiefer, R. Bausch (1992). 'Gewässerschutz in der Chemie', *Chemische Industrie*, 4, S. 13-16.

Hahn, F. (1958). 'Gross Substitutes and the Dynamic Stability of General Equilibrium', *Econometrica*, 26, S. 169-170.

Hansmeyer, K-H., (1993). 'Das Spektrum umweltpolitischer Instrumente', *Schriften des Vereins für Socialpolitik*, Band 224, Beiheft 2, S. 63-86.

Hayes, P. (1989). *Industry and Ideology: IG Farben in the Nazi Era*. Cambridge University Press, Cambridge u.a.

Hazilla, M.,R.J. Kopp (1990). 'Social Cost of Environmental Regulation: A General Equilibrium Analysis', *Journal of Political Economics*, 98(4), August, S. 853-873.

Hediger, W. (1991). *Opportunitätskosten der Umweltverschmutzung. Eine dynamische ökologisch-ökonomische Untersuchung*, Reihe Ökologie, Band 9. Verlag Rüegger, Chur und Zürich.

Heintz, A., G. Reinhardt (1990). *Chemie und Umwelt*. Vieweg, Braunschweig.

Henderson, J.M., R.E. Quandt (1985). *Microeconomic Theory - A Mathematical Approach*, 3. Auflage. McGraw-Hill, New York u.a.

Hettige, H., R.E.B. Lucas, D. Wheeler (1992). 'The Toxic Intensity of Industrial Production: Global Patterns, Trends and Trade Policy', *American Economic Association Papers and Proceedings*, Vol. 82, 2, May 1992.

Hoechst (1992). *Jahresbericht Umweltschutz 1991*.

Hoechster Archive (1965). *Autooxidation des Luftstickstoffes bei der Ammoniakverbrennung*, Dokumente aus Hoechster Archiven, Bd. 6.

Hoechster Archive (1966). *Fünfzig Jahre Essigsäurefabrikation aus Acetylen*, Dokumente aus Hoechster Archiven, Bd. 20.

Hoechster Archive (1970). *Beginn der Alizarin-Aera*, Dokumente aus Hoechster Archiven, Bd. 42.

Hoechster Archive (1975). *Schwefelsäure*, Dokumente aus HoechsterArchiven, Bd. 47.

Hoechster Archive (1986). *Die Anfänge der Alkali-Elektrolyse*, Dokumente aus Hoechster Archiven, Bd. 64.

Hoffmann, W.G. (1965). *Das Wachstum der deutschen Wirtschaft seit der Mitte des 19. Jh.* Springer Verlag, Heidelberg und Berlin.

Hofmann, A. W. von (1866). *Einleitung in die moderne Chemie. - Nach einer Reihe von Vorträgen, gehalten am Royal College of Chemistry zu London*. F. Vieweg und Sohn, Braunschweig.

Hoitsch H.-J. (1985). *Produktionswirtschaft - Grundlagen einer industriellen Betriebswirtschaftslehre*. Verlag Franz Vahlen, München.

Holdermann, K. (1953). *Im Banne der Chemie. Carl Bosch, Leben und Werk.* Düsseldorf.

Holoubek, K. (1991). 'Perspektiven der Chemieproduktion am Beispiel Chlor.' In: VCI (Hrsg.). *Chemie im Dialog - Herausforderungen und Perspektiven.* Frankfurt am Main.

Hopp, V. (Hrsg.) (1993). *Grundlagen der chemischen Technologie*, 3. Auflage. VCH, Weinheim u.a.

Hornke, J., J. Lüke (k.A.). *Beiträge der deutschen chemischen Industrie zur Energieeinsparung*, unveröffentlichtes Manuskript, Energiereferat der Hoechst AG.

I.G. Farben (Hrsg.) (1926). *Die I.G. Farbenindustrie AG und ihre Bedeutung.* Schwarz, Goldschmidt & Co, Berlin

IKSR (Internationale Kommission zum Schutze des Rheins gegen Verunreinigungen (1989). *Tätigkeitsbericht.*

IKSR (lfd.Jgg.). *Zahlentafeln der physikalisch-chemischen Untersuchung des Rheins sowie der Mosel.* Koblenz.

INSEE (Institut nationale de la statistique et des études économiques) (lfd.Jgg.). *Annuaire Statistique de la France.* Paris.

Iritani, J. (1981). 'On Uniqueness of General Equilibrium', *Review of Economic Studies*, XLVIII, S. 167-171.

ISI (Hrsg.) (1992). *Methodenstudie zur Emittentenstruktur in der Bundesrepublik Deutschland - Verknüpfung von Wirtschaftsstruktur- und Umweltbelastungsdaten*, Endbericht, Fraunhofer-Institut für Systemtechnik und Innovationsforschung, Karlsruhe.

Jakobi, H.W. (1988). *Flourchlorkohlenwasserstoffe, Verwendung und Vermeidungsalternativen.* Erich Schmidt Verlag, Berlin.

Jevons, W.S. (1911). *Die Theorie der politischen Ökonomie*, (The Theory of Political Economy, erstveröffentlicht 1871 in London.) G. Fischer, Jena.

Jöst, F. (1994). *Klimaänderungen, Rohstoffknappheit und wirtschaftliche Entwicklung.* Physica Verlag, Heidelberg.

Kaufer, E. (1980). *Industrieökonomik.* Verlag Franz Vahlen, München.

Kemeny, Morgenstern und Thompson (1958). 'A Generalization of the von Neumann Modell of an expanding Economy', *Econometrica*, 24, S. 115-135.

Kloepfer, M. (1989). *Umweltrecht.* Verlag C.H.Beck, München.

Koch, R. (1989). *Umweltchemikalien.* VCH, Weinheim u.a.

Kockerscheidt, W. (1905). *Über die Preisbewegung chemischer Produkte.* Verlag Gustav Fischer, Jena.

Kölbel, H. J. Schulze (1960). *Projektierung und Vorkalkulation in der chemischen Industrie.* Springer Verlag, Berlin, u.a.

Koopmans, T.C. (1951). 'Analysis of Production as an Efficient Combination of Activity'. In: T.C. Koopmans (Hrsg.). *Activity Analysis of Production and Allocation.* J. Wiley & Sons, New York und London.

Koschel, H. (1994). *Umweltbedingter Technikwandel in der Titandioxidherstellung.* Diskussionspapier der wirtschaftswissenschaftlichen Fakultät der Universität Heidelberg, Nr. 210.

Kreps, D.M. (1990). *A Course in Microeconomic Theory.* Harvester Wheatsheaf, New York u.a.

Lancaster, K. (1975). 'The Theory of Houshold Behavior: Some Foundations', *Annals of Economic and Social Measurement*, 4, S. 5-22.

Lassar-Cohn (1899). 'Die chemische Industrie'. In: *Das Buch der Erfindungen*, siebenter Band, S. 294-644. Verlag Otto Spamer, Leipzig.

Latscha, H.P., H.A. Klein (1984). *Anorganische Chemie: Chemie - Basiswissen I.* Springer-Verlag, Heidelberg u.a.

Leontief, W. (1936). 'Quantitative input-output Relations in the Economic System of the United States', *Review of Economics and Statistics*, 18, S. 105-125.

Leontief, W. (1951). *The Structure of the American Economy, 1919-1939*, 2. Auflage. Oxford University Press, New York.

Leontief, W. (1970). 'Environmental Repercussions and the Economic Structure', *Review of Economics and Statistics*, 52, S. 262-271.

Levasseur, E. (1907). *Questions ouvrières et industrielles en France sous la Troisième République.* Paris.

Lunge, G. (1916). 'Handbuch der Schwefelsäureproduktion und ihrer Nebenzweige'; 4. Auflage. In: C. Engler (Hrsg.). *Neues Handbuch der Chemischen Technologie*, Band 11 und 12. Friedr. Vieweg & Sohn, Braunschweig.

Mäler, K.-G. (1974). *Environmental Economics: A Theoretical Enquiry.* John Hopkins University Press, Baltimore and London.

Mäler, K.-G. (1985). 'Welfare Economics and the Environment.' In: A.V. Kneese, J.L. Sweeny (Hrsg.). *Handbook of Natural Resource and Energy Economics*, vol. 1. North Holland, Amsterdam u.a.

Malinvaud, E. (1985). *Lectures in Microeconomic Theory.* North Holland, Amsterdam u.a.

Malle, K.-G. (1991). 'Der Gütezustand des Rheins', *Chemie in unserer Zeit*, 25. Jg., 5, S. 257-267.

Malle, K.-G. (1992). 'Die Abwasserreinigung der BASF AG in Ludwigshafen', *Korrespondenz Abwasser*, 39. Jg., 4, S. 532-545.

Malle, K.-G. (1993). 'From 'End of the Pipe' Philosophy to an Integrated Approach - Examples for the Evaluation of Environmental Protection in a Chemical Company', *Kemia-Kemi*, 20 (1), S. 23-28.

Mangoldt, H.v. (1863). *Grundriss der Volkswirtschaftslehre.* Gustav Fischer, Stuttgart.

Marsden, J., D. Pingry, A. Whinston (1974). 'Engineering Foundations of Production Functions', *Journal of Economic Theory*, 9, S. 124-140.

Marshall, A. (1890). *Principals of Economics.* Macmillan, London.

Marsmann, M. (1992). 'Struktur-Wirkungs-Beziehungen für Chlororganika'. In: Bayer AG (Hrsg.). *Chemie mit Chlor.* Experten Forum.

McCloskey, D.N. (1985). *The Applied Theory of Price*, 2nd edition (1st 1982). Macmillan Publishing Company, New York.

Messinger, F. (1911). *Das Steinkohlengas.* Druck und Verlag von Gerhard Stalling, Oldenburg i.Gr.

Meyer-Abich, K.M. (1988). *Wissenschaft für die Zukunft - Holistisches Denken in ökologischer und gesellschaftlicher Verantwortung*, Beck'sche Reihe 365. Verlag C.H. Beck, München.

Meyer-Krahmer, F., H. Grupp (1993). 'Strategische Sektoren der Bundesrepublik Deutschland - Empirische Befunde und Vermutungen.' In: Meyer-Krahmer, F. (Hrsg.). *Innovationsökonomie und Technologiepolitik.* Physica-Verlag, Heidelberg u.a.

MfU-NW (Ministerium für Umwelt, Raumordnung und Landwirtschaft des Landes Nordrhein-Westfalen) (1993). *Luftreinhalteplan Ruhrgebiet West 1993.* Bonn.

Mieck, Ilja (1967). 'Luftverunreinigung und Immissionsschutz in Preußen bis zur Gewerbeordnung 1869', *Technikgeschichte*, Bd. 34, 1, S. 36-78.

Mill, J.S. (1848). *Principles of political Economy with some of their Applications to Social Philosophy.*

Miller, A. (1992). 'Talking in tongues', *Chemistry and Industry*, November 1992, S. 848.

Miller, R.E., P.D. Blair (1985). *Input-Output Analysis: Foundations and Extensions.* Prentice-Hall, Englwood Cliffs (New Jersey).

Mirmann, L.J., Y. Tauman, I. Zang (1985). 'On the Use of Game-Theoretic Concepts in Cost Accounting.' In: H.P. Young (Hrsg.). *Cost Allocation: Methods, Principles, Applications.* North Holland, Amsterdam u.a.

Mortimer, C. E. (1987). *Chemie*, 5. Auflage. Georg Thieme Verlag, Stuttgart und New York.

Müller, G. (1993). *Die umweltgerechte Herstellung von Polypropylen - Eine Fallstudie aus der Kunststoffherstellung*, Diskussionspapier der wirtschaftswissenschaftlichen Fakultät der Universität Heidelberg, Nr. 191.

Müller, Gustav (1902). *Die Chemische Industrie in der deutschen Zoll- und Handelsgesetzgebung des 19. Jh.* Gaertner's Verlagsbuchhandlung, Berlin.

Müller, H. (1994). 'Sulfuric Acid and Sulfur Trioxide' in: *Ullmanm's Encyclopedia of Industrial Chemistry*, Vol. A 25, VCH Verlagsgesellschaft, Weinheim.

Murata, Y. (1977). *Mathematics for Stability and Optimization of Economic Systems.* Academic Press, New York u.a.

Nagel, A. von (1969). *Stickstoff - Die technische Chemie stellt die Ernährung sicher.* Schriftenreihe des Firmenarchivs der BASF AG, Bd. 3.

Negishi, T. (1958). 'A Note on the Stability of an Economy where all Goods are Gross Substitutes', *Econometrica*, 26, S. 445-447.

Neumann, v. J. (1938). 'Über ein ökonomisches Gleichungssystem und eine Verallgemeinerung des Brouwerschen Fixpunktsatzes'. In: K. Menger (Hrsg.). *Ergebnisse eines Mathematischen Seminars.* Wien.

Newbery, P.M. (1990). 'Missing Markets: Consequences and Remedies.' In: F. Hahn (Hrsg.). *The Economics of Missing Markets, Information, and Games.* Clarendon Press, Oxford.

Owen, A.D. (1992). 'Byproduct Uranium', *Resources Policy*, June, S. 138-147.

Paur, H.-R., W. Schikarski (1990). 'Rauchgasreinigung mit dem Elektronenstrahlverfahren.' In: Kernforschungszentrum Karlsruhe (Hrsg.). *Umweltforschung-Umwelttechnik.* Karlsruhe.

Pigou, A.C. (1929). *The Economics of Welfare*, 2. Auflage, London.

Pinnow, H. (1938). *Werkgsgeschichte der I.G. Farbenindustrie AG, Werke Leverkusen, Elberfeld und Dormagen.* Graphische Kunstanstalten F. Bruckmann KG, München.

Pohl, H., R. Schaumann, F. Schönert-Röhlk (1983). 'Die chemische Industrie in den Rheinlanden während der industriellen Revolution, Bd. 1: Die Farbenindustrie', *Zeitschrift für Unternehmensgeschichte*, Beiheft 18.

Proops, J.L.R., M. Faber, G. Wagenhals (1993). *Reducing CO_2 Emissions - A comparative Input-Output Study for Germany and the UK*, in Cooperation with S. Speck, G. Müller, F. Jöst, P. Gay. Springer Verlag, Heidelberg u.a.

Quirk, J., R. Sasposnik (1968). *Introduction to General Equilibrium Theory and Welfare Economics.* McGraw-Hill, New York u.a.

Reader, W. J. (1970). *Imperial Chemical Industries - A History; The Forerunners 1870-1926*, Vol. 1. Oxford University Press, London u.a.

Repetto, R. (1987). 'The Policy Implications of Non-Convex Environmental Damages: A Smog Control Case Study', *Journal of Environmental Economics and Management*, 14, S. 13-29.

Riebel, P. (1955). *Die Kuppelproduktion: Betriebs- und Marktprobleme.* Köln-Opladen.

Riebel, P. (1963). *Industrielle Fertigungsverfahren in betriebswirtschaftlicher Sicht.* Wiesbaden.

Riebel, P. (1981). 'Produktion III: einfache und verbundene.' In: Albers, W., K.E. Born, E. Dürr, H. Hesse, A. Kraft, H. Lampert, K. Rose, H. Rupp, H. Scherf, K. Schmidt, W. Wittmann (Hrsg.). *Handwörterbuch der Wirtschaftswissenschaft.* Gustav Fischer, Stuttgart; J.C.B. Mohr (Siebeck), Tübingen; Vandenhoeck & Ruprecht, Göttingen, Zürich.

Rübberdt, R. (1972). *Grundlagen der Industrialisierung.* Verlag C.H. Beck, München.

Sachverständigenrat (Sachverständigenrat für Umweltfragen) (1991). *Abfallwirtschaft - Sondergutachten 1990.* Metzler-Poeschel, Stuttgart.

Sakai, Y. (1974). 'Substitution and Expansion Effects in Production Theory. The Case of Joint Production', *Journal of Economic Theory*, 9, S. 255-274.

Samuelson, W., R. Zeckhauser (1988). 'Status Quo Bias in Decision Making'. *Journal of Risk and Uncertainty*, Vol. 1, 1, March, S. 7-59.

Sander, U., R. Rothe, R. Kola (1982). 'Schwefelsäure.' In: Bartholomé, E. Biekert, H. Hellmann, H. Ley, W. Weigert, E. Weise (Hrsg.). *Ullmanns Encyklopädie der technischen Chemie*, 4. Auflage, Band 21. VCH, Weinheim u.a.

Schäfer, E. (1978). *Der Industriebetrieb*, 2. Auflage. Gabler Verlag, Wiesbaden.

Scharfe, G., B. Sewekow (1991) :'Das Beispiel Bayer - Produktionsintegrierter Umweltschutz', *Chemische Industrie*, Sonderheft Nordrhein-Westfalen 1991. Verlag Handelsblatt GmbH.

Schenkel, W. (1989). 'Umweltgerechte Abfall- und Rückstandswirtschaft'. In: Hohlneicher, G., E. Raschke (Hrsg). *Leben ohne Risiko? Symposium zur umweltorientierten Risikoabschätzung und zu Fragen der Risikoakzeptanz.* Verlag TÜV Rheinlad GmbH, Köln.

Schmalenbach, E. (1919). ' Selbstkostenrechnung', *Zeitschrift für Handelswissenschaftliche Forschung*, 13. Jg., S. 321-356.

Schmidt, A. (1967). 'Wirtschaftliches Optimum der Belastung von Elektrolyse-Anlagen', *Chemie-Ingenieur-Technik*, 39. Jg., 12, S. 692-702.

Schmuck, M. (1925). *Die deutsche Erdölproduktion.* Köln.

Schnabel-Kühn, E. (1910). *Die Steinkohlengasindustrie in Deutschland in ihrer Bedeutung für die Volkswirtschaft und das moderne Stadtleben.* R. Oldenbourg Verlag, München und Berlin.

Schwanhold, E. (1993). 'Stoffpolitik in der ökologisch-sozialen Marktwirtschaft', *Zeitschrift für angewandte Umweltforschung*, Jg. 6, S. 297-316.

Shadwell, A. (1906). *Industrial Efficiency: A comparative study of industrial life in England, Germany and America.* Longmans, Green, and Co, London u.a.

Shafer, W., H. Sonnenschein (1982). 'Market Demand and Excess Demand Functions'. In: K.J. Arrow, M.D. Intriligator (Hrsg.). *Handbook of Mathematical Economics, Vol. II.* North Holland, Amsterdam u.a.

Schefold, B. (1980). 'Fixed Capital as a Joint Product and the Analysis of Accumulation with Different Forms of Technical Progress'. In: L. L. Pasinetti (Hrsg.). *Essays on the Theory of Joint Production.* Macmillan Press, London u.a.

Shephard, R.W. (1970). *Theory of Cost and Production Functions.* Princeton University Press, Princeton.

Siebert, H. (1974). 'Ökonomie und Umwelt: Ein Überblick', *Jahrbücher für Nationalökonomie und Statistik*, 188, S. 119-151.

Siebert, H. (1992). *Economics of the Environment - Theory and Policy*, 3. Auflage. Springer Verlag, Heidelberg u.a.

Smith, A. (1993). *Der Wohlstand der Nationen.* Vollständige Ausgabe nach der 5. Auflage (letzte Hand), London 1789. Deutscher Taschenbuch Verlag, München.

Solow, R.M. (1967). 'Some recent developments in the theory of production'. In: M. Brown (Hrsg.). *The Theory and Empirical Analysis of Production*, NBER, New York.

Spelsberg, G. (1984). *Rauchplage - Hundert Jahre saurer Regen.* Alano Verlag, Aachen.

Sraffa, P. (1960). *Production of Commodities by Means of Commodities.* Cambridge University Press, Cambridge u.a.

Stackelberg, H. v. (1932). 'Grundlagen einer reinen Kostentheorie, erster Teil', *Zeitschrift für Nationalökonomie*, 3, S. 570 - 590.

Stackelberg, H. v. (1941). 'Elemente einer dynamischen Theorie des Kapitals (Ein Versuch)', *Archiv für mathematische Wirtschafts- und Sozialforschung*, 7, S. 8-29 und 70-93.

Statistisches Bundesamt (lfd. Jgg.) *Statistik des Produzierenden Gewerbes*, Fachserie 4, Reihe 6.1, Metzler & Poeschel, Wiesbaden.

Statistisches Bundesamt (StBA) (lfd.Jgg.a). *Produktion im Produzierenden Gewerbe*, Fachserie 4, Reihe 3.1. Verlag Metzler-Poeschel, Stuttgart.

Statistisches Bundesamt (StBA) (lfd.Jgg.b). *Preise.* Verlag Metzler-Poeschel, Stuttgart.

Statistisches Bundesamt (StBA) (lfd.Jgg.c). *Volkswirtschaftliche Gesamtrechnungen.* Fachserie 18, Reihe 1.3. Verlag Metzler-Poeschel, Stuttgart.

Statistisches Bundesamt (StBA) (1986, 1988). *Input-Output-Rechnung.* Verlag Metzler-Poeschel, Stuttgart.

Statistisches Bundesamt (StBA) (1991). *Ausgewählte Ergebnisse zur Umweltökonomischen Gesamtrechnung 1975 - 1990*, Heft 18 der Schriftenreihe Ausgewählte Arbeitsunterlagen zur Bundesstatistik. Verlag Metzler-Poeschel, Stuttgart.

Statistisches Bundesamt (StBA) (1992). *Volkswirtschaftliche Gesamtrechnungen: Ergebnisse für Wirtschaftsbereiche (Branchenblätter)*, Fachserie 18, Reihe S.18. Verlag Metzler-Poeschel, Stuttgart.

Statistisches Bundesamt (StBA) (1993). *Statistisches Jahrbuch für die Bundesrepublik Deutschland.* Verlag Metzler-Poeschel, Stuttgart.

Steckl, F. C. (1990). 'Cartelization of the German Chemical Industry, 1918-1925', *The Journal of European Economic History*, Vol. 19, 2, S. 329-351.

Stephan, G. (1986). 'A Neo-Austrian Approach to the Open-Endedness of the Future'. In: M. Faber (Hrsg.). *Studies in Austrian Capital Theory, Investment and Time*, Lecture Notes in Economics and Mathematical Systems, 277. Springer Verlag, Heidelberg u.a.

Stephan, G. (1988). 'Ein neo-österreichischer Ansatz zur Bewertung von Umweltschutzmaßnahmen für das Medium Abwasser'. In: G.A. Schultz (Hrsg.). *Bewertung wasserwirtschaftlicher Maßnahmen*, Mitteilung X der Senatskommission für Wasserforschung, DFG. VCH, Weinheim u.a.

Stephan, G. (1989). *Pollution Control, Economic Adjustment and Long-Run Equilibrium - A Computable Equilibrium Approach to Environmental Economics.* Springer Verlag, Heidelberg u.a.

Stratmann, F. (1985). 'Chemische Industrie unter Zwang', *Zeitschrift für Unternehmensgeschichte*, Bd. 43.

Strenge, U. (1995). 'Vermeidung und Verwertung von Abfallschwefelsäuren aus der Chemischen Industrie', *UTA Umwelttechnologie Aktuell*, April.

Strümpel, B., S. Longolius (1990). 'Leitbilder des integrierten Umweltschutzes zwischen Handlungsprogramm und Leerformel'. In: H. Kreikebaum (Hrsg.). *Integrierter Umweltschutz.* Gabler, Wiesbaden.

Takayama, A. (1985). *Mathematical Economics.* The Dryden Press, Hinsdale (Illinois).

Tamme, R., K. Huder, A. Seitz (1994). 'Methanreformieren mit Kohlendioxid - Und die Energie dazu liefert die Sonne', *Achema 94 Magazin*, S. 12-16. Verlagsgruppe Handelsblatt Düsseldorf, Frankfurt am Main.

Teltschik, W. (1992). *Geschichte der deutschen Großchemie - Entwicklung und Einfluß in Staat und Gesellschaft.* VCH, Weinheim u.a.

Thieme, C. (1993). 'Sodium Carbonates'. In: Campbell, Pfefferkorn and Rousaville (Hrsg.). *Ullmann's Encyclopedia of Industrial Chemistry*, Vol. A24, 5. Auflage. VCH, Weinheim u.a.

Tivy, J. (1993). *Landwirtschaft und Umwelt. Agrarökosysteme in der Biosphäre.* Spektrum Akademischer Verlag GmbH, Heidelberg u.a.

Treue, W. (1966). 'Die Bedeutung der chemischen Wissenschaft für die chemische Industrie 1770-1870', *Technikgeschichte*, Bd. 33, Nr. 1, S. 25-51.

Turner, R.K., D. Pearce, I. Bateman (1994). *Environmental Economics - An Elementary Introduction.* Harvester Wheatsheaf, New York u.a.

Ullmann (1982). *Ullmanns Encyklopädie der technischen Chemie*, hrsg. von: E. Bartholomé, E. Biekert, H. Hellmann, H. Ley, W. Weigert, E. Weise. VCH, Weinheim u.a.

Ullrich, H. (1983). *Anlagenbau. Kommunikation-Planung-Management.* Georg Thieme Verlag, Stuttgart, New York.

Umweltbundesamt (Hrsg.) (1989). *Was Sie schon immer über Luftreinhaltung wissen wollten.* Verlag W. Kohlhammer, Stuttgart.

Umweltbundesamt (Hrsg.) (1992). *Handbuch Chlorchemie I. Gesamtstofffluß und Bilanz*, Erstellt von R.F. Nolte, R. Joas. Ecotec, München.

Ungewitter, C. (Hrsg.) (1938). *Chemie in Deutschland. Rückblick und Ausblick.* Junker & Dünnhaupt Verlag, Berlin.

Ungewitter, C. (Hrsg.) (1938a). *Verwertung des Wertlosen.* Wilhelm Limpert-Verlag, Berlin.

Varian, H.R. (1990). *Mikroökonomik*, 2. Auflage. Oldenbourg Verlag, München.

Vaupel, E.C. (1990). 'Ökonomie, Ökologie und technischer Wandel: Zur Bedeutung der sizilianischen Schwefelkrisen für die Entwicklung der chemischen Industrie im 19. Jahrhundert', *Wissenschaftliches Jahrbuch des Deutschen Museum*, 7, S. 97- 131.

VCI (Verband der chemischen Industrie e.V.) (1993). *Chemie im Dialog - Umweltbericht 1992. Ein deutscher Beitrag zum weltweiten Responsible Care Programm der chemischen Industrie.* Druck- und Verlagsgesellschaft mbH, Darmstadt.

Verg, E. (1988). *Meilensteine - 125 Jahre Bayer.* Informedia Verlags-GmbH, Köln.

Vinod, H.D. (1976). 'Canonical Ridge and Econometrics of Joint Production', *Journal of Econometrics*, 4, S. 147-166.

Weissermel, K., H.J. Arpe (1990). *Industrielle Organische Chemie*, 3. Auflage. VCH, Weinheim u.a.

Wibe, S. (1984). 'Engineering Production Functions: A Survey', *Economica*, 51, S. 401-411.

Witt, O.N. (1907). 'Die Entwicklung der technischen Chemie', *Bericht der Deutschen Chemischen Gesellschaft*, 40.

Woods, J.E. (1990). *The Production of Commodities. An Introduction to Sraffa.* Macmillan, Houndmills u.a.

Wolff, G. (1951). *25 Jahre Ruhrgas AG, Essen*, Vulkan-Verlag, Essen.

Young. H.P. (1985). 'Methodes and Principals of Cost Allocation.' In: H. Young (Hrsg.). *Cost Allocation: Methods, Principles, Applications.* North Holland, Amsterdam u.a.

GPSR Compliance

The European Union's (EU) General Product Safety Regulation (GPSR) is a set of rules that requires consumer products to be safe and our obligations to ensure this.

If you have any concerns about our products, you can contact us on ProductSafety@springernature.com

In case Publisher is established outside the EU, the EU authorized representative is:

Springer Nature Customer Service Center GmbH
Europaplatz 3
69115 Heidelberg, Germany

Batch number: 10815974

Printed by Printforce, the Netherlands